KB048356

民法研究

第7卷

梁 彰 洙 著

博 英 社

序　文

2001년 이래로 발표한 글을 모아서 『民法硏究』의 제 7 권을 펴낸다.

제 1 의 「최근의 한국민법전개정작업」과 제 3 의 「재단법인출연재산의 귀속시기에 관한 독일민법의 규정」은 1999년 초부터 진행 중인 민법개정작업에 참여한 것이 계기가 되어 쓴 글이다(그 전에 『民法硏究』 제 6 권에 실린 「채권자의 보증인에 대한 배려의무에 관한 서설」도 실은 필자가 민법개정위원회에서 보증제도에 대한 검토를 맡은 것에 연유한 것이다). 앞의 것이 보다 일반적이라고 한다면, 뒤의 것은 일단은 개별사항을 다룬 것이라고 할 수 있겠다. 그러나 後者도 그 밑바탕에는 필자가 우리 나라에서 민법학을 수행하면서 늘상 품어 왔던 기본적 시각의 어떤 부분을 구체적인 문제를 계기로 제시하여 본 것이다.

제 2 의 언론자유에 대한 글은 필자가 2001년 여름부터 6개월 남짓 미국에 체류하면서 공부한 성과의 일단이다. 미국경험은 앞으로도 이를 더욱 깊게 할 필요가 있다고 생각하고 있는데, 위의 글은 일종의 暗中摸索의 결과인지도 모른다. 언론보도에 의한 명예훼손의 문제에 대하여는 제13의 「최근 중요 민사판례 동향」에서도 다루었다.

제 4 의 무권리처분에서의 물권적 청구권과 부당이득반환청구권의 긴장관계에 대한 글은 한편으로 거기서 살핀 대법원판결의 이유설시에 대한 법률구성상의 辯護論이면서, 다른 한편으로 독일민법학의 학문으로서의 「성격」에 대한 천착을 담아 보려고 한 것이다. 어쩌면 양쪽 모두 어중간한 것이 되어 버렸다는 느낌이 없지 않지만, 요컨대 다른 어느 곳에서도 준거는 쉽사리 발견될 수 없으며 결국은 자신의

理性과 實感을 믿을 수밖에 없다는 생각이다.

제 5 의 독일의 동산담보개혁논의에 관한 글은 보다 광범위한 담보제도의 개혁에 관한 연구의 일환이다. 이 글은 논문이라기보다는 오히려 하나의 資料 또는 연구노트로서 읽어 주었으면 한다. 앞으로 일본 등 다른 나라에서의 논의도 살펴보려고 계획하고 있다.

제 6 의 파산절차상의 상계에 관한 글은 파산 기타 도산처리와 상계에 대한 각각 별개의 관심이 접점을 이루는 곳에서 생겨났다. 이들은 모두 채권의 「실현」 또는 「만족」과 관련되어 있으며, 앞서 말한 담보제도에 대한 흥미도 거기서 멀지 않다.

제 7 의 장래채권의 양도에 대한 글은 기본적으로 그와 관련한 금융거래의 요구에 응답하여 돌파구를 찾아보려는 것이었다. 民法學도 각종의 새로운 거래형태에 마음과 귀를 열어서 자신들의 전통적인 법장치를 그대로 묵혀 두지 말고 그 가치와 의미를 다시 한 번 음미해 보는 것이 긴절하다. 이 글이 발표된 후에 금융 전문의 변호사들이 이를 매우 환영하였다는 말을 듣고 기뻤다.

제 8 부터 제10까지는 不當利得에 관한 글이다. 필자의 박사학위 논문은 부당이득의 일반요건에 대한 것으로서, 소위 類型論을 주장하는 것이었다. 게으른 탓으로 그것을 공간할 기회를 가지지 못하였는데, 앞으로도 이 분야에 대하여는 주의를 계속해서 기울일 생각이다.

그리고 제11부터 제13의 글은 판례평석 또는 판례연구에 해당하는 것이다.

이렇게 보면, 이 책에 수록된 글들은 그때그때의 기회에 닥쳐서 임기응변적으로 쓰여진 것이 대부분이다. 그럼에도 필자로서는 서로 무관하게 보이는 이들이 공통된 문제관점에 서 있고, 또 일정한 시각과 일관된 주장을 지니고 있다고 믿고 있다. 여기 한 군데 모아놓은 것을 계기로 해서 현명한 독자들께서 그 하나하나의 글에서 한 걸음

물러나 전체의 그림을 보아 주시기를 바라는 마음이다.

성가시기 그지없는 많은 요구를 군말없이 들어주신 박영사 편집부의 노현 차장께 이 자리를 빌어 감사드린다.

2003년 11월 14일

서울대학교 법과대학 연구실에서

梁　彰　洙

차　　례

1. 最近의 韓國民法典改正作業

2. 言論自由의 保障根據에 대한 美國에서의 論議 素描
—「言論報道로 인한 名譽毁損」의 問題에 관한 覺書—

3. 財團法人出捐財産의 歸屬時期에 관한 獨逸民法의 規定

── 民法 제48조의 改正과 관련하여 ──

4. 無權利者의 處分에서 權利者의 物權的 請求權과 不當利得返還請求權의 緊張關係

5. 獨逸의 動産擔保改革論議

―非占有動産擔保制度를 中心으로―

6. 破産節次上의 相計

―소위 「相計權의 擴張」에 대한 立法論的 再考를 포함하여―

7. 將來債權의 讓渡

8. 金錢의 不當利得으로 인한 返還義務

─소위「騙取金錢에 의한 辨濟」問題 序說─

9. 非債辨濟

─民法 제742조의 立法趣旨에 따른 再照明─

10. 他人債務의 錯誤辨濟

11. 債權者代位에 의한 處分禁止效가 第3債務者가 債務者의 債務不履行을 이유로 賣買契約을 解除하는 것에도 미치는가?

—대법원 2003년 1월 10일 판결 2000다27343사건

12. 賣買代金債權 一部의 讓受人이 代金을 受領한 후에 賣買契約이 解除된 경우 그 金錢返還義務는 買受人의 目的物引渡義務와 同時履行關係에 있는가?

——대법원 2003년 1월 24일 판결 2000다22850사건

13. 最近 重要 民事判例 動向

1. 最近의 韓國民法典改正作業

Ⅰ. 序

1. 한국의 민법전은[1] 1958년 2월 22일에 공포되어 1960년 1월 1일부터 시행되었다. 그 시행으로부터 이제 40년이 넘었다. 그 동안에 민법의 제4편「친족」과 제5편「상속」에 대하여는 중대한 의미가 있는 큰 개정만 하더라도 1977년과 1991년의 두 차례 있었고, 2002년 1월에도 개정이 가하여졌다. 이로써 제정 당시의 여러 사정을 반영하여 정하여진 친족상속법 규정 중에서 시대의 흐름에 뒤떨어진다고 생각되는 것 또는 가족관계에서의 인격의 존중과 남녀평등의 이념 등에 반한다고 여겨지는 것이 대체로 수정되었다고 할 수 있을 것이다. 그런데 총칙·물권·채권의 3편에 대한 개정의 필요는 특별법의 제정 또는 개정으로 충족된 것이 거의 전부이고,[2] 민법의 규정에 손을 대는 일은 그야말로 국소적인 것에 그쳤다.[3]

---

1) 이하 특별한 필요가 없는 한「한국의」등의 말은 따로 넣지 않기로 한다.

2) 주요한 것으로는, 공익법인의 설립·운영에 관한 법률(1975년), 주택임대차보호법(1981년), 가등기담보 등에 관한 법률(1983년), 집합건물의 소유 및 관리에 관한 법률(1984년), 약관의 규제에 관한 법률(1986년), 할부거래에 관한 법률(1991년), 방문판매에 관한 법률(1994년), 전자거래기본법(1999년), 제조물책임법(2000년), 상가건물임대차보호법(2002년) 등을 들 수 있다.

3) 1984년에, 구분지상권제도를 도입하고 또「전세권」(한국민법에 특유한 제한물권이다. 뒤의 註 22의 (2)도 참조)의 존속기간 및 법정갱신에 대한 규정을 바꾸는 개정이 있었을 뿐이었다.

2. 총칙 · 물권 · 채권의 3편에 대한 이번의 민법전개정작업은 1999년 2월 1일에 법무부에 설치된 「법무자문위원회」에[4] 「민법(재산법)개정특별분과위원회」(이하 「민법개정위원회」 또는 「위원회」라고 한다)가 구성됨으로써 개시되었다. 그리고 민법개정위원회는 2001년 11월에 민법개정위원회는 「개정시안」을 발표함으로써 일단 그 간의 작업의 결과를 종합적으로 제시하였다.

3. 본인은 민법개정위원회의 위원 겸 전체 간사로서, 위 작업에 참여한 바 있다. 本稿는 지금까지의 작업의 경과를 개괄적으로 정리하여 보고 그에 기하여 그 작업의 「의미」에 대하여 있을 수 있는 하나의 입장을 제시하는 것을 목적으로 한다. 이하에서는 우선 민법개정작업의 외적 경과에 대하여 간단히 적은 다음(Ⅱ.), 나아가 민법개정작업에서 논의되었던 사항을 개략적으로 살펴보고(Ⅲ.), 또한 이번 개정의 성격을 보여 준다고 생각되는 몇 가지 사항에 집중하여 그 경과를 구체적으로 제시하고자 한다(Ⅳ.).[5] 그리고 마지막으로 이번의 개정작업에 관련한 약간의 감상을 피력하고자 한다(Ⅴ.).

본고는 어디까지나 필자의 개인적 이해와 관찰 및 견해에 터잡은 것으로서 위 개정위원회 또는 뒤에서 보는 소위원회의 공식적인 견해와는 무관함을 미리 밝혀둔다. 또 필자는 현재 개정작업의 상세한 자료로부터 떨어져 있는 상태에 있어서, 거기서부터 오는 보고의 한계에 대하여도 양해를 구하고자 한다. 나아가 필자 개인으로서는 개정의 구체적 제안에 반대하는 입장을 취한 경우도 종종 있었음을 덧붙여 둔다.

---

4) 일본의 「법제심의위원회」에 해당한다.

5) 이번의 민법개정작업에 대한 일본어의 문헌으로는, 우선 鄭鍾休, "韓國民法改正試案について ── 債權編を中心として", 岡孝 編, 契約法における現代化の課題(法政大學現代法硏究會叢書 21)(2002), 157면 이하가 있다.

Ⅱ. 民法典改正作業의 經過

1. 1999년 2월에 발족한 민법개정위원회는 애초 11인이었는데, 동년 9월에 2인이 추가되어, 도합 13인으로 구성되었다. 그 직업을 살펴보면, 대학교수가 11인으로 압도적으로 많고, 나머지 2인은 법관이다.[6] 이 11인의 대학교수는 모두 법학박사의 학위를 가지고 있는데, 그 중에서 5인이 독일의 Dr. jur., 1인은 프랑스의 docteur en droit와 같은 외국의 학위를 가지고 있다는 점은 독자의 관심을 끌지도 모른다. 한국에서 박사학위를 받은 나머지 5인은 모두 독일에 유학하여 법학을 공부한 경험이 있다.[7)8)] 그리고 13인 중 10인은 1999년 2월 당시 40대 후반에서 50대 초반의 나이이었다.[9]

이러한 인적 구성은 1947년부터 진행되었던 민법전의 제정작업과는 대조적이라고 할 수 있을 것이다.

> 민법전의 제정작업은 독립국가로서, 외국, 그것도 그 통치 아래 있었던 일본의 법령을 그대로 사용한다는[10] 「굴욕」으로부터[11] 하루

6) 다만 11인의 대학교수 중에는 법관으로 재판실무를 경험한 사람이 4인 포함되어 있으며(이들은 모두 국내의 대학으로부터 박사학위를 취득하였다), 이들 중 3인은 적어도 15년 이상의 실무경험을 거쳐 근자에 대학에 봉직하기에 이르렀다. 그러므로 개정위원회의 구성은 재판실무의 경험 유무에 의하여 그 경험이 없는 7인과 있는 6인의 대비로 파악할 수도 있다.

7) 실무가 위원 중 1인도 독일에 유학한 바 있다.

8) 그 중에는 독일 이외에 미국에도 유학한 경험이 있는 위원이 3인 있다.

9) 보다 정확하게 말하면, 8인이 당시 43세에서 49세 사이의 나이이었다.

10) 1948년 7월의 制憲憲法 제100조는 "現行法令은 이 憲法에 抵觸되지 아니하는 한 效力을 가진다"고 정하였다. 여기서 정하는 「현행법령」 중에는 1945년 8월 당시 시행되던, 일본민법을 포함한 일본의 법령이, 약간의 예외(예를 들면 大法院 1947년 9월 2일 판결은, 妻의 行爲能力을 제한하는 소위 依用民法(당시의 일본민법. 朝鮮民事令 제1조 제1호 참조)의 규정(그 사건에서 구체적으로 문제되었던 것은, 妻가 소송을 제기하려면 夫의 허가를 얻어야 한다고 정하는 의용민법 제14조 제1항 제1호, 제12조 제1항 제4호, 소위 依用民事訴訟法 제45조

빨리 벗어나고자 하는 정치적 의지에 힘입어 추진된 바 크다. 그리고 실제의 기초작업은[12] 실무가들에 의하여 행하여졌다.[13] 그것은, 일정시대에 학자로 양성되어 대학 등의 고등학술기관에서 활동한 사람이 거의 없었고,[14] 기초작업이 시작된 1947년 당시에는 대학이 정비되

이었다)을 "적용치 아니할 것"으로 선언하였다)를 제외하고는, 포함된다.

11) 하나의 예를 들면 第三代國會 第2回 國會定期會議 速記錄(1957)(이하「速記錄」), 1호 22면 中段의 李仁 발언: "해방이 된 지 만 12년이 지났고 우리가 독립이 된 지 만 9년 5개월이 지났습니다. 함에도 불구하고 여전히 왜놈[日本人에 대한 卑稱] 때 쓰던 殘滓法律을 그대로 우리가 쓰고 있습니다. … 이 민법이라는 것은 … 3천만 국민의 일상생활 [을 규율하는] … 기본법률입니다. … 일종 屈辱이라고 할 수 있습니다." 이 발언을 한 李仁은 일정시대의 대표적인 한국인 법률가이다. 그는 우리 나라가 수립되기 전인 1947년에 美軍政 하에서 설치되었던「법전기초위원회」의 위원 3인 중 한 사람이었고, 정부수립 후에는 기본법률의 기초·편찬을 맡은「법전편찬위원회」(뒤의 註 12 참조)의 부위원장이었다. 이 국회 발언은, 1954년 10월에 국회에 제안된 민법안에 대하여 국회의 심의가 지지부진하자, 그 심의를 재촉하기 위하여 행하여진 것이다.

12) 1948년 9월 15일의 대통령령 제4호「법전편찬위원회직제」에 의하여, "민사, 상사 및 형사의 基礎法典과 기타 소송, 형행 등 사법법규를 수집조사하여 그 초안을 起草, 심의"(同令 제2조)하는 것을 목적으로 하는「법전편찬위원회」가 구성되었다.

13) 앞의 註 12에서 본 법전편찬위원회의 위원으로 애초 임명된 52인은 당시의 한국법조계를 대표하는 인물들이었는데, 그 중에서 專任의 대학교수는 단지 3인에 불과하였다. 그리고 실제로 민법전의 기초작업을 실제로 담당한「민법분과위원회」의 위원 11인 중에는 교수는 1인뿐이었다. 이에 대하여는 梁彰洙, "法典編纂委員總會議事錄(抄)", 同, 民法研究, 제3권(1995), 89면 이하; 同, "民法案의 成立過程에 관한 小考", 同, 民法研究, 제1권(1991), 88면 이하 참조.

14) 兪鎭午, "한국법학계의 회고와 전망", 高大新聞 60호(1954년 11월 24일자), 3면("이 시기의 한국 법학계의 특징적 현상은 그것이 법학을 학문으로서 專業하는 법학교수들에 의하여 떠매어지지 않고 법률을 실천하는 판사·검사·변호사 등 법조계의 인사들에 의하여 지탱되었다는 사실이다. 그것은 일정시대부터 법학교육에 종사해 온 사람은 수도 적었을 뿐 아니라 두드러진 업적도 별로 없었음에 반하여 법조계에는 우수한 인재가 비교적 많았으며, 한편 새로이 법학교수로 등장한 신인들은 아직 그 진가를 발휘할 시간적 여유를 얻지 못하였던 탓이다"); 金箕斗, "형사법학계의 회고", 서울대 法學 19권 1호(1978), 169면("대학교수란 몇 사람을 제외하고는 거의 일본인이 독점하고 있었기 때문에 해방 후의 대학교수란 거의 새출발하는 인사들이었다. 즉 대학을 갓 졸업한 청년학자들 또는 판사, 검사, 변호사의 법조실무에 종사하던 人士들, 이것도 본인이 원한다는 것보다는 교수자격 있는 사람들이 없기 때문에 거의 강제로 징용되다시피 하여 교수 또는 강사가 되었던 것이다") 등 참조.

어 있지 않았기 때문이었다.

그 사이에 성장한 민법학자들이 민법의 제정과정에[15] 자신들의 의견을 내기 위하여 활동을 시작한 것은, 국회에 1954년 10월에 제안된 민법안에 대한 심의를 위하여 법제사법위원회에 특별히 설치된 「민법안심의소위원회」가 1956년 9월에 우선 발표한 총칙·물권·채권의 3편에 대한 심의결과와 수정안을 보기에 이르러서이었다. 그들은 그 때부터 민법안 및 위 소위원회의 수정안을 검토하여 그 결과를 1957년 3월에 『民法案意見書』라는 이름의 책자로 공표하였다. 이는 기성세대의 실무가들이 만든 민법안에 대하여 젊은 학자세대의[16] 식견을 요약한 것이라고 말할 수 있을 것이다. 그리고 그 중 "중요한 것"은 일부의 국회의원들에 의하여 별도의 수정안으로 제안되어, 위에서 본 법사위수정안 등과 함께 본회의의 심의를 기다리게 되었다. 그러나 이는 그 후의 국회의 심의과정에서 큰 역할은 하지 못하였었다.[17]

2. 개정위원회는 그 초기 단계에서 다음과 같이 개정작업의 기본방향을 정하였다.

---

15) 민법전의 제정과정의 외부적 경과에 대하여는 우선, 鄭鍾休, "韓國民法典의 制定過程", 곽윤직 교수 화갑기념논문집(1985), 1면 이하; 同, 韓國民法典の比較法的硏究(1989), 145면 이하; 梁彰洙, "民法案의 成立過程에 관한 硏究", 서울대 법학 30권 3·4호(1989), 186면 이하(同, 民法硏究, 제 1 권(1991) 所載); 同, "民法案에 대한 國會의 審議(I)", 朴秉濠 敎授 還甲記念論文集 제 2 권(1991), 461면 이하; 同, "民法典의 成立過程에 관한 硏究 ―民法案에 대한 國會本會議의 審議", 서울대 法學 33권 2호(1992), 143면 이하(이상 同, 民法硏究, 제 3 권(1995) 所載) 등 참조.

16) 이 작업의 중심적인 역할을 한 金曾漢은 당시 서울대학교 법과대학의 교수이었는데, 1920년생으로 당시 36세의 젊음이었다.

17) 이상에 대하여는, 우선 梁彰洙, "民法案에 대한 國會의 審議(Ⅱ)", 同, 民法硏究, 제 3 권(1995)(원래의 제목은 "民法典의 成立過程에 관한 硏究 ―民法案에 대한 國會本會議의 審議"(앞의 註 15 참조)), 39면 이하 참조. 국회의 심의과정에서 중추적 역할을 한 사람(張璟根)의 평가에 의하면, "민법안의견서에 나온 의견은 별로 새로운, 종전에 없던 학설과 [다른] 새로운 것은 없었"다는 것이다. 速記錄, 44호 4면 中段 참조.

(1) 이번 민법전개정작업의 기본취지에 대하여, 장래의 변경가능성을 유보하면서, 다음과 같이 요약하였다.[18]

첫째, 민법전의 포괄성과 통일성을 확보하고 제고시킨다. 즉 무엇보다 그 사이에 우리의 생활이나 민사실무를 통하여 활발하게 전개되어 이제 한국의 민사법에서 확고하게 자리잡은 법적 장치나 제도, 그리고 법리를 조문화하여 민법전에 규정한다. 나아가 현실과 동떨어지게 되어서 규범력을 상실하고 민사생활의 지침으로서의 기능을 하지 못하는 민법 규정을 가려내어 수정한다. 또한 개별법률에 규정된 사항으로서 일반적 성격을 가지는 것을 민법전에 수용한다. 즉 지금까지의 입법 · 판례 · 학설에서의 전개와 발전을 민법전으로 통합하여 고정한다는 것이다.

둘째, 민법전의 현실적합성을 강화한다. 즉 "그 동안 민법을 시행하는 과정에서 생기는 문제들과 앞으로 제기될 의문들"에 대응하여 "한편으로 개개의 국민이 자유롭고 책임지는 시민으로서 그 안에서 자신의 의사와 능력을 힘껏 실현할 수 있는 법적인 틀이 마련되고, 다른 한편으로 재판실무의 정당한 필요에 응대하여 충분히 탄력성 있는 지침을" 준다는 것이다. 이는 그 동안 발견된 또는 장래 예상되는 민법상의 문제점을 포착하여 이에 적용될 법적 지침을 새로이 마련한다는 것인데, 이를 「현실적합성의 강화」라는 표어 아래 집약한 것이다.

셋째, 보다 쉽사리 접근할 수 있으면서도 또한 논리적으로 탄탄한 구성을 갖추도록 한다. 어려운 법률용어를 다시 음미하고, 알기 쉬운 문장으로 고칠 수 있는 여지는 없는지 검토한다.[19] 또 현행 민법전의 기본적 편성을 바꿀 필요는 없을 것이나, 각 규정이나 제도가

---

18) 梁彰洙, "債權總則의 改正着眼點과 改正案", 法務部 編, 民法(財産法)改正의 着眼點과 改正案(2000), 96면 이하.

19) 그러나 "법적 사고를 논리적 · 체계적으로 전개하는 데 반드시 필요한 전문술어를 포기할 수는 없"다는 점은 애초부터 못박아 두었다.

그 의미 또는 기능에 비추어 제대로 자리를 잡고 있는가 하는 문제시각에서도 검토를 가한다.

(2) 이상과 같은 취지에서 보다 구체적으로는 다음과 같은 작업방식이 정하여졌다.

(a) 우선 개정작업의 범위에 대하여는, 민법전의 기본체제나 편서는 현재대로 유지하되[20] 구체적 검토사항을 미리 못박지 아니하고 규정 전반을 비판적으로 음미하여 개정사항을 점차 정하여 가기로 하였다. 이는 이번의 개정작업이 현재의 민법전의 포괄적·전면적 재검토로부터 출발하는 것을 의미한다. 그러나 그렇다고 해서 이 작업상의 출발점이 곧 개정 필요의 결론으로 이어지는 것은 물론 아니다.

(b) 나아가 작업방식에 대하여는, ① 총칙·물권 두 편을 담당하는 제 1 소위원회, 채권편을 담당하는 제 2 소위원회를 두고(이하 「소위」라고 한다), 각 위원은 그 중 하나에 배속되어 작업을 진행한다, ② 먼저 각 小委別로 각 위원 및 각계로부터 제시된 개정의견(이는 「개정착안점」이라고 통칭되었다)을 검토하되, 극히 중요하거나 小委의 분장범위를 넘는 사항에 대하여는 전체회의에서 논의하기로 한다, ③ 나아가 개정착안점 중에서 일단 개정 여부를 적극적으로 논의할 대상(이는 위원회 내에서 「개정검토사항」이라고 통칭되었다)을 추려내고, 그 다음에 그 개정 여부 및 내용을 논의하고, 마지막으로 그 논의의 결과에 좇아 구체적으로 조문화를 행하는 순서로 작업한다, ④ 한편 그 전에, 광범위한 의견수렴을 위하여 각계에 개정의견을 조회하기로 하고 또한 지금까지 각종의 문헌·자료 등에서 제시된 개정의견을 수합·정리한다, ⑤ 민사특별법을 민법전에 편입하는 것의 가부 및 그

20) 이번의 개정작업에서 민법개정위원회는 현행 민법전의 기본적 결단이 정당함을 확인하는 것에서부터 출발하였다. 특히 민법전의 編序를 그대로 유지하고, 물권변동에서 등기와 인도를 그 성립요건으로 하며, 채무불이행과 불법행위에서 귀책사유를 책임의 원칙적 발생요건으로 하는 것 등이 그러하다.

범위 등도 아울러 검토한다는 방침을 세웠다.

3. 그 후 작업은 앞의 2.(2)(b)에서 정하여진 바에 좇아 진행되었다. 즉 小委別로 개정착안점을 수집한 다음, 각 小委 또는 전체회의를 열어 위 2.(2)(b)의 ② 및 ③의 방침에 좇아 개정검토사항 및 개정 여부 및 내용을 확정하는 작업을 순차적으로 벌렸다.[21] 각 소위의 작업은 대체로 그 소속 위원별로 그 분장범위를 나누어 그 범위에 속하는 개정착안점 및 개정검토사항을 심도 있게 검토한 다음 관련 자료와 함께 자신의 의견을 제시·보고하고, 이를 바탕으로 소위 위원 전원이 논의하여 결론을 내는 방식으로 진행되었다. 또한 위원회는 필요가 있을 때마다 전체회의를 개최하여 논의를 하고 또 의견을 조정하였다.

그리하여 2000년 중반에 각 소위 및 전체회의는 개정착안점의 검토를 마치고 개정검토사항을 일단 확정하였다. 그런 다음 각 소위별로 개정검토사항에 대하여 구체적인 개정내용을 논의하여, 2001년 5월에는 그 간의 작업성과를 집약한 「민법개정가안」이 만들어졌다. 이 가안을, 3인의 실무위원회(본인은 그 1인이었다)에서 전반적으로 그 표현과 내용 및 체제 등을 다시 검토하여 제출한 수정안과 함께 전체회의에서 심의하여, 동년 11월에 「민법개정시안」을 완성하였다.

이 「민법개정시안」에 대하여 2001년 12월 13일과 14일에 공청회가 있었고, 또한 다수의 학술대회, 연구회 등에서 그에 대한 견해가 제시되었다. 현재 민법개정위원회는 다양한 이들 견해를 고려하면서 다시 한 번 개정안의 내용을 비판적으로 음미하여 최종적으로 「민법

---

21) 물론 구체적으로 작업에 들어가 보면, 이러한 順序를 고수할 수 없는 경우도 때로 생겨서, 개정검토사항을 검토한 결과로 다시 개정착안점에 대한 논의를 하여야 하는 등의 일도 적지 않았다. 또 전체회의에서 결정된 바에 좇아 소위에서 구체적인 논의를 하는 과정에서 다시 전체회의에 附議할 필요가 발생한 경우도 있었다.

개정안」을 마련하는 작업을 하고 있다.

Ⅲ. 民法改正作業에서 論議·檢討된 事項[22)]

1. 이번의 민법개정작업에서 논의·검토된 사항, 즉 「개정착안

---

22) 본고의 이해를 위하여는 한국민법이 그 전에 시행되던 소위 「의용민법」, 즉 당시의 일본민법에 대하여 가지는 특징적인 규정·제도들을 미리 들어두는 것이 도움이 될는지 모른다. (1) **총칙편**에서는, 「공익법인」의 개념보다 범위가 넓은 비영리법인을 규정하고, 허위표시와 사기로 인한 의사표시 외에 심리유보(제107조) 및 착오 나아가 강박으로 인한 의사표시(제109조, 제110조)에 대하여도 그 무효 또는 취소를 "선의의 제 3 자에게 대항하지 못한다"고 정하고, 일부무효 및 무효행위의 전환에 관한 명문의 규정을 두고, 취득시효는 물권편에서 정한다(뒤의 註 23, 42도 참조). (2) **물권편**에서는, 법률행위로 인한 물권변동에서 등기나 인도를 그 성립요건으로 하고(법인의 설립에서도 설립등기가 성립요건이다. 부동산소유권의 취득시효도 시효완성점유자 앞으로의 등기가 있어야 비로소 소유권을 취득한다), 물권적 청구권을 명정하고, 매연 등에 의한 隣地妨害는 명문으로 금지되고(임미시온금지), 또 공동소유의 형태로는 공유 외에 합유와 총유를 정면에서 인정하며, 부동산제한물권으로서의 「전세권」(이 권리는 원래 용익물권의 성질을 가지나, 용익관계가 종료한 후에 발생하는 전세금의 반환에 대하여는 담보물권의 성질도 가진다)을 明定하고, 영소작권·선취특권·부동산질권은 인정되지 않으며, 저당권에서 척제 및 단기임대차보호는 부인되고, 나아가 물상대위(질권, 저당권의 경우)에서 "매각, 임대"는 그 요건에서 배제된다. (3) **채권총칙**에서는, 수령지체에 관하여 상세한 규정을 두고, 채무인수 및 지시채권·무기명채권에 대하여 명정한다. (4) **계약총칙**에서는, 소위 불안의 항변권을 정하고, 원칙적으로 채무자위험부담주의를 취하며, 원시적 불능급부에 대한 계약에 대하여 계약체결상의 과실책임을 정하고, 장래에 대하여 계약을 실효시키는 계약해지(종전의 「해약통고」)에 관한 명문의 규정을 둔다. (5) **계약각칙**에서는, 수증자의 배신적 행위와 증여자의 재산상태 변경을 증여의 해제사유로 하며, 소비대차·사용대차를 낙성계약으로 하고, 소위 「대물변제의 예약」 기타의 流擔保約定은 "그 재산의 예약 당시의 가액이 차용액 및 이에 붙인 이자의 합산액을 넘"으면 무효이고(이들 규정을 바탕으로 앞의 註 2의 「가등기담보 등에 관한 법률」이 제정되었다), 임대차에서 부동산임차인은 원칙적으로 등기청구를 할 수 있고, 임차인에게 차임증감청구권을 부여하며(지상권자·전세권자도 지료증감청구권을 가진다), 건물 소유를 목적으로 하는 토지임차인에게 갱신청구권·건물 및 부속물의 매수청구권을 부여한다(지상권자도 갱신청구권 및 지상물매수청구권을 가진다), 일정한 규정은 임차인에게 불리한 약정을 할 수 없는 편면적 강행규정이다. (6) **법정채권관계**에서는, 사무관리자는 무과실손해보상청구권을 가지고, 도의관념에 적합한 비채변제는 반환청구가 배제되고, 배상의무자의 경감청구권이 일정한 요건 아래 긍정된다.

점」은 실로 多岐에 걸친다. 그 다양성을 보이기 위하여, 민법개정위원회의 전체회의에서 논의된 사항으로서 「개정검토사항」으로 채택되지 아니한 논점의 일부를 들어두기로 한다.

① 계약에 관한 일반규정을 계약총칙에서부터 민법총칙으로 옮기는 것, ② 전자적 의사표시에 관한 규정을 신설하는 것, ③ 표견대리에 관한 현재의 3개의 조항을 통합하는 것, ④ 물건에 관한 규정을 물권법으로 옮기는 것, ⑤ 물건의 정의와 관련하여 정보에 대한 규정 또는 금전이나 유가증권 등을 추가로 규정하는 것, ⑥ 소멸시효 완성의 법률효과를 명문으로 규정하는 것,[23] ⑦ 토지소유권의 제한에 관하여 보다 포괄적인 규정을 두는 것, ⑧ 부동산등기와 관련하여, (i) 등기원인증서의 공증제도, (ii) 등기의 공신력 인정, (iii) 등기절차에서 등기공무원의 실질심사제도를 도입하는 문제, (iv) 토지대장과 등기부의 일원화 등을 민법 아니면 부동산등기법에 규정하는 것, ⑨ 지명채권양도의 대항요건으로서의 양도통지를 양수인도 할 수 있도록 하는 것, ⑩ 지시채권에 관한 규정을[24] 삭제하는 것, ⑪ 원시적 불능

---

23) 민법전의 제정작업에서 입법관여자들이 소위 절대적 소멸설의 입장을 취한 것은 명백한 것으로 생각된다. 예를 들어 민법에는 시효의 원용에 관한 규정이 존재하지 않는다. 그런데 주로 독일민법의 태도에 영향을 받아 상대적 소멸설을 강력하게 주장하는 견해가 1960년대 중반에 제기된 후로는(金曾漢, 消滅時效論, 1967년 서울대학교 박사학위논문. 同, 民法論集(1978), 245면 이하에 再錄), 절대적 소멸설로는 설명하기 어렵다는 시효이익의 포기에 관한 제184조 등을 실정법상의 근거로 하여 상대적 소멸설도 학설상 상당한 지지를 얻고 있다. 판례는 종전에는 절대적 소멸설의 입장을 취하는 것으로 이해되어 왔는데, 大判 92.11.10, 92다35899(공보 1993, 90); 大判 93.3.26, 92다25472(集 41-1, 246) 등이, 채권자대위소송에 있어서, 제3채무자(피고)는 피보전채권의 소멸시효 완성을 「원용」할 권리가 없다고 판단하여, 채권자대위권의 발생요건을 다투는 피고의 주장을 배척하였다. 이로써 이제 「판례」의 태도를 확정적으로 말하기 어려워졌다. 이번의 개정작업에서는 이 문제를 입법적으로 해결하자는 주장도 있었으나, 좀더 판례와 학설의 추이를 살피는 것이 낫다는 견해가 채용되었다.

24) 한국민법은 앞의 註 22의 (3)에서 말한 대로 지시채권(제3편 제1장 제7절. 제508조 내지 제522조)과 무기명채권(제3편 제1장 제8절. 제523조 내지 제526조)에 관한 규정을 채권총칙에 두고 있다.

의 급부를 목적으로 하는 계약에서 신뢰이익에 관한 손해의 배상책임을 정하는 제535조를 삭제하는 것,[25] ⑫ 부동산임차권의 대항력을 인도만에 의하여 인정하는 것,[26] ⑬ 징벌적 손해배상에 관한 규정을 두는 것 등이다.

그 외에 각 소위에서 개정착안점으로 검토한 결과 개정검토사항으로 하지 **아니하기로** 정한 사항은 일일이 열거할 수 없을 정도이다.

2. 한편 민법개정위원회의 전체회의 또는 각 소위원회에서의 논의·검토를 통하여 개정검토사항으로 하기로 정하여진 것 또는/및 나아가 그 검토의 결과 실제로 개정을 제안하기로 한 것 중 중요하다고 생각되는 것을 들어둔다.

(1) 우선 전체회의를 통하여 정하여진 것은 다음과 같다.

① 민법의 기본원리로 사적 자치의 원칙을 천명하는 것,[27] ② 인

---

25) 뒤의 註 76의 본문에서 보는 대로, 이번의 개정작업에서는, 착오취소에 있어서 착오자에게 신뢰이익에 관한 손해의 배상책임을 새로이 규정하기로 하는 입장이 채택되었다. 이로써 신뢰이익에 관한 손해배상을 정하는 규정은 둘이 된다.

26) 한국의 주택임대차보호법(앞의 註 2 참조)은 주택임대차에 대하여는 인도 및 주민등록의 이전으로도 대항력을 부여하는 태도를 취하고 있다(동법 제3조). 그 외에도 동법은 한국의 건물임대차에서 빈번하게 문제되는「전세금」또는「보증금」(통상 건물가격의 3할 내지 5할에 이른다)의 반환에 관하여 임대차계약서에 확정일자를 받는 것을 요건으로 우선변제권을 인정한다(동법 제3조의2 제2항). 한국의 임대차법, 특히 주택임대차보호법에 대한 일본어의 문헌으로는, 우선 高翔龍, "韓國の住宅賃貸借制度の形成と課題", 日本民法學の形成と課題(星野英一 先生 古稀 祝賀), 下卷(1996), 1279면 이하; 同, "現代韓國法入門"(信山社, 1998), 167면 이하, 특히 176면 이하; 石昌目, "韓國における住宅賃貸借 ──傳貰制度を中心として", 北大法學論集 50권 4호(1999), 183면 이하 참조. 이러한 규율들은 2001년 12월 29일 제정되어 2003년 1월 1일부터 시행되는 商街建物賃貸借保護法(앞의 註 2 참조)에도 이어져서, 일정액 이하의「보증금」을 지급하기로 하는 상가건물(즉 점포 또는 사무실)의 임대차에서도 인도 및 사업자 등록의 신청으로 대항력이 부여되고(동법 제3조), 또 임대차계약서에 확정일자를 받음으로써 보증금반환채권에 우선변제권이 인정되고 있다(동법 제5조 제2항).

27) 상세는 뒤의 Ⅳ.1.(1)을 보라.

격권에 관한 규정을 어떠한 형식으로든 민법전에 두는 것,[28] ③ 신의성실의 원칙(제 2 조 제 1 항)의 구체적 내용을 가능한 범위에서 적시하는 것,[29] ④ 성년을 현재의 20세에서 인하하는 것,[30] ⑤ 재단법인에의 출연재산의 법인귀속시기를 정하고 있는 민법 제48조를 재검토하는 것,[31] ⑥ 자주점유의 추정을 제한하는 것,[32] ⑦ 이자제한에 관한 규정을 둘 것인지 검토하는 것,[33] ⑧ 계약의 해제 또는 해지의 요건을 재검토하는 것,[34] ⑨ 새로운 전형계약에 대한 규정을 신설하는 것[35] 등이다.

(2) 한편 각 소위의 차원에서 개정하기로 정하여진 사항을 보기로 한다.

(a) 총칙편의 규정에 대하여는, ① 외국인의 권리능력 및 외국법

---

28) 상세는 뒤의 Ⅳ.1.(2)를 보라.

29) 이는 추후에, 계속적 계약관계에서 사정변경을 이유로 계약의 변경 내지 해소를 인정하는 한도에서만 검토하기로 정하여졌다. 뒤의 Ⅳ.6.(3)도 참조.

30) 최종적으로 성년을 19세로 인하하기로 정하여졌다.

31) 민법 제48조 제 1 항은 생전처분으로 재단법인설립행위를 한 경우에 출연재산은 법인이 성립된 때에 법인의 재산이 된다고 정한다. 그런데 한국민법은 법률행위로 인한 부동산물권변동에 관하여 제 3 자대항요건이 아니라 성립요건으로 등기를 요구하는 태도를 취하고 있어서(제186조), 不動産出捐의 경우에 법인성립시기(즉 설립등기시. 민법 제33조 참조)와 법인에의 이전등기 사이에 그 재산이 누구에게 귀속하는지, 또는 이미 성립한 법인에는 어떠한 권리가 귀속하는지에 관하여 論議가 있다. 大判(全) 79.12.11, 78다481(集 23-2, 212)은, 출연자와 법인 사이에서는 등기 없어도 법인에 귀속하나, 법인이 그 부동산으로 제 3 자에게 대항하려면 등기를 요한다는, 말하자면「권리 귀속의 상대적 분열」을 인정하는 태도를 취하였다. 이에 대하여는 비판이 적지 않다.

32) 이에 대하여는 뒤의 Ⅳ.3. 참조.

33) 종전의 이자제한법은 1997년 말 이후의 경제위기를 맞아 IMF의 정책권고에 의하여 1998년 1월에 폐지되었다. 한편 경제운용 당국(재정경제원)이 이자제한의 문제를 구체적으로 검토하고 있으므로, 적어도 현단계에서 민법개정위원회는 이자제한법이 폐지된 위와 같은 경위에 비추어 일단 그 작업의 추이를 지켜보기로 하였다.

34) 상세는 뒤의 Ⅳ.6.을 보라.

35) 구체적으로는 새로운 전형계약으로서 중개계약과 여행계약에 관한 규정을 신설하기로 하였다.

인에 관한 규정의 신설, ② 특별실종기간의 단축,[36] ③ 동시사망 추정 범위의 확대,[37] ④ 법인의 설립에 관하여 허가주의로부터 인가주의로의 전환, ⑤ 소위「사실상 이사」의 책임에 관한 규정 신설,[38] ⑥ 비법인사단·재단에 관한 규정 신설,[39] ⑦ 이사의 대표권의 제한이 등기되지 아니한 경우에도 악의의 제 3 자에는 이를 대항할 수 있도록 하는 것,[40] ⑧ 법률행위의 해석에 관한 규정 신설,[41] ⑨ 不公正한 법률

---

36) 현행 민법에는 전쟁실종·해난실종·항공기실종 기타 위난실종의 실종기간이 위난종료 후 1년으로 되어 있는 것을, 해난실종·항공기실종에 대하여는 6개월로 단축하려는 것이다.

37) 현행 민법이 동시사망 추정의 요건을 "2인 이상이 동일한 위난으로 사망한 경우"로 정하고 있는 것(제30조)을, "수인의 사망자 중 1인이 다른 사람의 사망 후에도 생존한 것이 분명하지 아니한 경우"로 확장하려는 것이다.

38) "이사에게 그의 업무를 사실상 지시하는 자 또는 이사 그 밖의 대표권한이 있는 것으로 인정될 만한 명칭을 사용하여 업무를 집행하는 자"의 불법행위에 대하여 법인의 책임을 인정한다는 것이다(제35조 제 3 항의 신설).

39) 판례나 통설이 말하는 대로, "성질에 반하지 아니하는 한" 법인에 관한 규정을 준용한다는 것이다(제39조의 2).

40) 현행 민법 제60조는 이사의 대표권의 제한은 등기 없으면 일본민법 제54조와는 달리 "제 3 자에게 대항하지 못한다"고 정하고(이는 등기의 기능에 착안한 것으로, 등기를 간접적으로 강제하려는 데 1차적인 목적이 있다), 大判 75. 4. 22, 74다410(集 23-1, 224); 大判 92. 2. 14, 91다24564(集 40-1, 98) 등은 악의의 제 3 자도 대표권의 제한을 대항받지 아니한다는 태도를 취한다. 제 1 소위는 주로 상업등기의 효력에 관한 상법 제37조 제 1 항이 "등기할 사항은 이를 등기하지 아니하면 **선의의 제 3 자**에게 대항하지 못한다"(강조는 인용자가 가한 것이다. 이하 같다)고 정하는 것과의 정합성을 고려하여 위 민법 제60조를 개정하는 것으로 태도를 정하였다.

41) 이는 법률행위의 해석 내지 내용충전에 관한 기준으로「사실인 관습」을 정하는 민법 제106조(일본민법 제92조)를 "① 법률행위의 해석에 있어서는 표현의 문언에 구애받지 아니하고 당사자의 진정한 의사를 탐지하여야 한다. ② 법률행위는 당사자가 기도한 목적, 거래관행 그 밖의 사정을 고려하여 신의성실에 좇아 해석하여야 한다"는 규정으로 대체하려는 것이다. 종전의 제106조는 실제로 그 적용의 예를 찾아보기 힘든 반면, 그 성격에 대하여, 예를 들면 제 1 조에서 규정하는 성문법우선주의와의 관계에 대하여 여러 가지 논의가 많았다. 구체적으로 조문을 마련함에 있어서는 논의가 분분하였다. 결국 판례의 태도(大判 92. 11. 24, 92다31514(공보 1993, 239); 大判 93. 10. 26, 93다2629(공보 1993, 3165) 등은 "일반적으로 계약의 해석에 있어서는 형식적인 문귀에만 얽매어서는 안 되고 쌍방 당사자의 진정한 의사가 무엇인가를 탐구하여야 한다"고 판시하고, falsa demonstratio non nocet의 법리를 채택하고 있다), 독일민법 제133조, 제

행위의 요건 중 표현 수정,[42] ⑩ 착오에 관한 규정의 정비,[43] ⑪ 一部無效에 관한 원칙의 전환,[44] ⑫ 무권리자의 처분행위에 관한 규정 신설,[45] ⑬ 소멸시효 중단사유로서의「재판상 청구」의 확대[46] 등이다.

(b) 물권편의 규정에 대하여는, ① 가등기의 실체적 효력에 대한 규정 신설,[47] ② 占有物收去忍容請求權 신설,[48] ③ 매연 등에 의한 인

157조, 국제동산통일매매법 제 8 조, 제 9 조, 유럽계약법원칙 제5:101조, 제5:102조 등을 참고로 하여, 위에서 본 바와 같은 문언이 구상되었다.

42) 민법 제104조는 일본민법과는 달리 불공정한 법률행위(폭리행위)에 관하여 명문으로 정하는데, 그 객관적 요건의 "궁박, **경솔** 또는 무경험"을 "궁박, **판단력의 부족** 또는 무경험"으로 개정하려는 것이다.

43) 상세는 뒤의 Ⅳ.2.를 보라.

44) 현행의 민법 제137조가 법률행위의 일부무효의 효과를 원칙적 전부무효로 정하고 있는 것을, 원칙적으로 나머지 부분의 효력을 인정하는 것으로 개정하려는 것이다.「약관의 규제에 관한 법률」제16조도 후자의 태도를 취하고 있다.

45) 무권리자의 처분에 대하여 현행 민법에서는 선의취득(제249조)이나 타인의 물건으로 하는 변제(제463조) 등과 관련하여 간접적으로밖에 규정되고 있지 않다. 이것을, 기본적으로 大判 66. 10. 21, 66다1596(카드 2302); 大判 81. 1. 13, 79다2151(공보 651, 13577) 등 판례의 태도를 명문화하여, 무권리자의 처분도 권리자의 사전 동의가 있으면 유효하고, 사후의 동의, 즉 追認에 의하여도 ── 제 3 자의 권리를 해하지 아니하는 한 遡及的으로── 유효하게 됨을 정한다는 것이다. 한편「처분」의 용어(이에 대하여는 뒤의 V.2(2)도 참조)는 뒤의 註 47에서 보는 가등기의 실체적 효력에 관한 규정에도 나온다.

46) 이는 기본적으로 大判(全) 93. 12. 21, 92다47861(集 41-3, 383)이 종전의 판례를 변경하여 적극적 응소행위에 시효중단의 효력을 인정한 취지를 발전시키려는 것이다. 구체적으로는 시효중단사유로 "1. 청구"를 "1. 청구. 본안에 관한 응소 그 밖의 재판상 권리행사도 이에 준한다"고 정하려고 한다.

47) 가등기의 효력에 대하여는 부동산등기법에 "가등기를 한 경우에 본등기의 순위는 가등기의 순위에 의한다"는 규정이 있는데(동법 제 6 조 제 2 항), 여기서 정하여진 소위「순위보전의 효력」이 등기절차법을 넘어서 실체법적으로 어떠한 내용을 가지는 것인가에 대하여는 논의가 있다. 이에 대하여는 郭潤直, "假登記制度 ──독일 및 일본의 제도와의 비교 · 검토", 서울대 法學 22권 1호(1981), 1면 이하(同, 厚巖民法論集(1991), 380면 이하에 再錄) 참조. 이번의 개정작업에서는 가등기의 실체적 효력에 대하여 "假登記 이후에 이루어진 目的物에 대한 處分은 그 假登記에 의하여 保全되는 權利를 侵害하는 한도에서 效力이 없다"라는 규정을 두기로 하였다. 그런데 그 규정을 어디에 둘 것인지가 크게 문제되었는데, 결국 부동산물권변동에 관한 원칙적 규정인 제186조, 제187조에 이어서 제187조의2로 정하기로 하였다. 이 제안에 대하여는 어떠한 경우에 가등기를 할 수 있는 것인지에 대하여 전혀 규정하지 아니하고, 그 효력만을 정하는 것이 과

지방해의 금지에 관한 제217조의 개정,[49] ④ 경계침범건축에 관한 특칙 신설,[50] ⑤ 소위 관습지상권의 제한,[51] ⑥ 전세권에 대한 저당권자의 전세금반환청구권에 대한 우선변제권 인정,[52] ⑦ 근저당권 관련 규정의 대폭적 신설[53] 등이다.

(c) 채권편의 규정에 대하여는, ① 채무불이행책임의 발생에 일반적으로 귀책사유를 요구하는 것,[54] ② 손해배상의 부가적 방법으로

연 타당한가 하는 법체계상의 의문도 제기될 수 있겠는데, 이미 마련되어 있는 부동산등기법상의 가등기 규정(동법 제3조)을 전제로 한다면 그 후에 이와 같은 규정을 두어도 별문제는 없으리라는 견해가 관철되었다.

48) 자기가 점유하던 물건이 그 점유를 이탈하여 타인의 부동산에 들어간 경우에 이를 取去하는 것에 관련한 문제에 대하여는 현재 隣地使用請求權에 관한 제216조(일본민법 제209조 참조)의 유추적용 등이 제안되고 있다. 이 문제를 독일민법 제867조 등을 참고로 하여 입법적으로 해결하고자 하는 것이다.

49) 현재의 제217조에는 그 의무자로 토지소유자만이 규정되어 있는 것을 토지점유자도 같은 의무를 지게 하고, 한편 그 방해의 忍容要件을 보다 명확하게 정하려는 것이다.

50) 고의 또는 중과실 없는 경계침범건축의 경우에는 1년 내에 그에 대한 이의의 제기가 없으면 그 철거 등 원상회복을 청구할 수 없도록 하되, 피침범토지의 소유자에게 지료 상당의 보상 또는 피침범토지의 매수를 청구할 수 있도록 하자는 것이다.

51) 상세는 뒤의 Ⅳ. 4.를 보라.

52) 전세권(앞의 註 22의 (2) 참조)에 대하여도 저당권이 설정될 수 있다(제371조 제1항). 그런데 大決 92. 7. 10, 92마380(공보 1992, 2512); 大判 99. 9. 17, 98다31301(공보 1999하, 2178) 등 판례는 전세권자의 전세금반환채권에 대하여는 저당권의 효력이 미치지 아니한다는 태도를 취한다. 이는 학설상 비판의 대상이 되고 있는데, 이 문제를 입법적으로 해결하고자 하는 것이다.

53) 일본민법 제398조의2 이하 참조.

54) 채무불이행에 관한 일반규정인 제390조는 그 단서에서 이행불능에 대하여만 귀책사유 없으면 면책되는 것으로 규정하고 있다("債務者가 債務의 內容에 좇은 履行을 하지 아니한 때에는 債權者는 損害賠償을 請求할 수 있다. 그러나 債務者의 故意나 過失 없이 이행할 수 없게 된 때에는 그러하지 아니하다"). 이를 통설에 좇아 채무불이행 일반의 면책사유로 정하려는 것이다("그러나 채무자의 고의 또는 과실 없이 그 이행이 이루어지지 아니한 때에는 그러하지 아니하다"). 민법에서 채무불이행으로 이행불능과 이행지체의 두 유형만을 규정하고 있다는 견해는 이제 거의 주장되지 않으며, 민법 제390조 본문이 채무불이행의 객관적 요건을 포괄적·일반적으로 규정한 것이라는 이해가 관철되고 있다. 위의 개정제안은 "이행이 이루어지지 아니한 때"라는 표현으로 이러한 이해를 명문으로 뒷받침하고자 하는 의도도 없지 않다.

원상회복을 인정하는 것,[55] ③ 정기금의 지급에 의한 손해배상을 보다 일반적으로 인정하는 것,[56] ④ 과실상계에 관한 규정을 보완하는 것,[57] ⑤ 보증에 관한 규정의 대폭적 개정,[58] ⑥ 격지자 간의 계약의 성립시기를[59] 승낙의 도달시로 하는 것, ⑦ 매도인의 담보책임의 내용으로 대금감액과 補修請求도 인정하는 것,[60] ⑧ 매도인의 담보책임

---

55) 현행 민법은 손해배상의 방법으로 "다른 의사표시가 없"는 한 금전지급을 정하고 있다(제394조). 이 금전배상의 원칙을 유지하되, 예외적으로 "상당한 이유가 있는 때"에는, 채무불이행이 없었으면 있었을 상태의 회복을 청구할 수 있도록 하려는 것이다.

56) 현행 민법은 불법행위에 관한 규정 중에서 비재산적 손해의 배상을 정기금 지급의 방식으로 할 수 있다고 정한다(제751조 제 2 항). 이를 불법행위뿐만 아니라 채무불이행의 경우에도, 또 비재산적 손해뿐만 아니라 재산적 손해의 경우에도 인정하려는 것이다. 다만 이 방법은 "신체 또는 건강의 침해로 인한 손해"의 배상에 한정된다. 한편 민사소송법 제252조는 정기금의 지급을 명하는 판결이 있는 후에 사정변경이 있으면 지급액의 변경을 구할 수 있다고 규정하고 있다.

57) 현행 제396조는 일본민법 제418조와 마찬가지로 "채무불이행에 관하여" 채권자에게 과실이 있는 때를 과실상계의 요건으로 정하고 있다. 애초의 「민법개정시안」은 이를 "채무불이행 **또는 손해의 발생**에 관하여"로 정하자는 것이었다. 이 제안은 후에 공청회 등에서 제시된 견해를 참작하여 "채무불이행으로 인한 손해의 **발생 또는 확대**에 관하여"로 수정하였다. 이상의 개정안이 채권자의 損害避抑義務를 간접적으로 규정한 것인지는 논의의 여지가 있을 것이다.

58) 상세는 뒤의 Ⅳ.5.를 보라.

59) 현행의 제531조는 일본민법 제526조 제 1 항과 마찬가지로 승낙의 발송시로 정하고 있다.

60) 매도인의 담보책임의 원칙적인 내용을 대금감액 또는 ——아마도 실제로는 예외적으로만 의미가 있을—— 상당한 기간을 정하여 하는 補修請求(보수에 과다한 비용이 요구되는 경우는 제외된다)로 전환하려는 것이다. 제 2 소위에서는 그 경우 손해배상청구권(현재의 원칙적 담보책임내용이다)을 인정할 것인지 또는 어떠한 요건 아래 인정할 것인지에 대하여 상당한 논의가 있었는데, 적어도 현 단계에서 이를 부인할 것은 아니라는 태도가 다수를 점하였다. 결국 매수인은 담보책임에 기하여 대금감액(+ 손해배상) 또는 보수청구(+ 손해배상) 또는 손해배상이라는 3개의 選擇肢를 가지게 된다. 물론 여기서 「손해배상」이 어떠한 요건 아래서 어떠한 내용으로 인정되는가는 적어도 입법적으로는 미해결의 문제이다. 한편 大判 97.5.7, 96다39455(공보 1997상, 1702)는, 방론으로 "매매목적물의 하자로 인하여 확대손해 내지 2차 손해가 발생하였다는 이유로 매도인에게 그 확대손해에 대한 배상책임을 지우기 위하여는 채무의 내용으로 된 하자 없는 목적물을 인도하지 못한 의무위반사실 외에 그러한 의무위반에 대하여 매도인에게 귀책사유가 인정될 수 있어야만 한다"고 판시한 바 있다.

에 관한 권리행사기간을 재고하는 것,[61] ⑨ 수급인의 담보책임의 원칙적 내용으로 報酬減額도 인정하는 것,[62] ⑩ 수급인의 담보책임에서 건물 기타 토지의 공작물에 대하여는 해제권을 인정하지 아니한다는 예외규정을[63] 삭제하는 것, ⑪ 고용에서 안전배려의무를 규정하는 것,[64] ⑫ 미성년자에게 책임능력 있는 경우에도 그의 불법행위에 대하여 감독의무자의 손해배상책임을 원칙적으로 인정하는 것,[65] ⑬ 불법행위로 인한 손해배상에 대하여 채무불이행으로 인한 손해배상의 범위에 관한 규정을 준용하지 아니하는 것[66] 등이다.

---

61) 현행 제582조는 담보책임을 물을 수 있는 기간을 "매수인이 그 사실을 안 날로부터 6월 내"라고 정하고 있는데, 이를 "그 사실을 알았거나 알 수 있었던 날로부터 1년 내"로 개정하려는 것이다. 논의과정에서는, 인도시를 그 기산점으로 하자는 의견, 대금감액(또는 예외적으로 해제)과 그 이외의 권리를 별도로 처리하자는 의견 등 다양한 견해가 제시된 바 있다.

62) 현재의 補修請求 및 손해배상 외에 보수감액을 인정하자는 것이다. 실무가 위원들 사이에는 주로 건축공사도급의 경우를 염두에 두고 보수감액이 실제적 해결방법이 되지 못한다는 견해가 강하게 제기되었다. 그러나 특히 수급인이 완성할「일」이 보다 단순한 것인 경우에는, 현재의 재판실무에서와 같이 소위「대금감액적 손해배상」으로 문제를 처리하는 것에 대한 이론적·실제적 의문을 제거하기 위해서도 보수감액을 정면에서 인정하는 것이 낫다는 견해가 관철되었다.

63) 민법 제668조 단서. 일본민법 제635조 단서에 상응한다.

64) 제안된 규정은 "사용자는 노무제공에 관하여 노무자의 안전을 배려하여야 한다"는 것이다.

65) 민법 제755조는 책임무능력자의 행위에 대하여 그 감독의무자에게 손해배상의무를 지우고 있다. 그런데 책임능력 있는 미성년자의 불법행위에 대하여 친권자 기타 감독의무자가 불법행위책임을 지는가에 대하여, 大判(全) 94.2.8, 93다13605(集 42-1, 127)는 "그 손해가 당해 미성년자의 감독의무자의 의무위반과 상당인과관계가 있으면 감독의무자는 **일반불법행위자로서** 손해배상책임이 있다"고 판시하고, 종전의 재판례의 분열에 종지부를 찍었다. 그리고 아마도 보다 중요한 것은, 그 후에 실제의 사건에서 친권자 등의 감독의무위반 및 그 위반과 손해발생과의 인과관계가 긍정되어 그에 대한 손해배상청구가 인용된 예가 드물지 않다는 점일 것이다. 이번의 민법개정작업에서는 애초 그 책임을 입법으로써 적극적으로 부정하자는 견해도 제기되었으나, 결국은 "미성년자를 감독할 법정의무 있는 자는 미성년자에게 책임능력이 있는 경우에도" 손해배상책임을 진다는 규정을 두는 것으로 결론지어졌다(可否同數이었는데, 위원장의 권한으로 채택되었다).

66) 민법 제763조는 채무불이행으로 인한 손해배상책임에 관한 일련의 규정을 준

Ⅳ. 特徵的 作業內容 몇 가지

1. 通則規定

제 1 조의 2 [인간의 존엄] ① 사람은 인간으로서의 존엄과 가치를 바탕으로 자신의 자유로운 의사에 좇아 법률관계를 형성한다.
② 사람의 인격권은 보호된다.

(1) 민법의 제 1 편 「총칙」은 冒頭의 제 1 장 「通則」에 2개조를 두고 있다. 이 중에서 신의성실의 원칙과 권리남용의 원칙을 정하는 제 2 조[67]는 민법의 기본원리를 선언한 규정으로 이해되어, 그 의미를 극히 중시하는 견해가 유력하였다.[68] 그러나 점차로 그러한 이해에 의문을 제시하는 견해도 대두되고 있는 형편이었다.

이번의 민법개정작업을 하는 과정에서는, 신의성실의 원칙이 민법전 모두의 「통칙」에 규정되어 그 기본원리성의 실정적 근거의 가능성이 마련되었다면, 이에 대하여 사적 자치의 원칙을 신의성실의 원

용하고 있는데, 그에는 배상범위에 관한 제393조("① 채무불이행으로 인한 손해배상은 통상의 손해를 그 한도로 한다. ② 특별한 사정으로 인한 손해는 채무자가 그 사정을 알았거나 알 수 있었을 때에 한하여 배상의 책임이 있다")도 포함되어 있다. 그런데 그 준용에 대하여는, 특히 우연한 접촉과정에서 일어나기 쉬운 과실불법행위의 경우에 채무자가 「특별한 사정」을 아는지 여부에 의하여 손해배상의 범위를 정하는 것은 성질상 적절하지 아니하다는 의견, 나아가 그렇다고 제393조 제 1 항만을 준용하는 것은 불법행위로 인한 손해배상의 범위를 어느 경우에나 통상의 손해로 제한하는 결과가 되어 부당하다는 의견이 다수의 지지를 얻었다.

67) 제 1 조는 法源에 관한 것으로 성문법우선주의를 선언하고 있다.

68) 예를 들면 郭潤直, 民法總則, 新訂版(1989), 78면 이하 : "이른바 3대원칙의 제약원리 또는 수정원리로서 작용한 신의성실의 원칙과 권리남용금지의 원칙을 보편적 원칙으로서 민법전의 첫머리에 宣明하고 있다. … 신의성실 · 권리남용금지, 그리고 거래의 안전 · 사회질서 등의 여러 원칙들은 **3대원칙을 적극적으로 제약하는, 그리고 3대원칙보다 고차의 상위원칙**이며, 그것은 공공복리라는 최고원리의 구체화이다."(점선부분은 인용자에 의한 생략을 가리킨다. 이하 같다)

칙을 정하는 규정보다 앞세워 명문으로 정하는 것이 타당하다는 의견이 관철되었다. 이에 대하여는 한편으로 현재 과연 사적 자치의 원칙이 실제로 어느 만큼 관철되고 있는지를 먼저 검토할 필요가 있다는 견해가 있었고, 다른 한편으로 이와 같은 원리적·포괄적 규정을 둘 실제상의 필요가 있는지 의문이라는 견해도 제시되었다.

(2) 한편 민법에는 인격권(또는 인격적 법익) 일반에 대하여 규정이 없으며,[69] 단지 불법행위에서 명예에 대하여 정할 뿐이다(제751조, 제764조).[70][71] 그러나 판례나 통설은, 명예 이외에도 가령 초상이나 성적 염결성, 신용 등의 인격적 법익을[72] 불법행위를 이유로 하는 손해배상청구권은 물론이고, 나아가 그 법익의 침해를 이유로 물권적 청구권의 성질을 가지는 留止請求權을 인정함으로써 보호하고 있다.[73]

이번의 개정작업에서는, 인격권 및 그 보호에 관한 규정을 새로이 둘 것인가, 만일 이를 둔다면 어떠한 체계의 어떠한 내용으로 마련할 것인가에 대하여 열띤 논의가 있었다. 결국 인격권의 이념적인 그리고 실제적인 중요성에 비추어 그것이 법적 권리로서 보호된다는 점을 명문으로 규정하기로 하되, 그 권리의 내용이나 보호의 법적 수

---

69) 한편 헌법 제17조는 "모든 국민은 사생활의 비밀과 자유를 침해받지 아니한다"고 규정하고 있다.

70) 일본민법 제710조, 제723조 참조.

71) 그 외에 저작권법 제11조 내지 제15조에 「저작인격권」에 대한 명문의 규정이 있다.

72) 예를 들면 大判 98.2.13, 96다7854(集 46-1, 59)는 수혈환자의 AIDS바이러스 감염으로 손해배상청구사건에서 그 감염의 위험성에 대한 설명이 소홀하였다는 이유로 의료측의 책임을 인정하면서, "수혈 여부에 관한 환자의 자기결정권이라는 인격권의 침해"를 운운한다. 또 大判 98.2.10, 95다39533(集 46-1, 1)은 소위 성희롱에 대하여 그 위법성의 기준을 제시하고 있는데, 이를 인격권 침해로 파악한다.

73) 大判 96.4.12, 93다40614(集 44-1, 323)("인격권은 그 성질상 일단 침해된 후의 구제수단(금전배상이나 명예회복 처분 등)만으로는 그 피해의 완전한 회복이 어렵고 손해전보의 실효성을 기대하기 어려우므로, 인격권 침해에 대하여는 사전(예방적) 구제수단으로 침해행위 정지·방지 등의 금지청구권도 인정된다"); 大判 97.10.24, 96다17851(공보 1997하, 3574) 등.

단에 대하여는, 스위스민법이나 프랑스민법 등과는 달리, 구체적으로 규정하지 아니하고 이를 판례와 학설에 맡기기로 하였다.

중요한 것은, 그 규정을 매우 의식적으로 「통칙」에 포함시키기로 한 점, 그리고 그 제 1 항의 사적 자치의 원칙의 규정과 결합시킨 점인지도 모른다. 이는 민법이 자본주의의 원활한 운용을 뒷받침한다는 측면, 즉 그 경제적·물질적 측면만을 앞세우려는 태도에 대한 반성의 의미를 포함한다고 할 수 있을 것이다.

2. 錯 誤

(1) 우선 제109조 제 2 항을 다음과 같이 신설하려는 것이다.

> ② 당사자, 물건의 성질 그 밖의 법률행위의 동기에 착오가 있는 경우에도 그 착오가 거래의 본질적인 사정에 관한 것인 때에는 제 1 항을 준용한다.

착오로 인한 의사표시에 대한 제109조의 제 1 항은 "의사표시는 법률행위의 내용의 중요부분에 착오가 있는 때에는 취소할 수 있다. 그러나 그 착오가 표의자의 중대한 과실로 인한 때에는 취소하지 못한다"고 정한다. 법률행위에서의 착오의 처리에 대하여는 많은 논의, 예를 들면 행위착오와 동기착오는 구분되는가, 그렇다면 양자는 어떻게 달리 취급할 것인가, 공통착오·상대방의 인식가능성·무상행위 등을 별도로 다룰 것인가 등의 문제에 대하여 논의가 행하여지고 있다. 그런데 현재 규정의 문언을 존중하는 한에서는 취소권은 우선 착오가 「법률행위의 내용」에 대한 것이라야 하는데, 그렇지 아니한 경우, 즉 동기착오에 대하여도 일정한 요건 아래서 표의자의 취소를 인정하여야 한다는 견해가 채택되었다.[74] 그리하여 일단 내용착오(및 그

---

74) 그 외에, 착오에 대한 규율을 보다 명확하게 하여, 상대방 있는 유상행위의 경

를 포함하는 범주인 소위 행위착오)와 동기착오의 구분은 예를 들면 스위스채무법이나 오스트리아민법에서와 같이 법전상 채택되게 되었다. 그런데 후자의 경우에 어떠한 요건 아래서 취소권을 인정할 것인가에 대하여는, 여러 논의가 있었으나, 결국 스위스채무법 제24조 제1항 제4호("착오자가 거래에 있어서 신의칙에 따라 계약의 필수적인 기초라고 생각하였던 특정한 사정에 대한 착오")를 참고로 하여, 위와 같은 내용으로 합의되었다.

(2) 한편 착오취소자의 신뢰이익에 관한 손해의 배상책임에 관한 규정의 신설이 제안되었다.

> 제109조의2 [취소자의 손해배상의무] ① 제109조에 의하여 의사표시를 취소한 자는 그 착오를 알 수 있었던 경우에는 상대방이 그 의사표시의 유효함을 믿었음으로 인하여 받은 손해를 배상하여야 한다. 그러나 그 배상액은 의사표시가 유효함으로 인하여 생길 이익액을 넘지 못한다.
>
> ② 제1항의 규정은 상대방이 표의자의 착오를 알았거나 알 수 있었을 경우에는 적용하지 아니한다.

학설 중에는 입법론상으로 착오취소의 경우에 계약체결상의 과실책임으로 착오자에게 신뢰이익에 관한 손해의 배상책임을 과하여야 할 것이라는 주장이 행하여지고 있었다. 판례는[75] 착오를 이유로 적법하게 법률행위를 취소한 자가 그 법률행위의 상대방에 대하여 불법행위책임을 지는가에 대하여, "불법행위로 인한 손해배상책임이 성립하기 위하여는 가해자의 고의 또는 과실 이외에 행위의 위법성이 요

우에 대하여, 행위착오/동기착오의 구별을 법정하지 아니하고, (i) 그 착오가 상대방에 대하여도 중요한 의미가 있는 때, (ii) 상대방이 그 착오를 알았거나 알 수 있었을 때, 또는 (iii) 상대방이 그 착오의 원인을 제공한 때의 세 경우에 취소를 인정하자는 견해가 있었다. 그러나 이는 채택되지 않았다.

75) 大判 97.8.22, 97다카13023(공보 1997하, 2800).

구된다 할 것인바, 피고[에게] … 과실이 있다고 하더라도 민법 제109조에서 중과실이 없는 착오자의 착오를 이유로 한 의사표시의 취소를 허용하고 있는 이상, 피고가 과실로 인하여 착오에 빠져 계약보증서를 발급한 것이나 그 착오를 이유로 보증계약을 취소한 것이 위법하다고 할 수는 없다"고 설시하여 그 책임을 부정하였다.

이번의 개정작업에서는 명문으로 착오취소자의 손해배상책임을 규정하자는 견해가 채택되었다. 그리고 독일민법 제122조의 규정에 좇아 위와 같은 개정제안이 마련되었다.[76] 이 개정제안은 이번의 민법개정작업에서 독일적 법사고가 관철된 좋은 예라고 할 것이다.[77]

3. 自主占有의 推定의 制限

제197조 [점유의 태양] ① 점유자는 선의 평온 및 공연하게 점유한 것으로 추정한다.

② 점유자는 소유의 의사로 점유한 것으로 추정한다. 그러나 점유자가 소유권 취득의 원인이 될 수 있는 요건이 없음을 알면서 점유를 개시한 때에는 그러하지 아니하다.

현재의 제197조 제 1 항은 점유자가 "소유의 의사로" 점유하는 것이 추정된다고 정하고 있다.[78] 이 추정규정이 특히 부동산소유권의 취득시효(제245조 제 1 항: "20년간 소유의 의사로 평온, 공연하게 부동산을 점유하는 자는 **등기함으로써** 그 소유권을 취득한다")와 관련하여 어떻

76) 이로써 민법에는 신뢰이익에 관한 손해의 배상을 명정하는 규정이 둘로 늘게 되었다. 즉 앞의 Ⅲ.1.의 ⑪에서 본 제535조(원시적 불능급부를 목적으로 하는 계약에서의 손해배상책임)와 위의 제109조의2가 그것이다.

77) 이번의 개정작업에서는 그 외에도 독일법적 규정이 두드러지게 진출하였다. 앞의 Ⅲ.2.(2)에서 든 사항으로부터 들어보면, (a)의 ⑧, ⑨, ⑫, (b)의 ①, ②, ④, (c)의 ⑪ 등을 들 수 있다.

78) 민법 제192조 제 1 항은 "물건을 사실상 지배"하는 것을 점유라고 정하여, 점유에 관하여 명백히 소위 客觀說을 취하고 있다.

게 적용되는가에 대하여 판례의 태도에는 변화가 있었다.

자주점유인지 여부는 점유자의 주관적 의사가 아니라 점유권원의 객관적 성질에 의한다는 법리는 일관되게 유지되었다. 그런데 애초에 실무는 그 점유권원의 유무나 그 성질이 명백하지 아니한 경우 또는 점유자가 주장하는 수증이나 매수와 같은 자주점유권원이 입증되지 아니하는 경우에는 자주점유가 추정되지 않는다는 견해를 취하였던 것으로 이해된다. 그런데 일본의 최고재판소에 해당하는 대법원이 그 전원합의체(일본의 大法廷에 해당한다)의 판결[79]로써 이러한 태도를 버리고 "점유자가 스스로 매매 또는 증여와 같은 자주점유의 권원을 주장하였으나 이것이 인정되지 않는 경우에도 원래 … 자주점유의 권원에 관한 입증책임이 점유자에게 있지 아니한 이상, 그 점유권원이 인정되지 아니한다는 사유만으로 자주점유의 추정이 번복된다거나 또는 점유권원의 성질상 타주점유라고 볼 수는 없다"고 판시하였다. 이러한 판례의 태도 전환은 한국에서 부동산소유권과 관련한 쟁송에서 빈번하게 행하여지는 시효취득의 주장과 관련하여 소유자에게 불리한 결론을 내기 쉽게 하는 결과를 불러왔고, 이에 대하여 적지 않는 비판이 제기되었다. 그런데 헌법재판소가 국유재산에 대한 취득시효의 성립을 배제하는 국유재산법 제5조에 대하여 국유잡종재산에 관하여는 위헌이라는 판단을 함으로써 그 규정의 효력이 상실되자,[80] 특히 국유토지 위에 무단으로 건물을 건축·보유하고 있던 다수의 사람들도 시효취득을 주장할 수 있게 되었다. 이에 大判(全) 97.8.21, 95다28625(集 45-3, 84)는 "점유자가 점유 개시 당시에 소유권 취득의 원

---

79) 大判(全) 83.7.12, 82다708(集 31-4, 7).

80) 憲裁 91.5.13, 89헌가97(憲集 3, 202)("국유잡종재산은 私經濟的 去來의 대상으로서 사적 자치의 원칙이 지배되고 있으므로 시효제도의 적용에 있어서도 동일하게 보아야 하고, 국유잡종재산에 대한 시효취득을 부인하는 同規定은 합리적 근거 없이 국가만을 우대하는 불평등한 규정으로서 헌법상의 평등의 원칙과 사유재산권 보장의 이념 및 과잉금지의 원칙에 반한다.")

인이 될 수 있는 법률행위 기타 법률요건이 없이 그와 같은 법률요건이 없다는 사실을 알면서 타인 소유의 부동산을 무단점유한 것이 입증된 경우에는 특별한 사정이 없는 한 점유자는 타인의 소유권을 배척하고 점유할 의사를 갖고 있지 않다고 보아야 할 것이므로 이로써 소유의 의사가 있는 점유라는 추정은 깨어졌다"고 판시하기에 이르렀다.[81)]

이번의 개정작업에서는 위와 같은 판례의 취지를 명문으로 고정하여야 한다는 견해가 채택되었다. 다만 그 규정은 어디까지나 자주점유의 추정이 부정되는 범위를 제한한 것으로서, 자주점유인지 여부가 점유권원의 객관적 성질에 의하여 정하여진다는 종전의 판례·통설의 태도에 변경을 가하고자 하는 것은 아니라고 할 것이다. 당사자는 위 추정이 발동되지 않는 범위에서도 자주점유권원을 주장·입증하여 보호를 받을 수 있다. 또 가령 자주점유가 문제되는 다른 경우, 예를 들면 무주물선점(제252조)과 관련하여 위 제2항 단서가 어떠한 의미를 가지는가가 문제될 수 있으나, 그 단서의 신설이 제252조에 대하여 현행법에 별다른 변화를 가져오는 것이 아니라는 점에는 의문이 없다

이 개정제안은 판례의 전개를 입법적으로 고정하는 대표적인 경우라고 할 것이다.[82)]

4. 慣習地上權의 制限

제279조의2 [지상권의 설정] 동일한 소유자에 속하는 토지와 그 지상 건물이 그 소유자를 달리하게 되는 때에는 그 건물소유자를 위하여 존속기간을 정하지 아니한 지상권설정계약이 체결된 것으로 추

81) 이로써 장기취득시효가 인정되는 것은, 경계분쟁의 경우, 무효인 매매행위로 인한 점유취득 등의 예외적인 事案類型을 제외하고는 드물게 되었다.

82) 그 외에 예를 들면 앞의 註 39, 45, 46의 본문에서 본 사항 등도 이러한 관점에서 설명될 수 있을 것이다.

정한다.

일정시대의 조선고등법원이 「조선에서의 관습」[83]이라고 하여 이를 인정한 이래,[84] 실무는 계속해서 「관습상의 법정지상권」 또는 관습지상권을 긍정하여 왔다.[85] 그것은, 동일인의 소유에 속하였던 토지와 그 지상건물이 매매·증여·강제경매 기타의 원인으로 그 소유자가 다르게 된 경우에는 그 당사자 사이에 건물을 철거한다는 특약이 없는 한 건물의 존립을 위하여 존속기간을 약정하지 아니한 지상권이 인정된다는 내용이다. 그 사고의 原型이 법정지상권을 정하는 일본민법 제388조에[86] 있음은 명백한데, 과연 애초에 그러한 「조선의 관습」이 있었는지에도 의문이 있고,[87] 적어도 현재 그러한 관습법을 인정할 수 없음은 명백하다. 그리고 예를 들어 그 중 건물만을 매매하는 계약에서 당사자들이 장차의 토지이용관계에 유념하여 임대차계약을 체결하였으면 관습지상권이 인정되지 않는다고 하는데,[88] 그와 같은 계약상 처리가 없었으면 그보다 훨씬 강력한 지상권이 인정된다는 것도 이해하기 어렵다고 할 것이다.

---

83) 朝鮮民事令 제12조는 부동산물권의 종류 및 내용에 관하여는 「관습」에도 따르도록 정하고 있었다.

84) 朝鮮高等法院은 이미 1916년 9월 29일 판결(朝高錄 3, 722)에서 매매 및 강제경매로 토지와 건물의 소유자가 달라진 경우에 대하여 「조선에 있어서의 일반의 관습」에 기하여 건물 소유를 위한 지상권을 인정하고 있다.

85) 물권법정주의를 정하는 민법 제185조는 관습법에 의하여 물권이 창설되는 것 자체를 정면에서 긍정하고 있다.

86) 동일한 내용이 민법 제366조에 규정되어 있다.

87) 郭潤直, 物權法, 新訂版(1992), 439면은, "전통사회의 법을 버리고 하루아침에 생소한 서구의 법제를 도입한 데서 오는 국민 대다수의 법지식의 결핍과, 그에 따른 혼란을 생각한 것이라면 [그러한 관습을 「象嵌」하는 것에 대하여 혹] 이해도 할 수 있"다고 하면서도, "그러한 사정이 사라진 오늘날에 있어서도 이러한 제도를 유지할 것인지는 깊이 생각할 문제라 하겠다"고 한다.

88) 大判 68.1.31, 67다2007(集 16-1, 37) 이래 大判 79.6.5, 79다572(集 27-2, 51); 大判 92.10.27, 92다3984(공보 1992, 3255) 등은 일관하여 그러한 경우에는 당사자가 법정지상권을 포기한 것으로 보아야 한다는 태도를 취한다.

이번의 개정작업에서는 이 문제의 처리에 대하여 여러 모로 고심하였다. 결국 지상권설정계약이 체결된 것을 추정하는 규정을 둠으로써, 당사자들이 실제로 지상권설정계약을 체결하지 아니한 것이 증명되면 지상권의 성립이 부인되도록 한다는 것으로 귀착되었다. 이는 실무의 태도를 입법적으로 변경 또는 폐지하는 적절한 一例라고 할 것이다.[89)]

5. 保 證

제428조의 2 [보증의 방식] ① 보증은 그 의사가 보증인의 기명날인 또는 서명이 있는 서면으로 표시되어야 효력이 발생한다. 주채무가 금전채무인 경우에는 그 서면에 보증인의 책임액이 기재되어야 한다.

② 보증인의 책임을 그에게 불리하게 변경하는 경우에도 제1항과 같다.

③ 보증인이 보증채무를 이행한 경우에는 그 한도에서 제1항 및 제2항이 정한 방식의 하자를 이유로 보증의 무효를 주장할 수 없다.

제436조의 2 [채권자의 통지의무 등] ① 채권자는 주채무자가 원본, 이자 그 밖의 채무를 3개월 이상 이행하지 아니하는 경우 또는 주채무자가 이행기에 이행할 수 없음을 미리 안 경우에는 보증인에게 지체 없이 이를 통지하여야 한다.

② 채권자는 보증인의 청구가 있으면 주채무의 내용 및 그 이행 여부를 알려야 한다.

③ 채권자가 제1항 및 제2항의 규정에 의한 의무를 위반한 경우에는 보증인은 그로 인하여 손해를 입은 한도에서 책임을 면한다.

제448조의 2 [근보증] ① 보증은 불확정다수의 채무에 대하여도 이를 할 수 있다.

② 근보증에 의한 보증인의 채무의 범위는 채권자와 주채무자 사이의

---

89) 그 외에 예를 들면 앞의 註 52의 본문에서 본 사항도 마찬가지일 것이다.

특정한 계속적 거래계약 그 밖의 일정한 종류의 거래로부터 발생하는 채무 또는 특정한 원인에 기하여 계속적으로 발생하는 채무에 한정된다.

③ 제2항의 규정에 위반하는 약정으로서 보증인에게 불리한 것은 효력이 없다.

제448조의3 [근보증기간] ① 근보증의 기간은 3년을 넘지 못한다. 당사자의 약정기간이 3년을 넘는 때에는 이를 3년으로 단축한다.

② 근보증기간의 약정이 없는 때에는 그 기간을 2년으로 본다.

③ 근보증기간은 이를 갱신할 수 있다. 그 기간은 갱신한 때부터 2년을 넘지 못한다.

제448조의4 [근보증의 해지] 근보증 당시의 사정이 현저하게 변경되거나 그 밖에 부득이한 사유가 있는 경우에는 근보증인은 근보증계약을 해지할 수 있다.

보증은 인적 담보의 王者로서, 금융실무에서 현저한 기능을 한다. 그런데 보증거래의 실제를 보면, 보증인은 많은 경우에 인적 관계에 이끌려서 그 행위의 법적 결과에 대한 엄밀한 음미 없이 그리고 무상으로 보증행위를 하는 실정이다. 한편 금융기관에 대한 보증은 일정한 보증기간 내에 발생하는 주채무에 대하여 그 범위를 전혀 한정하지 않는 포괄근보증의 형태로 행하여지고 있는데, 판례는 기본적으로 그 행위의 유효성을 긍정하여 그에 따른 책임을 인정한다.[90] 특히 1997년 말 이래의 경제위기는 보증책임의 「가혹함」을 완화할 필요를 명확하게 인식시켰다.

이번의 민법개정작업에서는,[91] 보증 일반에 대하여 방식을 도입

90) 한편 개별 사안에 따라서는, 사정변경으로 인한 해지권, 신의칙에 기한 책임액 감경 등으로 보증인의 책임의 완화를 도모하기도 한다. 그러나 그 인정 여부 및 「완화」의 정도는 실로 예측불허이다. 이에 대하여는 우선 梁彰洙, "繼續的 保證에서 保證人의 解止權과 責任制限", 同, 民法硏究, 제6권(2001), 419면 이하 참조.

91) 이들 규정을 마련함에 있어서는 스위스채무법상의 규정(제492조 이하)이 많은 참고가 되었다. 스위스의 이들 규정은 1942년 7월 1일부터 시행된 것인데,

하고,[92] 채권자의 보증인에 의한 통지의무를 명문화하였다.[93] 또한 근보증에[94] 대하여는, 포괄근보증을 금지하고, 보증기간을 제한하며, 사정변경으로 인한 해지권을[95] 명문으로 인정하는 규정을 신설하였다.[96] 이번의 개정작업에서 실제의 거래에 대한 영향이라는 점에서 가장 큰 변화를 가져올 가능성이 있는 것 중의 하나는 이 부분이 아닌가 여겨지기도 한다.

필자는 만일 앞에서 말한 경제위기가 없었다면 보증규정에 대하여 이와 같이 대폭적인 개정은 제안되지 않았을 것으로 생각한다. 그러한 의미에서 이 개정제안은 사회의 요구를 법률에 반영한 한 예인지도 모른다.

1930년대의 불황기에 많은 사람이 성급하게 행한 보증으로 당한 고통에 비추어 종전의 규정을 대폭 개정하여 마련된 것이다. 이에 대하여는 우선 Ch. M. Pestalozzi, Honsell/Vogt/Wiegand(Hrsg.), *Obligationenrecht I. Art. 1-529 OR* (1992), Vorb. zu Art. 492-512, Rn. 1(S. 2345) 참조. 그 외에 네덜란드민법 제7부 제850조 이하의 규정도 참고하였다.

92) 이로써 민법상의 법률행위로 방식이 요구되는 것이 종전부터의 유언을 합하여 둘이 되었다. 방식에 대한 지나친 謙抑도 재고할 필요가 있지 않을까?

93) 채권자도 보증인에 대하여 ──통상은 신의칙에 기하여── 일정한 행태의무를 부담한다고 할 것인가는 흥미로운 문제인데, 예를 들어 大判 87. 1. 20, 86다카1262(공보 1987, 305)는, "자금을 대출하여 이자수입을 얻는 것은 은행 본래의 영업이고 담보가 보장되는 이상 대출규모를 확장하여 수익을 도모하는 것은 영리기업인 은행으로서는 당연한 일이며 인적 담보란 채권의 회수불능에 대비한 은행 자신의 보호책인데 보증인의 이익을 고려하여 대출을 삼감으로써 채권회수불능상태에 빠지지 않도록 조치하여야 한다는 신의칙상의 의무가 은행에게 있다고 할 수 없다"고 판시하고 있다. 이번의 민법개정작업의 당초에는 채무자로부터 만족을 얻음에 있어서 채권자의「과실」이 인정되는 경우에는 그 한도에서 보증인의 책임을 감경하는 규정도 구상된 바 있다. 그러나 채권자에게 그러한 일반적 의무를 과하는 것은 오히려 금융을 경직하게 하는 우려는 없는가 하는 의문이 제기되어, 결국은 제한적인 통지의무만을 개별적으로 법정하는 것으로 하였다.

94) 이 용어는 현행 민법에서 채택된「근저당」의 용어를 고려한 것이다.

95) 사정변경을 이유로 하는 일반의 해지권에 대하여는 뒤의 6.에서 보는 제544조의4 참조.

96) 그 외에 취소할 수 있는 채무의 보증에 관한 민법 제436조(일본민법 제449조 참조)는 이를 삭제하기로 하였다.

6. 契約의 解除 또는 解止[97)]

한편 이하에서 말하는 해제 또는 해지에 관한 개정제안은, 지금까지의 학설의 전개나 외국법의 추이에 유의하면서, 민법전에 존재하는 결함을 메우는 것을 의도하였다고 말할 수 있다.

제544조의 2 [채무불이행과 해제] ① 채무자가 채무의 내용에 좇은 이행을 하지 아니한 때에는 채권자는 상당한 기간을 정하여 그 이행을 최고하고 그 기간 내에 이행하지 아니한 때에는 계약을 해제할 수 있다. 그러나 채무자의 고의나 과실 없이 그 이행이 이루어지지 아니한 때에는 그러하지 아니하다.

② 채권자는 다음 각호의 경우에는 제 1 항의 최고를 하지 아니하고 계약을 해제할 수 있다.

1. 채무의 이행이 불능하게 된 때
2. 채무가 이행되지 아니할 것이 명백하게 예견되는 때
3. 계약의 성질 또는 당사자의 의사표시에 의하여 일정한 시일 또는 일정한 기간 내에 이행하지 아니하면 계약의 목적을 달성할 수 없을 경우에 채무자가 그 시기에 이행하지 아니한 때

제544조의 3 [채무불이행과 해지] ① 계속적 계약관계에서 채무자가 채무의 내용에 좇은 이행을 하지 아니하여 장래의 계약이행이 의심스러운 경우에는 채권자는 상당한 기간을 정하여 그 이행을 최고하고 그 기간 내에 이행이 이루어지지 아니한 때에는 약정된 계약기간에 불구하고 계약을 해지할 수 있다. 그러나 채무자의 고의나 과실 없이 그 이행이 이루어지지 아니한 때에는 그러하지 아니하다.

② 제 1 항의 경우에 채무자의 중대한 채무불이행으로 인하여 계약을 유지할 수 없는 부득이한 사유가 있는 때에는 채권자는 최고를 하지 아니하고 계약을 해지할 수 있다.

제544조의 4 [사정변경과 해제 · 해지] 당사자가 계약 당시 예견할 수

97) 이하의 논의는 모두 법정해제권, 법정해지권에 대한 것이다.

> 없었던 현저한 사정변경으로 인하여 계약을 유지하는 것이 명백히 부당한 때에는 그 당사자는 변경된 사정에 따른 계약의 수정을 요구할 수 있고, 상당한 기간 내에 계약의 수정에 관한 합의가 이루어지지 아니한 때에는 계약을 해제 또는 해지할 수 있다.

(1) 계약의 해제에 대하여는 우선 귀책사유를 해제권 발생의 요건으로 요구할 것인지[98]가 논의되었다. 이는 이번의 작업에서 가장 격렬하게 다투어진 사항 중의 하나이다. 한편으로 계약해제를 채무불이행을 범한 채무자에 대한 제재로서가 아니라 계약의 원만한 진행에 일정한 장애가 발생한 경우에 채권자로 하여금 그 계약의 구속으로부터 벗어날 수 있게 하는 장치로 이해하여야 한다는 입장에서는 최근의 많은 입법례 또는 입법제안을 들면서 귀책사유를 그 요건으로 하여서는 안 된다는 의견을 강력하게 주장하였다.[99] 다른 한편으로는 채무자에게 채무불이행에 대한 귀책사유가 없음에도 채권자가 계약을 해제할 수 있어서 채무자의 반대채권을 소멸시킬 수 있도록 하는 것은 채무자에게 가혹할 수 있다는 것, 귀책사유를 요구하는 현행 민법 아래서도 그 존부가 해제권의 발생을 좌우하는 경우는 실제로 거의 없다는 것, 또 이행불능에 한정하여 보면 귀책사유 없는 경우에는 위험부담규정에 의하여 자동적 해제와 같은 결과가 인정되고 있다는 것[100] 등을 들어, 굳이 현재의 태도를 변경할 필요는 없으며, 앞으로 다른 나라의 해제제도 운용의 추이를 보는 것이 낫다는 의견도 제기되었다.[101] 외국의 최근 입법례에서 해제권의 발생사유로 明定하고 있는

98) 마찬가지의 문제는, 채무불이행을 이유로 하는 계속적 계약관계의 해지권의 발생요건과 관련하여서도 제기될 수 있다. 뒤의 (2) 참조.

99) 특히 현행의 민법이 이행불능의 경우 외에는 귀책사유를 해제권의 발생요건으로 적어도 명문으로는 요구하고 있지 아니한 점을 들어, 뒤에서 보는 다수의 의견을 입법적 퇴보라고 평가하기도 하였다.

100) 귀책사유를 요구하지 아니한다면 오히려 위험부담규정을 현행대로 둘 것인지가 문제된다는 의견도 있었다.

101) 이러한 주장의 배후에는, 계약이 원만하게 진행되지 아니하여 분쟁이 법적

「중대한 불이행」이란 요건을 우리 민법에서도 채택할지의 문제와의 관련도 의식되어서일까, 결국 후자의 의견이 다수를 점함으로써 위에서 본 제544조의2 제1항 단서가 마련되었다.[102]

그리고 채권자가 최고를 하더라도 이행이 제대로 행하여지지 아니할 것이 명백하다면 해제권의 발생에 굳이 최고를 요구할 필요가 없는데, 그러한 경우란 현행 민법 제544조 단서에서 정하는 "채무자가 미리 이행하지 아니할 의사를 표시한 경우"에 한정되는 것은 아니다. 이 점을 명백하게 하기 위하여 "채무가 이행되지 아니할 것이 명백하게 예견되는 때"(위의 제544조의2 제2항 제2호)에는 최고를 요하지 아니하고 바로 해제할 수 있도록 정하려는 것이다.[103]

(2) "장래에 대하여" 계약의 효력을 잃게 하는 해지(해약통고)가 어떠한 경우에 허용되는가에 관하여 현행 민법에서는 개별적인 계약관계에 따라 각각 그 사유를 정하고 있다. 이번의 민법개정작업에서는 그러한 개별규정이 없더라도, 존속기간을 정한 계속적 계약관계[104] 일반에 대하여 채무불이행으로 인한 해지권의 발생요건을 규정할 필요가 있다는 견해가 관철되었다. 그 요건에 대하여는, 1회적 채무불이행 그 자체 외에도 그것이 장래 계약의 전부 또는 적어도 상당부분의 불이행을 추단시키는 성질의 것이어야 하며, 그 경우에도 최

쟁송에 이른 경우에는 극히 빈번하게 계약의 해제가 공격방어방법으로 주장되는 現狀에 비추어, 해제권의 발생요건의 완화가 분쟁의 泥沼化를 더욱 조장할 수도 있지 않을까 하는 우려가 있는지도 모른다.

102) 같은 문제는 채무불이행으로 인한 계속적 계약관계의 해지권의 발생요건과 관련하여서도 제기된다. 뒤의 (2) 참조.

103) 다른 한편 案 제544조의2 제1항 단서의 "이행이 이루어지지 아니한 때"에 대하여는 앞의 註 54의 말미부분도 참조.

104) 존속기간을 정하지 아니한 계속적 계약관계에 대하여는 당사자가 언제든지 해지할 수 있다고 규정되어 있는데(소비대차에 대하여 제603조 제2항, 고용에 대하여 제660조, 임치에 대하여 제699조 등), 이는 일반적 법리의 표현으로 이해되고 있다.

고를 원칙적 요건으로 하는 것으로 결의되었다. 그러나 한편 채무불이행이 중대하여 그 자체로써 상대방의 계약에의 구속을 더 이상 기대할 수 없는 경우에는 최고를 요하지 않는 것으로 하기로 하였다.

(3) 채무불이행으로 인한 계약의 해제 또는 해지와는 별도로, 사정변경을 이유로 하는 계약의 해소를 어떠한 요건 아래서 인정할 것인지에 대하여는, 신의칙의 구체화라는 관점에서도 논의되었다.[105] 그 요건에 대하여는 대체로 종전의 학설, UNIDROIT 국제상사계약원칙 제6.2.2조, 유럽계약법원칙 제6:111조, 2001년 11월 대개정 후의 독일민법 제313조 등에 좇은 것이다. 한편 그 효과에 대하여는 상당한 논의가 있었다. 주요한 논점은, 계약의 해소 외에도 계약의 變應을 인정할 것인가, 또 이와 관련되는 것으로서 법원의 관여를 인정할 것인가, 하는 점이었다. 결국 법원이 일방적으로 계약의 내용을 정하도록 하는 것은 바람직하지 않다는 견해가 관철되었다.[106] 그리하여 상대방에 대한 계약수정의 요구를 전치한 해제권의 인정으로 낙착되었다.

V. 小　結

1. 이상과 같이 이번의 민법개정작업은, 판례나 학설의 성과를 법문화하는 것, 반대로 특히 의문이 있는 판례의 태도를 입법적으로 수정하는 것, 애초의 입법의 의미에 관하여 시행 후에 의식되기에 이른 논점을 해결하고자 하는 것, 그리고 그 동안 달라진 사회사정이나 다른 나라들의 입법의 추이에 좇아 원래의 입법적 결단을 보충 또는 변경

---

105) 앞의 Ⅱ.2.(1)의 ③(앞의 註 29의 본문부분) 참조.

106) 실무가 위원들도 이 점에는 異見이 없었다.

하는 것 등을 망라하는 것이다.[107] 그 외에 당초의 입법적 선택에 문제가 있었다고 생각되는 것을 이 기회에 수정하려고 한 것도 있다.[108]

그러나 다른 한편으로 민법규정 중에서 실제의 규범력을 잃었다고 생각되는 것을 정리한 것, 개별법률 중에서 필요한 것을 민법전에 통합하는 것, 또 어려운 법률용어나 문장을 알기 쉽게 하는 것, 규정이나 제도의 체계적 위치를 재고하는 것 등의 개정에 대하여는 아직 손을 미칠 수 없어서 결과적으로 별로 행하여지지 아니하였다.

2. 이번 개정작업과 관련하여 필자가 가지는 생각의 일단을 피력하여 보고자 한다.

(1) 이번 개정작업의 의의로서 말할 수 있는 것은, 무엇보다도 민법도 이만큼 대폭적으로 개정될 수 있다는 것을 실제로 보여 주었다는 점이다. 다시 말하면, 민법의 규정도 금과옥조 또는「쓰여진 이성」이 아니라는 점을 확인하고, 필요가 있고 이유가 있다면 흔연히 이에 손댈 수 있음을 장래를 향하여 명확하게 선언하는 것이라고 하겠다.

---

107) 그러한 의미에서 사비니가 입법이 법형성에 대하여 미치는 진정한 영향은 어디에 있는가를 논하면서 다음과 같이 말한 것이 상기된다. Savigny, *System des heutigen römischen Rechts*, Bd. 1(1840), S. 40f.: "실정법의 기초가 아무리 탄탄하다고 하여도 역시 개별적인 점에서는 불확정적인 것이 많이 존재하며, 이는 특히 법형성 외의 다른 방면에서 재능과 취향이 두드러지는 민족에서 특히 그러하다. … 이러한 경우에는 민족법(Volksrecht)을 보충하는 것이 필요한데, 그 보충은 관습에 의해서도 주어질 수 있으나 역시 입법에 의하여 보다 신속하고도 확실하게, 즉 보다 낫게 행하여질 수 있다. 그러나 [이러한 입법의] 최초의 법형성에 대한 영향보다도 법의 진보에 대한 입법의 영향이 더욱 중요하다. 즉 풍속 · 확신 · 욕구의 변화에 의하여 기존의 법에 변경이 필요하게 된 때, 또는 때가 지남으로 말미암아 아주 새로운 법제도가 필요하게 된 때에는, 분명 이들 새로운 요소가, 애초 법을 낳은 것과 같이 눈에 보이지 않는 내적인 작용으로 이미 있는 법에 부가될 수 있다. 그러나 입법의 영향은 바로 이러한 경우에 극히 유익한, 아니 불가결한 것일 수 있다."

108) 앞의 註 59, 66의 본문에서 본 사항을 그 예로 들 수 있을 것이다.

그 동안 민법의 개정을 주저하게 만든 이유는 어디에 있는가? 여러 가지가 있겠지만, 거기에는 다음과 같은 생각들도 작용하지 않았을까 추측하여 본다. 외국의 법을 계수한 입장에서 우선은 그 계수된 법 그것을 「이해」하기에 힘쓸 것이고, 함부로 그 當否를 말할 것이 아니다; 당장 「바람직하지 않은」 입법이었다고 말하기보다는, 혹 그 문제점이 1차적으로 이 나라의 사람이나 사회의 「후진성」에 이유가 있은 것은 아닌지를 검토하는 것이 앞서야 하지 않는가. 또 이와는 일견 다른 듯하면서도, 입법에 관심을 두지 않는 점에서는 태도를 같이하는 다음과 같은 생각, 즉 법전에 「쓰여진 법」에 집착하기보다는 「살아 있는 법」을 특히 판례를 통하여 흡수할 것이고, 나아가 이러한 판례법의 집적을 통하여 「쓰여진 법」의 문제점을 점진적·미시적으로 해결하여 가는 것이 더 낫다는 생각도 혹 있는지 모른다. 또 규범상황이 안정되었다고는 말할 수 없는 상태("법원이 어떠한 판결을 내릴지 쉽사리 알 수 없다")에서 기본법률을 함부로 수정하여도 될까 하는 위구심, 비유하자면 일단 완성된 건물에 혹 문제가 있는 것으로 여겨지더라도, 그 어디에 손을 대는 것이 과연 어떠한 「의미」가 있는 또는 있을 것인지, 건물의 다른 부분 또는 건물 전체에 어떤 영향을, 경우에 따라서는 파괴적 영향을 미칠지 알 수 없지 않은가, 하는 생각은 없었을까?

필자는, 민법과 같은 기본적 의미가 있는 법률은 쉽사리 개정할 것이 아니라는 주저에서 그 문제점을 판례나 학설 등의 다른 방법으로만 해결하려고 애쓰는 것은 일종의 매조키즘이라고 생각한다. 민법이 애초에 장래의 同化의 문제를 시야에 두어서 의식적으로 올이 성기게 만들어진 것이라고 하더라도, 그것은 어디까지나 상대적인 이야기로서, 총칙·물권·채권의 3편만으로도 760여조에 이르며, 결코 항상 타당한 原則的 또는 基幹的 규정만으로 채워져 있는 것은 아니며,

"일정한 시대상황을 배경으로 하여서만 설명될 수 있는 우연적인 규범, 불완전한 규범"도 적지 않다.109) 그 바탕이 된 19세기 후반 또는 20세기 전반의 독일 · 프랑스 · 스위스 · 영국 등의 법으로부터의 선택이 그 당시에도 전적으로 타당하다고는 누구도 말할 수 없을 것이고, 더욱이나 오늘날에도 그대로 타당성을 주장할 수는 없을 것이다.110)

「입법」을 통하여 다른 나라의 법을 계수한 우리의 입장에서는 더욱이나 「입법」이라는 수단을 중시하여야 하지 않을까 하는 것이다. 그렇다고 한다면, 대개정이라고 하여도 외국으로부터 불가피한 압력을 기다리지 말고, 말하자면 자주적으로 이것을 실행하여야 할 것이 아닐까?

(2) 나아가 어떠한 법개념 · 법명제 · 법제도를 민법의 실정규정에 의하여 公定하고 정통화하는 것은 매우 중요한 일일 것이다. 특히 민법이 일반적인 의미가 있는 법기술 또는 법장치의 원천이라는 점을 생각하면 더욱 그러하다. 소유권이나 계약이나 혼인과 같은 사람의 삶의 기본적 양상에 관한 것이 아니더라도, 법률가가 세상에서 일어나는 일을 법적으로 분석하고 사고하는 데 필요한 매우 세부적인 기술을 풍부하게 갖추는 것이 필요함은 물론이다.

이에 대하여 법의 실정규정 자체에 의하여 시민권을 부여받는 것은, 법의 완결된 체계를 더이상 믿지 않고 법률의 흠결의 필연성을

109) Ernst von Caemmerer, Das deutsche Schuldrecht und die Rechtsvergleichung, *Gesammelte Schriften*, Bd. 1(1968), S. 3: "법전을 편찬하는 것은 어느 경우에나 법의 발전을 얼어붙게 하고, 일정한 시대상황을 배경으로 하여서만 설명될 수 있는 우연적인 규범, 불완전한 규범을 영구화하며, 그러한 것에 계속 붙잡혀 있게 됨으로 말미암아 인근의 법문화에 공통적으로 일어난 법발전에 대한 고려를 하지 못하게 할 위험을 내포하고 있다."

110) 플루메는 금반의 독일채권법 대개정에 반대하면서, 독일민법전의 「문화적 기념물(Kulturdenkmal)」로서의 성격을 강조하였다(Werner Flume, Vom Beruf unserer Zeit für Gesetzgebung. Die Änderungen des BGB durch das Fernabsatzgesetz, *ZIP* 2000, S. 1429). 1958년의 민법전은 우리의 「문화적 금자탑」인가?

인정한다고 하더라도, 역시 안정성이나 명확성, 나아가 체계성이라는 점에서, 신의칙이나 공서양속 등의 일반조항이라든가, 기본적으로 개별적으로 사건성에 의존하는 판례법과는, 차원이 다른 점이 있지 않을까 한다.

(3) 한편 민법의 대폭적인 개정에는 그에 따르는 「비용」의 문제도 생각하지 않을 수 없다. 이는, 교과서를 고쳐 써야 한다거나 새로운 규정에 대한 주석이 필요하다든가 해서 대학교수가 해야 할 일이나 학생에 공부의 부담이 늘어나는 것에서부터, 아마도 보다 중요하게는, 새로운 규정이 예를 들면 법원에 의하여 어떻게 해석·적용될 것인지 확연히는 알 수 없다는 데서 오는 생활상·거래상의 불안정 등에까지 이른다. 지금도 법은 존재하고 있는 것이고, 이에 손대서 고치는 입법은 아무래도 신중한 태도로 임하는 것이 정석이라고 하겠다.

그러한 「비용」을 고려하더라도, 그래도 민법전에는 역시 개정하는 것이 낫다는 판단을 내려야 하는 경우가 적지 않은 것이 아닌가 생각을 떨쳐버릴 수 없었다.

3. 한국의 민법개정작업은 아직도 진행 중에 있다. 입법작업은 어느 한 나라의 법학, 나아가 법문화의 정도를 잘 드러내는 일임을 생각해 보면, 때로 이 일에 종사하고 있다는 것은 두렵기도 하다. 관심 있는 여러분들의 기탄 없는 의견을 들음으로써 보다 나은 민법전에 한 발자국이라도 전진할 수 있는 기회로 삼고자 한다.

(서울대 法學 43권 3호(2002), 47면 이하 所載)

[後　記]

1. 이 글은 2002년 6월 21일에 일본의 東京大學 법학부의 민법간담회에서 발표한 원고 및 이를 보충·수정하여 동년 7월 17일에 같은 京都大學 법학부에서 발표한 원고(이들은 모두 일본어로 되어 있으며, 日文으로서는 최종적으로 民商法雜誌 127권 4·5호(2003), 158면 이하에 "最近の韓國民法典改正作業"라는 제목으로 발표되었다)의 우리말본에 해당하는 것이다. 따라서 기본적으로 일본의 민법학자들을 염두에 두고 쓰여진 것이지만("최근의 한국민법전개정작업"), 생각을 정리하고 자신의 작업의 의미를 다시 음미해 본다는 점에서는 우리에게도 의미가 없지 않다고 생각되기도 한다.

한편 이 글은 위 발표 당시의 작업결과를 기준으로 해서 쓰여진 것인데, 그 후에 내용에는 큰 변화가 없으나 字句 등이 수정되거나 기타 사소한 변경이 가해진 예가 없지 않다. 이러한 경우에 대하여는 별도로 지적하지 아니하고, 아예 본문에 이를 반영한 경우가 있다.

2. 본문에서 언급된 것 중에서 그 후의 민법개정작업을 통하여 변경된 사항으로 특히 들어 둘 만한 것은 다음과 같다(2003년 8월 말 현재).

(1) 자주점유의 추정을 제한하는 규정을 두기로 한 것(앞의 Ⅳ. 3. 참조. 민법 제197조 제1항 관련)을 유보하였다.

(2) 경계침범건축에 관한 규정(앞의 註 50 및 그 본문 참조. 신설의 제242조의2 관련)에서 침범당한 토지의 소유자가 건축물의 철거를 청구할 수 있는 기간을 침범한 날로부터 10년 또는 침범사실을 안 날로부터 3년으로 연장하였다. 또한 그 규정에 의한 단기기간의 보호를 받으려면 경계침범이 "고의 또는 중대한 과실 없이" 행하여지면 족한

것으로 하였었으나, 이것을 "과실 없이" 행하여질 것을 요구하여 그 보호의 요건을 강화하였다.

(3) 관습지상권과 관련한 규정(앞의 Ⅳ.4. 참조. 신설의 제279조의2 관련)을 "동일한 소유자에 속하는 토지와 그 지상 건물이 법률행위에 의하여 그 소유자를 달리하게 되는 때"라고 하여, 「법률행위에 의한」 소유자 변경의 경우에 적용됨을 명백하게 하였다.

(4) 근보증기간(앞의 Ⅳ.5. 참조. 신설의 제448조의3 관련)에서 근보증이 갱신된 경우의 기간은 종전의 2년에서 3년을 넘지 못하는 것으로 하였다.

(5) 불법행위로 인한 손해배상의 범위와 관련하여 제763조에서 제393조를 준용하지 않기로 하였던 것(앞의 註 66 및 그 본문부분 참조)을 그대로 두기로 하였다.

3. 한편 앞의 註 33에서 언급한 이자제한의 문제에 대하여는, 주지하는 대로, 2002년 8월 26일의 법률 제6706호로 제정된 「대부업의 등록 및 금융이용자 보호에 관한 법률」이 그 제8조에서 부분적으로 이자율의 제한을 도입하고 있다.

2. 言論自由의 保障根據에 대한 美國에서의 論議 素描

—「言論報道로 인한 名譽毁損」의 問題에 관한 覺書—

I. 序　　論

1. 미국의 불법행위법에서 중요한 지위를 차지하고 있는 「명예훼손(defamation)」의 법리가 이제 우리 나라에서도 매우 유명하게 된 연방대법원의 뉴욕타임즈 판결[1] 이래로 "헌법화(constitutionalization)"의 과정을 밟아 오늘날에 이르렀음[2]은 주지의 사실이다. 그 판결은, 종래의 명예훼손법리가[3] 공무원의 직무상 행위에 대한 비판을 이유

1) New York Times v. Sullivan, 376 U.S. 254(1964). 이 판결이 법률가들 사이에 자아낸 「흥분」에 대하여는 우선 Kalven, *The New York Times Case: A Note on "the Central Meaning of the First Amendment"*, 1964 Sup. Ct. Rev. 191("거리에 나가 춤을") 참조.

2) 우선 최근의 문헌으로 Richard Epstein, Cases and Materials on Torts, 7th ed., 1126(2000) 참조. 전에 필자는 梁彰洙, "不法行爲法의 變遷과 可能性", 同, 民法硏究 제 3 권(1995), 332면(원래는 民事判例硏究 15집(1993. 4) 所載)에서, "인격적 법익이 특히 언론에 의하여 침해된 경우"에 관한 우리 나라의 손해배상사건에 대하여 "여기서 불법행위법은 違法性判斷의 이름 아래 실제로는 헌법적인 문제를 판단하고 있는 것이라고 할 수 있다"라고 언명한 바 있다.

3) 커먼로상의 명예훼손법리를 거칠게 단순화하면, 원고는 피고의 언명 기타 표현행위가 객관적으로 자신의 사회적 평가, 즉 명예를 손상하는 것임을 입증하면 족하고(자신이 그 명예손상으로 인하여 손해를 입었음을 입증할 필요도 없고, 당연히 일정한 손해의 발생이 인정되어(소위 「일반손해(general damage)」의 개념) 그 배상을 받을 수 있다), 피고의 면책은 자신의 언명 등이 사실임을 입증하는 것에 의하여만 가능하였다(사실이라고 믿을 만한 사정이 있었다, 즉 過

로 하는 소송에 그대로 적용된다면 이는 미국 연방헌법 수정 제1조(이하 단지 「수정 제1조」라고 한다)에서 정하는 언론·출판의 자유를 제한하는 것이 아닌가 하는 쟁점을 다루었다. 그리고 결론적으로 "공무원이 그 직무상 행위에 대하여 사실이 아닌 명예훼손적 언명을 이유로 손해배상을 청구할 수 있는 것은, 그가 그 언명이 '현실적 악의(actual malice)'로, 즉 사실이 아님을 알았으면서 또는 사실인지 여부를 무사려하게 무시하면서(with reckless disregard) 행하여졌다는 것을 입증한 경우에 한정하는 것을, 헌법상의 [표현의 자유의] 보장이 요구한다"고 판시하였던 것이다. 이와 같이 헌법상 고려에 의하여 종전의 명예훼손법리를 현저하게 제한하는 태도는 그 후로도 더욱 확장되어,[4] 공무원이[5] 아닌 「공적 인물(public figures)」에 대하여도 적용되게 되었다.[6] 나아가 私人에 대한 보도도[7] 그것이 「공적 관심사(matters of public concern)」에 대한 것이면 종전의 명예훼손법리보다 엄격한 요건 아래서만[8] 불법행위가 된다는 태도를 취한다.

失이 없었다는 것은 면책사유가 되지 못한다).

4) 뉴욕타임즈 판결의 상세한 내용과 그 후의 미국연방대법원의 관련 재판례 등에 대하여는, 우선 全元烈, 名譽毁損 不法行爲에 있어서 違法性 要件의 再構成, 2001년 서울대학교 법학박사 학위논문, 94면 이하 참조.

5) 공무원에 대하여도, 예를 들어 Monitor Patriot Co. v. Roy, 401 U.S. 265 (1971)에서 연방대법원은, 범죄행위로 訴追당하였다는 사실과 같이 공무원(또는 그 후보자)의 공직적합성(fitness for office)과 관련 있는 사항에 대하여는 시간적, 공간적으로 아무리 거리가 있어도 뉴욕타임즈 판결의 기준이 적용된다고 판시하였다.

6) Curtis Publishing Co. v. Butts; Associated Press v. Walker, 388 U.S. 130 (1967)이 그 최초의 판결이다.

7) 「報道」라는 말은 통상 신문이나 방송과 같은 언론매체에 의한 公衆을 상대로 한 표현행위만을 가리키는 것으로 이해되고 있다. 그러므로 本稿와 같이 표현 일반의 자유를 시야에 두는 경우에는 이 용어가 반드시 적절하다고 할 수 없는 맥락도 있을 것이다. 미국에서는 매스컴 등 언론기관이 아닌 일반 사람의 언론 또는 표현도 원칙적으로 동일한 헌법상 보호를 받는다는 데 異論이 없다. 우선 Dun & Bradstreet, Inc. v. Greenmoss Builders, Inc., 472 U.S. 749(1985) 참조.

8) 유명한 Gertz v. Robert Welch, Inc., 418 U.S. 323(1974) 판결은, 이 경우에는 원고가 피고의 과실을 입증함으로써 손해배상청구를 할 수 있으나, 다만 이

2. 이와 같이 우리로 말하면 私法에 속하는 불법행위법의 한 부분을 이루는 「명예훼손」의 법리를 형성하고 운영함에 있어서 수정 제1조에서 정하는 표현의 자유가 매우 구체적으로 영향을 미치고 있는 것이다.

그리고 이들 재판례를 읽으면, "우리는 다음과 같은 공통의 기초에서 출발한다. 수정 제1조 아래서는 그릇된 사상(false idea)이라는 것은 존재하지 않는다. 어떤 견해가 **아무리 유해한 것이라도** 그 수정을 위하여서 우리는 법관이나 배심원의 양심에 의존하지 아니하고 **다른 사상과의 경쟁**에 의존한다"(강조는 인용자가 가한 것이다. 이하 같다)는 취지의 설시를[9] 쉽사리 발견할 수 있다. 그렇다면 미국에서는 예를 들어 표현의 자유 자체, 민주주의의 이념 자체를 근본적으로 부정하는 新나치스주의의 언론 또는 표현도 연방헌법의 보호를 받는다는 것인가? 뒤의 Ⅲ.에서 다루는 스코키사건에서 보는 것처럼 이는 긍정되고 있다. 그리고 뒤의 Ⅱ.에서 보는 대로 수정 제1조에서 정하여진 표현의 자유는 헌법상 정하여진 다른 자유나 권리보다 더욱 강력한 보호를 받는 것으로, 그들에 비하여 「우월한 지위」를 가지는 것으로 이해된다. 왜 그렇게 되어야 하는가? 이와 같이 광범위하게도 강력하게 보호되는 표현의 자유는 도대체 어떠한 근거로 그러한 「우월적 지위」가 인정되고 있을까 하는 의문이 저절로 드는 것이다. 이러한 의문은 부득불 앞서 인용한 연방대법원 판결의 설시에서 보이는 '다른 사상과의 경쟁', 즉 「사상의 자유시장(free market of ideas)」의 논의

때에는 실제의 손해의 배상(actual damages)만을 청구할 수 있다고 판시한 것으로 보인다. 즉 私人의 「공적 관심사」에 대한 보도에 관한 한 뉴욕타임즈 기준은 징벌적 손해배상(punitive damages)을 청구하기 위한 요건으로서만 의미가 있다는 것이다. 종전의 Rosenbloom v. Metromedia, Inc., 403 U.S. 29(1971) 판결은 私人에 관하여도 그것이 「공적 이해(public interest)」 있는 사항이라면 뉴욕타임즈 기준을 그대로 적용할 수 있다는 태도를 취한 것으로 이해되었었다. 위 Gertz 판결은 이를 사실상 폐기한 것이다.

9) 인용은 前註의 Gertz 판결에서의 파웰 대법관의 말.

와도 관련을 가지게 될 것이다.

3. 한편 우리 나라에서는 표현의 자유를 헌법에 보장된 다른 자유보다 우대하고, 그를 제한하는 법률 기타 공권적 규제에 대하여 보다 엄격한 합헌성 심사를 거친다고는 생각되지 않는다. 예를 들어 헌법재판소의 1993년 5월 13일 심판 91헌바17사건(憲集 5-1, 275, 284)에 의하면, "언론·출판의 자유는 현대 민주주의국가의 존립과 발전에 필수불가결한 기본권이며, 그렇기 때문에 자유민주주의국가의 헌법에서는 이를 최대한으로 보장하고 있다"고 하면서도, 실제로 중요한 그 자유의 制限에 대하여는 "국가안전보장, 질서유지 또는 공공복리를 위한 헌법 제37조 제2항에 의한 제한이 위에서 본 과잉금지의 원칙에 반하지 않는 범위 내에서 가능하다"고 판시하여 헌법상의 다른 자유와 별다른 차이를 두지 않고 있는 것이다.[10)]

표현의 자유에 대한 이러한 두 나라의 기본관념의 현격한 차이는 앞의 1.에서 본「언론보도로 인한 명예훼손」의 문제에 대하여도 영향을 미치지 않을 수는 없을 것이라고 생각된다. 그리하여 本稿에서는 필자의 전공과의 관계상 정작 관심을 가지는 위의 명예훼손문제를 해결하기 위한 전제적 작업으로, 우리 나라에서의 표현의 자유와는 사뭇 다른 미국의 그것을 특히 그 보장근거에 관한 논의를 다음과 같은 순서로 살펴보기로 한다. 우선 표현의 자유에 대한 미국 헌법상의 법리를 간략하게 개관한 다음(Ⅱ.), 본고의 문제의식에 대한 하나의 證例로서 스코키사건을 소개한다(Ⅲ.). 그리고 이어서 표현의 자유의 근거에 대한 논의를, 특히 그 근거를 민주적 의사결정에의 참여라는 관점

---

10) 나아가 언론·출판의 자유에 대하여는, 특별히 뒤의 V.에서 보는 헌법 제21조 제4항에 의한 제한이 별도로 가하여지므로(본문에서 인용한 헌법재판소의 심판도 이를 인정하고 있다), 헌법상의 다른 자유에 대하여 더욱 엄격한 제한을 받는다고 볼 여지조차 있다.

에서 파악하는 견해를 중심으로 살펴보고(Ⅳ.), 짤막한 감상으로 결론을 맺기로 한다(Ⅴ.).

Ⅱ. 表現의 自由의「優越的 地位」

1. 수정 제1조는 "연방의회는 … 언론 또는 출판의 자유를 제한하는 … 법률(laws … abridging the freedom of speech, or of the press)을 제정하여서는 아니된다"고 정한다. 이 문언에 의하면, 위 규정은 연방의회에 대하여만 그 법률제정권한을 제한한 것처럼 보인다. 그러나 현재로서는 연방의회 이외의 연방기관, 나아가 주도 그 규정의 적용을 받는다고 인정되고 있다.[11] 또한 이 문언에 의하면「언론」과「출판」을 각각 별도로 적시하고 있는데, 일반적으로「출판」이란 표현은 언론활동의 한 모습을 예시하는 것에 그치며, 언론기관에 일반의 시민이 향유하는 표현의 자유와는 다른 자유를 부여하는 취지는 아니라고 해석되고 있다. 이하에서는 수정 제1조에서 정하고 있는 자유를 단지「표현의 자유」라고 부르기로 한다.

2. 미국에서 표현의 자유가 특별한 보호를 받는다는 것은, 이를 법적으로 보면, 표현의 자유를 제한하는 법률 기타 공권적 규제는 법

---

11) 예를 들면, Gitlow v. New York, 268 U.S. 652(1925)의 방론(샌포드 대법관이 작성한 法廷意見): "본건의 목적과 관련하여, 언론의 자유는 수정 제1조에 의하여 연방의회로부터 제한을 받지 않도록 보장되고 있는데, 수정 제14조의 적법절차조항에 의하여 州로부터 침해를 받지 않는 것으로 보호되고 있는 바의 본질적인 개인의 권리·'자유' 안에 들어간다는 해석을, 본 법정은 전제할 수 있는 바이고 또 실제로 본 판결에서는 이를 전제로 한다." 여기서 인용되고 있는 미국 연방헌법 수정 제14조의 제1절 제3문은, "어떠한 주도 정당한 법절차(due process of law)에 의하지 아니하고는 누구로부터도 생명, 자유 또는 재산을 빼앗을 수 없다"고 정하는데, 이 규정을「적법절차조항」이라고 한다.

원에서 그 합헌성(constitutionality)을 심사받음에 있어서 보다 엄격한 기준이 적용된다는 것, 즉 그 규제를 제정 · 시행하는 정부측이 그 자유를 제약하여야 하는 부득이한 이유(compelling interests)를 입증하여야 한다는 것을 의미한다.[12] 구체적으로 보면, 이는, 첫째, 우선 사전규제의 금지, 둘째, 내용규제의 금지로 나타난다.

(1) 예를 들면 Near v. Minnesota, 283 U.S. 697(1931)에서 연방대법원은 사전 검열로부터의 면제의 원칙을 일반적으로 표명하였다. 이 사건에서 미네소타 주는 1925년에 Public Nuisance Act를 제정하여, 그 중에서 "악의에 기하여 中傷的으로 사람의 명예를 해하는 신문"을 업으로 발행하는 사람에 대하여 법원에 그 발행의 영구금지명령을 청구할 수 있다고 정하였다. 신문을 계속하여 발행하려면 신문사는 문제의 기사가 진실이고 또 "선량한 동기와 정당한 목적"에 기하여 쓰여졌음을 입증하여야 했다. 위 판결에서 연방대법원은, 간행의 계속을 장래에 걸쳐 금지하는 것은「사전규제」의 성격을 가지는 것으로서 "검열의 본질"을 가진다고 하고, 위 법률에 대하여 위헌판결을 내렸다. 즉 표현의 자유에 대한「사전 억제 또는 검열로부터의 면제(immunity from previous restraint or censorship)」를 인정하였던 것이다.[13]

그 후 New York Times v. United States, 403 U.S. 713(1971)이나

12) 이는 그 전제로 법규의 합헌성 유무의 판단에서 입법부가 제정한 법규에 대하여 그것이 일단 헌법에 합치한다고 추정한다는 원칙, 즉 ──고전적인 논문의 표현(Thayer, *The Origin and Scope of the American Constitutional Law*, 7 Harv. L. R. 129, 144(1893))을 빌리면── "입법부가 극히 명백한 잘못, 합리적으로 의심할 여지가 없이 명백한 잘못을 범했다고 판정되지 않는 한" 문제의 법규는 위헌이 아닌 것으로 다루어져야 한다는 원칙을 부정하는 것이다.

13) 다만 "사전억제에 대한 보호도 절대적이고 무제한인 것은 아니다"라고 하고, ① 군대의 수송일정 · 수 · 배치의 출판, ② 외설적인 출판물에 대한 품위(decency)의 결여, ③ 폭력적 행위와 정부의 실력에 의한 전복에의 시사 등을 그 제한이 허용되는 예로 들고 있다.

Nebraska Press Association v. Stuart, 427 U.S. 539(1976) 등도 사전규제에 대하여는 보다 강하게 위헌성이 추정된다고 하고, 사전규제의 정당화에 대한 무거운 입증책임을 정부에 부과하였다.

그러나 장래의 표현을 억제하는 효과가 있다는 것만으로 이것이「사전규제」에 해당하여 엄격한 사법심사의 대상이 된다고는 할 수 없다. 예를 들면 Alexander v. United States, 509 U.S. 544(1993)은,「범죄조직 등의 사업에의 침투를 규제하는 것에 관한 법률」에[14] 기하여 몰수명령을 하는 것은 장래의 표현활동에의 참가를 금지하거나 사전의 허가를 표현활동의 필요조건으로 하는 것이 아니며,「부정이윤행위」에 관련된다고 생각되는 특정한 재화를 뺏을 뿐이므로 사전억제에 해당하지 않는다고 판시하였다.

(2) 또한 표현의 내용에 대한 규제(「내용규제」)는 위헌성이 추정되고, 표현의 내용에 대하여는 중립적인 규제(「내용중립규제」)보다 엄격한 기준에 의한 사법심사를 받는다. 내용규제에는 소위「관점규제」, 즉 규제의 이유가 당해 행위가 표현하는 일정한 주제에 대한 특정한 메세지 또는 관점에 있는 경우와 소위「주제규제」, 즉 당해 행위가 표현하는 메세지 또는 관점이 아니라 그 주제 자체가 문제인 경우를 포함한다.

예를 들면, Simon & Schuster, Inc. v. Members of the New York State Crime Victims Board, 502 U.S. 105(1991)에서, “메세지의 내용

14) 1970년에 제정된 Racketeer Influenced and Corrupt Organization Act를 말한다. 조직범죄규제법(Organized Crime Control Act)의 제 9 장을 이룬다. 도박, 뇌물공여, 매춘, 마약거래, 악덕대출상행위 등을 포함하는 광범위한 범죄활동을「부정이윤행위(racketeering)」이라고 부르고, 이를 수단으로 하여 직접 · 간접으로 사업활동에 침투하여 이를 지배하고, 이것을 자금원으로 해서 직접 · 간접으로 이윤을 거두는 것을 규제한다. 그러한 정의에 해당하는 행위가 10년 동안 2회 이상 행하여진 것이 증명되면, 행위자를 엄하게 처벌하고 그 이윤을 몰수한다. 또 三倍額賠償(treble damages)을 포함하여 피해자의 민사적 구제수단도 규정하고 있다.

에 기하여 구별하는 것을 정부에 허용하는 규제는 수정 제1조 아래서는 허용되지 않는다"는 원칙을 확인하고, 언론에 대한 내용규제는 정부가 시장으로부터 일정한 사상·관점을 배제할 우려를 불러일으키므로, 수정 제1조에 반하는 것으로 추정된다고 하였다. 그것이 정당화되는 것은, 그 규제가 「부득이한 州의 이익(compelling state interest)」의 실현에 필요하고 또 그 목적을 실현하기 위하여 필요한 한도에서 그 규제의 내용이 「엄격하게 규정되는(narrowly drawn)」 것이 주에 의하여 증명되어야 한다고 판시하였다.[15]

(3) 한편 그 표현이 속하는 범주에 따라 보장의 정도를 달리하는, 말하자면 헌법적 보장에서의 「계층제」가 운위되는 경우도 있다. 예를 들면, R.A.V. v. City of St. Paul, 503 U.S. 377(1992)에서의 스티븐스 대법관은 그의 보충의견에서 "수정 제1조에 대한 연방대법원의 여러 판결은, 언론의 헌법적 보장에서의 거친 계층제를 만들어냈다. 그 중핵을 이루는 정치적 언론이 가장 높고, 가장 강하게 보호받는다; 상업적 언론과 외설적은 아니나 성적으로 노골적인 언론은 제2계층의 표현으로 보여진다; 외설과 폭력도발언사는 모든 것 중에 가장 낮은 보호를 받는다"고 설시하였다.

이러한 이해에 의하면, 민주주의의 실현에서의 언론자유의 중요성이나 정부가 언론을 통제할 욕구를 더욱 강하게 느끼므로 이를 통제할 필요 등에 비추어서 「정치적 언론(political speech)」이 그 보호의 계층에서의 최상위에 위치한다고 한다. 이와 관련하여서는, 실력에 의하여 정부를 전복할 것을 주장하는 경우를 어떻게 다룰 것인가가 문제된다. 이에 대하여 예를 들면 Brandenburg v. Ohio, 395 U.S. 444 (1969)은, KKK단의 지도자가 백인을 억압하는 정부에 대하여 무력

15) 이 판결에서 케네디 대법관은 더욱 제한적으로, 외설, 명예훼손, 교사 또는 정부가 막을 권한이 있는 중대하고 즉시의 위험을 가져올 상황 등 일정한 카테고리를 제외하고, 내용규제는 허용되지 않는다는 의견을 제시하였다.

으로 보복할 것을 호소한 사안에 대한 것인데, 연방대법원은 주가 실력 또는 위법행위의 선동을 금지할 수 있는 것은 그 주장이 급박한 위법행위를 작출하는 것을 내용으로 하고 또 그 결과로 위법행위를 실제로 야기할 만한 것인 경우에 한정된다고 판시하고, 무력행위를 선동하는 행위에 대하여 광범위하게 형벌을 규정하는 신디컬리즘규제법(criminal syndicalism law)의 규정을 위헌이라고 판시하였다.

한편「폭력도발언사(fighting words)」, 외설 등「성적으로 노골적인 표현(sexually explicit words)」,「상업적 언론(commercial speech)」,「명예훼손적 표현」은 수정 제1조에 의한 보호를 덜 받는 표현에 해당한다고 한다.[16]

(4) 한편 주의할 것은, 수정 제1조에서 문제되는 표현의 자유에 대한 정부규제는 정부측이 일정한 표현을 금지하는 경우뿐만 아니라, 정부가 적극적으로 일정한 표현을 언론시장에 유통되도록 하는 경우도 이에 해당한다는 점이다. 그리하여 예를 들면 Miami Herald Pub. Co. v. Tornillo, 418 U.S. 241(1974)은, 신문지상에서 공격을 받은 공직선거 후보자의「반론권」을 규정한 플로리다州法을 위헌이라고 판결하였다.

16)「폭력도발언사」에 대하여는 Chaplinsky v. New Hampshire, 315 U.S. 568(1942); R.A.V. v. City of St. Paul, 503 U.S. 377(1992) 등을, 외설 등에 대하여는 Miller v. California, 413 U.S. 15(1973); Young v. American Mini Theatres, 427 U.S. 50(1976); New York v. Ferber, 458 U.S. 747(1982) 등을,「상업적 표현」에 대하여는 Virginia State Board of Pharmacy v. Virginia Citizens Consumer Council, Inc., 425 U.S. 748(1976); Central Hudson Gas & Electric Corp. v. Public Service Corp., 447 U.S. 557(1980) 등을, 명예훼손적 표현에 대하여는 앞의 註 1의 뉴욕타임즈 판결이나 註 6의 Butts 및 Walker 각 판결 등을 참조.

Ⅲ. 表現의 自由 保障의 한 實例 ── 스코키事件

1. 事件의 經過

(1) 「스코키(Skokie)」는 미국 시카고의 북쪽 교외에 있는 인구 약 7만(이 사건 당시. 이하 같다)의 자그마한 도시로, 비교적 부유한 주거지역이다. 주민 중 약 4만 5천명이 유태계로 주류를 차지하고, 거기에는 히틀러 치하 독일에서의 강제수용소에서 살아남은 사람이 1천명 가까이 있으며, 자신의 가족이나 친지가 나치스에 살해된 사람도 5천명 이상에 이른다.

시카고를 본거지로 하는 친나치스주의의 미국국가사회당(National Socialist Party of America. NSPA로 약칭된다), 즉 미국나치스당은 1976년에 시카고 시내의 공원에서 집회를 하려고 계획하였으나 25만불의 보험보증금을 요구받자, 스코키 소재의 공원에서 집회할 것을 선언하였다.[17] 공원의 사용을 관할하는 스코키시[18] 공원위원회도 35만불의 보험보증금을 요구하여 그 데모를 거부하였다. 그러자 NSPA는 1977년 3월 20일에, 동년 5월 1일에 스코키시 공회당 앞에서 백인의 우위를 주장하는 데모의 개최를 선언하였다.

애초 스코키시 당국은 간여하지 않는다는 태도를 취했다. 그러나 유태계를 중심으로 하여 1만여명이 참가하는 NSPA에 반대하는 대항데모가 계획되고, 그 충돌로 인한 폭력사태가 우려되자, NSPA의 데모 개최를 막으려고 하였다. 그리하여 우선 관할 쿡카운티순회법원

17) 이와 같이 나치스당이 유태인이 多數인 지역에서의 데모계획을 선언한 것은 매스컴의 주목을 끌려는 의도였다고 한다. 예를 들면, Lasson, *Racial Defamation as Free Speech: Abuseing the First Amendment*, 17 Colum. Hum. Rts. L. Rev. 11(1985) 참조.

18) 정식의 행정구역 명칭으로는 「시(City)」가 아니라 「동(Village)」이다. 이는 사실상의 集落을 말하는 것은 아니고, 지방자치단체의 일종이다.

(Cook County Circuit Court)[19]으로부터 동년 4월 29일에 위 5월 1일의 데모에 대한 금지명령(injunction)을 받았다. 그러자 NSPA는 날짜를 바꾸어, 동년 4월 30일에 같은 집회 및 행진을 실시할 것을 선언하였다. 시 당국은 다시 위 법원으로부터 이에 대하여도 금지명령을 받는 한편으로, 동년 5월 2일에 급히 3개의 市條例를 제정하였다. 조례 제994호는, 스코키 시내에서 50인 이상이 참여할 가능성이 있는 모든 행진 및 공적 집회에 대하여 적어도 30일 이전에 이를 신청하여야 한다는 포괄적인 허가제를 정하고, 그 신청자에 대하여 공공책임 및 재산권 보장의 관점에서 35만불의 보증금을 요구하였다. 조례 제995호는, 고의로 인종적·종교적 증오를 야기시키는 문서 등의 배포를, 그리고 마지막으로 제996호는, 정당의 소속원이 군복에 유사한 제복을 착용하여 공연히 데모하는 것을 각기 금지한다는 내용이었다. 그리고 이들 조례는 모두 그 위반자에 대하여 형사벌을 과한다고 정하였다.

NSPA의 지도자인 프랭크 콜린은 동년 6월 22일에 위 조례 제994호에 기하여, 동년 7월 4일에 실시할 데모행진의 허가를 신청하였다. 그 신청에 의하면, 데모는 약 1시간 정도 진행되는데, 우선 30명에서 50명의 참가자가 30분 정도 집회를 열고, 이어서 1열로 步道를 행진하는데, 나치스의 標章인 고리십자(swastika)를 붙인 완장을 포함하여 나치스 제복을 빼닮은 옷을 입고 고리십자를 붙인 당기와 "백인에게 언론의 자유를"이라는 플래카드를 들고 행진하는 것이었으며, 팸플렛류의 배포나 일반에 대한 연설은 하지 않을 예정이었다. 이 신청은 시 당국에 의하여 거부되었다.

19) 스코키시가 소재하는 일리노이주에서 일반적 관할권을 가지는 제1심 州法院이다. 1948년에 현재의 연방항소법원(Court of Appeals)으로 변경되기 전의 연방항소법원(circuit court of appeals)이 circuit court로 불리우는 일도 있으나, 여기서는 제1심 주법원을 말한다.

(2) 스코키사건 또는 스코키판결은, 법적으로 보면, 위의 금지명령을 둘러싼 소송과 위 3개의 조례의 위헌성을 둘러싼 소송의 둘로 구성되어 있다.[20] 우선 전자에 대하여 본다.

위의 금지명령은, 구체적으로는, 군복 유사의 제복을 착용하여 행진하는 것, 고리십자 표장을 붙여 행진하거나 그것을 게시하는 것, 유태교 및 유태계를 포함하여 신앙·인종·선조 등을 이유로 증오를 유발·조장하는 문서를 배포하거나 게시하는 것을 금지하는 것이었다. 이에 대하여 NSPA는 일리노이주 항소법원에 위 금지명령의 집행정지를 청구하였으나 인정되지 않았다. 그러자 일리노이주 대법원에 다시 집행정지와 아울러 비약상고(direct expedited appeal)를 청구하였는데, 역시 기각되었다. 이번에는 순회대법관(Circuit Justice)인[21] 스티븐스 대법관에 집행정지를 신청하였다. 이 신청은 상고허가(certiorari)의 신청으로 취급되고 이것이 받아들여져서, 사건은 연방대법원에 이송되었다. 그리고 연방대법원은, 원심 결정을 파기하고 환송하였다.[22]

환송을 받은 일리노이주 항소법원은, 원래의 금지명령 중에서, 고리십자의 게시가 「폭력도발언사(fighting words)」에 해당한다는 이유로 그 게시의 금지만을 허용하고, 나머지 부분을 파기하였다. 나아가 일리노이주 대법원은, 그 게시는 하나의 상징으로서의 정치적 언론이

---

20) 정확하게 말하면, 그 외에도 현재 스코키시에서 살고 있는 나치스 박해 생존자들이 제기한 소송(Goldstein v. Collin)이 있었다. 이들은, NSPA의 행동은 살아남은 유태인들에게 정신적 타격을 주는 것으로서 하나의 불법행위유형, 즉 「심적 고통의 고의적 야기(intentional infliction of emotional distress)」에 해당한다고 주장하여, 같은 내용의 금지명령을 청구하였다. 이 소송도 결국 원고들의 패소로 끝났다.

21) 연방대법원판사는 하나 또는 그 이상의 연방항소법원의 관할구역(circuit, 즉 巡廻區)을 담당하는 법관으로 배당되어, 그 자격에서 예를 들면 판결의 집행정지(stay of execution) 등과 같은 연방항소법원의 업무를 수행한다. 이 경우의 호칭이 순회대법관이다.

22) National Socialist Party of America v. Village of Skokie, 432 U.S. 43 (1977).

어서「폭력도발언사」에 해당하지 않는다고 판시하고, 그 게시를 금지하는 금지명령부분에 대하여도 이를 파기하였다.[23)]

(3) 콜린과 NSPA는 연방지방법원에 스코키시 등을 상대로 하여, 위의 3개의 시 조례는 연방헌법 수정 제1조에서 정하는 표현의 자유를 제한하는 것이어서 위헌이라고 주장하고 그 위헌성의 선언과 그 집행의 정지를 청구하는 소송을 제기하였다.

연방지방법원은, 정부에는 사상내용의 규제권한이 인정되지 않는다는 이유로 위의 세 개의 조례가 위헌이라고 판단하였다. 연방항소법원도 거의 같은 이유로 원판결을 유지하였다. 연방대법원은 상고허가신청을 기각하였다.[24)]

(4) 이와 같이 두 개의 소송에서 모두 이김으로써 NSPA는 스코키 시내에서 데모할 수 있게 되었다. 그리하여 그들은 1978년 5월 25일에[25)] 집회 · 행진의 개최를 신청하였고, 이는 다음날 바로 허가되었다. 그러나 그 사이에 본거지인 시카고 시내의 공원을 사용하는 것이 허용되었기 때문에,[26)] 계획을 변경하여 1978년 7월 9일에 약 25명이 참가한 데모를 그곳에서 실행하였다. 따라서 스코키시 자체에서의 NSPA의 집회는 실제로는 행하여지지 않았다.[27)] 그러나 그들은 그들

23) Village of Skokie v. National Socialist Party of America, 51 Ill App. 3d 279, 366 N.E. 2d 347(1977), *affirmed in part and reversed in part*, 69 Ill 2d. 605, 373 N.E. 2d 21(1978).

24) Collin v. Smith, 477 F.Supp. 676(N.D. Ill), *affirmed*, 578 F. 2d 1197(7th Cir.), *certiorari denied*, 439 U.S. 916(1978).

25) 이 때는 연방항소법원이 연방지방법원의 판결에 대한 항소를 기각한 1978년 5월 22일 직후로, 아직 연방대법원이 상고허가신청을 기각하지 아니하였을 때이었다.

26) 1978년 6월 22일에 연방지방법원은 시카고공원위원회에 대하여 NSPA가 시카고의 한 공원을 집회 용도로 사용하는 것을 허용하도록 명하였다. Collin v. O'Malley, 452 F. Supp. 577 (N.D. Ill)(1978).

27) 스코키시에서 데모한다는 계획 자체가 시카고에서 집회하기 위한 전략의 일환이었다는 견해도 있다. D. Downs, *Nazis in Skokie: Freedom, Community, and*

이 원래 의도하였던 대로 자신들의 존재와 활동에 대하여 매스컴, 나아가 일반 국민의 주의를 대대적으로 끌었을 뿐만 아니라,[28] 자신의 신조가 미국 연방헌법에 의하여 보장되는 것임을 만인이 주시하는 가운데 공적으로 인정받았던 것이다.

2. 法院의 判決理由

(1) 일리노이주 항소법원은 앞의 1.(2)에서 본 대로 나치스의 표장인 고리십자를 게시하는 것을 금지하였다. 그 이유는 다음과 같다.

일반적으로 "인신공격적이고 모욕적인 언사로서, 통상의 시민에게 행하여지면 상식적으로 보아 폭력적 반응을 불러일으키는 고유한 경향이 있는 것"은 「폭력도발언사」로서, 수정 제1조상의 보호를 받지 못하는 언론에 속한다. 그런데 군복 유사의 제복을 입는 것 자체는 폭력선동언사라고 할 수 없으며, "오히려 그러한 제복의 착용은 이 사건의 문맥에서는 수정 제1조에 의하여 보호되는 상징적 언론으로 파악될 수 있다." 그러나 고리십자를 게시하는 것은 그렇게 말할 수 없다. 고리십자는, 그것이 "유태교도 또는 그 자손의 집이나 예배당의 바로 곁에 의도적으로 내걸리는 경우에는 그들 사이에 폭력적인 반응을 야기하는 고유한 성질을 가지는 상징"이다. 즉 "고리십자는 유태교 신앙을 가지는 사람 전부에 대한 공연한 인신공격적 모욕이고, 기억을 더듬어 가면 그것을 상징으로 사용하는 사람들에 의하여 범하여진 유태민족에 대한 거의 극한에까지 추급된 집단살해(genocide)를 연상시키는 것"이기 때문이다. 이것은 "제3제국의 대학살을 개인적으로 살아남은 수천의 스코키시 주민에 있어서는" 특히 그러하다. 따라서 고리십자의 게시는 「폭력도발언사」에 해당한다는 것이다.[29]

---

the First Amendment, 25(1985) 참조.

28) 앞의 註 17 참조.

29) 366 N.E. 2d 347, 357.

그 외에 법원은 NSPA의 집회 및 행진이 「敵對的인 聽衆(hostile audience) 앞에서의 表現」에 해당하므로 금지되어야 하지 않는가 하는 논점에[30] 대하여 판단하였다. 즉 "피고들이 데모를 하기 위하여 스코키에 나타난다면, 수천의 분노한 유태계 시민은 거의 확실하게 피고들을 물리적으로 공격할 것이다." 그러나 "법은 명확하게 폭력을 일으키는 적대적인 청중의 존재를 고려하는 것은 허용되지 않는다는 입장을 취하고 있다." 무릇 "의견의 공표를 그 의견 자체가 듣는 측에 불쾌한 것이라는 이유만으로 제한하는 것은 허용되지 않는"다는 것이다.

(2) 그러나 일리노이주 대법원은, 위의 금지부분을 파기하였다. 그에 의하면, 고리십자의 게시는 "그것이 불러일으키는 기억과 함께 자유국가의 원리에 있어서 불쾌한 것이라고 하여도, 이를 게시하는 사람들의 신조를 공중에게 전달하는 것을 의도한 상징적인 정치적 언론"으로서, 이것은 「폭력도발언사」의 정의에 포함되지 않는다. 그리고 "고리십자를 게시하는 것이 이를 보는 사람에게 폭력적 반응을 불러일으킬 것이라는 이유만으로는 완전히 금지될 수 없다." 고리십자는 "그 게시의 금지를 정당화할 수 있는 정도로 공중에게 불쾌한 것이고 또 평온에 대한 위협이라고 생각되지도 않는다"는 것이다. "이 상징을 보는 것이 스코키의 유태계 주민에게 꺼림직하고, 나치스의 박해의 생존자가 그 기억으로 고통받고 격렬한 감정이 끓어오르는 것"은 명백하지만, "스코키 시민이 부당한 부담을 지는 일 없이 불쾌한 상징을 회피할 수 있다면, 그렇게 하는 것이 자신의 책임"이라는 것이다. 그러므로 고리십자의 게시도 헌법상 보호를 받는 언론에 해당한다고 결론지었다.[31]

---

30) 「적대적인 청중 앞에서의 표현」으로서 폭력사태를 발생시킬 위험이 있는 경우에는 그 표현이 규제되어야 한다는 주장은 대체로 否定的으로 받아들여지고 있다.

31) 373 N.E. 2d 21, 24-26.

(3) 연방지방법원이 문제의 스코키시 조례들이 위헌이라고 판시한 이유는 다음과 같다.[32]

우선 일반적으로 "피고[즉 스코키시]는 원고에 대하여 흑인이나 유태인에 대한 의견을 포함하여 자신의 정치철학을 말하는 것을 금지할 권한을 가지지 않는다. 그 철학이 **아무리 유해하고 비난받을 만한 것이라도** 마찬가지이다." 즉 표현의 사상·주제·내용 등을 근거로 그 표현을 규제할 권한은 정부에 인정되지 않는 것이다.

나아가「헌법상의 보호를 받을 수 없는 언론」에 대하여. "조례는 급박한 위법행위의 선동에 미치지 못하는 주장에 대하여는 이를 금지할 수 없다. 다만 일정한 종류의 언사는 사상의 전달면에서 거의 유용하지 않고, 따라서 급박한 위법의 우려 정도까지로 중대하지 아니한 이유에 기하여서도 금지할 수 있다." 인종적인 모욕이나 중상도 이와 같이「보호받지 못하는 언론」에 속한다. 그러나 "인종이나 종교에 관한 사항의 영역에서 보호를 받는 언론과 보호받지 못하는 언론을 구분하는 것은 매우 곤란하다." 한편으로 "희생자의 인종적·종교적 전통에 뿌리박은 중상이나 모욕은 가장 부도덕한 욕설이라고 알려져 있는 것에 속한다." 그런데 다른 한편으로 "인종이나 종교에 대한 의논은 많은 사람에게 본질적으로 불쾌한 것이지만, 그럼에도 불구하고 수정 제1조에 의하여 보호되는 사상이나 명제의 표명을 때때로 포함한다." "우리가 살고 있는 사회는, 인종이나 종교의 相違를 충분히 의식한 사회이며, 중요한 공적 쟁점에 관한 자유롭게 열려 있는 토론이 인종이나 종교와 관련된 집단에 언급할 필요가 빈번히 있고 게다가 그러한 집단의 구성원이나 그 외의 사람들이 모욕적이든가 경

32) 여기서는 특히 고의로 인종적·종교적 증오를 야기시키는 문서 등의 배포("인종, 민족적 출신 또는 종교를 이유로 하여 사람에 대한 증오를 촉진, 선동하거나 또는 그렇게 하는 것을 도모하는 내용의 것을 공표하고 배포하는 것")를 금지한다는 조례 제995호에 초점을 맞추어 살펴보기로 한다.

멸적이라고 생각하게 되는 말을 때로 사용하여 그러한 토론이 행하여지는 사회인 것이다. … 수정 제 1 조가 존재하는 이상, 정부는 그와 같이 섬세하고 격정을 불러일으키는 공적 쟁점에 관한 토론을 법학이나 사회과학의 기술적 전문용어에 의한 건전하고 단조로운 논의에 한정할 수는 없는 것이다."

그러므로 이를 금지하는 조례를 제정하려면, "[그것이] 충분히 명확할 것, 모욕적인 언사를 질서침해의 가능성이 있는 상황에서 인신공격적으로 사용하는 경우에 초점을 맞출 것, 인종이나 종교에 관한 의논에 수반할 수 있는, 절도를 잃은 감정적인 논쟁을 여전히 허용하는 것일 것"이 요구된다. 그런데 스코키시의 문제의 조례는 고의로 증오를 선동하는 언사를 처벌하고 있는데, 이 기준은 "주관적이고 명확히 정의될 수 없는 것"이므로, 조례는 우선 막연성으로 인하여 위헌·무효이고(void for vagueness), 나아가 지나치게 광범위함으로 인하여 위헌인 것이다.[33]

(4) 연방항소법원도 거의 같은 이유를 내세우고 있다. "나치스의 教義가 일반적으로 주장되는 것처럼 잘못이고 실제로도 일반적으로 부인되고 있다고 해서, 그것이 바로 나치스의 교의의 금압을 정당화하는 것은 아니다." 한편 스코키시측은 나치스의 행진은 시민들에게 정신적 고통을 일으킨다는 것을 조례 제정의 이유로 주장하는데, 그 행위가 민사적으로 불법행위가 된다는 것과 이를 형사적으로 처벌하는 조례를 제정한다는 것과는 별개의 문제이다. 그리고 문제의 조례는 그 금지가 지나치게 광범위하다. 고의로 인종적·종교적 증오를 야기하는 문서 등의 배포가 범죄를 구성한다고 정하는 문제의 조례는 과도하게 광범위하여 위헌이라는 결론은, 그 조례가 "[유태인을 모멸한 것으로 이해될 여지도 있는 셰익스피어의 희곡]『베니스의 상인』의

33) 447 F. Supp. 676, 691.

배포 또는 스코키에서의 인종적 역차별에 대한 격한 토론을 처벌하기 위하여서 적용되는 것도 상정될 수 있다는 사실에 의하여 지지된다"는 것이다.[34)]

3. 스코키事件에 대한 評價와 問題提起

(1) 스코키사건이 주목을 모은 것은, 어떤 학자의 말을 빌리면, "미국에서 나치스만큼 널리 일반에게 혐오를 받고 있는 집단은 드물고, 또 나치스의 강제수용소의 생존자만큼 우리들의 깊은 동정을 불러일으키는 사람은 적다"고[35)] 하는 배경에서, 그럼에도 불구하고 나치스의 집회 및 행진을 표현의 자유의 이름 아래 허용하기 때문일 것이다. 아무리 표현의 자유라고 하더라도 그러한 데모를 인정하는 것은 자유의 나라 미국에서조차도 일반 사람에게는 참기 어려운 것으로 느껴지는 것이다. 그것이 단지 일반 사람의 생각만은 아니었던 것이, 스코키사건에서 NSPA의 소송대리인을 담당한 것은 1960년대에 소송활동을 통하여 특히 흑인의 인권신장에 혁혁한 공훈을 세운 미국인권연맹(American Civil Liberties Union)이었는데,[36)] 이 소송을 수행함으로써 그 회원이 대거 탈퇴하는 사태를 맞이하였던 데서 분명히 드러난다. 예를 들면 동 연맹의 일리노이주 회원은 모두 8천명이었는데 그 중 거의 2천명이 다음해까지 탈퇴하였고, 전국적으로 약 3만명의 회원이 탈퇴하였다고 한다.[37)][38)]

---

34) 578 F. 2d 1197, 1203, 1207.

35) Rubin, *Nazis, Skokie, and the First Amendment as Virtue*, 74 Calif. L. Rev. 233, 234(1986).

36) ACLU의 지도부는 나중에 자신들의 입장을 설명 · 변호하는, Why we defend civil liberty, even for Nazis, Fascists, and Communists: A statement by the Board of Directors of the American Civil Liberties Union(1979)라는 제목의 팸플렛을 발간하였다.

37) Lee C. Bollinger, *The Skokie Legacy: Reflections on an "Easy Case" and Free Society Theory*, 80 Mich. L. Rev. 617(1982); Horowitz & Bramson, *Skokie, the*

그러나 미국인권연맹의 집행부장인 네이어(그 자신 유태인이다)는, 『나의 적을 옹호한다』는 제목의 저서를 공간하여, 거기서 "유태인도 말할 자유가 있다고 하려면, 나치스는 … 말할 자유를 가져야 한다"고 주장하고, 「우리가 미워하는 사상을 위한 자유」를 강조하였다.[39] 그리고 신문사 등 언론기관도 대체로 위 연맹의 입장에 동조하는 경향이었다고 한다.[40]

(2) 사실 그 전에 미국에서 네오 나치스당의 활동에 대한 규제를 연방헌법 수정 제1조를 이유로 부정한 재판례가 이미 존재한다.[41] 그러한 의미에서 스코키판결은 어떠한 의미에서는 종전의 입장을 확인한 것에 불과하다고도 할 수 있다. 그리고 스코키판결에 대하여도 대부분의 논자는 그 판결을 비판하는 견해는 쉽사리 받아들일 수 없다는 입장을 표시하고 있다. 이를 정리하여 보면 다음과 같다.[42]

(가) 우선 NSPA의 활동은 언론의 자유를 제한할 수 있는 예외적인 경우인 「명백하고 현존하는 위험(clear and present danger)」이 있는 경우에 해당한다는 견해도 있을 수 있다. 그러나 과연 위험이 「현존」하는지는 의문이다. 예를 들어 영화관에서 거짓으로 "불이야!"

ACLU and the Endurance of Democratic Theory, 43 Law & Contemp. Probs. 328(1979).

38) 물론 그 탈퇴자의 수와 스코키사건을 근시안적으로 연결시키는 것에는 신중하여야 한다는 견해도 있다. 예를 들면 J. Gibson & R. Bingham, Civil Liberties and Nazis: The Skokie Free-Speech Controversy, 74-85(1985) 참조.

39) A. Neier, Defending My Enemy: American Nazis, The Skokie Case, and the Risks of Freedom, 7, 54(1977).

40) D. Hamlin, *Swastikas & Survivor: Inside the Skokie-Nazi Free Speech Case*, 4 Civ. Lib. Rev. 30(1978).

41) Rockwell v. Morris, 12 A.D. 2d 272, 211 N.Y.S. 2d 25(1961), *affirmed mem.* 10 N.Y. 2d 721, 749, 219 N.Y.S. 2d 268, 605, 176 N.E. 2d 836, 177 N.E. 2d 48 (1961), *certiorari denied* 368 U.S. 913(1961).

42) 그 공방의 논점은 Haiman, *Nazis in Skokie: Anatomy of the Heckler's Veto*, T. Tedford et al.(ed.), Perspectives on Freedom of Speech(1987)에 일목요연하게 정리되어 있다.

하고 외치는 소리를 듣고 바로 패닉상태에 빠지는 관중과, 예고된 단기간의 데모를 둘러싸는 군중 사이에는 명백한 상황의 차이가 있는 것이다.

(나) 나아가 NSPA의 언론은 폭력을 도발하고 공공질서를 문란하게 하므로 그 자유가 보장되지 않는다는 주장도 있을 수 있다. 그러나 이 사건에서 NSPA는 그 표현의 상대방에 대하여 위법행위를 하도록 선동하는 것을 적어도 직접적으로 의도한 것은 아니며, 폭력이 발생할 가능성은 대체로 NSPA의 언론 그 자체보다는 그 표현의 상대방, 특히 스코키 시민에 대하여 그에 폭력적으로 대응할 것을 주장하는 사람으로 인한 것이다. 오히려 상황은 「적대적인 청중」이 존재하는 경우에[43] 흡사하다. 그런데 「적대적인 청중」의 존재를 이유로 發話者의 언론을 제한할 수 있다는 주장은 설득력이 없다. 만일 그 주장을 긍정한다면, 이는 受話者側에 표현거부권을 부여하는 것에 다름아니고(소위 heckler's veto), 그때그때의 다수자에 의하여 용인되고 있지 아니한 사상을 표명할 기회를 사실상 빼앗고 마는 것이기 때문이다.

나아가 "언사가 행하여지는 것 자체에 의하여 위해를 가하는 것이 되는 언사, 또는 직접적으로 치안의 문란을 유발하는 언사"는 진리에 접근하는 한 걸음으로서는 매우 적은 사회적 가치만을 가져서 질서 및 도덕에 관련한 사회적 이익에 비하여 보잘것 없으므로 헌법상 보호받지 못한다는 그 법리는, 어떤 개인이 타인에 대하여 인신공격적인 모욕을 가하는 것과 같이 개인 간의 적대관계에 대하여만 적용되어야 하는 것이다.

(다) 인종차별적 언론은 새로운 형태의 집단적 명예훼손소송(group libel action)에 의하여 억제되어야 한다는 구상을 제시하는 견

---

43) 이에 대하여는 앞의 2.(2)에서 본 대로 일리노이주 항소법원이 이미 판단한 바 있다.

해도 있다.[44] 그러나 이러한 형태의 구제는 헌법 차원의 문제를 민사적으로 전환하는 것일 뿐으로서, 헌법상 허용되는 것이 사법적으로 허용되지 않는다고 할 이유는 없다. 또 인종차별적 발언은 자신의 의견이나 입장을 표현하는 다른 발언에 비하여 상대방의 감정을 강력하게 건드린다는 점에 특색이 있는데, 이를 별도로 취급하는 것은 결국 표현의 자유에 대한 헌법적 보호가 상대방의 반응 여하에 따라 달라진다는 결과가 된다.

(3) 이상과 같이 스코키사건의 경과를 훑다 보면, 다음과 같은 의문이 떠오르는 것은 당연하다고 해야 할지도 모른다. 거의 모든 사람이 도저히 받아들일 수 없는 사상을 표명할 자유, 특히 그 사상이 그와 같이 자유롭게 사상을 표명할 자유를 부인하는 사상인 경우에도 그 사상을 표명할 자유는 어떠한 이유로 인정되는가? 선과 악의 구분은 이렇게도 不可知的인가? 도대체 관용은 어디까지 미칠 수 있는가? 도대체 「표현의 자유」란 무엇을 위한 것인가?

Ⅳ. 言論自由 保障의 根據에 대한 論議

1. 保障根據論議의 位置

어떤 논자에 의하면, 수정 제1조에 관한 미국 연방대법원의 여러 재판례는 구체적인 사건에 좇아서 다양한 법리를 전개하고 있는데, 전체로서는 하나의 전통 아래서 이해될 수 있다. 그 전통은 개별적 판결을 구속하는 것은 아니지만, 모든 판결이 만들어짐에 있어서

44) Downs(註 27), 154-69; do., *Skokie Revisited: Hate Group Speech and the First Amendment*, 60 Notre Dame L. Rev. 629, 680-85(1985); Note, *A Communitarian Defence of Group Libel Laws*, 101 Harv. L. Rev. 682, 683 n. 12 (1988) 등 참조.

그 배경으로서 기능한다고 한다.[45)]

이와 같이 표현의 자유를 설명하고 뒷받침하는 기초적인 이해준거에[46)] 대한 모색은 특히 소위 워렌대법원이 등장한 후로 빈번하게 행하여져서 오늘날에 이르고 있다.[47)]

2. 傳統的 說明 ── 에머슨을 中心으로

이 문제와 관련하여 가장 빈번하게 인용되는 문헌, 그리고 아마 이 문제에 대한 가장 기본적인 문헌으로는, 아무래도 1963년에 발표된 에머슨의 논문을[48)] 들 수 있을 것이다.[49)] 아마 그의 이론을 「전통적인 설명」이라고 불러도 큰 잘못은 없을 것이다.

에머슨은, 그 표현의 자유가 보다 중요한 의미를 가지는 이유를, 다음의 네 가지 관점에서 설명한다. 첫째, 개인의 자기 실현, 둘째, 진리에의 도달, 셋째, 민주적인 정치과정에의 참여, 넷째, 사회의 안정과 변화 사이의 균형 달성이 그것이다. 그런데 이 중에서 넷째의 「안정과 변화 사이의 균형 달성(balance between stability and change in the society)」이란 사회에서 불가피하게 제기되는 변화에의 욕구를 표현의 자유에 의하여 건전한 방식으로 해소시킨다는 것이다. 즉 만일

---

45) Owen Fiss, *Free Speech and Social Structure*, 70 Iowa L. Rev. 1405(1986) 참조. 이 전통을 그는 「자유로운 언론의 전통(free speech tradition)」이라고 부른다.

46) Lawrence Tribe, *Toward a Metatheory of Free Speech*, 10 Sw. U. L. Rev. 237 (1978)에서 말하는 표현의 자유에 대한 「메타이론」이란 바로 이를 가리킨다.

47) 그러한 의미에서 Schauer, *Must Speech Be Special*, 78 Nw. U. L. Rev. 1284 (1983)은, 표현의 자유에 대한 고찰이 「이론의 再浮上」의 국면을 맞이하였다고 한다.

48) Thomas I. Emerson, *Towards a general theory of the First Amendment*, 72 Yale L. J. 877-956(1963).

49) 이 논문은, Shiffrin, *The First Amendment and Economic Regulation*, 78 Nw. U. L. Rev. 1212, 1283(1983)에 의하면, "수정 제1조에 대하여 금세기에 쓰여진 것 중 가장 좋은 문헌"이라고 평가되고 있다.

표현의 자유를 억누른다면 사회는 혁명 등의 방법으로 과격하게 변화할 수밖에 없는데, 표현의 자유는 타인에 대한 설득의 방식으로 무리없이 변화를 가져온다는 것이다.[50] 그러나 이에 대하여는 과연 그것이 표현의 자유의 존재이유로서 독자적인 의미를 가지는가에 대하여 의문이 제기된다. 즉 이 점은 특히 제3의 근거에서 드는 민주적인 정치과정에의 참여가 실현되면 그 결과로서 말할 수 있는 것이라고 생각되는 것이다.[51]

그러므로 이하에서는 에머슨이 제시하는 앞의 세 근거에 대한 설명에 귀기울여 보기로 한다.

(1) 표현의 자유는 우선 개인의 자기 실현(individual self-fulfillment)을 확보하기 위하여 필요하다.[52]

에머슨에 의하면, 표현의 자유는 "무엇보다도" 개인이 순전히 한 개인의 자격에서 가지는 권리로서 정당화된다. 사람의 고유한 목적이 그의 내적 자질을 그리고 인류로서의 각종 가능성을 실현하는 데 있다는 것은 "서구사상의 널리 받아들여진 전제"로서, 이는 곧 인류에게 특유한 상상·통찰·감성의 정신적 능력을 발휘함으로써 자신의 「의미」를 발견함을 의미한다. 그러한 능력의 발휘는 곧 각자의 신념과 의견의 형성으로 나타나는데, 나아가 이를 표현하는 것은 정신적 계발의, 그리고 자기 주장의 불가결한 일부분이므로("표현되지 않는 신념이란 별로 가치가 없다"), 그 신념이나 의견을 표현할 권리도 가져야 한다는 것이다. 그러므로 표현을 억압하는 것은 사람의 존엄에 대

50) Emerson(註 48), 884-886.

51) Perry, *Freedom of Express: An Essay on Theory and Doctrine*, 78 Nw. U. L. Rev. 1137, 1153(1983)도 같은 취지를 말한다. 그리고 Blasi, *The Checking Point in First Amendment Theory*, 1977 Am. B. Found. Research J. 521, 544ff.도, 표현의 자유의 근거로 ① 개인의 자주성, ② 다양성, ③ 자기통치(민주주의)의 셋을 들고 있는데, 이는 에머슨이 든 근거 중 앞의 셋에 대응하는 것이고, 넷째의 「안정과 변화의 균형」이라는 점은 채택하지 않는다.

52) Emerson(註 48), 879-881.

한 모독이다.[53]

또 표현의 자유는 사회의 구성원으로서의 개인이 어떠한 역할을 하여야 하는가에 대한 "서구의 기본적 관념"으로부터도 도출된다고 한다. 사람은 필연적으로 「사회적인 동물」로서, 그는 사회(나아가 그 특별한 형태로서의 국가)가 자신에 영향을 미치는 공동결정에 참여할 동등한 기회를 가져야 한다. 만일 그것이 허용되지 않으면 "사회와 국가는 專制者가 되고 개인은 타인의 자의적 지배에 복종하게 된다"는 것이다.[54]

이상의 설명으로부터 에머슨은 두 가지 중요한 歸結을 제시한다. 하나는, 표현의 자유는 그 자체로 하나의 선이고, 적어도 "좋은 사회의 필수적 요소"라는 것이다. 그러므로 예를 들어 어느 사회가 혹 德, 正義, 平等과 같은 보다 포괄적인 목적을 추구하는 경우에도 이를 표현의 자유를 억압함으로써 달성하려 해서는 안 된다. 그 목적은 반대표현을 통해서 또는 표현이 아닌 행위의 규율을 통해서 행하여져야 한다. 다른 하나는, 위의 설명은 「표현(expression)」과 「행위(action)」의 본질적 구분을 전제로 하며, 사회나 국가는 행위의 규율에 대하여는 "전혀 다른, 그리고 훨씬 광범위한 기초"를 가진다는 것이다. 그에 비하여 인격 표출의 源泉인 표현을 제약하면 "물줄기 전부가 마르게 된다." 그리고 표현은 통상 그 결과가 곧바로 발생하지는 않아서 행위에 비하여 위험이 덜하다. 또한 사회나 국가의 개인에 대한 규제가

53) 여기서 에머슨은, 밀튼이 언론에 대한 허가제가 "자유롭고 양식 있는 정신에 가하여질 수 있는 최대의 불쾌사이고 불명예"라고 한 말(Milton, Aeropagitica (Everyman's Library ed., 1927), 21)은 표현에 대한 어떠한 형태의 제한에도 마찬가지로 타당하다고 한다.

54) 개인과 공동체의 관계에 대한 이와 같은 파악이 뒤의 (3)에서 보는 "의사결정에의 참여"와는 별도의 차원에서 제시되고 있는 것은 매우 흥미롭다. 후자가 말하자면 현실적인 입장에서의 결과주의적 사고(consequentionalism)에서 나온 것이라면, 전자는 칸트적인 의무론(deontology) 또는 초월적 파악의 차원에서 논의되고 있는 것이다.

범람하기 쉬운 반면 그 한계의 기준이나 제도를 마련하는 것이 극히 어려운 것에 비추어 보면, 위와 같은 범주를 설정하여 표현을 보호하는 것이 "권력과 자유 사이에 균형을 잡는 것을 가능하게 한다"는 것이다.[55]

(2) 진실을 발견하는 도구(means of attaining the truth)로서.[56] 즉 표현의 자유는 위와 같이 개인적 선일 뿐만 아니라 동시에 "사회적 선"이기도 하다. 그것은 지식을 증진하고 진리를 발견하는 최선의 방도인 것이다.

진실이나 지식을 찾는 사람은 어떤 제안에 대하여 상정할 수 있는 모든 찬성과 반대의 주장을 고려하여야 한다. 특히 그 제안에 열심히 공격적으로 반대하는 사람이 제시하는 문제점에 귀를 기울여야 한다. 이 과정을 지속적으로 거치는 것이 진실 획득의 가장 확실한 방법이다. 역사적으로 보더라도 진실이라고 의심 없이 받아들여졌던 것 중 다수가 후에 잘못으로 밝혀졌고, 코페르니쿠스부터 아인슈타인에 이르기까지 인류의 가장 중요한 발견은 의문의 여지가 없던 것에 도전함으로써 이룩되었다. 이로써도 알 수 있듯이 정보나 토론, 의견의 충돌을 막는 것은 새로운 착상의 전개를 막고, 진실의 발견을 저해한다는 것이다.

---

55) 「표현」과 「행위」를 구분하는 이유를 이상과 같은 세 가지로 설명하는 것은 그에 앞선 설명이 앞의 註에서 본 것처럼 근본주의적인 데 비하여 극히 결과주의적임을 유념할 필요가 있을 것이다. 한편 이러한 「표현」과 「행위」의 구분론에는 적지 않는 의문이 제기될 여지가 있을 것으로 생각된다. 우선 자신의 신념이나 의견에 기하여 행위를 하는 것도 각자의 인격의 표출이고, 또 행위 없는 신념 등은 "별로 가치가 없다"고 할 수 있다면, 왜 「표현」의 자유만이 강조되어야 하는가 등등. 뒤의 3.(2)에서 보는 대로 Bork, *Neutral Principles and Some First Amendment Problems*, 47 Ind. L. J. 1(1971)이, 「명백하게 또 주위적으로 정치적인 언론(explicitly and predominantly political speech)」에만 연방헌법 수정 제1조상의 보호를 주어야 한다는 주장은 아마도 이러한 의문과 관련되는 점도 있지 않을까?

56) Emerson(註 48), 881-882.

보다 중요한 것은, 어떠한 의견이 잘못으로 보이더라도 이를 억압하여서는 안 된다는 점이다. 우선 그것이 오히려 옳거나 부분적으로 옳을 수 있다. 나아가 전적으로 틀렸다고 해도 그것은 받아들여진 견해를 다시 생각하고 재시험하게 함으로써 그 견해를 유지할 이유를 더 잘 이해하고 그 의미를 더 깊이 음미하게 한다. 또한 "옳은 것을 억압하지 않으면서 틀린 것을 억압할 방도는 없다." 결국 어떤 견해의 억압에 대한 유일한 정당화는 억압자가 不可謬라는 것인데, 누구도 그럴 수는 없는 것이다.

그리고 이상은 사회적 판단에 있어서도 마찬가지이니, "새로운 지식을 얻고, 새로운 생각을 관용하고, 공개된 경쟁에서 견해를 테스트하고, 전제들을 再考하는 수련을 통해서, 한 사회는 그 구성원의 필요와 기대를 충족하는 공동결정에 더 잘 도달할 수 있는 것이다."

(3) 사회 구성원들이 정치적 의사결정을 포함하여 사회적 의사결정에 참여하는 것을 확보하는(securing participation by the members of the society in social, including political, decision-making) 방법으로서.[57] 이는 앞서 설명한 각 개인의 권리(individual right)로서의 또한 「사회적 선(social good)」("개인에 의해서만 사실이 발견되고 의견이 형성되므로, 모든 개인이 사회과정에 참여하여야 한다")으로서의 표현의 자유로부터도 이해되는 바이다. 나아가 표현의 자유는 민주사회의 필수적 원칙이다. 다른 모든 문화의 형성에서도 마찬가지이지만, 이 점은 특히 정치적 결정과의 관련에서 중요하다. 한편으로 권력은 반대를 억압할 필요를 느끼는 경우가 많은 반면에, 다른 한편으로 표현의 자유는 다른 자유의 확보에 필요한 조건이 되므로, 표현의 자유는 정치분야에서 가장 빈번하게 다투어지는 것이다.

결정적으로 중요한 것은, 표현의 자유가 정부로 하여금 국민의

57) Emerson(註 48), 882-884.

뜻을 보다 잘 수용하게 한다는 그 효용성에 있는 것이 아니라, 민주적 정부가 그 권력을 피치자의 동의에서 획득하는 이상, 그 동의 여부를 결정하기 위하여는 개인의 의견과 그들의 공동의견의 형성에 표현의 자유가 반드시 필요하다는 점이다.[58]

여기서 에머슨은 흥미로운 논의를 하고 있다. "정치적 표현의 자유의 주창자들은 때로 스스로에게, 과연 사람들이 그에 맡겨진 역할을 할 수 있는지, 과연 그들이 충분한 정보를 얻을 수 있는지 또는 판단을 내리기에 충분한 능력이 있는지 하는 문제를 제기하였다. 18세기의 사람들은 인간의 이성의 힘과 완성가능성에 대하여 은연 중에 신뢰를 품고 이에 대해 별다른 의심을 하지 않았다. 19세기와 20세기의 정치이론가들은 보다 조심스럽다. 또한 정치적 표현의 권리가 교육과 문화의 발달의 점에서 일정한 수준에 도달하지 못한 사회에도 인정될 수 있는가에 대하여 약간의 의견불일치가 있다. 그러나 이는 **실제로는 민주주의 그 자체의 실현가능성에 관한 문제**이다. 그리고 일단 어느 사회가 민주적 과정을 선택하였거나 또는 선택하는 과정에 있는 이상, 그것은 필연적으로 공개된 정치적 토론의 원칙을 포함하여 선택한 것이다."

(4) 이상에서 두번째의 근거는, 그리고 아마도 세번째의 근거도, 미국 연방대법원의 홈즈 대법관과 브랜다이스 대법관이 구체적인 판결을 통하여 제시하였던 표현의 자유의 근거론과 밀접한 관계가 있다고 여겨진다.[59] 이 두 대법관의 근거론은 결국 「사상의 자유시장」의

58) 이 맥락에서 에머슨은 Alexander Meiklejohn, Political Freedom: The Constitutional Powers of the People(1960)을 인용한다. 미클존의 견해에 대하여는 뒤의 3.(1) 참조.

59) Emerson(註 48), 888도, Abrams v. United States, 250 U.S. 616, 630(1919)의 다음과 같은 설시를 인용하고 있다. 즉, "의견의 표명을 박해하는 것은 완전히 논리적이라고 여겨진다. 만일 당신이 당신의 생각이나 당신의 권력에 아무런 의심도 가지고 있지 않으며, 또한 어떠한 결과의 달성을 진심으로 바라고 있다

이론이라고 이름붙일 수 있다.[60]

(가) 홈즈 대법관은 Abrams v. United States, 250 U.S. 616 (1919)에서 설시한 반대의견(dissenting opinion)에서 다음과 같이 말하였다.[61]

> "바람직한 最終善은 사람들 각자가 믿고 있는 자신의 행동원칙에 의하기보다는 오히려 사상의 자유로운 거래(free trade in ideas)에 의하는 편이 이를 보다 잘 달성할 수 있다는 것, 즉 **진실 여부를 검증하는 최선의 방법은 시장의 경쟁에서 스스로를 받아들여지게 하는 사상의 역량 여하라는 것**, 그리고 표현이야말로 사람들이 바라는 것을 안전하게 실현되도록 할 수 있는 유일한 기반이라는 것을 믿게 될 것이다. … 이것이야말로 연방헌법의 이론에 다름아니다. 마치 모든 생명이 하나의 실험인 것과 마찬가지로, 이 또한 하나의 실험이다. 매일이라고는 할 수 없어도 적어도 해마다 우리는 불완전한 지식에 기한 어떠한 예언적인 것에 나 자신의 구원을 걸고 있는 것이다. 이와 같이 실험이 우리가 사는 방식인 이상, 우리들은 혐오하고 깨부수고 싶다고 생각하는 의견이라도 이러한 의견의 표출을 저지하려고 하는 시도에 대하여는 끊임없이 눈을 밝혀 경계하여야 할 것이라고 나는 생각한다."

또 그는 Gitlow v. New York, 268 U.S. 652(1925)의 반대의견에서 다음과 같이 말하기도 하였다.

면, 당신이 희망하는 바를 법으로 규정하고 그에 대한 반대를 모두 쓸어버리는 것은 자연스러운 일이다. 반대를 말하는 것을 허용하는 것은, 그 반대의 말이 네모난 원을 만들었다는 것처럼 아무런 힘도 없다고 생각되는 것이 아니라면, 당신 스스로 그 결과의 달성을 진심으로 원하지 않고 있다는 것 또는 당신의 생각이나 권력을 의심하고 있다는 것을 시사하는 것밖에 되지 않는다."

60) 한편 두 대법관의 근거론에 일정한 차이가 있음도 간과되어서는 안 된다. 이에 대하여 Cass R. Sunstein, Democracy and the Problem of Free Speech, 23-28(1993)은, 홈즈가 시장적 경쟁에 의한 진리에의 도달을 강조함에 대하여 브랜다이스는 정치적 의논의 가치에 중점을 둔다는 차이가 있다고 한다.

61) 그리고 브랜다이스 대법관이 이 반대의견에 동조하였다.

"이 사건에서 문제된 「선언」은 이론의 주장 이상이다, 그것은 바로 선동(incitement)이라는 주장도 있다. 그러나 모든 사상은 선동이다. 즉 사상은 신념을 낳는다. 그리고 신념이 생기면, 다른 신념에 의하여 교체되든가, 에너지 부족에 의하여 중도반단에 그치든가 하지 않는 한, 사상은 실행에 옮겨지는 것이다. 생각을 표명하는 것과 협의의 선동의 차이는, 오직 발언자가 결과 발생에 대하여 얼마만큼 열정을 가지는가로부터만 나온다. … 프롤레타리아독재 속에 표현된 신념 … 에 대하여 기회를 주고 그 방향을 추구하게 하는 것이라는 점에야말로 언론의 자유의 유일한 의의가 있다."

(나) 한편 브랜다이스 대법관은 Whitney v. California, 274 U.S. 357 (1927)의 소수의견에서,[62] 시민적 차원에서의 공공토론의 중요성을 강조하고(그러한 공공적 토론에 참여하는 것이야말로 시민의 「정치적 의무」이고, 거기에 미국 정치의 기본원칙이 있다는 것이다) 공공토론을 통한 심의 또는 숙고(deliberation)를 통하여서만 민주주의는 정당화되고 활성화된다고 하면서, 이를 확보하기 위하여서야말로 표현의 자유가 중요하다고 한다.[63] 그는 말한다. "거짓말이나 사기를 토론을 통하여 폭로하고, 또 있을 수 있는 폐해를 교육을 통하여 구제하기 위하여, 시간적인 여유가 있는 한은, 취하여야 할 조치란 침묵을 강제하는 것이 아니라, 더욱 많이 토론하도록 하는 것이다(*more speech*, not enforced silence)."[64]

---

62) 그리고 이 반대의견에 홈즈 대법관이 동조하였다.

63) 브랜다이스는 이 소수의견(254 U.S. 357, 375)에서 표현의 자유로부터 얻어지는 이익을, ① 개인의 여러 능력의 개발, ② 활동에 종사함에서 오는 행복, ③ 안전을 사회에 제공하는 것, ④ 정치적 진리의 발견과 보급의 넷으로 정리하고 있다. 이 중 ①과 ②는 에머슨의 첫째 논거에, ③은 그 넷째 논거에, ④는 그 셋째 논거에 대응한다고 할 수 있다. 그러한 의미에서 브랜다이스의 견해는 에머슨의 논의의 先驅를 이루며, 나아가 에머슨의 논의는 홈즈/브랜다이스 전통을 한 걸음 밀고 나가 보다 세밀하게 한 것이라고 평가할 수 있을는지도 모른다.

64) 그 후에 다음과 같이 설시하기도 한다. "언제 위험이 명백하게 되었다고 볼 것인가, 위험이 멀지도 모르지만 그래도 현재 존재한다고 말할 수 있는 것은 어

3. 政治的 參與의 保障에 重點을 둔 見解 —선스틴을 中心으로

에머슨은 후에 이르러 다시 한 번 표현자유의 원리론을 다루면서,[65] 이상의 네 근거들의 관계에 대하여 언급하고 있다. 그에 의하면, 이들을 각각 분리하여 보아서는 안 되며, 오히려 통합된 하나의 세트로 보아야 한다. "하나 하나가 불가결하기는 하지만, 어느 하나만으로는 불충분하며, 넷은 서로 상호의존적(interdependent)"이라고 한다.[66] 이와 같이 이들 근거 사이의 서열이나 타당범위를 명확하게 획정하지 아니하고 말하자면 「병렬」하는 견해는, 아무래도 학자들이 아마도 본성적으로 가지는 체계화에의 욕구를 만족시키지 못하는지도 모른다. 그리하여 에머슨의 논의 이후로 표현의 자유의 근거를 논한 문헌은 오히려 그 중 어느 하나만을 부각시키는 것이 대부분이다.

이하에서는 에머슨을 전후하여 제기된 몇몇의 주장에 대하여 살펴보기로 한다.

(1) 앞서 본 대로[67] 에머슨이 표현의 자유의 근거를 공동체의 의사결정에의 참여 확보라는 관점에서 설명할 때, 그는 미클죤을 인

떠한 경우인가, 어떠한 정도의 폐해가 있으면 그것을 중대하다고 보고 보호조치로서 언론·집회의 자유를 제한하기에 충분하다고 인정할 것인가. 이러한 여러 문제를 판정하는 기준을 당 법정은 아직 확정한 일이 없다. 이들 문제에 대하여 정당한 결론을 내기 위하여는, 왜 평상시에 국가는, 압도적 다수의 시민들이 그것은 틀렸고, 말도 안 되는 나쁜 결과를 가져올 것이라고 믿어 의심치 않는 종류의 사회적, 경제적 그리고 정치적 言說의 전파를 금지하는 권력을 가지지 못하는가 하는 이유를 우리는 마음에 새길 필요가 있다."

65) Emerson, *First Amendment Doctrine and the Burger Court*, 68 Calif. L. Rev. 422(1980).

66) Emerson(前註), 423. 에머슨의 근거론을 이어받으면서 그들 사이의 상호관계(interrelationship)를 논한 문헌으로, Bloustein, *The Origin, Validity, and Interrelationships of the Political Values served by Freedom of Expression*, 33 Rutgers L. Rev. 372(1981) 참조.

67) 앞의 註 58 참조.

용하고 있다. 여기서 미클존은,[68] 예를 들면 밀이 『자유론』에서 행한 철학적 변증론과는 달리, 미국 연방헌법의 틀 내에서의 표현의 자유를 검토한다. 그에 의하면 표현의 자유는 미국의 시민이 주권자로서 통치의 책임을 져야 한다는 근본원칙, 즉 自己統治(self-government)의 원칙에서 파생된다. 그 원칙에 의하면, "공공정책에 관한 사항은 모두 全市民의 공동적 활동에 의하여 결정되어야 한다."[69] 그 과정에서는 어떠한 내용의 것이든 쟁점사항에 대한 발언이라면 모두 허용되어야 한다. "시민은 … 그의 의견이 잘못이라든가 위험하다는 이유로 발언이 금지되지는 않는다."[70] 시민이 공공적 사항에 대하여 결정을 내림에 있어서는 그에 관련된 모든 정보, 의견, 의문, 비판을 알아야 한다는 것이다. 앞의 I.1.에서 본 뉴욕타임즈 판결은 이 미클존의 이해에 영향을 받은 바 적지 않다고 추측되기도 한다.[71]

이러한 이해가 수정 제1조의 보호를 받는 것은 「공적 언론」, 즉 "투표권자가 취급하여야 하는 쟁점에 직접적으로든 간접적으로든 관련이 있는 언론, 즉 공적 이해관계에 관련 있는 사항(matters of public interest)"에 한정된다는 주장으로 이어지는 것은[72] 필연적인 논리인지도 모른다. 이와 같이 「공적 표현」과 「사적 표현」을 구별하여 전

---

68) Wellington, *On Freedom of Expression*, 88 Yale L. J. 1105, 1110(1979)은, 미클존을 밀 이래 표현의 자유에 대한 가장 중요한 철학자라고 한다.

69) Meiklejohn(註 58), 14.

70) Meiklejohn(註 58), 23.

71) 예를 들면 뉴욕타임즈 판결은 "우리는 이 사건을 우리 나라가 채택한 다음과 같은 심중한 원칙을 배경으로 하여 검토한다. 즉 공공이슈에 대한 토론은 제약 없고 대담하고 공개적으로 행하여져야 하며, 그것은 정부와 공무원에 대한 가차 없고 신랄하며 때로는 불쾌할 만큼 날카로운 공격을 포함할 수도 있다는 원칙이 그것이다. … 자유로운 토론에 있어서는 잘못된 발언도 불가피하며, 표현의 자유가 생존을 유지하려면 '숨쉴 여유(breathing space)'를 가져야 한다면 그것도 보호되지 않으면 안 된다"라고 설시한다. 또한 그 판결의 主理由를 쓴 브레넌 대법관의 글(Brennan, *The Supreme Court and the Meiklejohn Interpretation of the First Amendment*, 79 Harv. L. Rev. 1(1965). 원래는 강연원고이다)을 보라.

72) Meiklejohn(註 58), 79.

자만이 수정 제1조의 보호를 받을 만하다는 주장에 대하여는, 한편으로 그 구별이 용이하지 않다는 비판, 다른 한편으로 ─ 말하자면 인격의 자기실현으로서의 ─ 「사적 표현」도 수정 제1조의 보호를 받지 않을 이유가 없다는 비판이 행하여지고 있다. 예를 들면 채피는 미클죤의 위 1948년 저서의 서평에서, "[예를 들면] 산아제한은 극히 개인적인 문제이나, 이에 대한 토론은 바람직한 인구의 크기나 아이들을 키우는 현명한 방법 … 등에 대한 문제를 제기한다. 실제로 거의 모든 쟁점에 공적인 국면이 존재한다. 자기통치가 만족하게 작용하려면, 개인이 공정한 태도나 타인에 대한 이해, 인생의 근본목적의 탐구를 추구할 것이 요구된다. 이를 위하여 시나 연극 또는 소설로부터도 도움을 얻을 수 있는 것이다. … 만일 사적 언론에 예술·문학과 함께 학문도 포함된다면, 이러한 극히 중대한 사항으로부터 수정 제1조의 보호를 빼앗는 것이 되어, 충격적이다. 표현에 대한 개인적 이익은 … 너무나도 귀중하여, [수정 제14조의] 적법절차조항의 애매한 문구에 전면적으로 맡겨 둘 수는 없는 것이다. 자기통치가 가치가 있다고 하여도 그것은 본질적으로 우리 생활의 작은 부분에 불과하다. 이 철학자가 다른 모든 활동을 자기통치에 관련된 것에 종속시켜야 한다고 하는 것은 진정 놀라운 일이다"라고 비판한다.[73] 또 캘븐도 "소설·시·회화·연극·조각이 왜 수정 제1조의 보호범위에 들어가는지가 문제가 되는 경우에, 알렉산더 미클죤의 변호론은 그다지 도움이 되지 않는다"고 평하고 있다.[74]

이러한 비판, 특히 채피의 비판을 반영하여서인지 미클죤은 후에 발표한 논고에서는[75] 자기의 견해를 약간 수정하고 있다. 즉 "통치를

73) Zechariah Chafee, Jr., *Book Review*, 62 Harv. L. Rev. 891, 900(1949).

74) Harry Kalven, *The Metaphysics of the Law of Obscenity*, 1960 Sup. Ct. Rev. 1, 16.

75) Meiklejohn, *The First Amendment is an Absolute*, 1961 Sup. Ct. Rev. 245.

행하기 위한 자유는 '개인의 존엄'을 함의하고 또 필요로 한다. 투표자가, 이론상 투표의 행위가 표현한다고 하는 지성 · 인격적 일관성 · 감수성 · 일반의 복지에의 관대한 헌신을 실제로 체득할 때 비로소 자기통치가 존재할 수 있다"고 전제한 다음, 인간의 상호교류(communication)에는 투표자가 지성 또는 인간적 가치에의 감수성을 배양하게 하는 많은 형태의 사상과 표현이 존재하는데 이들 역시 수정 제 1 조의 보호를 받는다고 한다.[76] 그리하여 교육이나 문학, 예술, 과학, 철학의 업적 또는 그에 관한 언명은 물론이고,[77] "성적 체험을 솔직하게 묘사하고 있어서 사회의 일반적 관습으로는 '외설'이라고 말할 수 있는 소설"도 그 보호범위 안에 들어간다고 명확하게 언명하는 것이다.[78]

(2) 1971년에 당시 예일대의 법학교수에 재직하고 있던 보크는 표현의 자유에 대한 논고를 발표하여, 수정 제 1 조의 보호는 「명백하게 또 주위적으로 정치적인 언론(explicitly and predominantly political speech)」에 한정되어야 한다고 주장하였다.[79]

그는 표현의 자유가 개인의 자기실현과 행복추구의 이익을 가져온다는 주장에 대하여,[80] 이는 사실이기는 하지만, 그렇다면 주식거래나 요트의 조종, 성행위 또는 테니스를 즐기는 것과 같은 다른 인간활동도 개인의 자질을 신장하고 행복을 추구하는 「인격의 발현」으로서 수정 제 1 조의 보호를 받는 「언론」과 구별되지 않는다고 한다. 또

76) Meiklejohn(前註), 255.

77) Meiklejohn(註 75), 256-57.

78) Meiklejohn(註 75), 262. 이는 명백한 견해의 변경으로 이해되고 있다. Wellington(註 68), 1111-12도 참조.

79) Richard Bork, *Neutral Principles and Some First Amendment Problems*, 47 Ind. L. J. 1(1971).

80) 그는 앞의 註 63에서 본 브랜다이스가 설시한 언론이 가져오는 네 종류의 이익을 일일이 검토하여, 결국 그 중 ④만을 수정 제 1 조의 정당한 근거로 인정하고 있다.

그는 연방헌법상 요구되는 법원의 中立性原則을 관철하려면, 위와 같이 다른 활동과 구별되기 어렵고 부득불 평가적 요소가 개입되는 각종의 「표현」 전부를 대상으로 하여서는 안 된다고 주장한다(사법소극주의!). 헌법의 전체구조가 "정부나 그가 내거는 정책에 대하여 논할 자유가 없으면 의미가 없게 되는 통치형태인 대표민주제"를 창조하고 있기 때문에 수정 제1조가 언론에 특별한 보호를 주고 있는 것이므로,[81] 정치적 언론, 즉 우리가 어떠한 통치를 받을 것에 관한 언론(이에는 광범한 평가·비판·선거운동·선전이 포함된다고 한다)이라는 보다 명확한 대상에 한정하여야 한다는 것이다. 그리하여 "다른 어떠한 형태의 표현에 대하여도, 그것이 과학이든, 문학이든, 외설이나 포르노라고 불리우는 종류의 표현이든, 법원이 관여하여 그 보호를 시도하는 것은 전혀 근거가 없다"고 한다.[82] 이러한 파악은 보호범위를 지나치게 한정한다는 예상되는 반론에 대하여, 그는 가치 있는 모든 표현행위가 수정 제1조에 의하여 보호되어야 한다고 생각하는 것은 법의 지혜와 법규정의 합헌성을 혼동하는 것이고, "비정치적 언론의 자유는, 다른 가치 있는 행동의 자유와 마찬가지로, 사회의 또는 선거로 선출된 그 대표자의 계몽 여하에 달려 있다"고 주장한다.[83]

또 그는 정부를 폭력으로 무너뜨린다든가 위법행위를 선동하는 표현은 수정 제1조의 보호를 받지 못한다고 한다. 이들은 과반수에 미달하는 자들이 정상적인 정치과정에서 벗어나서 정부를 장악하려는 것이므로, 헌법이 전제하는 통치방식이라는 관점에서 보면("이러한 종류의 언론은 [정치적 언론이 특별히 보호되는 유일한 이유인] 민주적 과정에 관한 헌법상의 진리를 침해한다") 이를 「정치적 언론」이라고 할 수 없다는 것이다.[84]

---

81) Bork(註 79), 23.

82) Bork(註 79), 20.

83) Bork(註 79), 28.

84) Bork(註 79), 30-31. Greenawalt, *Speech and Crime*, 1980 Am. B. Found.

이와 같이 정통적인 헌법이해와는 거리가 있는, 말하자면 「과격한」 수정 제 1 조 보장 제한론으로부터,[85] 보크는 후에 그가 연방대법원 대법관의 최유력후보로 알려지자 일어난 그 適否 논의의 와중에서[86] 스스로 발을 빼고 있다. 즉 위의 논문을 비난하는 자극적인 글이 미국변호사협회에서 발행하는 정기간행물에 실리자,[87] 그는 짧은 反論文을 발표하였다.[88] 거기서 그는 "나는 예를 들면 수정 제 1 조의 보장이 명백히 정치적인 언론에만 미친다고 지금은 생각하고 있지 않다"고 하고, 자신은 "도덕이나 과학에 관한 의논과 같은, 정치와 관련 없는 언론도, 민주적 정치에는 불가결하고 보호할 가치가 있다는 결론을 취하고 있다. 이것은 내가 [그가 봉직하던 예일대 등] 학교의 교실에서 계속해서 말하여 오고 있는 바"라고 덧붙였다.

(3) 민주정치 또는 자기통치와 관련하여 표현의 자유의 근거를 찾는다는 흐름에서 볼 때 또 하나 주목되는 것은, 언론의 자유에 의하여 공권력의 남용(abuse of official power)을 감시한다는 블래시의 주장이다.[89] 그런데 표현의 자유의 근거라는 관심에서 보면 이는 블

Research J., 647, 756은, 보크의 선동표현배제론을 "公共이데올로기에 기초한" 선동이론이라고 부른다.

85) 한편 BeVier, *The First Amendment and Political Speech*, 30 Stan. L. Rev. 299(1978)도 보크의 입장을 이어받아 사법심사자제론의 입장에서 표현의 자유를 정치적 자유를 중심으로 하여 제한적으로 이해하려고 한다.

86) 보크는 1982년에 워싱턴 D.C.를 관할하는 연방항소법원의 판사로 임명되고, 1987년에는 많은 사람이 예견한 대로 레이건 대통령에 의하여 파월 대법관의 후임으로 연방대법원의 대법관에 지명되었다. 그러나 동년 10월 연방상원의 司法委員會 및 本會議에서 취임에 필요한 승인이 부결되었다.

87) Keeffe, *Here comes Attila the Hun of the Constitution*, 69 Am. B. A. J. 1935 (1983). 그 제목에서 Attila the Hun이란 5세기 중반에 로마제국에 침입한 훈族의 지도자로서, 「神의 災殃(the Scourage of God)」이라는 별명에서 나타나는 대로 극심한 공포의 대상이었다.

88) *Judge Bork Replies*, 70 Am. B. A. J. 132(1984).

89) Blasi, *The Checking Value in First Amendment Theory*, 1977 Am. B. Found. Research J. 521.

래시 자신이 인정하는 대로 종래의 근거를 부인하는 것이 아니라, 제3의 민주적 과정의 실현이라는 근거를 보충하는(supplement) 것이라고 생각된다.[90]

(4) 최근에 표현의 자유의 보장근거를 민주주의의 달성이라는 측면에서 찾아야 한다는 주장을 강력하게 펼치는 論者로는 아무래도 선스틴을 들지 않을 수 없다.[91]

(가) 선스틴의 이해에 의하면, 표현의 자유에 대한 오늘날의 미국법은 수정 제1조의 메타이론으로서 「사상의 자유시장」의 이론("시장모델")으로 관철되었다고는 할 수 없으며, 다른 하나의 역시 전통적인 모델(이를 선스틴은 「매디슨주의적(Madisonian) 모델」이라고 부른다)이 반영되어 있다고 한다.[92] 물론 "대부분에 있어서는" 시장모델에 접근하고 있기는 하지만, 예를 들면 표현의 내용을 분류하여 그 보장의 정도를 달리하는 것(앞의 Ⅱ.2.(3) 참조)에서도 알 수 있듯이 다른 하나의 고려가 적용하고 있다. 이는 선스틴이 파악하는 바의 「매디슨주의적 공화주의(Madisonian republicanism)」의 한 발현이다. 그것을 요약하면, 연방헌법의 기초자의 한 사람인 매디슨은 정치는 공공선(public good)에 대하여 숙고하는 절차이어야 하고 공직자가 자신이나 당파의 사적 이익의 대변기관이 되어서는 안 된다고 이해하였는데, 이러한 사고에 입각하여, 정치과정을 이익집단 간의 거래과정으로 파악하는 다원주의적 정치이해를 적어도 규범적으로는 부당한 것으로 물리치고, 「公的 熟考(public deliberation)」를 통하여 정치적 귀결에

90) Blasi(前註), 523, 565("감시(checking)의 가치를 명백히 인식하여 그것을 구조적으로 생각하는 것은 이러한 이론[자기통치론]에 대하여 어떠한 독특한 요소를 부가하는 것이 될 것이다").

91) Cass R. Sunstein, Democracy and the Problem of Free Speech(앞의 註 60); do., The Partial Constitution(1993); do., *The First Amendment in Cyberspace*, 104 Yale L. J. 1753(1995) 등.

92) Sunstein(前註. 1995), 1759.

이르는「숙고적 민주주의(deliberative democracy)」이어야 한다는 것이다.[93] 그러므로 어떤 사람의 선호가 정치과정에 반영되려면, 그것은 적절한 교육과 정보가 제공되고 정치적 평등의 규범을 익히며 私益보다 올바른 해결을 실현하려는 성향이 양성되는 등의 여러 조건이 충족된 바탕 위에서 형성된 것이어야 한다고 주장한다.[94] 이는 개인을 적나라한 욕망과 선호를 가진 주체로서 그대로 시인하고 그 선호를 정치의「시장」에 반영하여 그 관철을 추구한다는 개인주의적·자유주의적 정치이해에 반발하여, 정치란 자신의 선호 및 그 달성을 위한 선택지를 숙고·반성하는「자율적 시민」이 서로 대화를 통하여 공동선을 추구하는 과정이어야 한다는 현저히 공동체주의적(communitarian) 발상인 것이다.[95]

(나) 이러한「숙고적 민주주의」에서 표현의 자유란 바로 그 공적 숙고와 관련하여 의미를 가진다. 즉 "그 기본적 목적의 하나는, 시민들 사이 그리고 시민과 그 대표자 사이에서 공적 관심사에 대한 광범한 의견교환을 보증하는 것이다."[96] 그 전제로 우선 "공적 이슈에 대한 넓고 깊은 주의(broad and deep attention to public issues)"가 요구된다. 즉 "만일 현재의 선호가 정치적 사항에 관한 정보의 획득[그 자체]를 원하지 않는다면, 이는 그 시스템에 있어서는 심각한 문제이다." 그러므로 공적 문제에 대한 情報의 결여와 마찬가지로 그에 대한 注意의 결여도 그 시스템에 있어서 결정적 문제이다. 또 하나의 문제는 "공중에게 적절하게 다양한 견해를 제시하는 것(public exposure to an appropriate diversity of view)"이다.[97]

---

93) Sunstein(註 60), XVI f.; 133-41; do.(註 91. 1995), 1762.

94) Sunstein(註 91. 1993), 135-36; do.(註 60), 137-39.

95) 이 대립에 대하여는 우선 Paul J. Weithman, *Contractualist Liberalism and Deliberative Democracy*, 24 Philosophy & Public Affairs 314(1995) 참조.

96) Sunstein(註 60), 19.

97) Sunstein(註 60), 20-23.

그런데 적어도 신문이나 방송과 같은 현재의 언론기관은 주로 이 윤동기에 의하여 움직이고 있으며, "대부분은 경제적 이익을 증진시킨다는 목적에 좇아 말할 권리를 배분하고 … 특히 광고주의 원망에 주의를 기울인다."[98] 그리하여 선스틴에 의하면, 적어도 공적 문제의 취급을 개선한다는 규제목적은 수정 제1조에 대한 매디슨주의적 모델에 합치하는 것이고, 그것이 관점규제(앞의 Ⅱ.2.(2) 참조)에 이르지 않는 한 헌법적으로 허용되지 않는 침해라고 해서는 안 된다.[99]

(다) 또 선스틴은 표현의 자유에 대한 위와 같은 원리론에 입각하여 「두 단계의 수정 제1조(two-tier First Amendment)」의 이론, 즉 정치적인 언론과 그렇지 아니한 언론 사이에 보호 정도에 차이를 둘 것을 주장한다.

우선 "어떤 문제에 대한 공공의 숙고에의 공헌으로 의도되고 또 그렇게 받아들여지는 경우"의 언론이라고 일단 정의되는 「정치적 언론」[100]에 대한 제한은 "가장 강한 위헌성의 추정을 받는다. 개연적이고 즉시적이며 또한 중대한 해악(likely, immediate, and grave harm)의 제시가 없으면, 정부는 정치적 언론을 규제할 수 없다."[101] 선스틴은 그 이유로, 첫째, 이러한 견해는 역사적으로 확고한 지지를 받고 있다는 것, 둘째, 정치적 언론의 규제는 "정치적 변화에로 이끄는 통상의 채널을 폐쇄"하므로 민주적 과정에 유해할 개연성이 가장 높다는 것, 셋째, 정치적 언론이 규제되는 것은 거의 전부 정부 자신의 이익이 걸려 있는 경우이므로 그 규제가 부당한 동기에 의하여 행하여질 가능성이 높다는 것 등을 든다.[102] 나아가 선스틴은, 비정치적 언

98) Sunstein(註 60), 39-40.

99) Sunstein(註 60), 35-38.

100) 「정치적 언론」의 定義의 상세한 내용에 대하여는 Sunstein(註 60), 130-32 참조.

101) Sunstein(註 60), 122.

102) Sunstein(註 60), 132-37.

론도 일정한 수정 제1조상의 보호를 받는다고 한다. 표현의 자유는 개인의 자율 · 자기발전, 과학적 진보, 경제적 발전 등 다양한 가치에 이바지하는 것으로, 그 보호가 정치적 언론에 한정되지 않는다. 비정치적 언론도, ① 정부가 표명된 사상에 동의하지 않는다는 이유, ② 공중의 이익에 반하여 정부 자신의 이익을 도모한다는 이유, ③ 사람들이 그 사상에 설득되거나 영향을 받을 것이 우려된다는 이유, ④ 그 사상으로 말미암아 사람들이 불쾌함을 느끼게 하지 않겠다는 이유로 규제하는 것은 허용되지 않는다.[103] 정부는 이러한 부당한 규제이유와 관련되지 않는 실질적인 해악의 제시가 있어야만 비정치적 표현를 규제할 수 있는 것이다.[104]

선스틴에 의하면, 이상과 같은「두 단계의 수정 제1조」보호론은 현재 연방대법원에 의하여 인정되는 수정 제1조상의 보호의 내용과도 대체로 합치한다. 그러나 그는 외설, 소비자보호, 증오발언(hate speech), 명예훼손 등 몇 개의 문제에 대하여 현행 법리의 수정을 주장하는데, 예를 들면 앞의 I.1.에서 본 대로「공적 인물」에 대한 명예훼손에 엄격한 요건을 요구하는 것은 그것이 정치적 언론에 의하여 야기된 경우에 한정되어야 한다고 주장한다.[105]

(라) 선스틴의 위와 같은 견해를 포함하는「공화주의적」표현자유론 일반에 대하여는 다음과 같은 비판이 있다. 개인의 자기실현을 표현의 자유의 주요한 보장근거로 주장하는 레디쉬 등은, 위와 같은 견해는 표현의 자유에 대한 이론의 출발점(baseline)인 “표현된 관점

---

103) 그 이유를 좀더 부연하면, 우선 ①과 ②에 대하여는 규제의 이유로서 국가의 부동의 및 자기이익은 인정되지 않다는 것, ③에 대하여는 듣는 쪽의 자율의 원칙이 존중되어야 한다는 것, ④에 대하여는「숙고된 민주주의」아래서는 다양한 견해에의 접근이 허용되어야 할 뿐만 아니라 표현하는 자의 자율이나 표현의 다른 이익에의 배려에 비추어서도「불쾌함」을 들고 나올 수는 없다는 것이다.

104) Sunstein(註 60), 154-58.

105) Sunstein(註 60), 159-65.

의 英知 또는 설득성을 스스로 판단하는 개인의 능력에 대한 신념"을 훼손하는 것이라고 한다. 나아가 특히 이러한 견해가 기본가치로 삼는「공동선」에 대하여, 이를 공동체의 구성원들의 의사에 의하여 결정되는 것이 아니라 선스틴과 같이 객관적·규범적인 실재,「외재적 객체(external objective)」라고 파악하는 입장은 도덕문제에 대한 정부의 중립성에 반하며, 결국 관점규제에의 길을 열게 된다는 것이다.[106)]

V. 小　結

이상으로 미국에서의 표현의 자유에 대한 법리, 그 중에서도 보장근거론을 주로 민주적 절차에의 참여라는 관점에서 설명하는 견해를 중심으로 살펴보았다. 본고에서 표현의 자유에 대한 보장근거에 대한 미국에서의 논의로부터 우리가 얻을 수 있는 것을 말하려면, 우선 개인의 자기실현 또는 자율성의 발현에서 보장근거를 찾는 견해도 살펴본 후이어야 할 것이다. 그러한 의미에서 本稿는 하나의 斷片에 불과하다.

그러나 이 단계에서 다음과 같은「감상」은 토로되어도 무방하리라 생각된다. 미국에서 표현의 자유에 대하여 논의를 하는 경우에는 우리가 흔히 듣는 언론의「해악」(예를 들면 언론을 통한 의견형성의 왜곡·조작 혹은 세뇌)이나 또는 제 4 의 권력으로서의 언론에 대한 통제의 필요 등의 관점은 별로 문제되고 있지 않다는 것이다. 또 적어도 지금까지는 특히 정보의 디지털화로 인하여 닥쳐 온 표현이나 정보의 과잉의 문제, 즉 충분한 정보나 정보의 다양성이 아니라 그 중에서

106) Martin H. Redish & Gary Lippman, *Freedom of Expression and the Civic Republican Revival in Constitutional Theory: The Ominous Implications*, 79 Calif. L. Rev. 267(1991).

적절한 정보의 선택을 어떻게 확보하도록 할 것인가의 문제는 별다른 주목을 끌지 못하고 있는 듯하다. 그리고 언론·출판의 자유와 집회·시위의 자유를 구별하여 규정하고 있는 우리 헌법의 관점에서 보면, 앞의 Ⅳ.2.(1)에서 본 대로 에머슨이 전제로 하는「표현」과「행위」의 엄격한 구분이 앞의 Ⅲ.에서 본 스코키사건에서와 같이 집회나 시위 등의「행위」가 문제되는 경우에도 별로 의식되어 논의되지 않고 있다는 점도 주목되어도 좋을 것이다. 보다 기본적으로, 우리와 같이 헌법에서 명문으로 "언론·출판은 타인의 명예나 권리 또는 공중도덕이나 사회윤리를 침해하여서는 아니된다"(제14조 제4항 제1문)라고 정하여 표현의 내용 자체에 대하여 적극적인 요청을 하고 있는 나라에서도, 애초 표현의 내용을 이유로 하는 정부의 규제는 적어도 원칙적으로는 헌법상 허용되지 않는다는 주장을 할 여지가 있는 것일까? 아니면 우리는 혹시 표현의 자유에 대하여 근본적으로 무언가 부족한 이해밖에 가지지 못하고 있는 것이나 아닐까?

(한국언론학술논총 2002(방일영문화재단)(2002), 255면 이하 所載)

3. 財團法人出捐財產의 歸屬時期에 관한 獨逸民法의 規定

―民法 제48조의 改正과 관련하여―

Ⅰ. 序

1. 민법 제48조는 「出捐財產의 歸屬時期」라는 표제 아래, 재단법인에 출연한 재산이 언제 재단법인에 귀속하는가에 대하여 "① 生前處分으로 財團法人을 設立하는 때에는 出捐財產은 法人이 成立된 때로부터 法人의 財產이 된다. ② 遺言으로 財團法人을 設立하는 때에는 出捐財產은 遺言의 效力이 發生한 때로부터 法人에 歸屬한 것으로 본다"라고 규정하고 있다.

이에 대하여 현재 진행 중인 민법개정준비작업의 과정에서 법무부 법무자문위원회의 민법(재산법)개정특별분과위원회(이하 단지 「민법개정위원회」라고 한다)는, "第1項 및 第2項의 境遇에 그 權利變動에 登記, 引渡 等이 必要한 出捐財產은 이를 갖추어야 法人의 財產이 된다"는 규정을 동조 제3항으로[1] 신설하자는 「改正試案」을 제시하

1) 원래는 이를 제4항으로 하고, 제3항으로 "第1項 및 第2項의 境遇에 設立者의 死亡後에 財團法人이 成立된 때에는 設立者의 出捐에 관하여는 그의 死亡前에 財團法人이 成立한 것으로 본다"는 규정을 추가하는 것이었다. 法務部, 民法(財產編)改正公聽會(2001), 253면 이하 참조. 그런데 2003년 4월 18일의 민법개정위원회 전체회의에서 「개정가안」의 태도에 대한 그 간의 비판의견을 검토하면서, 위와 같은 개정가안의 내용을 기본적으로 그대로 유지하되 단지 두 新設項의 순서를 바꾸기로 결정하였다.

고 있다. 그리고 그 개정제안의 취지에 관하여는, "[물권변동에 관한] 형식주의의 원칙을 이 경우에 관하여도 관철하는 것이 타당하다"는 것, 그리고 "독일민법의 규정을 그대로 차용하는 것보다 현행 제48조의 규정을 가급적 존중하는 방향에서 개정"하는 것이라는 설명이 행하여지고 있다.[2]

2. 이 개정제안에 대하여는, 기본적으로 물권변동에 관한 형식주의의 원칙을 이 경우에도 관철하는 것을 찬성하는 견해가 상당수 존재한다.[3] 물론 그와는 반대로 물권변동에 관한 형식주의의 관철보다는 「재단법인의 재산적 기초의 보호」를 위하여 위와 같은 규정의 신설을 반대하는 견해도 드물게나마 제시되었다.[4] 그런데 이와는 趣旨를 달리하여, 현재의 제48조의 규정을 그대로 두면서 위와 같이 새로운 규정을 부가하는 것만으로는 "근본적으로 기존의 문제점을 그대로 존속할 가능성이 크"므로, "물권변동의 형식주의를 관철하려는 것이라면 아마도 시안과 같이 개정하기보다는 오히려 아예 민법 제48조를 삭제하는 것이 간단·명료할 수 있을 것"이라고 하고, "현행 제48조를 삭제할 것"을 제안하는 의견도 주장되었다.[5] 이는 아마도 위 개

2) 白泰昇, "民法總則 改正案에 대한 主題發表", 法務部(前註), 18면.

3) 예를 들면 강용현, "民法總則 改正案에 관한 討論意見", 法務部(註 1), 37면("물권변동의 형식적 요건을 갖추어야 소유권변동이 되도록 규정한 개정안이 타당하다"); 강일원, "民法總則 改正案에 관한 討論意見", 法務部(註 1), 46면("개정안은 거래의 안전을 고려하여 제3자에 대한 관계에 있어서는 등기를 필요로 한다는 대법원판례와 그 궤를 같이 하는 것으로 타당한 입법이다"); 民法改正案硏究會, 民法改正案意見書(2002), 21면의 박경량 교수의 견해("출연재산의 귀속시기와 관련하여 나타나는 민법 제186조에 대한 모순을 해결하기 위한 개정시안 제48조의 입법취지는 타당"하다고 하면서, 다만 "조문을 보다 쉽고 간결하게, 우리말 어법에 맞게 다듬을 필요가 있다"고 덧붙인다) 등 참조.

4) 民法改正案硏究會(前註), 20면 이하의 김진현 교수의 견해.

5) 民法改正案硏究會(註 3), 22면 이하의 安法榮 교수의 견해(이미 同, "民法總則 改正案에 관한 討論意見", 法務部(註 1), 60면 이하에 동일한 견해를 밝힌 바 있다). 同書, 24면 이하의 홍성재 교수의 견해도 기본적으로 이와 같다. 뒤의 註 10의 본문에서 보는 郭潤直 교수의 견해도 참조.

정제안의 취지에는 동의하면서도 그 취지를 입법적으로 실현하는 구체적인 방안에 관하여 위의 개정시안과는 다른 입장을 제시한 것으로도 이해할 수 있을 것이다.

3. 그런데 本稿에서 시야에 두고 논의를 전개하고자 하는 견해는 "만약 꼭 개정을 해야 하겠다면, 오히려 제 1 소위원회의 假案을 기초로 다시 개정시안을 준비하여야 한다"는 의견이다.[6] 여기서 「제 1 소위원회」이라고 하는 것은 민법개정위원회의 제 1 소위원회[7](이하 단지 「제 1 소위」라고 한다)를 가리키는 것이고, 그 「假案」이란 제 1 소위에서 2001년 5월에 총칙편과 물권편에 대한 「민법개정가안」으로 제시하였던 바를 말한다.[8] 동 가안은 민법 제48조를 다음과 같이 전면적으로 개정하자는 제안을 한 바 있다.

"① 財團法人이 成立한 境遇에 設立者는 設立行爲에서 出捐을 約束한 財產을 財團法人에게 移轉할 義務를 負擔한다. 그러나 意思表示만으로 移轉될 수 있는 權利는 設立者가 設立行爲에서 다른 意思表示를 하지 아니한 때에는 成立과 同時에 財團法人에 移轉된다.

② 設立者의 死亡後에 財團法人이 成立된 때에는 設立者의 出捐에 關하여는 그의 死亡前에 財團法人이 成立한 것으로 본다."

---

6) 民法改正案硏究會(註 3), 21면 이하의 송덕수 교수의 견해.

7) 민법개정위원회에서 제 1 소위원회 또는 제 2 소위원회의 구성 등에 대하여는 우선 梁彰洙, "민법개정작업의 경과와 채권편의 개정검토사항 Ⅰ(채권총칙)", 民事法學 19호(2001), 13면 이하 참조.

8) 이 假案 및 제 2 소위원회의 채권편에 대한 假案에 대하여 다시 3인의 「실무위원회」(본인은 그 1인이었다)에서 전반적으로 표현과 내용 및 체제 등을 다시 검토한 결과로 修正案을 제출하였다. 그리고 이들 가안 및 수정안을 민법개정위원회의 전체회의에서 전반적으로 다시 심의·수정하여, 2001년 11월에 「민법개정시안」이 일단 만들어졌다. 이러한 작업경과에 대하여는 우선 梁彰洙, "最近의 韓國民法典改正作業", 서울대 法學 43권 3호(2002. 9), 48면 이하(本書, 3면 이하) 참조(다만 이 글은, 同所 77면(本書, 37면)에서도 밝힌 대로, 2002년 6월을 기준으로 한 것으로서, 그 후의 민법개정작업의 결과를 반영하지 못하고 있다).

한편 2003년 초에 법무부는 그 때까지의 민법개정위원회의 작업 성과를 집약한「민법 중 개정법률안」이라는 제목의 文件을 몇몇의 學者에게 전달하고 그에 대한 의견을 구하였다. 그에 대한 답으로 제출된 郭潤直 교수의 의견서에도 대체로 민법 제48조를 위와 같은 취지로 개정하자는 견해가 제시되어 있다.[9] 그는 훨씬 전에 이미 재단법인 출연재산의 귀속시기에 관하여 입법론적으로 검토하고, 결론적으로 다음과 같이 말한 바 있다.

> "우리 民法에서의 處理方法은 두 가지가 있을 수 있다고 말할 수 있다. 즉 하나는 第48條를 獨逸民法과 같은 內容의 것으로 改正하는 것이고, 다른 하나는 第48條를 廢棄하는 것이다. 이들 두 方法 중 어느 것을 擇하든 無妨하겠지만, 財團法人을 좀더 보호하게 되는 前者의 길을 擇하는 것이 妥當하다고 생각한다. 그러한 方法을 擇한다면, 現行民法 第48條의 第Ⅰ項은 獨逸民法 第82條와 같이 規定하고, 第48條의 第Ⅱ項은 獨逸民法 第84條와 같이 規定하여야 할 것이다."[10]

아닌게 아니라 2002년 9월 1일부터 개정되기 전[11]의 독일민법

---

9) 다만 거기에는 예를 들면 위 제1소위의 假案에서의「재단법인의 성립」이라는 것 대신에「재단법인의 설립인가」를 내세웠다. 다시 말하면 그것은, "① 財團法人의 設立이 認可된 경우에는 그 設立行爲에서 約束한 財產을 財團法人에게 移轉할 義務를 負擔한다. 그러나 意思表示에 의하여 移轉되는 權利는 設立者가 設立行爲에서 다른 意思表示를 하지 아니한 때에는 認可와 동시에 財團法人에게 移轉된다. ② 設立者의 死亡後에 財團法人의 設立이 認可된 때에는 設立者의 出捐에 관하여는 그의 死亡前에 財團法人이 成立한 것으로 본다"고 규정하자는 것이었다. 원래 법인부분의 개정사항을 검토하여 보고한(이 업무분장에 대하여는 우선 梁彰洙(註 7), 17면 참조: "각 소속 위원별로 그 분장범위를 나누어 …") 尹眞秀 위원이 애초에 제안하였던 개정내용도 바로 이러한 것이었다.

10) 郭潤直, "民法總則의 改正方向", 民事判例硏究 7집(1985), 265면 이하(인용은 278면).

11) 2002년 9월 1일부터 재단법인의 설립에는 관할 관청의 인가가 아니라 그 承認을 요하는 것으로 개정되었다. 그리하여 독일민법 제82조, 제84조도 그러한 내용으로 변경되었다. 이러한 改正은 우리의 논의와 직접적인 연관이 없다고 하겠다. 그러므로 本稿는 위 개정 전의 규정을 기준으로 논하기로 한다.

第82조는 "재단이 인가되면, 설립자는 설립행위에서 약속한 재산을 재단에 이전하여야 한다. 양도계약만으로 이전되는 권리는, 설립행위로부터 설립자의 다른 의사가 인정되지 아니하는 한, 인가와 동시에 재단에 이전된다"고 정하고, 동법 제84조는 "재단이 설립자의 사망 후에 비로소 인가된 때에는, 재단은 설립자의 출연에 관하여는 그 사망 전에 성립한 것으로 본다"고 규정하고 있었다.

결국 위의 「제1소위원회의 가안」은, 독일에서는 재단법인의 성립시기가 재단이 인가된 때인 반면(독일민법 제80조 제1문 참조: "권리능력 있는 재단의 성립에는, 설립행위 외에 재단이 주소를 두는 주의 인가를 요한다"), 우리는 법인설립등기를 한 때이므로(민법 제33조 참조), 이 점을 고려하여 독일규정상의 「재단의 인가」를 「재단법인의 성립」으로 바꾸었을 뿐, 그 외는 독일민법 제82조, 제84조를 祖述한 것이라고 할 것이다.

4. 그러므로 논의를 독일민법 제82조에 한정한다면, 그것이 재단법인에 출연한 재산이 재단법인에 귀속하는 시기에 관한 우리 민법상의 규율의 「모범」이 되기에 적절한가, 그 규정 자체에는 표현되지 아니한 어떠한 「전제적 문제」가 있는 것은 아닌가 등을 살펴볼 필요가 제기된다. 本稿는 이를 위 규정에 대한 해석론(Ⅱ.), 그리고 그 입법과정(Ⅲ.)을 탐색함으로써 검증하여 보고자 한다. 그리고 나아가서는 앞의 1.의 말미에서 본 민법개정시안의 태도에 대하여 "독일민법의 규정을 그대로 차용하는 것보다 현행 제48조의 규정을 가급적 존중하는 방향에서 개정"하는 것이라는 설명을 나름대로 補足하고자 하는 것이다.

Ⅱ. 獨逸民法 제82조에 기한 設立者의 出捐財產 移轉義務[12)]

1. 독일에서 재단법인은 관할 관청의 인가에 의하여 비로소 성립하며, 그 성립의 시기가 설립행위시로 소급되지 않는다. 그런데 그 설립과 동시에 재단법인은 설립자에 대하여 설립행위에서 출연이 약속된 재산을 재단법인에 이전할 것을 청구할 수 있는 권리를 취득한다(제82조 제1문[13)]). 이 권리는 채권적 성질을 가지는 청구권이다.[14)] 한편 설립행위는 그것이 生前行爲로 행하여지는 경우에도 단독행위, 그것도 상대방 없는 단독행위의 성질을 가진다고 이해되고 있고,[15)] 위와 같은 재산이전의무의 발생에 재단법인의 승낙의 의사표시 등은 요구되지 않는다.[16)] 이와 같이 생전의 단독행위에 의하여 채권적 성질을 가지는 의무가 발생하는 것을 인정하는 것은 「특이하다(singulär)」라는 설명도[17)] 행하여지고 있다.

---

12) 이하에서는 논의의 편의를 위하여 生前行爲로 재단법인설립행위가 행하여진 경우만을 다루기로 한다. 또한 이하의 논의와 관련한 문헌으로 우선 주석서로 Staudinger/Coing(12. Aufl., 1980); Staudinger/Rawert(13. Aufl., 1995); Soergel/Neuhoff(12. Aufl., 1988); MünchKomm/Reuter(3. Aufl., 1993); Erman/Westermann(10. Aufl., 2000) 등을 참조하였는데, 이들은 조항과 난외번호만으로 인용하기로 한다. 또한 민법총칙 교과서로는 Andreas von Tuhr, Bd. 1 (1910), § 41; Enneccerus/Nipperdey, Bd. 1(15. Aufl., 1959), §§ 117, 118; Flume, Bd. 1, Teil 2(1983); Hübner(2. Aufl., 1996), § 15; Larenz/Wolf(8. Aufl., 1997), § 12; Bork(2001); Medicus(8. Aufl., 2002), § 68 등을 참조하였는데, 이들은 면수만으로 인용하되 필요에 따라 난외번호도 부가하기로 한다.

13) 이하 독일민법의 조항은 다른 특별한 사정이 없는 한 법명을 지시함이 없이 인용한다.

14) Enneccerus/Nipperdey, S. 723; MünchKomm/Reuter, § 82 Rn. 1; Hübner, S. 158(Rn. 281) 등.

15) 우선 von Tuhr, S. 599; Enneccerus/Nipperdey, S. 719; Flume, S. 139; Hübner, S. 157(Rn. 279); Medicus, S. 453(Rn. 1166) 등 참조.

16) Staudinger/Coing, § 82 Rn. 5.

17) Flume, S. 139. 나아가 그러한 행위에 의하여 재단법인이 직접 재산을 취득할

이와 같이 설립자가 출연한 재산은 재단법인이 성립한다고 해서 바로 법인에 귀속되지 않으며, 개별 출연재산에 관하여 그에 필요한 양도행위가 별도로 행하여져야 하는 것이 원칙이다. 그러므로 설립자는 위와 같은 이전의무의 이행으로 부동산의 경우에는 등기를, 동산의 경우에는 인도를 행하여야 하며, 그것이 있을 때 비로소 그것은 재단법인에게 귀속된다.

이러한 설립자의 출연재산이전의무는 설립자의 사망 후에[18] 비로소 인가가 있는 경우에는 설립자의 상속인이 부담한다.[19]

2. 다만 意思表示만으로 이전될 수 있는 권리는 설립행위에 설립자의 다른 의사표시가 없는 한 재단법인의 성립과 동시에 바로 재단법인에게 귀속된다(제82조 제2문). 「의사표시만으로 이전될 수 있는 권리」로서 대표적인 것은 채권이다. 독일민법은 채권양도의 대항요건에 관하여 전혀 규정을 두지 않으며, 그 양도인과 양수인 간의 합의만으로 채권이 양도된다고 이해되고 있는 것이다(제398조 참조). 그러나 그 외에도 저작권이나 특허권이 이에 해당한다고 한다.[20]

이처럼 재단법인이 그 성립과 동시에 권리를 취득하는 것에 대하여는, "그러한 권리들은 **법률에 의하여**(kraft Gesetzes) 인가와 동시에 재단에 이전된다"(강조는 인용자가 가하였다. 이하 같다)고 설명된다.[21]

수 있음(독일민법 제82조 제2문)을 정하는 것은 더욱 그러하다.

18) 설립행위는 그것이 서면방식을 갖추어 행하여짐으로써 완성된다. 그러므로 설립자가 사망하거나 행위능력을 상실한다고 해서, 그 유효성에 영향을 받지 않는다. 이에 대하여는 von Tuhr, S. 599; Enneccerus/Nipperdey, S. 720 등 참조.

19) Erman/Westermann, § 82 Rn. 2.

20) Staudinger/Coing, § 82 Rn. 1; MünchKomm/Reuter, § 82 Rn. 1; Soergel/Neuhoff, § 82 Rn. 6; Erman/Westermann, § 82 Rn. 2 등.

21) MünchKomm/Reuter, § 82 Rn. 1; Larenz/Wolf, S. 248. 또 Bork, S. 92(Rn. 223)도 이 경우 재단법인의 권리취득을 「법률에 의한 취득(Rechtserwerb kraft Gesetzes)」이라고 하며, von Tuhr, S. 607은 "法定讓渡(Legalübergang)가 일어난다"고 한다.

그러나 이러한 설명이 설립행위가 그 권리이전에 전혀 관련이 없음을 의미하는 것은 아닐 것이다.[22)]

3. 우리의 관점에서 보다 흥미로운 것은, 설립자는 위와 같이 재단법인의 성립으로 출연재산이전의무를 부담하게 되기 전까지는 설립행위에 포함된 출연의 의사표시에 전혀 구속되지 않는다고 해석되는 점이다.[23)]

(1) 코잉은 다음과 같이 설명한다. "재단의 인가 전에는 설립자는 전혀 구속되지 아니한다. 왜냐하면 그는 설립행위를 언제든지 철회할 수 있기 때문이다. 인가를 신청한 후에는 철회가 관할 관청에 대하여만 행하여질 수 있다는 사정은 설립자가 조건부 법률행위에서 계약당사자가 구속되는 것에 상응하는 구속을 받는다고 할 이유가 되지 못한다."[24)] 이렇게 보면, 우리는 여기서 독일민법 제82조가 "재단이 인가되면" 설립자가 출연재산이전의무를 진다고 규정한 것에 새삼 주목하게 되고, 나아가 그러한 규정태도와 설립자의 설립행위 철회가능성[25)] 사이에 일정한 관련이 있음을 알게 된다. **그런데 우리 나라에서는 재단법인 설립자의 설립행위의 「철회가능성」의 문제는 별로 논하여지고 있지 않다.**[26)]

---

22) 前註에서 본 대로 제82조 제2문상의 권리취득을 「법률에 의한 권리이전」이라고 설명하는 Larenz/Wolf는 바로 그에 앞서서, 제82조 제1문을 들어 "설립행위는 통상적으로 「채무를 발생시키는 법률행위(ein verpflichtendes Rechtsgeschäft)」이기도 하다"고 말한다. 또한 Hübner, S. 158(Rn. 281)은, 설립행위 일반에 대하여 그 행위는 단체창설행위(organisatorischer Schöpfungsakt)이면서 동시에 재산출연에의 의무부담행위라는 二重的 性格을 가진다고 설명한다.

23) Flume, S. 139는 이러한 입장이 "통설"이라고 한다. 그 외에 바로 뒤의 註 24의 Staudinger/Coing; Enneccerus/Nipperdey, S. 720 등도 同旨.

24) Staudinger/Coing, § 82 Rn. 3.

25) 이 철회가능성의 문제에 관하여는 뒤의 Ⅲ.에서 보다 자세히 살펴보기로 한다.

26) 단지 民法注解[I](1992), 626면(洪日杓 집필); 제3판 註釋民法, 總則(1)(2002), 658면 이하(鄭煥淡 집필) 등이 주무관청의 설립허가 전에는 그 철회를

그러한 관점에서 다시 독일민법을 잘 살펴보면, 위의 제82조에 바로 앞서서 동법 제81조가 그 제 1 항에서 「생전의 설립행위」가 서면 방식으로 행하여져야 한다는 것을 정하고, 이어 제 2 항에서 "설립자는 인가가 있기까지는 철회할 권리를 가진다. 관할 관청에 인가신청을 한 경우에는 철회의 의사는 그에 대하여만 표시할 수 있다"고 규정하고 있는 것이다.[27] 그런데 우리 민법에는 이 제 2 항과 같은 규정을 두고 있지 않다.

(2) 이와 같이 설립자의 출연재산이전의무는 재단법인의 설립시에 비로소 발생하는 것이므로, 그 전에 출연재산의 이전이 객관적 또는 주관적으로 불능이 되는 사정이 발생하면, 그는 출연재산이전의무를 전혀 부담하지 않는다. 그가 고의로 그러한 불능을 일으킨 경우에도 마찬가지이다.[28] 그러므로 예를 들어 설립자가 설립행위를 한 후에 그러나 재단법인의 성립 전에 출연재산을 제 3 자에게 양도하거나 이를 멸실시킴으로써 장래 재단법인에 그 재산을 이전하는 것이 불가능하게 되었어도, 그는 아무런 책임도 지지 않는 것이다.

(a) 종전의 학설 중에는 조건부 권리에 관한 제160조 이하의 규

할 수 있다고 설명한다. 그런데 그 이유에는 언급이 없고, 또 설립허가 후 설립등기 전까지는 어떠한지도 알 수 없다. 일본민법은 재단법인 출연재산은 설립허가 있는 때로부터 법인의 재산이 된다고 규정하고 있으므로(同 제42조 제 1 항), 설립허가 후의 철회는 당연히 배제될 것이다. 그러나 우리 나라에서는 설립등기가 법인의 성립요건이므로(제33조), 설립허가를 기준으로 세워서 그 이후로는 철회를 할 수 없다고는 쉽사리 말할 수 없을 것이다. 한편 일본에서의 논의에 대하여는 우선 郭潤直(註 10), 276면 이하; 新版 注釋民法(2)(1991), 213면 이하, 216면 이하(下井隆史 · 松井宏興 집필) 참조. 후자의 일본문헌은 위에서 본 우리 문헌과 꼭같이 "독일민법 제81조와 같은 명문의 규정은 없지만 가능하다"고 말하고 있다.

27) 그리고 제 3 문은, "설립자의 상속인은, 설립자가 관할 관청에 인가신청을 한 때 또는 설립행위가 공정증서로 작성된 경우에, 증서작성에 있어서 또는 그 후에 그 공증인에게 신청을 위임한 때에는, 철회를 할 수 없다"고 정하여, 설립자가 철회 없이 사망한 경우에 대하여 상속인의 철회가능성을 제한한다.

28) MünchKomm/Reuter, § 82 Rn. 4는 이상을 明言한다.

정을[29] 유추적용하여 위와 같은 경우에 설립자의 책임을 인정하여야 하는 견해도 없지 않았다. 예를 들어 폰 투르는 다음과 같이 주장한다.[30] 설립자는 설립행위에 의하여 아무런 구속도 받지 않는 것이 아니라, 자신의 별다른 행위 없이도 법인이 성립할 수 있고 따라서 자신의 의무가 발생할 수 있는 한에서는, 구속된다고 보아야 한다. 그가 설립행위의 철회가능성을 가진다는 사정은 그가 실제로 철회를 하지 않으면 아무런 결과를 낳지 않으므로 그의 위와 같은 구속을 배제하지 못한다. 그리고 위와 같은 결과를 인정하는 것이 형평에도 맞는다고 할 것이다. 설립자가 철회도 하지 않고 인가를 얻기 위한 기초가 되는 출연약속을 감소시키려 함으로써 재단법인이 인가관청이 예상하였던 것보다 더 적은 자산을 가지고 성립한다는 것은 옳지 않기 때문이라는 것이다.[31]

그러나 당시에도 반대의 견해가 강력하였음은 물론이고,[32] 앞서 본 대로 현재의 「통설」은, 단지 설립행위만을 한 단계에서는 조건부 권리에서와는 달리 채권자를 관념할 수 없고, 따라서 설립자의 의무란 아예 성립할 여지가 없다는 등의 이유로 이에 반대한다.

(b) 그런데 최근에는 통설에 반대하는 견해가 다시 강력하게 제기되고 있다. 예를 들어 슈타우딩어 주석서에 이 부분을 집필한 라베르트는 다음과 같이 논한다.[33]

---

29) 예를 들면 제160조 제1항 : "정지조건부로 권리를 가지는 사람은 조건에 걸려 있는 그 권리를 상대방이 조건미성취의 기간 동안 그의 과책에 의하여 좌절시키거나 침해한 경우에는 조건이 성취되면 상대방에 대하여 손해배상을 청구할 수 있다."

30) von Tuhr, S. 608. 그는 同旨의 견해로 Eduard Hölder, *Natürliche und juristische* Personen(1905), § 82, 2와 Christian Meurer, *Die juristischen Personen nach deutschem Reichsrecht*(1901), S. 276을 든다.

31) 필자는 물론 독일민법의 해석에 대한 의견을 피력할 입장에 있지 않다. 그런데 「局外者로서」 말한다면, 오히려 이러한 견해에 공감을 느낀다.

32) 폰 투르는 反對說로 Planck, Staudinger, Oertmann 등의 주석서를 인용하고 있다.

33) Staudinger/Rawert, § 82 Rn. 7 u. 8. 한편 라베르트는 자신과 同旨의 최근 문

설립행위 후에 관할 관청의 인가가 있기 전에 설립자가 출연재산을 처분하는 것은 묵시적으로 설립행위를 전부 또는 일부 철회하는 의사표시를 포함한다. 그런데 인가신청이 있은 후에는, 설립행위를 철회하는 의사는 관할 관청에 대하여 표시되어야 한다(제81조 제2항 제2문. 뒤의 4.(1)도 참조). 통설처럼 설립자가 그러한 관할 관청에 대한 철회의 의사표시 없이 출연재산을 자유롭게 처분할 수 있음을 인정하게 되면, 그 관청으로서는 그러한 사정변경을 알지 못한 채 인가를 해 줄 수도 있다. 그 경우에 설립자에게 代替的 出捐(Ersatzleistung)의 의무가 없다고 하면, 예기되었던 것보다 적은 재산만을 가지거나 심각한 경우에는 재산이 전혀 없는 재단이 성립할 수 있다. 이러한 결과가 부당한 것임은 명백하다.

그러므로 설립자는 설립행위의 철회에 관한 요건을 모두 갖춘 경우에만 출연재산을 완전히 자유롭게 처분할 수 있다고 하여야 한다. 그러므로 그러한 처분을 하려면 관할 관청에 고지되어야 하는 것이다. 이렇게 해석하여야만 철회에 관한 규정과 설립자의 책임에 관한 규정이 조화될 수 있다. 만일 그러한 고지를 하지 않고 처분을 하였으면, 제160조를 유추적용하여 설립자는 인가가 있는 때로부터 손해배상책임을 진다. 또한 제82조 제2문에 의하여 인가와 동시에 재단법인에 이전되는 출연재산의 경우(앞의 2. 참조)에는, 인가신청 후 인가 전에 행하여진 그 재산의 처분은 제161조를[34] 유추적용하여 무효라고 하여야 한다는 것이다.[35]

헌으로 필자 未見의 Harry Ebersbach, *Handbuch des deutschen Stiftungsrechts* (1972), S. 70을 든다.

34) 제161조 제1항 제1문 : "어떤 사람이 정지조건부로 목적물을 처분한 경우에 조건이 성취되면, 그가 조건 성취 전에 목적물에 대하여 한 모든 다른 처분은 그것이 조건 성취로 발생할 효력을 좌절시키거나 침해하는 때에는 그 한도에서 효력이 없다."

35) 한편 라베르트는 그의 주장을 立法過程의 검토에 의하여서도 뒷받침하는데 (Staudinger/Rawert, § 82, Rn. 9), 이에 대하여는 뒤의 Ⅲ.2.(2)(b)에서 다시 보

4. 한편 설립자의 설립행위 철회에 관한 규정을 살펴본다.

(1) 설립자는 앞에서 본 바와 같이 재단의 인가가 있기까지는 설립행위를 자유롭게 철회할 수 있다(제81조 제2항 제1문). 이는 설립행위가 타인(예를 들어 공동설립자)과의 사이에 행하여진 계약에 포함되어 행하여진 경우라도 마찬가지이며, 그 경우에 철회를 하는 데 그 계약상대방의 동의를 얻어야 하는 것은 아니다.[36] 설립자가 비록 어떠한 사람에 대하여, 특히 장차 재단법인이 성립하면 그 법인의 목적활동에 의하여 이익을 입을 사람에[37] 대하여, 재단법인을 설립할 의무를 부담하기로 하고, 나아가 설립행위를 철회하지 아니할 것을 약속하였더라도, 그가 그 후에 한 철회는 유효하다.

그 철회는 설립행위가 서면방식으로 행하여져야 하는 데 반하여 無方式으로 행하여질 수 있다. 또한 이 철회도 상대방 없는 단독행위의 성질을 가진다. 다만 제81조 제2항 제2문에 의하여, 인가신청이 행하여진 후에는 그 철회가 관할 관청에 대하여 행하여져야 하므로, 이 경우에 철회는 관청의 수령을 요하는(amtsempfangsbedürfig) 단독행위[38]의 성질을 가지게 된다.[39]

(2) 이와 같이 설립자는 그의 설립행위를 자유롭게 철회할 수 있는데, 그렇다면 그것이 바로 어떠한 사람에 대하여 재단을 설립할

기로 한다.

36) Enneccerus/Nipperdey, S. 720. 한편 Staudinger/Coing, § 81 Rn. 7; von Tuhr, S. 600; Enneccerus/Nipperdey, S. 720 Anm. 17에 의하면, 설립자가 數人인 경우에는 인가신청도 공동으로 행하여져야 하는데, 이 경우에 그 중 1인이 관할 관청에 대하여 설립행위를 철회하는 의사표시를 하면, 인가신청은 전체적으로 효력을 상실한다고 한다.

37) 이러한 사람을 독일어로 Destinatär(受惠者)라고 한다.

38) 「관청의 수령을 요하는」 의사표시 일반에 대하여는 별도의 검토를 요한다. 그런데 우리 민법상으로도 예컨대 혼인이나 협의이혼 또는 입양 등의 신고와 같은 소위 창설적 신고와 관련하여서는 그 법적 성질을 이와 같이 이해하는 것도 적어도 있을 수 있는 하나의 方途일는지 모른다.

39) 이상 MünchKomm/Reuter, § 81 Rn. 2; Staudinger/Coing, § 81 Rn. 4 등 참조.

의무 또는 설립행위를 철회하지 아니할 의무를 유효하게 부담할 수 없음을 의미하는가?

이에 대하여는 견해가 나뉜다. 그러한 의무를 부정하는 소수설은, 법률에서 정하는 것 이상의 구속을 계약으로 부과할 수는 없고, 법률이 허용되는 철회의 자유와 그에 의하여 보장하려는 성급한 결단의 번복가능성은 위와 같은 의무를 인정함으로써 空洞化될 것이므로, 그러한 계약에 기하여 인가신청을 할 것 또는 철회를 하지 아니할 것을 訴求하는 것 등은 허용되지 않는다고 한다.[40] 그러나 다수설은 이를 긍정하여, 채권적으로 그러한 의무를 부담하는 것은 허용되며, 단지 그에 의하여 철회 자체의 효력에는 영향이 없다고 한다.[41]

(3) 이상에서 본 바와 같이 우리의 주로 관심의 대상인 제82조는 이러한 설립자의 철회가능성에 대하여 시간적인 한계를 설정하는 것이라고도 이해할 수 있다. 이러한 이해는 그 규정의 입법과정을 살펴봄으로써 더욱 굳혀진다.

Ⅲ. 獨逸民法 제82조의 立法過程

1. 第1草案

(1) 독일민법 제1초안은 현재의 독일민법 제81조, 제82조와는 다른 태도를 취하였었다.

40) von Tuhr, S. 600 f.

41) Enneccerus/Nipperdey, S. 720 Anm. 17; Flume, S. 139 Anm. 169; MünchKomm/Reuter, § 81 Rn. 3; Staudinger/Coing, § 81 Rn. 7; Staudinger/Rawert, § 81 Rn. 6. Enneccerus/Nipperdey는 同旨의 견해로, Oertmann, Stinzing, Planck/Knoke 등을 인용하고 있다. 또한 최근의 Seifart/von Campenhausen/Hof, *Handbuch des Stiftungsrechts*, 2. Aufl.(1999), § 7 Rn. 59(S. 103)도 같은 견해를 취한다.

제1초안은 재단에 관한 규정의 맨 처음에 있는 제58조에서 그 제2문으로[42] "설립자는 그의 일방적이고 승낙되지 아니한 의사표시만이 존재하더라도 설립을 목적으로 하는 법률행위에 구속된다"라고 규정하여, 오히려 설립자의 철회의 자유를 원칙적으로 부정하는 태도를 취하였다. 그리고 이를 받아서 同條 제3문은 "설립자는 재단에 그 법률행위에서 약속한 재산을 양도할 의무를 진다; 그 양도에 양도계약만으로 충분한 재산권은, 그러한 의사가 재단의 설립을 목적으로 하는 법률행위에서 인정되는 경우에는, 재단의 성립과 동시에 재단에 이전된다"고 규정한다. 이 제3문에 대하여는 그 재산이전의무의 성립시기에 관하여 현행 독일민법 제82조와는 달리 아무런 언급이 없어서, 그 설립행위를 함과 동시에 그러한 의무가 발생하는 것으로 정하고 있음을 주목할 필요가 있을 것이다.[43] 그리고 이어서 동조 제4문은, 설립자의 담보책임에 대하여는 증여자의 담보책임에 관한 규정이 準用된다고 정한다.[44]

한편 제1초안은 재단법인의 성립에는 설립자의 생전행위 또는 유언을[45] 요구하되, 그 외에 어떠한 요건이 부가되어야 하는가는 州

42) 그에 앞선 제1문은 "生前行爲로 권리능력 있는 재단을 설립함에는 설립자가 재단의 설립을 내용으로 하는 의사를 법원 또는 공증인이 작성한 서면의 방식으로(in gerichtlicher oder notarieller Form) 표시하여야 한다"고 정하고 있었다. 괄호 안의 부분이 그 번역과 같은 의미라는 점, 즉 그 의사가 법원 또는 공증인에 대하여 표시되고 그에 기하여 법원이나 공증인이 서면을 작성한다는 점에 대하여는 Motive I, S. 119 = Mugdan I, S. 418("gerichtliche oder notarielle Beurkundung") 참조.

43) 뒤의 註 47의 본문부분에서 보는 理由書의 "재단법인의 성립요건이 완결됨으로써 설립자는 출연재산을 재단법인에 이전할 의무를 부담한다"는 언명에 비추어 보면, 이는 원칙적으로 설립행위만으로 재단법인이 성립한다는 제1초안의 입법태도와 관련된다고 할 것이다.

44) 이에 대하여는 단지 "설립자의 담보책임은 증여자의 담보책임에 적용되는 원칙에 좇게 하는 것이 적절하다"는 설명이 행하여지고 있을 뿐이다. Motive I, S. 120 = Mugdan I, S. 418. 설립자의 담보책임의 문제에 대하여는 뒤의 Ⅳ. "셋째" 도 참조.

45) 유언으로 재단설립행위를 할 수 있음은 同 제59조에서 정하고 있다.

(Land)의 법에서 정할 수 있도록 하고 있다(同 제62조 제 1 항).[46] 州法上으로 재단의 성립요건에 관하여 별도의 규정이 없는 경우에는, 재단은 제 1 초안의 요건에 상응하는 법률행위가 행하여짐으로써 바로 법인격을 취득한다.[47] 그런데 그렇지 아니하고 주법이 재단의 설립에 관청의 인가가 필요한 것으로 정하는 경우(아마도 이것이 통상일 것이다)에 대하여, 同 제62조 제 2 항은 "생전행위에 의한 재단의 설립에 관청의 인가(staatliche Genehmigung)가 필요한 경우에는, 설립자는 관청의 인가를 신청한 때로부터 재단설립을 목적으로 하는 법률행위에 구속된다; 인가가 거절됨으로써 구속은 소멸한다"고 정하고 있다. 그러므로 앞서 본 대로 원칙적으로 부정되었던 철회의 자유가 이제 거기서 정한 경우에는 관할 관청에 설립인가를 신청할 때까지는 긍정되는 것이다.

(2) 『理由書』는 이상의 규정들을 다음과 같이 설명한다.

(a) 제 1 초안은 재단법인의 성립에는 설립자의 생전행위 또는 유언을 요구하되, 그 외에 어떠한 요건이 부가되어야 하는가는 주의 법에서 정할 수 있도록 하고 있다(同 제62조 제 1 항). 이와 같이 재단법인의 성립요건이 모두 완결됨과 동시에 설립자는 설립행위에서 정한 재산을 재단법인에 이전할 의무를 부담한다. 그러므로 재단법인의 재산은 우선 그 이전청구권으로 이루어지게 된다. "일반적으로 곧바로 재산이 이전되는 것은 필요도 없고 거래안전의 이익에도 합치하지 않"으며, 소유권이전 및 물권의 설정에 관한 규정은 준수되어야 하는 것이다.[48]

---

46) 그것은, 법인격의 부여에 국가가 어떠한 방법으로 관여할 것인지의 문제는 각 주의 公共政策과 깊은 관련이 있기 때문이라고 한다. Motive I, S. 123 = Mugdan I, S. 420 참조.

47) Motive I, S. 123 = Mugdan I, S. 420.

48) Motive I, S. 120 = Mugdan I, S. 418.

(**b**) 한편 위 제58조 제2문이 "설립자의 일방적이고 승낙되지 아니한 의사표시만이 존재하더라도(auch wenn nur seine einseitige, nicht angenommene Willenserklärung vorliegt)"라고 덧붙이는 것은, 설립자의 일방적인 설립행위도 유효하고 또 이로써 족함을 보이면서도, 재단의 설립행위가 계약의 형식을 갖추는 일이 드물지 않으므로 이러한 경우도 포용하고자 하기 위한 것뿐이다. 그러므로 그러한 문언에 의하여 보다 이론적인 근본문제, 즉 "그러한 계약에서 고유하게 효력을 발휘하는 원천이 설립자의 일방적인 의사라고 할 것인지의 문제"에 대한 해답을 제시하고자 하는 것은 결코 아니다.[49)]

(**c**) 앞서 본 대로 제1초안은 주법이 재단법인의 성립에 관청의 인가를 요구하는 경우에는 설립자의 설립행위에의 구속을 그 인가신청시부터로 규정함으로써 그 전까지는 이를 부정하는 태도를 취한다. 그런데 이에 대하여는 별다른 설명이 없다. 단지 "인가가 신청되기까지는 설립자측의 구속은 아마도 인정될 수 없을 것이다. 다른 한편 현존하는 行政原則은 설립자가 이 시점으로부터 구속을 받는 것을 요구한다"고 할 뿐이다.[50)] 그리고 이어서 이 경우의 설립자의 구속은 그를 "條件附 義務를 지는 사람과 같은 지위에 두게 된다"고 설명한다.[51)]

2. 第2草案 및 現行 獨逸民法

(1) 그런데 제2초안은 재단법인의 설립에 관한 규정을 기본적으로 변경하였다. (i) 재단의 성립요건으로 설립행위 이외는 州法에 맡기던 것을 재단의 설립에 州(Bundesstaat)의 인가를 요하는 것으로 하였다(제2초안 제70조). (ii) 인가가 있기 전까지 설립자가 설립행위

49) Motive I, S. 119 = Mugdan I, S. 418.
50) Motive I, S. 123 = Mugdan I, S. 420.
51) 同所.

를 철회할 수 있도록 하고(同 제71조 제2항 제1문), 다만 인가신청이 행하여진 후에 철회하는 경우에는 철회의 의사표시를 그 관청에 대하여 하도록 정하였다(同項 제2문). 그리고 이와 관련하여, 설립자는 설립인가가 있으면 그 때 비로소 출연재산을 재단에 이전할 의무를 부담하도록 하였다(同條 제3항).

이 중 (i)은 우리의 문제와는 직접 관련이 없으므로, 이하에서는 (ii)에 대한 입법자의 설명을 보기로 한다.

(a) 우선 주의 인가가 재단 성립의 또 하나의 일반적인 요건으로 채택됨으로 말미암아, 설립행위의 撤回可能性(Widerruflichkeit)에 대하여 이제 제1초안에서처럼 州法이 관할 관청의 인가를 재단의 성립요건으로 정한 경우에 관하여만 정할 수는 없고 이 문제를 전면적으로 논할 필요가 제기되었음은 쉽사리 이해될 수 있다.[52] 그리하여 제2위원회는 제1초안의 관련 규정에 대한 숱한 수정제안을 검토한 결과 앞의 (ii)의 태도를 취하기에 이르렀다. 『議事錄』은 그 이유를 다음과 같이 설명한다.

설립행위가 주의 인가에 의하여 비로소 효력을 가지게 된다면, 그 인가 전에는 설립자의 철회가능성을 부정할 충분한 이유가 없고, 이는 인가신청이 있었다고 해서 달라질 것이 아니다. 우선 단독행위의 본질로부터도 이러한 철회가능성이 도출된다. 나아가 재단의 설립은 일종의 무상행위이므로, 다른 특별한 사정이 없는 한에서는 설립자에게 그 의사를 변경할 자유를 보장해 주는 것이 형평에도 맞는다. 또한 인가 전에는 철회를 할 수 없도록 하는 것을 정당화할 만한 제3자의 보호필요한 이익이란 존재하지 않는다. 재단의 受惠者(Destina-

52) 『議事錄』은 설립행위의 철회가능성에 대하여 정면에서 규정을 두기로 한 이유로서 그 외에도, 「법률의 明確性」의 이익, 그리고 법률행위의 효력 유무를 관청의 관여 여하에 달리도록 하는 다른 규정의 경우에도 당사자의 철회가능성에 관하여 규정을 두었다는 사실을 든다. Mugdan I, S. 661 참조.

tär)라도 인가 전에는 재단과 관련된 사항에 대하여 아무런 권리를 가지지 못한다. 그리고 이 경우에는 계약청약자에 유추하여 설립자의 구속이 인정되어야 한다는 주장은 행하여질 수 없는 것이다. 뿐만 아니라 인가권을 가진 관청과 협의를 하는 과정에서야말로 설립자는 이를 철회할 이유를 발견하게 될 수 있다. 『理由書』가 인용하는 「현존하는 行政原則」[53]은 여기에는 적합하지 않다. 인가신청이 사후적으로 철회됨으로써 관할 관청이 견딜 수 없는 부담을 지게 될 것을 염려할 필요는 없다. 그 경우에는 철회의 의사표시를 그 관청에 대하여 하도록 함으로써, 이미 설립행위가 철회되었는데도 관청이 이를 인가한다는 불행한 일은 피할 수 있는 것이다.[54]

(**b**) 그리고 설립자의 출연재산이전의무에 관한 제1초안의 제58조 제3문에 대하여는 이제 "재단이 인가되면"이라는 문언이 부가되었는데, 이는 인가요건을 부가하기로 하는 앞의 (i)의 변경으로 인하여 당연히 요구되는 것으로 인식되었다. 오히려 論議는 일반적으로 양도계약만으로 이전되는 재산권이 出捐된 경우에 그 권리가 재단의 성립과 동시에 직접 재단에 귀속되는 것에 적극적으로 설립자의 그러한 의사를 요구할 것인가, 아니면 그 직접 귀속을 원칙으로 하고 "설립행위로부터 설립자의 다른 의사가 인정"되는 경우에 한하여 그 예외를 인정할 것인가에 집중되었다. 제2위원회는 後者의 태도를 취하였는데, 그 이유는 "설립행위의 성질상 설립자의 통상의 의사는 재단의 목적 실현에 필요한 재산은 이를 바로 재단에 제공하는 데 있다"는 것이다.[55]

(**c**) 또 설립자의 담보책임에 관한 제1초안 제58조 제4문은 삭제하기로 하였다. 그 문제는 판례와 학설에 맡기는 것이 낫다. 이에

53) 앞의 註 50의 본문 참조.
54) Mugdan I, S. 661f.
55) Mugdan I, S. 662.

대하여 적극적으로 규정을 두게 되면 이는 유류분이나 상속계약 등의 문제에 관하여는 증여자의 담보책임에 관한 규정이 적용되지 않는다는 반대해석에 쉽사리 이용될 수 있다는 것이다.[56] 이는 담보책임에 관하여 설립자를 증여자와 같이 취급한다는 실질적 결론을 변경하는 것은 아니라고 생각된다.

(d) 이상과 같은 제2초안의 관련 규정들은 그 후 사소한 수정만이 가하여진 채로 독일민법에 채택되었다. 그 「사소한 수정」에는 예를 들면 설립자의 출연재산이전의무를 정하는 제2초안 제71조 제3문을 별개의 조로 독립시키는 것 등이 포함된다.

(2) 앞의 Ⅱ. 3.(2)에서 살펴본 바 있는, 설립자가 설립행위 후 출연재산을 제3자에게 처분하거나 멸실시킨 경우의 책임의 문제에 관하여, 앞의 1. 및 2.(1)에서 본 立法過程이 어떠한 의미를 가지는가에 대하여는 논의가 있다.

(a) 앞의 1.(2)(c)의 말미에서 본 대로 제1초안의 입법자는, 설립자가 인가 전에 설립행위에 구속되는 경우에 그는 "조건부 의무를 지는 사람과 같은 지위"에 있다고 설명하였다. 그런데 제2초안은 인가 전의 구속을 일반적으로 부인하였다. 그러므로 제2초안을 이어받은 현재의 독일민법 아래서, 인가가 있기 전의 설립자의 처분 등에 대하여 「조건부 권리」에 관한 규정을 유추하여 그의 책임을 인정하는 것은 입법자의 의도에 반하는 것으로 해석될 수도 있을지 모른다.[57]

(b) 그런데 앞의 Ⅱ.3.(2)(b)에서 살펴본 바 있는 라베르트는 이

---

56) 同所 참조.

57) Staudinger/Rawert, Rn. 9에 의하면, 필자 未見의 Seyboth, *Die Haftung des Stifters und seines Erben bei Stiftungen unter Lebenden*(Diss. Erlangen, 1936), S. 16f.이 정면에서 이와 같이 주장한다고 한다. 그러나 앞의 Ⅱ.2.(3)(a)에서 본 대로, 현재의 통설이 단지 설립행위만을 한 단계에서는 **조건부 권리에서와는 달리** 채권자를 관념할 수 없다는 등의 이유를 제시하는 것은, 아마도 입법자의 의사에 대한 이러한 파악이 존재한다고 해도 좋지 않을까?

러한 해석에 반대한다. 제2초안이 인가신청 후에는 철회의 의사표시를 관할 관청에 대하여 하여야 한다고 결정한 것은 단순한 형식적 요건에만[58] 관련되는 것이 아니라, 그 배후에는 일정한 실체적 목적이 존재한다. 그것은 출연재산이 감소 또는 상실된 재단이 인가를 받아 성립하지 못하도록 함으로써 궁극적으로는 재단의 재산적 기초를 유지하려는 것이다. 그러므로 제81조 제2항 제2문의 요건에 좇은 철회 없이 출연재산에 대하여 처분 등을 하면 설립자에게 책임을 지움으로써 그로 하여금 동 규정을 준수하도록 강제하는 것이 오히려 입법자의 의도에 맞는다는 것이다.[59]

Ⅳ. 小　結

1. 이상 살펴본 바에서 명백한 대로 독일민법 제82조는 그에 앞서는 제81조 제2항에서 정하고 있는 설립행위의 철회가능성의 문제와 밀접하게 관련되어 있음을 알 수 있다. 즉 독일민법은 설립자가 설립행위를 일단 한 후에도 이를 자유롭게 철회할 수 있다는 입법적인 결단을 하였다(제81조 제2항 제1문). 그리고 재단법인의 성립과 동시에 설립자에게 출연재산을 재단법인에 이전할 의무를 지우는 것(제82조 제1문)은 단지 출연재산이 재단법인의 성립과 동시에 그에 귀속됨을 원칙적으로 부정하는 것에 그치는 것이 아니라, 동시에 그러한 철회의 자유가 종료되는 시점을 정하고 있는 것이다. 그리고 정작 중요한 實質問題, 즉 설립자가 설립행위 후 법인의 성립 전에 설립행위의 실현을 객관적으로 방해하는 처분을 한 경우에 그에게 책임

58) MünchKomm/Reuter, § 82 Rn. 4는, 제82조 제2문을 "철회의 형식적 요건을 가중시킨 것(formelles Erschwernis)"이라고 한다.

59) Staudinger/Rawert, § 82 Rn. 9.

을 지울 것인가의 문제는 바로 이러한 撤回可能性의 구체적 내용과 법적 의미를 어떻게 파악할 것인가 하는 상세한 논의를 요하는 사항에 달려 있다고 이해되는 것이다.

2. 이와 같은 이해는, 돌이켜 우리가 민법 제48조의 개정문제를 생각함에 있어서 다음과 같은 점을 숙고할 것을 요청한다고 생각된다.

첫째, 재단법인에 관한 우리의 현행 민법규정들은 앞에서 설명한 바에서도 알 수 있는 대로 기본적으로 독일민법과 構造聯關 또는 全體脈絡(Strukturzusammenhang)을 달리한다. 독일민법의 각각의 규정의 실제의 의미는 그 구조연관 아래서만 제대로 이해될 수 있는 것이다.[60] 그러므로 독일민법의 어느 하나의 규정을 그대로 우리 민법 안으로 「借用」하여 오는 것이 그야말로 **맥락착오** 또는 **구조일탈**이 되는 것이나 아닌지를 엄밀하게 검증하여 보아야 한다. 그리고 그 借用이 우리 민법의 규정구조 아래서 어떠한 反響을 일으킬 것인가를 세밀하게 음미하고 그 반향조차도 시인하고 받아들이는 것이 아니라면 적어도 그러한 반향에 따른 문제 발생의 「가능성」을 甘受하는 것이 아니라면, 우리는 그러한 차용을 쉽사리 인정하기는 어렵지 않을까?

둘째, 구체적으로는, 앞에서 누누히 말한 설립행위의 철회가능성에 관한 규정을 독일민법에서와 같이 새로이 민법에 두어야 할 것인가? 설립허가를 신청하기 전과 그 후를 구별하여야 할 것인가? 설립자의 법인성립 전의 처분에 대하여 어떠한 태도를 취할 것인가? 그리고 무엇보다도 우리가 이러한 문제들에 대하여 대답할 충분한 준비가 되어 있는가?

셋째, 나아가 예를 들어 우리 민법은 제47조 제 1 항에서 "生前處

---

60) 「理解」의 이러한 기본구조에 대한 고전적인 문헌으로 Karl Mannheim, *Ideologie und Utopia*(1929); ders., *Strukturanalyse der Erkenntnistheorie*(1922) 참조.

分으로 財團法人을 設立하는 때에는 贈與에 관한 規定을 準用한다"고 규정하고 있다. 이러한 규정은 독일민법에는 없다.[61] 그리고 이 규정의 해석으로 증여자의 담보책임에 관한 민법 제559조가 준용되어, 재단법인 설립자의 담보책임가 인정된다는 것에는 異論이 없다.[62] 그런데 설립자의 출연재산이전의무가 전제되지 않은 擔保責任이라는 것은 있을 수 없을 것이다.[63] 그렇다면 우선 독일민법 제82조와 같은 규정을 우리 민법에 도입하는 경우에 그것이 오히려 이 규정과 중복 내지 상충되지 않는지, 또는 양자 사이에 어떠한 관계가 있는지를 검토해 보아야 하지 않을까?[64] 그런데 민법개정위원회의 제48조 개정제안, 특히 등기 등을 갖출 때 출연재산이 법인의 재산이 된다는 것에 대하여는, 그러한 규정 아래서는 재단법인이 성립하여도 아무런 재산을 가지지 못하는 경우도 있을 수 있어서 부당하다는 의견이 있다.[65] 예를 들면 出捐財産이 모두 부동산인 경우에는 그렇다는 것이다. 그러한 意見은 우리 민법의 위와 같은 규정을 어떻게 파악하고 있는 것일까? 부동산은 등기가 있어야 비로소 재단법인의 재산이 된다는 규정을 새로이 도입하더라도, 앞의 제47조 제1항을 그대로 두는 한에서는, 재단법인의 설립자는 출연부동산을 재단법인에 이전할 의무를 당

61) 그 經過에 대하여는 앞의 註 44, 56의 각 본문부분 참조.

62) 우선 民法注解[I], 633면(洪日杓 집필); 郭潤直, 民法總則, 新訂修正版(1998), 204면 참조.

63) 앞의 註 61에서 든 곳에서 이미 본 대로 독일에서도 설립자의 담보책임에 관한 논의는 그가 출연재산이전의무를 부담함을 전제로 하여 행하여지고 있다.

64) 이러한 문제에 대하여는, 독일민법 제82조와 같은 규정이 도입되더라도 이는 설립자가 출연재산이전의무를 부담함을 정하는 것일 뿐이므로, 출연재산에 「하자」가 있는 경우에 그가 부담할 담보책임에 관한 규정의 준용과는 중복되거나 상충되지 않는다는 見解도 충분히 가능할 것이다. 또 담보책임 외에도 예를 들면 증여자의 재산상태 변경으로 인한 증여의 해제에 관한 규정(민법 제557조) 등과 관련하여서도 마찬가지로 설명될 수 있을 것이다.

65) 예를 들면, 「민법개정(총칙편) 좌담회」, 人權과 正義 2003년 3월호, 43면 이하의 高翔龍 교수 발언("그렇다면 재산이 없는 재단법인이 성립한다고 하는 것은 어떻게 설명할 수 있습니까?" 등) 참조.

연히 부담하는 것이고, 재단법인은 비록 등기 전이라도 이러한 양도 청구권을 가진다고 해석될 수밖에 없을 것이다. 그러므로 「재산 없는 재단법인」이라는 괴물은 꿈에서나 나오는 것이라고 하여야 하지 않을까?

넷째, 민법개정위원회가 민법 제48조에 손을 대고자 한 것은, 단지 출연재산이 원래 의사표시만으로 이전되지 아니하고 그 이전에 등기나 인도 또는 증서교부 등의 다른 요건을 요구하는 경우에 그 다른 요건을 갖추어야만 출연재산이 법인에게 귀속된다는 것만을 명백하게 정하고자 하였던 것이라고 이해된다. 다시 말하면 同委員會는 민법 제48조에 관한 한 「최소한의 수정」을 의도하였고, 또한 위와 같은 취지를 그리고 그러한 趣旨만을 현행의 관련과정의 체제 아래서 명확하게 조문화할 수 있는 방법을 찾으려고 고심하였던 것이다.[66] 이번의 민법개정작업은 현행의 민법을 가능한 한 존중하면서 필요한 「개정」을 가하자는 것이지 민법을 처음부터 새로 제정하자는 것은 아니다.

(저스티스 74호(2003.8), 86면 이하 所載)

66) 참고로 말하자면 「實務委員會」(이에 대하여는 우선 梁彰洙(註 8), 53면; 정기용, "민법개정 추진경과", 法務部(註 1), 4면 참조)가 「민법개정시안」을 위하여 민법개정위원회 전체회의에 제시한 안은, "第1項 및 第2項의 경우에 그 權利의 變動에 意思表示 외에 登記, 引渡 또는 그밖의 要件이 필요한 出捐財產은 그 要件이 充足되어야 法人의 財產이 된다"는 것을 민법 제48조 제3항으로 신설하자는 것이었다.

4. 無權利者의 處分에서 權利者의 物權的 請求權과 不當利得返還 請求權의 緊張關係

Ⅰ. 序　　說

1. 大判 92.9.8, 92다15550(공보 1992, 2842)은, 무권리자가 부동산을 매도하여 소유권이전등기를 경료하여 준 경우에 진정한 권리자(소유자)는 무권리처분자에 대하여 그가 상대방으로 받은 賣買代金의 반환을 청구할 수 있는가, 또는 어떠한 요건 아래서 어떠한 효과를 가지고 청구할 수 있는가 하는 흥미로운 問題에 대하여 판단하고 있다.[1)]

부동산의 소유권이 무권리자에 의하여 처분된 경우에 그 처분은 무효이며, 상대방은 처분의 내용대로의 권리취득을 할 수 없다. 그러므로 진정한 권리자는 여전히 所有權에 기하여 처분의 상대방에 대하여 所有權移轉登記의 抹消 또는 目的物의 引渡 등을 청구하여, 「원만한 소유권상태의 實現」을[2)] 도모할 수 있다. 그러나 그렇게 하지 아니하고, 무권리처분자에 대하여 그가 얻은 매매대금 기타 처분대가의 반환을 청구할 수는 없는가? 위 판결은 結論的으로 이러한 반환청구권을 인정하여, 그 매매대금은 不當利得으로서 소유자에게 반환되어

---

1) 이 판결의 상세한 내용에 대하여는 뒤의 Ⅳ. 2. 참조.

2) Ph. Heck, *Grundriß des Sachenrechts* (1930), § 66(S. 271 ff.)은, 소유권에 기한 물권적 청구권을 "實現請求權(Verwirklichungsanspruch)"이라고 부른다.

야 한다고 판단하였다.

그런데 단지 그러한 반환의무가 인정된다는 것만으로 문제가 다 해결되지는 않는다. 위 판결은, 앞에서는 "소유자가 무권리처분의 추인을 전제로 하여 반환을 청구하는 경우"에는 매매대금이 반환되어야 한다고 하면서, 뒤에서는 "소유자가 매매대금을 반환받게 되면" 무권리자의 처분행위를 인정하는 것이 된다고 한다. 이는, 한편으로는 追認이 있어야 매매대금의 返還義務가 발생한다고 하면서, 다른 한편으로는 매매대금을 반환받아야 追認이 있게 된다고 말하는 것처럼 보인다. 도대체 닭이 먼저인가, 달걀이 먼저인가?

2. 우리 學說은 위의 문제에 대하여 별다른 언급이 없다. 다만 무권리자의 처분이 善意取得規定에 의하여 유효한 경우에 대하여는 일치하여 처분자가 有償處分에 의하여 얻은 利益을 不當利得으로서 진정한 권리자에게 반환하여야 한다고 설명되고 있을 뿐이다.[3)]

3. 무권리자의 처분에서 처분대가의 반환청구의 可否 및 그 要件은 특히 독일에서 활발하게 論議되었다. 독일에서의 논의는 주로 독일민법 제816조의 解釋을 둘러싸고 행하여졌는데, 내용적으로 보면 이는 둘로 나눌 수 있다. 하나는, 과연 무권리처분자가 얻은 대가에 대한 반환청구를 과연 위 규정에 기하여 할 수 있는가(또는 위 규정에 기하여 하여야만 하는가) 하는, 同規定의 말하자면 「問題解決適格」에 관한 문제이다. 다른 하나는, 그 適格이 인정되어 위 규정에 의하여 반환청구를 할 수 있다고 하는 경우에, 어떠한 요건 아래 또는 어떠한 방식으로 이를 할 수 있는가 하는, 同規定의 말하자면 「解釋論的 細工」에 관련한 문제이다. 특히 후자에 있어서는, 이러한 처분대가반

3) 郭潤直, 債權各論, 新訂(修正)版(2000), 436면; 李英俊, 物權法, 全訂版(1996), 277면; 民法注解[V](1992), 460면(李仁宰 집필) 등.

환청구의 요건으로 권리자가 무권리자의 처분을 그대로 追認함으로써 所有權이 종국적으로 상실되어야만 한다면, 무권리자의 무자력 등으로 인하여 그 후 처분대가의 실제적 반환을 얻지 못하는 경우에는 원래의 권리자는 이것도 저것도 잃을 危險이 있는데, 이러한 위험에 어떻게 대처할 것인가의 문제가 그 중요한 소재의 하나를 이루어 왔다. 이 위험이야말로 여기서 다루려고 하는 「물권적 청구권(vindicatio)과 부당이득반환청구권(condictio)의 緊張」의 내용을 이루는 것이다. 이 위험에 대처하기 위하여 여러 가지 方案이 제의되고 있으나, 아직 결론이 歸一되지 않고 있는 형편이다.

4. 本稿는,[4] 앞부분에서 독일에서의 이러한 論議의 과정과 내용을 살펴보기로 하는데, 위의 3.에서 본 관점에 따라 이를 둘로 나누어, 우선 독일민법 제816조(보다 정확하게는 同條 제1항 제1문)에 기한 처분대가반환청구의 可否에 대하여 보고(Ⅱ.), 이어서 반환청구권의 要件 내지 반환청구의 方式 등에 대하여 보기로 한다(Ⅲ.). 우리는 이 논의를 추적하는 과정에서 독일민법학의 ―아마도 잘 알려지지 아니한― 어떠한 한 側面을 엿보게 될 수 있을 것을 기대해 본다.

나아가 뒷부분에서 이를 바탕으로 하여 冒頭에서 제기한 문제에 대하여 위의 대법원판결에 유념하면서 우리 민법의 解釋論으로서 일정한 提案을 하려고 하는 것이다(Ⅳ.). 이것은 기본적으로 위 대법원판결의 일견 모순되는 듯한 說示를 일관되게 이해될 수 있는 것으로 설명함으로써 그것을 辯護하는 것을 지향한다. 그런데 이 해석론적 제안은 어쩌면 충분히 滿足스러운 것은 아닐는지도 모른다. 그것은 아마도 보다 기본적인 문제, 즉 所有權思想 내지 所有權保護思想(Ei-

4) 이하에서는 논의를 단순화하기 위하여 「處分」 중에서 所有權의 讓渡만을 논하기로 한다.

gentums(schutz)gedanken)의[5] 內容과 限界라는 문제가 충분히 해명됨이 없이는 기대할 수 없다고 할 것이다.

5. 그런데 독일에서의 논의를 살핌에 있어서는 항상 다음과 같은 점을 염두에 둘 필요가 있다. 즉, 그 논의는 주로 動産, 그 중에서도 특히 盜品이나 遺失物과 같은 占有離脫動産(abhand gekommene Sache)의 처분의 경우를 염두에 두고 행하여진다는 것이다. 이는 다음과 같은 事情과 관계가 있다.

한편으로, 占有委託動産(anvertraute Sache)이나 不動産의 경우에는, 무권리자의 처분이 있어도 상대방이 「善意」이면 상대방은 목적물을 취득한다(독일민법 제892조, 제932조 참조). 이 경우에 원래의 소유자는 자신의 소유권을 상실하므로, 이미 물권적 청구권도 가지지 못한다. 그와 같이 애초부터 「권리자에 대하여 유효한 무권리자의 처분(eine Verfügung, die dem Berechtigten wirksam ist)」이 있는 경우야말로 의문의 여지 없이 독일민법 제816조 제1항 제1문의 적용이 있는 것으로서, 그 경우에 권리자는 所有權에 대신하여 不當利得返還請求權을 가지게 되고, 또 그 외에는 救濟手段이 있을 수 없다. 그런데 무권리자의 처분이 있는 경우에 그 상대방은 원칙적으로 「善意」로 추정된다. 독일민법상으로 不動産物權에 있어서는 양수인이 등기부의 기재가 부실한 것임을 알았거나 등기부상 이미 異議登記가 행하여졌을 경우에만(제892조 제1항 제1문 단서),[6] 動産物權에 있어서는 양수인

5) 독일민법학에서 侵害不當利得의 「발견자」, 따라서 부당이득반환청구권의 「類型論」의 先驅者로 알려져 있는 빌부르크는, 侵害不當利得의 基礎는 所有權의 延長效(Fortwirkung)에 있다고 한다. 가령 善意取得制度에 의하여 소유자는 法秩序가 요구하는 去來安全의 이익을 위하여 소유권 그 자체를 상실하는 희생을 강요당한다. 그러나 그것은 절대적인 消滅은 아니며, 소유권은 이제 무권리처분자에 대한 처분대가의 반환청구권이라는 형태로 모습을 바꾸어 그 효력이 연장되는 것이다. 문제의 핵심은 이러한 소유권의 「연장」이 어떠한 요건 아래서 어떠한 범위에서 인정되어야 하는가라고도 할 수 있는 것이다.

6) 판례와 통설을 전하고 있는 MünchKomm/Wacke, § 892 BGB Rn. 49(3. Aufl.,

이 惡意이거나 또는 그에게 重過失이 있을 경우에만(제932조 제2항), 讓受人의 권리취득이 부인된다. 그런데 이러한 事情은 양수인의 권리취득을 부인하는 쪽에서 입증하여야 함에는 異論이 없다.[7] 그러므로 점유위탁동산이나 특히 부동산의 경우에 무권리자의 처분이 있으면 그 상대방은 통상 목적물을 취득하며 따라서 대부분의 경우에 우리가 논의하려는 「vindicatio와 condictio의 緊張關係」는 처음부터 성립하지 않는다.

다른 한편으로, 占有離脫動産의 경우에는 선의취득이 성립하지 않는다(독일민법 제935조 제1항 제1문: "… 제932조 내지 제934조에 의한 소유권의 취득은 발생하지 아니한다"). 이 경우에 대하여 우리 나라에서 점유이탈동산의 선의취득에 관하여 정하는 민법 제250조를 둘러싸고 행하여지는 見解의 對立과 같은 것은[8] 독일에서는 전혀 없다. 점유이탈동산은 善意者에 의한 讓受行爲가 수 차례에 걸쳐 있더라도 여전히 원래의 권리자의 소유로 남아 있는 것이다. 그런데 도품이나 유실물과 같은 점유이탈동산은 소유자가 그 물건이 현존하는 장소나

1997, S. 314 f.)에 의하면, 不動産의 경우에는 登記의 公信力으로 인하여 등기의 不實에 대한 積極的 認識(positive Kenntnis)만이 장애사유가 되며, 重大한 過失, 나아가서는 不實에 대한 현저한 疑心이나 심지어는 未必的 故意에 상응하는 主觀的 容態(不實의 단순한 認容)도 양수인의 권리취득을 방해하지 못한다고 한다.

7) MünchKomm/Wacke, § 892 BGB Rn. 48(S. 314); MünchKomm/Quack, § 932 BGB Rn. 70(3. Aufl., 1997, S. 816) 참조. 後者의 문헌에 의하면, 動産에 있어서 선의취득을 부인하는 소유자는 양수인의 악의 또는 중대한 과실에 대하여 입증책임을 지는데, 讓渡行爲를 둘러싼 諸般事情이 不明이기 때문에 처분자가 진정한 권리자인가 하는 점에 대한 注意를 懈怠하였는지 여부나 그 정도를 알 수 없는 경우에도 마찬가지이며, 이 점에서 증거에 근접한 자(der Beweisnähe)에게 입증책임을 부담시킨다고 하는 立證責任分配上의 原則에 대하여 例外가 된다고 한다.

8) 민법 제250조에 의하여 도품 등의 피해자 등이 반환청구를 할 수 있는 2년 동안 목적물의 소유권은 讓受人에게 속하는가 아니면 원래의 所有者에 속하는가에 대한 見解의 對立에 대하여는, 우선 郭潤直, 物權法, 新訂(修正)版(1999), 181면 참조(同所에 의하면, 우리 나라의 학설은 전자의 견해로 歸一되어 있다고 한다). 이 문제에 대하여는 詳論하지 않는데, 필자는 점유이탈물은 처음 2년 동안은 여전히 원래의 소유자에게 귀속되어 있다고 보아야 한다고 생각한다.

점유자를 알 수 없어 실제에 있어서는 그에 대한 所有物返還請求權을 실현할 수 없는 경우가 許多하며,[9] 이는 특히 占有離脫 후 수 차례에 걸친 양도행위가 이루어졌다면 더욱 그러하다. 그러므로 이 경우에는 소유자의 입장에서는 무권리처분자에 대하여 그의 처분행위로 받은 대가에 대한 返還請求가 인정되는 것이 실제적으로는 거의 유일한 代案이라고 할 수 있는 것이다.

이에 대하여는 무권리처분자의 不法行爲責任을 인정함으로써 권리자를 직절하게 구제할 수 있는 것이 아닌가 하고 생각될는지도 모른다. 그러나 독일민법 제993조 제1항 後段은, 提訴당하기 전의 善意占有者는 "그의 過責으로 인하여 점유물을 반환할 수 없게 된 것"(독일민법 제989조 참조)에 대하여 불법행위책임을 전혀 부담하지 않는다고 정하고 있다.[10] 그런데 盜者나 拾得者 자신이 처분한 경우 이외에는 무권리처분자라고 하더라도 善意占有者인 경우가 대부분일 것이므로, 실제에 있어서 무권리처분자의 불법행위책임은 대체로 부정되기가 쉽다.

나아가 무권리처분의 경우에 準事務管理를 인정함으로써 무권리처분자에 대하여 "그 事務處理로 인하여 얻은 것(was er aus der Geschäftsbesorgung erlangt)", 즉 處分對價의 返還義務(독일민법 제687조 제2항, 제681조 제2문, 제667조 참조)를 인정할 수 있다고 할는지도 모른다. 그러나 준사무관리가 인정되려면, 타인의 사무를 자신의 사무

9) 독일의 학자들이 논의의 전제로 내세우는 전형적인 사례는 다음과 같은 것이다. A 소유의 그림이 盜難당하였는데 이를 書商인 B가 제3자로부터 매수하여 전시하고 있던 중 우연히 그 점포에 들른 낯선 旅行客 C(그 후 소재를 알 수 없다)에게 매도하여 인도하였다는 것이다.

10) 이에 반하여 우리 민법 제202조는 「점유물의 멸실·훼손」에 대한 책임에 관하여 善意의 自主占有者만을 優待하고 있는데, 그 우대의 내용도 책임의 전부면제가 아니라, "利益이 현존하는 限度"로 책임이 縮限됨을 인정하는 데 그친다. 물론 同條에서 정하는 「멸실·훼손」은 물리적인 멸실 등에 한정되는 것은 아니고, 처분 등 기타의 사유로 인한 返還不能의 경우를 포함한다고 해석된다. 이 점에 대하여는 우선 民法注解[Ⅳ](1992), 405면(梁彰洙 집필) 참조.

로 처리한 자가 “그렇게 할 권한이 없음을 알았음”에도 그렇게 하였어야 한다(독일민법 제687조 제2항 제1문). 그러므로 무권리처분자가 善意이어서 자신의 所有物이라고 믿고 양도한 경우에는, 준사무관리가 성립할 여지가 없고, 오히려 독일민법 제687조 제1항(“타인의 사무를 자신의 사무로 생각하고 이를 처리한 경우에 대하여는 제677조 내지 제686조[즉 사무관리규정]는 적용되지 아니한다.” 꺾음괄호 안은 인용자가 부가한 것이다. 이하 같다)이 이 경우에 훨씬 더 類緣性이 있는 규정이라고 할 것이다.

이상과 같은 事情으로 인하여 독일에서 우리의 문제는 주로 占有離脫動產의 경우를 중심으로 하여 논하여진다. 그러나 우리의 경우는 반드시 이와 같지는 않다고 하여야 할 것이다. 우리 나라에서 이 문제는 오히려, 위의 大判 92.9.8.의 事案도 그러한 것처럼, 不動產의 무권리처분의 경우를 중심에 놓고 논의하는 것이 더욱 적절하리라고 생각된다. 물론 占有離脫動產도 같은 법리에 의하여 다루어져야 할 것이나, 실제의 중요성으로서는 不動產의 무권리처분의 경우가 압도적으로 크다. 그렇다면 우리는 다음과 같은 점을 고려하지 않으면 안 된다. 즉 不動產의 경우에는, 점유이탈동산의 경우와는 달리, 진정한 권리자가 物權的 請求權을 실제로 실현할 수 있는 가능성이 부인되는 경우란 거의 없을 것이다. 왜냐하면 부동산은 그야말로 「不動」이어서, 그 所在는 항상 명확하며, 또한 무권리처분자나 그의 상대방도 적지 않은 경우에 登記簿의 기재를 통하여 그 同一性과 住所 등을 파악할 수 있으며, 현실의 점유자도 어렵지 않게 밝힐 수 있을 것이기 때문이다.

이러한 「事情의 相違」는 우리 민법의 解釋論을 구상함에 있어서도 예리하게 의식되어야 할 것으로 생각된다. 즉 무권리처분의 추인에 의하여 권리자가 가지게 되는 처분대가반환청구권은, 적어도 부동산에 관한 한, 독일에서처럼 "실제적으로는 거의 유일한 代案"이라고까지는 말할 수 없는 것이고, 따라서 권리자가 반드시 거기에 매달려 구속되어야 할 필요성은 그만큼 적은 것이다. 이것은 뒤의 V.2.에서 보듯 권리자의 追認의 효력이 사후적으로 복멸될 가능성을 인정하는 것에 대한 주저를 그만큼 덜어주는 것이 된다.

Ⅱ. 無權利者의 處分의 追認과 處分對價의 返還

1. 독일민법 제816조의 立法經過

독일민법 제816조 제1항 제1문은 다음과 같이 정한다.

> "無權利者가 목적물에 관하여 權利者에게 대하여 효력 있는 處分을 한 경우에는, 그는 權利者에게 그 處分에 의하여 취득한 것을 返還할 의무를 진다."[11]

이 규정은 무권리자의 처분이 예외적으로 처음부터 유효한 경우, 즉 善意取得의 경우를 예정하고 만들어진 것이다. 이 점은 그 立法過程을 살펴보면 명백하다.

(1) 독일민법 제1초안(이하 「제1초안」)은 그 제837조, 제838조에서 不動産登記簿의 기재를 신뢰한 자의 權利取得을 규정하였는데,

11) § 816 Abs. 1 Satz 1: "Trifft ein Nichtberechtiger über einen Gegenstand eine Verfügung, die dem Berechtigten gegenüber wirksam *ist*, so ist er dem Berechtigten zur Herausgabe des durch die Verfügung Erlangten verpflichtet." (이탤릭체에 의한 강조는 인용자가 가한 것이다) 이어서 同項 제2문은 "그 처분이 無償으로 행하여진 때에는, 그 처분에 기하여 法的 利益을 직접으로 얻은 자가 동일한 의무를 부담한다"고 정한다. 나아가 同條 제2항은, "무권리자에 대하여 권리자에 대하여 유효한 給付(eine Leistung, die dem Berechtigten gegenüber wirksam ist)가 행하여진 때에는, 무권리자는 권리자에 대하여 그 급부받은 것을 반환할 의무가 있다"고 정한다.

이어서 제839조는 그 제1문에서 "前2條의 규정에 의하여 권리를 상실당한 자는 권한 없이 처분한 자에 대하여 그에 의하여 얻은 利得의 반환(Herausgabe der dadurch erlangten Bereicherung)을 청구할 수 있다"고 정하였다. 이는 動産의 경우에도 마찬가지이다. 즉 그 제877조 내지 제879조가 동산의 善意取得에 관하여 규정하고, 그에 이어서 제880조가 그 제1문에서 위의 제839조 제1문과 동일한 내용을 정하고 있는 것이다.[12)]

이 두 개의 규정이 내용적으로 不當利得의 返還을 정하는 것이라고 하는 점에는 그 문언에서 나타나는 대로 애초부터 의문이 없었다. 그런데 제1초안은 不當利得制度에 대하여 별도의 章을 두고, 거기서 제748조가 이미 "재산보유자의 의사 또는 그의 유효한 의사에 기하지 아니하고 법적 원인 없이 그의 財産으로부터 利得을 얻은(aus dessen vermögen … bereichert worden ist) 자"에게 그 이득을 반환할 의무를 부과하고 있다. 그렇다면 보다 일반적인 부당이득반환의무를 정하는 同條와는 별도로, 선의취득과 관련하여 위와 같은 규정들을 둘 이유는 무엇인가? 이에 대하여 『理由書』는, "선의취득의 경우에는 권리자의 재산으로부터 무권리자의 재산으로의 직접적 이전이 없어서, 제748조가 무권리자의 부당이득반환의무를 발생시키는 데 충분한가에

12) 그 외에 제1초안 제2081조 제3호는 同法上의 相續回復請求權(Erbschaftsanspruch)의 對象으로, "상속재산점유자가 상속재산(Erbschaft) 또는 상속재산에 속하는 목적물에 관하여 한 법률행위, 특히 급부의 수령에 의하여 취득한 목적물(Gegenstände)로서, 그 법률행위가 상속인에 대하여 유효하거나 그에 의하여 추인된 경우"를 들고 있다. 이 규정은, 한편으로 "物件은 對價에 연장된다(res succedit in locum pretii)"는 物上代位法理의 한 발현으로 설명되면서도, 다른 한편으로, 그에 앞선 제1초안 제2080조와 합하여, 무권리자인 상속재산점유자(Erbschaftsbesitzer. 僭稱相續人)가 한 처분이 善意取得에 의하여 유효한 경우에 상속재산점유자에 대하여 그 처분에 의하여 취득한 것을 상속인에게 반환할 의무를 과하는 것으로 이해되었다. Motive V, S. 583 = Mugdan V, S. 312f. 참조. 우리의 문제관점에서는 그 외에 여기서 權利者가 追認한 경우가 정면으로 규정된 것이 관심을 끈다.

대하여 의문이 있을 수 있다. 그러므로 명문의 규정을 두어 제748조의 적용을 확실하게 하는 것이 사태를 명확하게 하기 위하여(zur Klarstellung des Verhältnisses) 바람직하다"는 것이다.[13] 다시 말하자면, 거기서 입법자는 무권리자가 처분에 의하여 취득한 가령 賣買代金은 직접적으로는「권리자의 財産으로부터」얻어진 것이 아니라「선의취득자의 재산으로부터」얻어진 것이므로,[14] 제1초안 제748조에 의하여서는 이를 권리자에게 반환할 의무가 부정될 수도 있다는 憂慮를 씻어버리기 위하여("事態를 명확하게 하기 위하여") 위의 규정들을 둔 것이다.

이와 같이 내용적으로는 채권관계를 규율하는 규정을 物權編에 자리잡게 하는 태도는 독일민법 제2초안(이하「제2초안」)에서도 처음에는 그대로 유지되었다. 특히 제2초안은 不當利得에 관하여 제1초안과는 달리 하나의 一般條項(제2초안 제737조: "타인의 給付에 의하여 또는 기타의 方法으로 그의 損失로(auf dessen Kosten) 이득을 얻은 자는 …")으로써 규율하는 태도로 전환하였으나,[15] 여전히 제2초안의 原案 제812조, 제850조는 제1초안과 같이 善意取得에 관한 규정으로서 무권리처분자의 부당이득반환의무를 정하고 있다. 다만 제2초안의 이 규정들은 권리자가 "부당이득의 반환에 관한 諸規定에 의하여" 반환청구를 할 수 있다고 정함으로써 不當利得法과의 관련은 더욱 전

---

13) 제1초안 제839조에 대하여 Motive Ⅲ, S. 224 = Mugdan Ⅲ, S. 124. 한편 제880조에 대하여 Motive Ⅲ, S. 350 = Mugdan Ⅲ, S. 194은, "부동산법의 상응하는 규정[즉 제839조]과 마찬가지로 해석되고 판단되어야 한다"고 한다.

14) 이와 같이 일반적 부당이득반환청구권의 발생요건의 하나로「재산이동의 직접성(Unmittelbarkeit der Vermögensverschiebung)」을 요구하는 見解의 그 후의 추이에 대하여는 우선 梁彰洙, "독일 不當利得理論의 歷史的 展開", 郭潤直교수 華甲紀念論文集(1985), 587면 이하 참조. 가령 郭潤直(註 3), 432면 이하에서 보는 것처럼, 우리의 통설이 그 요건으로, 受益과 損失 사이의 언필칭「因果關係」를 요구하면서 이를「직접적 인과관계」(이는 무엇을 의미하는가?)에 한정되지 않는다고 말하는 것은, 이 論議의 연장선에 있는 것이다.

15) 이에 대하여는 우선 梁彰洙(前註), 585면 이하 참조.

면에 드러나게 되었다.

(2) 그런데 제 2 위원회가 작업을 계속하여 가는 과정에서 변화가 일어났다. 즉, "무권리자가 목적물에 대하여 한 처분 또는 무권리자에게 행하여진 급부가 권리자에 대하여 효력 있는 때에는, 권리자는 권한 없이 처분하거나 급부를 수령한 자에 대하여 그에 의하여 얻은 것의 반환을 청구할 수 있다"는 규정을 두고, 이로써 앞서 본 제 1 초안의 제839조, 제880조 등에 갈음하자는 提案이 행하여지고, 이것이 採擇된 것이다.

그 제안의 이유는, 제 1 초안의 위 규정들의 기초에 있는 思想은 일반적으로 타당한 것으로서, 그와 같이 명문으로 정하여진 경우 이외에도 가령 債權讓渡에 있어서 채무자가 채권양도로 인하여 이미 채권자가 아닌 讓渡人에게 변제하였으나 그 변제가 유효한 경우[16] 등에도 진정한 권리자의 반환청구권은 인정되어야 하는데 이 점을 분명히 정할 필요가 있다는 데 있다. 이러한 提案은 제 2 위원회에서도 수긍되었다. 즉 "동일한 내용의 규정을 素材가 다른 데 따라 여럿 여기저기 분산시켜 두느니보다 부당이득이 다루어지고 있는 맥락에서 하나의 一般的 規定을 마련하는 것이 의심의 여지 없이 타당하다"는 것이다.[17]

2. 독일민법 제816조 제 1 항 제 1 문의 適用

(1) 독일민법이 시행된 직후에는 이 규정은 선의취득의 경우에 대하여만 적용이 있는 것으로 이해되었고, 따라서 앞의 I.5.에서 본 대로 선의취득이 인정되지 않는 점유이탈물의 경우에는 그 규정의 적

16) 주지하는 대로 독일민법에서 債權讓渡는 당사자 사이의 계약만에 의하여 행하여지며 通知 등을 對抗要件으로 하지 않는다. 그리고 그에 따라 발생하는 채무자의 이중변제의 위험은 善意의 채무자가 양도인에 대하여 한 변제를 유효한 것으로 함으로써 회피하려고 한다. 독일민법 제407조 참조.

17) Mudgan Ⅱ, S. 1181.

용이 배제되었다고 한다.[18] 즉 위의 규정은 「제한된 보상기능(begrenzte Ausgleichsfunktion)」만을 가지는 것으로서, 권리자가 일반의 거래안전의 이익을 위하여 그의 의사에 반하여 법질서가 부과한 不利益(선의취득으로 인한 권리상실)에 대하여 이를 報償하기 위하여 인정된 것이므로, 그 이외의 경우에는 적용될 수 없다는 것이다.

그러나 점차로 소유자가 점유위탁물이 무권리자에 의하여 처분된 경우이면 그 처분대가의 반환을 청구할 수 있고, 그것이 점유이탈물이었으면 이를 할 수 없다는 것은 공평하지 않다는 생각이 대두되었다. 그리하여 새로운 판례는 원래는 선의취득이 인정되지 않는 점유이탈물이 무권리자에 의하여 처분된 경우도 그것이 권리자의 追認(독일민법 제185조 제2항 제1문 참조)으로 유효하게 되었으면, 그 때에는 위 규정이 적용될 수 있다는 생각이 관철되었다.[19] 이러한 경우는 권리자가 추인에 의하여 스스로 권리상실을 야기하였음에도 앞서와 같은 報償을 구할 수 있다는 점에 특색이 있는 것이다.

(2) 그러나 1920년대까지는 법률구성적인 관점 내지 법이론적인 관점에서 이러한 해석에 대하여 강한 의문을 표시하는 견해도 적지 않았다.[20] 그 주장을 요약하면 다음과 같다.

첫째, 위 제816조 제1항 제1문은 그 문언이 "무권리자가 어떠한 대상에 대하여 권리자에게 대하여 유효한(wirksam *ist*) 처분을 한 때"라고 되어 있으므로, 이를 사후적으로 유효하게 된(wirksam

18) 우선 Heinz Bauernfeind, Herausgabe des Erlangten Zug um Zug gegen Genehmigung der Verfügung des Nichtberechtigten?, *NJW* 1961, S. 109f. 참조. 그러한 태도를 취한 판례로 RGZ 7, 191; 64, 30을 들고 있다.

19) Reuter/Martinek, *Ungerechtfertigte Bereicherung* (Handbuch des Schuldrechts, Bd. 4)(1983), § 8 I 2(S. 299f.) 참조. 그러한 취지의 판례로 RGZ 106, 45; 115, 34 등을 든다. 그러나 함부르크고등법원(JW 1926, 1244; 1926, 2775; OLGE 45, 124)은 여전히 이에 반대하였다고 한다.

20) Haymann, Krawielicki, von Mayr, Siber, Heck 등이 그러하였다고 한다. Reuter/Martinek(前註), 同所 참조.

wird) 경우에 적용하여서는 안 된다.

둘째, 위 규정은 원래 권리자의 의사와는 무관하게 권리상실을 당한 경우에 대한 것인데, 추인의 경우에는 권리자가 스스로 권리상실을 초래하였다.

셋째, 앞의 I.5. 말미에서 본 대로 독일민법이 제687조 제1항에서 타인의 소유물을 처분한 경우에 대하여 사무관리를 이유로 하는 처분대가반환청구권을 배제하였는데, 이제 독일민법 제816조 제1항 제1문에 기하여 그 청구권을 인정하는 것은 입법자의 결단과 모순된다.

넷째, 무권리자의 처분의 추인은 원래 사람에 관한 것이 아니라 「對象에 관한(gegenstandsbezogen) 행위」로서 물권적 효과만을 가지는 것이다. 그런데 위와 같은 부당이득반환청구권을 인정하면 사실상 그것이 채권적 효과도 가지게 되는데, 이는 추인의 성질에 반한다.

다섯째, 법률구성의 관점에서 보면, 무권리자로부터의 양수인이 이제 권리자의 추인으로 인하여 점유이탈물의 소유권을 취득하게 되는 것은 그 처분자가 그에 의하여 권리를 취득하기 때문이다. 따라서 무권리자의 처분은 권리자의 추인을 얻음으로써 이제 권리자에 의하여 행하여진 것이 된다. 그러므로 **무권리자**의 처분에 대하여 정하는 독일민법 제816조는 적용될 수 있는 기초가 없게 된다.

(3) 그러나 이러한 의문은 점유이탈물의 무권한처분에 대하여도 권리자의 처분대가반환청구권이 인정되어야 한다는 「실제의 필요」 앞에서 큰 설득력을 가지지 못하였다. 즉 그것을 인정하는 것은 "실제적으로 극히 중요한 의미가 있는 장치(ein praktisch eminent wichtiges Instrument)"인 것이다.[21] 그리고 앞의 (2)에서 본 반대주장에 대하여는 다음과 같이 반박되었다.

---

21) Reuter/Martinek(註 19), § 8 I 2(S. 301) 참조.

첫째, 무권리자의 처분을 권리자가 추인하는 경우에 이는 소급효를 가진다. 그러므로 이 경우에 독일민법 제816조 제1항 제1문의 문언에 반한다고 쉽사리 말할 수 없다.

둘째, 추인에 의하여 처분자가 권리자가 되는 것이 아니다. 추인은 무권리자의 처분행위의 하자를 치유하는 것에 불과하고, 처분자를 애초부터 권리자로 만들어주는 것은 아니다. 또 애초에 무권리자의 처분이 있었으므로 이로써 독일민법 제816조 제1항 제1문의 적용요건은 충족되는 것이고, 사후적으로 그 처분이 유효하게 되었다고 해서 그 적용이 배제되지는 않는다. 선의취득의 경우도 무권리자의 처분이 있었다는 점에서는 다를 바 없다.

셋째, 특히 점유이탈물의 경우에 목적물의 소재를 알지 못하거나 그것이 소비됨으로써 권리자가 사실상 이를 반환받을 수 없거나, 나아가 예를 들면 목적물의 가치가 사용에 의하여 감소되는 등으로 권리자가 이를 반환받을 이익을 이익이 없는 경우에는, 소유권보호의 사상에 의하여 다른 형태로 현물에 상응하는 이익이 소유자에게 주어져야 한다.

넷째, 그러한 필요는, 한편으로 독일민법 제989조, 제990조, 제992조에 의하여 처분자나 점유자가 善意이면 損害賠償을 청구할 수 없고, 나아가 부진정사무관리에 관한 제687조 제2항, 제677조 이하의 규정도 도움이 안 되므로, 독일민법 제816조 제1항 제1문에 의하여 충족되어야 한다.

이와 같이 오늘날의 확고한 판례와 통설은 소유자가 무권리처분자에 대하여 그가 처분대가로 받은 것의 반환을 독일민법 제816조 제1항 제1문에 기하여 청구할 수 있다는 태도를 취한다.[22)]

22) 판례로 BGHZ 29, 157; BGH, JZ 1968, 431; BGHZ 56, 131; BGH, DB 1876, 814 등이 있고, 한편 학설에 대하여는 Reuter/Martinek(註 19), § 8 I 2 (S. 299) 소재의 문헌 참조.

(4) 한때는 소유자에 대하여 독일민법 제281조상의 구제수단, 즉 代償請求權을 인정함으로써 문제를 해결할 수 있다는 견해도 제기되었다. 그 주장의 一次的인 內容은, 물권적 청구권에 대하여도 성질에 반하지 않는 한 채무불이행에 관한 규정이 적용 또는 유추적용되어야 하는데 독일민법 제281조는 그와 같이 준용되어야 할 규정의 하나이며, 이 준용의 결과로 무권한점유자의 목적물반환의무가 그의 처분에 기한 相對方에의 引渡 등에 의하여 履行不能이 된 경우에는 목적물에 갈음하여 그 代償으로 그 處分對價를 반환하여야 한다는 것이다.[23] 이러한 결론이 긍정된다면, 무엇보다도 반환의무자=무권리처분자는, 선의의 부당이득반환의무자(독일민법 제818조 제3항 참조)와는 달리, 그 반환의무가 현존이익에 한정됨을 주장할 수 없게 된다.

그런데 近者의 通說은 독일민법 제281조를 물권적 청구권, 특히 所有物返還請求權(rei vindicatio)에 準用하는 것에 대하여 부정적인 입장을 취한다. 그 이유는 채권관계를 염두에 둔 독일민법 제281조는 물권적 청구권에 적용하기에 적절하지 않으며, 무엇보다 무권리처분자가 얻은 처분대가가 그가 소유자에게 이전하여야 하는 점유에 대하여 그 代償, 즉 경제적 등가물이라고 할 수 없다는 데 있다. 소유물반환청구권은 점유의 이전만을 내용으로 하고, 소유권의 반환을 내용으로 하지 않는 것이다.[24]

23) 이 문제에 대하여 논한 수많은 문헌 중에서 우선 Hans Dölle, Eigentumsanspruch und Ersatzherausgabe, *Die Reichsgerichtspraxis im deutschen Rechtsleben*, Bd. 3(1929), S. 22; Horstmann, *Untersuchungen über die Anwendbarkeit schuldrechtlicher Normen auf dingliche Ansprüche*(1938), S. 38ff.; K. G. Deubner, Bemerkungen zur analogen Anwendung des § 281 BGB auf den Eigentumsherausgabeanspruch, *MDR* 1958, S. 197; Reiner Jochem, Eigentumsherausgabeanspruch(§ 985 BGB) und Ersatzherausgabe(§ 281 BGB), *MDR* 1975, S. 177 참조. Jochem, 同所, S. 177에 의하면, 이러한 발상 자체는 예링에까지 소급되며, 독일민법 제정 후에 이러한 견해를 제시한 것은 Theodor Kipp, Über den Begriff der Rechtsverletzung, *Festgabe der Berliner juristischen Fakultät für Otto Gierke*(1910), S. 3ff., 24ff.라고 한다.

24) 무엇보다도 Werner Merle, Risiko und Schutz des Eigentümers bei Geneh-

(5) 한편 이와 같이 권리자가 무권리자의 처분을 추인한 경우에 대하여 독일민법 제816조 제1항 제1문의 적용을 긍정하는 태도가 확정되자, 이와 같은 권리자 보호의 법정책은 관련 문제를 다룸에 있어서도 관철되어 갔다.[25)]

우선 권리자가 무권리처분자에 대하여 불법점유자의 책임에 관한 독일민법 제989조, 제990조에 의하여[26)] 손해배상청구를 하였다고 해도 특별한 사정이 없는 한 처분대가반환청구권을 포기하였다고 할 수는 없다. 또 반대로 권리자가 무권리자의 처분을 추인하였다고 해도, 독일민법 제987조 이하 및 제823조 제1항에서 정한 권리가 배제되는 것은 아니다.[27)]

나아가 무권리자의 처분이 연속적으로 행하여진 경우, 예를 들어 도품이 전전 양도된 경우에, 권리자는 그 중 하나의 무권리처분자를 임의로 선택하여 그의 처분을 추인할 수 있다. 그 경우에는 이제 그의 처분이 소급적으로 유효하게 됨으로써, 추인을 받은 무권리처분자의 후자들은 목적물을 적법하게 취득하고 또 적법하게 처분한 것이 되지만, 그 전자들은 여전히 무권리처분자로서 권리자에 대하여 책임을 져야 한다.[28)]

---

migung der Verfügung eines Nichtberechtigten, *AcP* 183(1983), S. 81ff., S. 84f. 參照.

25) 이에 대하여는 Reuter/Martinek(註 19), § 8 I 2 b)(S. 302f.) 참조. 이러한 방향의 법해석을 "권리자를 최대한 우대한다는 전략(eine Strategie der Meistbegünstigung des Berechtigten)"이라는 표제 아래 개관하고 있다.

26) 이들 규정(우리 민법 제202조에 상응한다)은, 타인의 소유물을 점유할 권리 없이 점유하는 자에 대하여 소유권에 기한 소송이 계속된 경우(제989조) 또는 그가 악의인 경우(제990조)에는 물건의 손상이나 멸실 기타의 이유에 기한 반환불능에 대하여 소유자에 대하여 손해배상책임을 진다고 정한다. 그런데 그러한 불법점유자가 물건을 제3자에게 처분하여 인도함으로써 결국 소유자가 현재의 점유자에 대하여 자신의 소유물반환청구권을 실현할 수 없게 된 경우도 거기서 말하는 「반환불능」에 해당한다.

27) 이에 대하여는 우선 Erman/Westermann, § 816 Rn. 3(10. Aufl., 2000, S. 2411) 참조.

28) 이 단락에서 논의된 문제에 대하여는 [後記]도 참조.

또한 점유자=무권리처분의 상대방이 후에 첨부에 관한 규정이나 취득시효로 인하여 소유권을 취득한 경우에도, 나아가 물건이 멸실한 경우에도, 권리자는 무권리자의 처분을 추인하여 그에 대하여 처분대가의 반환을 청구할 수 있다고 한다.[29)]

Ⅲ. 所有物返還請求와 不當利得返還請求의 選擇問題

1. 權利者의 「딜레마」

(1) 권리자가 무권리자의 처분을 추인하는 경우에, 그는 이로 인하여 무권리처분자에 대하여 처분대가의 반환청구권을 가지게 되나, 이에는 몇 가지 위험이 따른다.

우선, 그는 후에 물건의 소재가 발견되는 등으로 물건에 대한 소유물반환청구권의 실현이 다시 가능하게 되는 경우에도 자신의 처분추인을 철회할 수 없다. 무권리자의 처분에 대한 권리자의 추인이 일단 행하여지면 이를 다시 철회할 수 없다는 것에 대하여는 異論이 없다.[30)]

나아가, 소유자는 그 추인에 의하여 자신의 소유권을 종국적으로 상실하게 되는데, 그 반면에 그가 취득하게 되는 부당이득반환청구권은 다음과 같은 약점을 가진다.

첫째, 무권리자가 얻은 처분대가가 시가보다 적다는 등으로 목적물의 「객관적 가액」에 미치지 못하는 경우에는, 그 한도에서 경제적으로 불이익을 입게 된다.

---

29) 물건 멸실의 경우에 대한 판례(BGHZ 56, 131 = BGH JR 1971, 375 mit Anm. Zeiss) 참조.

30) 이에 대하여는 우선 MünchKomm/Schramm, § 185 BGB Rn. 50; § 183 BGB Rn. 26 m.w.N.(3. Aufl., 1993, S. 1584, 1559) 참조. BGHZ 40, 156 등 독일의 확고한 판례이기도 하다.

둘째, 만일 무권리자가 선의인 경우에는 그는 이득의 소멸(Wegfall der Bereicherung)을 내세워 자신의 반환의무가 현존이익에 한정됨을 주장할 수 있다(독일민법 제818조 제3항). 물론 무권리처분자가 도둑이거나 유실물의 습득자인 경우에는 그의 선의를 인정하기 어려울 것이다. 그러나 그로부터 물건을 양수한 사람이 다시 그 목적물을 처분하는 경우에는 이 역시 무권리자의 처분임에는 변함이 없어서 소유자는 그의 무권리처분을 추인하고(즉 소유자로서는 그의 소유권을 상실하게 되고) 그로부터 그 처분대가의 반환을 청구할 수 있다(앞의 Ⅱ. 2.(5) 참조). 이 경우 그 무권리처분자는 오히려 선의인 경우가 적지 않을 것이다.

셋째, 이와 같이 이득의 소멸이 주장될 수 없는 경우에라도 부당이득반환청구권은 채권에 불과한 것이므로, 이제 종전의 소유자는 채무자의 無資力危險(Insolvenzrisiko)을 부담하지 않을 수 없게 된다. 즉 그는 과연 자신이 소유권을 상실하는 대신에 취득한 이 부당이득반환청구권이 실제로 만족을 얻을 것인가에 대하여 확고한 지위에 있지 아니한 것이다. 따라서 만일 소유자가 무권리자의 처분을 무작정 추인한다면, 그는 「두 의자 사이에 앉을 위험(Gefahr, sich zwischen zwei Stühle zu setzen)」,[31] 즉 소유권을 상실하면서 그렇다고 부당이득반환청구권이 확실하게 실현되지도 않아서 종국적으로는 빈손이 될 위험을 부담하게 된다. 실제로는 이것이 가장 큰 약점이라고 할 것이다.

(**2**) 그런데 독일의 제국법원은, 권리자가 처분대가의 반환의 구하는 소송을 제기하는 것은 그 자체로 이미 종국적인 처분추인이 있다고 보아야 한다는 태도를 취하였다고 한다. 즉, "그가 한편으로 무권리자로부터 처분의 유효를 전제로만 가능한 처분대가[의 반환]의

---

31) Esser/Weyers, *Schuldrecht*, Bd. 2: Besonderer Teil, 7. Aufl.(1990), § 50 Ⅱ 2 b)(S. 473)의 표현. 원래 '두 토끼를 쫓아다니다가 하나도 잡지 못한다'는 의미의 관용어구이다.

청구를 하면서, 다른 한편으로 동시에 처분의 무효를 원인으로 점유자에게 반환을 청구할 권리를 유보한다는 것은 신의칙에 반하여(treuwidrig) 행위하는 것"이라는 것이다.[32)]

이러한 태도를 취한다면, 앞의 (1)에서 본 소유자의 딜레마는 구제할 길이 없게 된다.

2. 學說의 應對

(1) 이러한 판례의 태도는 많은 학설에 의하여 비판을 받고 있다.

우선, 소유자가 판례와 같이 서둘러 소유물반환청구를 포기하여야만 한다는 것은 일반적으로 기대될 수 없다. 특히 물건을 사후에 발견하거나 또는 처분자에의 부당이득반환청구가 실효를 거두지 못한 경우에 대비하여 소유물반환청구를 종국적으로 포기하려고까지는 하지 않을 수도 있다. 이러한 사정 아래서 추인을 부당이득반환청구의 만족이 있을 때까지 유보하는 것을 신의칙에 위반하는 행태라고 할 수 없다는 것이다.

나아가, 위의 판례와 같은 태도를 취하면 무권리처분자에게 부당한 법적 이익을 줄 수도 있다. 무권리처분자는 권리자로부터 부당이득반환청구를 당하는 것으로 이미 그가 한 처분이 유효하게 되어, 그 무권리처분의 상대방으로부터 처분의 원인행위상의 담보책임의 추급을 면하게 된다. 그런데 그는 그 상태에서는 아직 그가 얻은 처분대가를 실제로 권리자에게 반환하지 아니하고 있는 것이다.

(2) 그리하여 많은 학설은 권리자가 추인이 종국적으로 효력을 가지는 시점을 될 수 있는 한 늦춤으로써 권리자가 소유권, 나아가 소유물반환청구권을 아예 상실하는 것이 아니면서도 무권리처분자에

32) Bauernfeind(註 18), S. 109 rechte Sp. 참조.

대한 부당이득반환청구권을 인정할 수 있는 가능성, 달리 표현하면 일단 어느 한편으로 선택을 하였더라도 그 선택의 변경가능성을 가능한 한 오래도록 인정할 수 있는 가능성을 매우 다양하게 모색하였다. 그 양상은 獨逸的 法技藝의 극치를 보는 것 같은 느낌이 없지 않다.

그 모색은 대체로 둘로 나누어 볼 수 있다. 하나는 실체법적 노력으로서, 주로 追認에 어떠한 모습으로든 신축성을 주려는 방향으로 나타났다. 다른 하나는 소송법적 노력으로서, 무권리자의 처분의 추인과 처분대가의 상환을 동시이행관계로 결합하려는 것이다. 이하에서 살펴보기로 한다.

(a) 前者로서는 우선 그 경우에는 권리자에게 매매대금이 현실적으로 귀속되는 것을 停止條件으로 하는 追認이라는 입장이 있다. 예를 들면 폰 투르(von Tuhr)는 무권리자의 처분에 대한 권리자의 추인이 停止條件附로 행하여질 수 있다는 일반론을 전개하고, 그 예로 권리자가 처분자에 대하여 독일민법 제816조에 기하여 처분대가의 반환을 청구하는 행위를 들면서, 그러한 행위 속에는 권리자의 추인이 포함되어 있다고 할 것인데 다만 그 추인은 利得이 권리자에게 실제로 반환되는 것을 停止條件으로 하는 추인이라고 설명한다.[33] 그러나 이러한 입장에 대하여는 다음과 같은 의문이 제기되고 있다. 독일민법 제816조에 기한 청구권은 追認에 의하여 비로소 成立하는 것이므로, 그 추인이 효력을 발생하기 전에 위와 같은 권리의 이행을 請求하는 것은 「將來의 給付(künftige Leistung)에 대한 訴求」에 해당하여 독일민사소송법 제257조, 특히 제259조가 정하는 특별한 요건[34] 아래

33) Andreas von Tuhr, *Der Allgemeine Teil des Deutschen Bürgerlichen Rechts*, Bd. Ⅱ/2(1918, Nachdruck 1957), S. 238f.

34) 독일민사소송법 제259조는, 장래의 급부에 대한 소구는 "債務者가 適時의 給付를 하지 아니할 것이라는 憂慮가 諸般事情上 정당화되는 경우에(wenn den Umständen nach die Besorgnis gerechtfertigt ist, daß der Schuldner sich der rechtzeitigen Leistung entziehen werde)" 허용된다고 규정하고 있다. 우리 민사

서만 허용된다는 것이다.[35)]

나아가 무권리처분자로부터 처분대가를 실제로 반환받을 수 없게 되는 것(또는 권리자의 추인이 물건을 실제로 반환받을 수 없게 되는 것)을 해제조건으로 하여 행하여진다고 하는 견해도 제시되었다. 이러한 입장에 의하면, 그 해제조건이 성취되기 전까지는 추인이 유효하므로 권리자는 무권리처분자에 대하여 부당이득반환청구를 할 수 있고, 또 실제로 그 반환을 받으면 이제 해제조건이 성취될 수 없는 것으로 확정되어, 추인은 종국적으로 유효하게 된다. 그런데 부당이득반환청구권이 실제로 만족을 얻지 못하면, 이제 추인은 해제조건의 성취로 인하여 효력을 상실하여 권리자는 소유권을 회복하게 된다는 것이다.[36)]

이 견해에 대하여는 무권리처분의 추인은 형성적 효과를 가지는 일방행위로서 조건에 친하지 않다는(bedingungsfeindlich) 이유로 반대하는 입장이 다수를 점한다. 追認과 같은 상대방 있는 일방적 법률행위에 대하여 條件을 허용하게 되면 상대방은 條件이 未成就인 동안 法律關係의 不安定을 감수하지 않으면 안 된다. 그 때 그 不安定의 감수가 상대방에게 기대될 수 없는 경우에는 그 법률행위에는 條件을 붙일 수 없다고 할 것이고,[37)] 無權利者의 處分에 대한 權利者의 追認은 그러한 법률행위에 해당한다고 한다.[38)] 나아가 實際的으로도, 그러한 해제조건부 추인은 특히 그것이 物權의 處分에 대한 것일 때에는

소송법 제251조(구 제229조)에 상응한다.

35) 가령 Ulrich von Lübtow, *Beiträge zur Lehre von der Condictio nach römischem und geltendem Recht*(1952), S. 67 u. Anm. 48 참조. 이에 의하면 解除條件附라고 이해하는 경우에는 그러한 문제는 발생하지 않는다고 한다.

36) 예를 들면 Uwe Wilckens, Ist der Rückgriff des Bestohlenen auf den Veräußerungserlös notwendig endgültiger Verzicht auf das Eigentum?, *AcP* 157(1958/1959), S. 399 ff.; Merle(註 24), S. 90 ff.; Staudinger/Seuffert(10./11. Aufl., 1974), § 816 Rn. 4a 참조.

37) 일반적으로 Werner Flume, *Das Rechtsgeschäft*, 3. Aufl.(1979), § 38, 5(S. 697) 참조.

38) Reuter/Martinek(註 19), § 8 Ⅰ 2 c)(S. 305).

물권법상 제기되는 公示에의 요구를 거의 충족할 수 없다.[39] 그러므로 가령 일단 추인이 있어서 취득자(무권리자의 처분의 상대방)를 적법한 권리자로 믿고 그로부터 이를 轉得한 제3자라도 후에 앞서와 같은 解除條件이 성취되면 그 권리를 상실하게 되는 부당한 결과가 된다. 특히 그 물건이 애초 盜品 등인 경우에는 그는 善意取得規定도 원용할 수 없다는 것이다.[40]

이러한 비판에 대하여 위의 해제조건부 추인을 긍정하는 입장을 열심히 옹호하는 메를레의 주장을 들어보기로 하자.[41]

그는 일반적으로 單獨行爲, 특히 무권리처분의 추인과 같이 법률관계를 창설적으로 형성하는 단독행위(소위 일방적 형성행위)는 조건과 친하지 않다는 견해에 대하여 검토한다. 그는 먼저 법률행위는 일반적으로 조건부로 행하여질 수 있음을 정하는 독일민법 제158조로부터 다른 규정이 없으면 조건이 허용된다고 추론할 수 있다고 하면서, 무권리처분의 추인과 관련하여 "제158조의 목적론적 축소해석이 가능한지는 극히 의심스럽다"고 한다. 무권리처분의 추인에 조건을 붙이면 법률관계가 장래 변경될 가능성이 있는데, 이는 조건부 법률행위 일반에서와 다를 바 없다는 것이다. 특히 거래안전을 위하여 조건을 붙이는 것이 허용되지 않는 경우에는 상계에 관한 독일민법 제388조 제2문(우리 민법 제493조 제1항 제2문 참조)과 같이 법이 이를 정면에서 정하는데, 무권리처분의 추인에 대하여 정하는 독일민법 제185조 제2항에는 이러한 명문이 없으며, 또 이를 정당화할 만한 실질적인 이유도 없다. 무권리처분의 상대방의 입장에서 보면, 해제조건부일지라도 일단 권리자의 추인이 있으면 그의 지위에 불이익이 생기

39) Staudinger/Lorenz(12. Aufl., 1986), § 816 Rz. 9; Reuter/Martinek(註 19), § 8 I 2 c)(S. 305).

40) 이 점 Staudinger/Lorenz, § 817 Rz. 9 참조.

41) Werner Merle(註 24), S. 81 ff., 특히 S. 90 ff. 참조.

는 것이 아니라, ——적어도 처음에는—— 오히려 이익이다. 그는 이로써 물론 자신의 前者에 대하여 담보책임을 묻지 못하게 되지만, 자신이 계약체결에 의하여 의도하였던 바를 성취하게 되는 것이다. 한편 그 조건이 성취되면 장래를 향하여 소유권을 상실하는데, 그는 이 때 전자에 대하여 권리하자로 인한 담보책임을 물을 수 있게 되며, 이는 아예 추인이 없는 경우보다 나쁜 것은 아니다. 특히 그는 추인을 얻는 것에 대하여 아무런 對價도 출연하지 않는다. 한편 무권리처분자의 입장에서 보더라도, 해제조건의 성취 여부는 그가 이익의 소멸을 주장하는가 또는 처분대가를 반환하는가의 여부에 달려 있어서, 그 자신이 하기 나름이다. 이렇게 보면 처분대가의 반환을 해제조건으로 하는 것이 처분자를 기대불가능하게(unzumutbar) 해친다고 할 수 없다는 것이다.

나아가 그는 해제조건부 추인을 인정하는 것이 물권의 공시성의 원칙에 반한다는 반대주장에 대하여 다음과 같이 반박한다. 조건부 추인이 공시성의 원칙에 반하는 결과를 가져온다는 것은 옳을지 모르지만, 그것이 조건부 추인을 필연적으로 부인하도록 하지는 않는다. 물권변동에서 공시성의 요구는 예를 들면 점유개정이나 소유권유보거래에서 보듯이 이미 현저하게 후퇴되어 있는 것이다.

또 해제조건부 추인이 허용된다는 견해에 대하여는, 만일 이를 인정하면 일단 원고에 승소판결이 내려지고, 통상 원고가 이 판결을 가지고 피고의 재산에 대하여 강제집행을 해 봄으로써 비로소 해제조건의 성취 여부가 확정되고, 만일 그 조건성취가 확인되면 그 원고승소판결은 결과적으로 부당한 것이 되는데, 이와 같이 "어떠한 판결의 정당성이 집행의 결과에 따라 정하여지는 것은 절차적으로 감수될 수 없다"는 반대주장이 있다. 이에 대하여 메를레는, 조건부 추인에서 조건이 성취되어도 이는 將來效만을 가지므로 그 판결의 부당성을 말할 수는 없으며, 실체적 청구권이 변론종결 후에 조건의 성취로 소멸하는 일은 소송법상으로 하등 특이한 일이 아니라고 반박한다.

(**b**) 한편 앞의 Ⅱ. 2.(4)에서 본 바 대로, 채무의 이행불능에 인정되는 代償請求權(독일민법 제281조)을 물권적 청구권에 대하여도 적용하고, 나아가 이에 대하여 독일민법 제255조의[42] 규정을 類推適用하자는 견해가 있다.[43] 즉 소유자에 대하여 반환의무를 부담하는 점유자가 그 물건을 처분하여 인도한 경우에 소유자는 所有物返還請求權의 代償으로서 처분자가 취득한 處分對價에 대하여 그 인도를 청구할 수 있는데, 상대방(무권리처분자)은 그 처분대가의 반환을 소유자가 가지는 소유물반환청구권의 양도와 相換으로 할 것을 청구할 수 있다는 것이다. 그러므로 소유자의 관점에서 보면, 그가 소유물반환청구권을 상실하는 것은 처분대가를 실제로 반환받는 경우에 한정되게 된다고 한다. 그런데 이 견해에 대하여는 앞의 Ⅱ.2.(4)에서 본 대로 독일민법 제281조는 물권적 청구권에 적용될 수 없어서 그 전제가 충족되지 않는다는 비판이 가능하다.

(**c**) 또한 권리자가 무권리자의 처분을 추인하는 것과 처분대가의 상환을 동시이행관계로 결합하려는 입장이 있다. 이 입장은 처음에 될레에[44] 의하여 제안되었다고 하는데, 오늘날에는 "거의 통설의 지위에 있다."[45]

물론 동시이행의 항변권은 법률이 정한 몇 개의 경우에만 인정되

---

42) 이는 손해배상자의 대위에 관한 규정으로, "물건이나 권리의 상실에 대하여 손해배상을 하여야 하는 사람은, 배상청구권자가 물건소유권 또는 권리에 기하여 제 3 자에 대하여 가지는 청구권을 양도하는 것과 상환하여서만 배상의무를 부담한다"고 정한다. 우리 민법 제399조가 손해배상을 현실로 하여야만 대위가 일어나는 것과는 다르게, 배상의무의 이행을 배상청구권자의 권리양도와 相換으로 일어나게 하였다.

43) 최근에 이러한 견해를 주장하는 것으로는 Deubner(註 23), S. 197ff. 참조. 이 견해가 처음으로 주장된 것은 1910년대 후반으로 소급된다.

44) Dölle(註 23), S. 33 참조.

45) Merle(註 24), S. 82 m.w.N. 참조.

며, 나아가 동시이행관계는 통상 채무자가 채권자에 대하여 반대채권을 가지는 것을 전제로 하는데 이 경우에는 무권리처분자가 권리자에 대하여 추인청구권을 가지지 않는 것이 명백하고, 또 처분대가반환청구권 자체가 권리자의 추인이 있어야 비로소 발생하므로, 변론종결시까지 추인이 행하여지지 아니하면 그 반환청구권이 인정될 수 없어 원고의 청구는 기각된다는, 말하자면 당연한 반론은 충분히 상정될 수 있다.[46] 그러나 다수의 학설은 "법률구성상 동의할 만하고, 권리자의 딜레마를 감소시킬 수 있다"는 이유로 동시이행관계를 긍정하는 것이다.[47]

이러한「법이론상의 난점」을 구제하려는 것이 바우어른파인트의 글이다. 그에 의하면 동시이행의 항변권에 관한 법규정은 이 경우에 적용될 수는 없으나, 유추적용될 수는 있다는 것이다. 그는 우선 "동일한 이익상황에는 동일한 法思考가 관철되어야 한다"고 전제한다. 그런데 동시이행의 항변권의 기본사상은 채권자가 자기 채권과 관련된 채무를 부담하는 경우에는 자기 채무의 이행 또는 그 이행제공 없이는 채권의 만족을 구할 수는 없다는 것이다. 한편 소유자의 처분대

---

46) Deubner(註 23)는 이 점을 들어 동시이행관계를 인정하는 데 반대한다. 또한 Ursula Köbl, *Das Eigentümer-Besitzer-Verhältnis im Anspruchssystem des BGB* (1971), S. 289 f.도 同旨(쾨블은 이 경우에 동시이행관계를 인정하는 것은 "법률구성적으로는 하나의 넌센스"라고 한다).

47) 우선 Reuter/Martinek(註 19), § 8 I 2 c)(S. 306) 참조. 그 외에 Larenz/Canaris, Lehrbuch des Schuldrechts, Bd. Ⅱ/2, § 69 Ⅱ 1 c)(S. 182); MünchKomm/Lieb, § 816 BGB, Rn. 25(3. Aufl., 1997, S. 1315 f.)("실제적인 해결이고 또 법률구성적으로 동의할 만하다"); Koppensteiner/Kramer, *Ungerechtfertigte Bereicherung*, 2. Aufl.(1988), § 9 Ⅲ 2 b)(S. 94)("이 해결책은 형식법적으로 흠이 없다고는 할 수 없으나(formalrechtlich nicht einwandfrei), 그래도 역시 채권자의 정당한 이익을 고려하여 긍정되어야 한다"); Esser/Weyers(註 31), § 50 Ⅱ 2 b)(S. 473); Staudinger/Lorenz, § 816 Rn. 9("전적으로 이해상황에 적합한 이 해결은 그러나 법이론적으로는 공고하다고 할 수 없다(dogmatisch nicht abgesichert)는 점은 감수되어야 한다"); Palandt/Thomas, § 816 Rn. 9 aE(59. Aufl., 2000, S. 946); Erman/Westermann, § 816 Rn. 9(S. 2412) 등도 이 해결에 동조한다.

가반환청구권은 단지 그의 추인에 달려 있다. 그런데 그 추인에 의하여 그는 소유권을 상실하고, 처분자로 하여금 담보책임을 더 이상 지지 않게 만든다. 이렇게 보면 처분대가를 반환받으려는 소유자는 하나의 급부, 즉 자신의 재산을 감소시키고 상대방에게 법적인 이익을 가져다 주는 급부를 하여야 하는 관계에 있는 것이다. 이러한 상황 아래서 그 스스로가 처분대가반환청구권의 만족을 얻지 아니한 소유자에게는, 쌍무계약의 일방당사자에서와 마찬가지로, 자신의 급부, 즉 추인으로 발생하는 소유권의 상실과 담보책임으로부터의 해방을 선이행할 것을 기대할 수는 없다. 그러므로 비록 추인이 형식적으로는 자신의 청구권의 발생요건이라고 하더라도, 변론종결 당시까지 소유자가 추인을 하도록 강요되어서는 안 된다. 그리고 바이어른파인트는 덧붙인다. "추인 없이도 처분대가반환청구권이 주어져야 한다는 것은, [독일민법 제816조 제1항 제1문을 권리자의 추인의 경우에도 적용한다는] 법발전의 필연적인 결과이다. 즉 소유자에게 자유로운 의사표시에 의하여 독일민법 제816조의 청구권을 인정하는 법발전을 긍정한다면, 위와 같은 原則破壞도 허용되어야 한다"는 것이다.

그런데 이와 같이 다수설이 지지하는 해결책도 사실은 권리자의 이익을 충분히 보장해 주지 못한다는 반론이 있다. 즉 相換履行判決에 대하여 그 집행문은 독일민사소송법 제726조 제2항에 의하여 추인의 의사 없이 바로 주어진다고 하더라도, 채무자가 만족을 얻거나 수령지체에 있지 아니한 한 집행을 개시할 수는 없다(독일민사소송법 제756조, 제765조).[48][49] 그러므로 소유자는 늦어도 집행개시와 함께 추

48) 이 중에서 수령지체란 문제될 수 없다. 왜냐하면 수령지체란 채무자(=무권리처분자)에게 추인청구권이 없으므로 논리상 있을 수 없고, 만일 수령지체상태에서 집행할 수 있다고 하더라도, 아직 수령(즉 추인의 효력발생)이 없으면 소유자는 아직 추인의 효과가 발생하지 아니하였는데도(그리하여 소유권을 잃지 않았는데도) 대가의 만족을 얻는다는 부당한 결과가 되기 때문이다.

49) 相換履行判決의 執行節次, 특히 동시이행관계에 있는 반대급부가 적어도 집행

인을 하여야 하고 그 추인에 의하여 소유권을 상실하게 되는데, 그 때는 집행의 결과가 불명인 상태, 그리하여 처분대가를 아직 현실적으로 반환받지 못한 상태라는 것이다.[50)]

Ⅳ. 大法院 1992년 9월 8일 판결 92다15550사건[51)]

1. 事實關係

사실관계를 대법원판결에 의하여 간추리면 대체로 다음과 같다.

(1) 이 사건 부동산은 원래 M과 N의 공동소유이었다(그 등기관계는 不明이다). M은 1962년 2월에 사망하였고 그의 재산은 그의 아들인 피고(상속분은 11분의 6)와 원고들(상속분은 도합 11분의 5)에게 共同相續되었다. 그런데 1971년에 A가 이 사건 부동산 전체에 대하여 허위의 서류에 기하여 A 자신과 B(N의 아들), 그리고 피고의 3인 공동명의로 「임야소유권이전등기 등에 관한 특별조치법」에 따른 소유권이전등기를 하였다. 이 사실을 후에 알게 된 피고는 A를 상대로 소유권이전등기말소청구소송을 제기하여 勝訴判決을 얻어 A 명의의 소유권등기를 말소하였다. 그리하여 등기부에 이 사건 부동산의 소유

개시시까지는 이행되어야 한다는 점은 우리 법에서도 다를 바 없다. 우리 민사집행법 제41조(구 민사소송법 제491조의 2) 참조.

50) Merle(註 24), S. 88ff. 참조. 한편 메를레는 독일민사소송법 제259조에서 정하는 「장래의 급부」에 대한 소로써 처분대가반환청구권을 인정하는 방안을 검토한다. 이에는 정지조건부 청구권이나 법정조건부 청구권이 속하는데, 처분대가반환청구권도 권리자의 추인이라는 조건에 걸려 있으므로, 同條에서 정하는 「불이행의 우려」라는 별도의 요건은 차치하고, 그 난점은 극복될 수 있다. 그러나 이는 독일민사소송법 제726조 제 1 항에 의하여 이 경우에는 집행문이 부여되려면 조건의 성취가 증명되어야 한다. 그러므로 이 경우 권리자는 미리 무권리자의 처분을 추인하지 않고는 아예 집행문조차 부여받을 수 없다는 것이다.

51) 법원공보 1992, 2842면.

자로 피고와 B의 두 사람만이 남게 됨으로써, 결국 피고는 등기부상 2분의 1 持分을 가지는 것으로 되기에 이르렀다. 피고는 이를 기화로 이 持分 전부를 C와 D에게 8천여만원에 매도하고 그 대금을 수령한 후, 1987년 12월에 그들 앞으로 持分移轉登記를 경료하였다.

이 사건에서 원고들은, 피고가 위 持分 전부를 처분하여 "그 대금을 모두 착복하였음을 이유로 불법행위로 인한 손해배상 또는 부당이득의 반환을 구한다"고 주장하여 피고에 대하여 금전의 지급을 청구하였다.

(2) 원심은 원고들의 청구를 기각하였다. 그 이유는 다음과 같다. 피고 명의의 지분등기, 나아가 C와 D 앞으로의 지분이전등기에 의하여서도 원고들의 이 사건 부동산에 대한 持分權은 상실되지 아니하였다. 그러므로, 이 사건에서 원고들이 그 지분권의 상실을 전제로 하여 그 손해의 배상 또는 부당이득의 반환을 구하는 이 사건 청구는 "더 나아가 살펴볼 필요도 없이" 이유 없다는 것이다.

2. 判決趣旨

이에 대하여 대법원은 다음과 같이 판시하여 원심판결을 파기하였다.

> "원고들은 법률상 그들이 상속한 각 공유지분권을 상실하였다고 볼 수 없고, 피고와 C, D를 상대로 원고들의 공유지분권에 대한 소유권이전등기의 말소를 청구하여 登記名義를 回復할 수 있을 것임은 원심이 설시하는 바와 같다고 할 것이나, 그렇다고 하더라도 피고는 위의 매매대금 중 원고들의 共有持分權에 관한 부분은 법률상 원인 없이 취득한 것으로서 원고들이 원고들의 공유지분권매매의 **추인을 전제로 하여 반환을 청구하는 경우에는 이를 반환하여야 할 것**이다. … 원고들이 피고와 C, D를 상대로 하여 위와 같은 등기의 말소를 청구

하는 경우라면 원고들은 피고가 수령한 매매대금의 반환을 청구할 수 없는 것임은 당연하다고 하겠으나, 원고들이 이와 같은 말소등기 청구권을 행사하지 아니하고 **피고가 수령한 매매대금 중 원고들의 지분에 해당하는 돈의 반환을 청구한다면 피고는 이를 지급하는 것이 옳고, 이렇게 하여 원고들이 피고로부터 원고들의 지분에 해당하는 매매대금을 반환받게 되면 피고의 처분행위를 인정하는 것이 되어 그 효력은 원고에게 미치고 원고들은 피고의 처분행위의 효력을 다툴 수 없게 된다**고 보는 것이 상당하다. 원심으로서는 원고들이 그들의 공유지분권에 대한 소유권이전등기의 말소와 중복하여 이 사건 청구를 하는 것인지, 아니면 피고로부터 매매대금을 반환받으면 피고의 처분행위를 추인함을 전제로 하여 청구하는 것인지 여부를 밝혀서 이 사건 청구의 당부를 판단하여야 할 것이다."(고딕체에 의한 강조는 인용자가 가한 것이다)

V. 大法院判決에 대한 說明의 試圖

1. 無權利者의 處分을 追認한 所有者의 處分對價返還請求權

(1) 이 사건의 사안에서 문제되고 있는 피고의 지분처분행위는 그 자신의 상속분에 해당하는 지분을 넘는 범위에서 무권리자의 처분임은 물론이다. 따라서 그 처분행위의 효력이 진정한 권리자인 이 사건의 원고에게 미치지 않으며, 그리하여 원고는 피고의 처분행위에도 불구하고 이 사건 부동산에 대한 그들의 지분권을 상실하지 않는다. 그렇다면 이와 같이 지분권을 상실하지 않은 원고가 그 외에 피고가 그 무효인 처분행위에 의하여 취득한 매매대금을 부당이득이라고 하여 그 반환을 청구할 수 있는 법적인 근거는 무엇인가?

(2) 위 판결의 설시 중에는 "원고들이 이와 같은 말소등기청구

권을 행사하지 아니하고 피고가 수령한 매매대금 중 원고들의 지분에 해당하는 돈의 반환을 청구한다면 피고는 이를 지급하는 것이 옳고, 이렇게 하여 원고가 피고로부터 그 매매대금을 반환받게 되면 피고의 처분행위를 인정한 것이 된다"고 판시하고 있다. 만일 이 판시부분을 쓰여진 그대로 읽으면, 원고는 ──말소등기청구권을 행사하지 아니하기만 하면── 지분권을 여전히 가진 상태에서도 피고가 수령한 매매대금에 대하여 일단 부당이득반환의 「청구권」을 가지되, 다만 후에 실제로 대금의 반환을 받으면 원고가 무권리자인 피고의 처분행위를 추인하는 것으로 의사해석되어서 그 때 비로소 그 추인의 효력이 확정적으로 발생하고 이에 의하여 지분권을 상실하게 된다는 의미라고도 이해되기도 한다.

(3) 대상판결이 이와 같이 지분권을 여전히 가진 상태에서, 즉 아직 피고의 처분행위를 추인하지 않고서도 이미 피고로부터 매매대금의 반환을 받을 현실적인 권리를 가진다는 의미라고 한다면, 이는 부당하다고 할 수밖에 없다. 원고가 여전히 지분권을 가지는 상태에서 위와 같은 부당이득반환청구권을 가진다고 하면, 이것이야말로 「부당한 이중의 이득」이 된다고 할 것이다. 그것이 부당함은 가령 원고가 그 부당이득반환청구권을 제 3 자에게 ──통상 그러한 것처럼 유상으로── 양도한 경우를 생각하여 보면(그 양도성을 부인할 이유는 무엇인가?) 바로 명백하게 된다. 그 경우에는 그 양수인이 피고로부터 매매대금을 반환받더라도, 그는 자신에 속하지 않는 권리에 대한 무권리자(피고)의 처분행위를 유효하게 추인할 수 없음은 물론이다. 그렇다면 원고는 여전히 이 사건 부동산에 대한 지분권을 가지면서, 채권양도에 따른 대가를 누리게 되는 것이다.

뿐만 아니라 이론적으로 보더라도, 원고가 여전히 지분권을 가지는 상태에서는 피고가 C와 D로부터 받은 매매대금은 민법 제741조에서 정하는 "타인의 재산으로 인하여" 얻은 이익이라고 할 수 없다. 또한 그로 인하여 원고에게는 아무런 「손해」도 가하여지지 아니하였다. 그 매매대금이 "원고의 재산으로 인하여" 피고가 얻은 이익이 되는 것은, 또 그로 인하여 원고에게 「손해」가 가하여지는 것은, 원고가 피고의 무권한처분행위를 추인함으로써 자신들의 지분권을 상실하는 때인 것이다.

이렇게 보면 위의 판결에서 "원고가 말소등기청구권을 행사하지 아니하고" 피고가 받은 매매대금의 반환을 청구한다는 설시는, "'말소등기청구권의 종국적 불행사, 나아가 자신의 소유권의 상실을 전제로 하여' 즉 피고의 무권리처분의 추인을 전제로 하여 매매매매대금의 반환을 청구하는 경우에는"이라고 읽어야 하지 않을까?[52]

2. 無權利處分에 대한 追認의 法律構成

그렇다면 이 사건에서 원고가 피고를 상대로 피고가 C와 D로부터 받은 매매대금을 부당이득이라고 하여 반환을 청구하려면, 언제나

52) 한편 무권리처분자가 얻은 처분대가를 권리자에게 종국적으로 귀속시키는 것에 관련한 법장치로서는, 準事務管理(不眞正事務管理)를 생각할 수 있다. 즉 타인의 사무를 처리하는 자가 마치 자기의 사무인 양 자기의 이익을 위하여 사무관리를 하였을 경우에 본인은 관리자가 취득한 이익의 반환 또는 손해의 배상을 청구할 수 있다고 할 것이 아닌가 하는 문제이다. 이에 대하여는 우선 郭潤直, 債權各論, 新訂(修正)版(2000), 418면 이하 참조. 주지하는 대로 이에 대하여 학설은 肯定說("이 경우의 구제수단인 부당이득이나 손해배상은 모두 본인의 손실을 한도로 하기 때문에, 이는 사무관리의 경우 관리자가 모든 收益을 반환하여야 하는 것에 비하여 볼 때 부당하"므로 준사무관리를 인정할 필요가 있으며, 나아가 "부정설은 [관리자가 얻은 이익의 보유를 인정하는 결과가 되어] 관리자의 침해행위를 유발시킬 수 있으며, 결과에 있어 이러한 침해행위를 보호하는 부당함을 가져올 수 있"다는 것이다)과 否定說("특히 관리자가 「특수한 재능」이나 「기회」에 의하여 이익을 얻은 경우에는 관리자의 반환의무를 인정하는 것은 본인을 지나치게 보호하는 결과를 가져오기 때문에 부당하다")로 나뉘어져 있다. 필자는 오히려 부정설에 기울어지나, 이에 대하여는 여기서 詳論하지 아니한다.

먼저 피고의 無權限處分行爲를 추인하여야만 하는가.

(1) 앞의 Ⅲ.1.에서 본 「권리자의 딜레마」를 염두에 둔다면, 위의 판결이 원고의 추인을 그들이 피고로부터 「현실적으로 매매대금을 반환받는 시점」과 결합시키고 있는 것("피고로부터 원고의 지분에 해당하는 매매대금을 [현실로] 반환받게 되면" 그 때에 비로소 원래의 소유자인 원고가 피고의 처분행위를 인정하는 것이 된다고 한다)은 충분히 이해될 수 있는 바이다. 말하자면 위와 같은 진퇴양난의 상황에서 권리자를 벗어나게 하기 위하여는, 그의 소유권상실, 즉 무권리자의 처분에 대한 종국적인 추인을 원래의 소유자가 처분대가의 현실적 취득과 연결시켜야 하며, 그 이전에는 비록 처분대가의 반환을 구하는 소송의 제기 등이 있더라도 이를 종국적인 것으로 인정하여서는 아니되는 것이다.

(2) 문제는 그러한 권리자의 보호의 필요를 우리 법에서 어떠한 법률구성에 의하여 달성할 것인가 하는 점이다. 이것이 매우 착잡한 문제임은 앞의 Ⅲ.2.에서 본 대로이나, 필자에게 굳이 하나를 선택하지 않으면 안 된다면, 주저가 없는 바는 아니나, 권리자는 해제조건부로 무권리자의 처분을 추인할 수 있다고 해석할 수 있지 않은가 생각한다. 그리고 혹 이것이 위의 대법원판결의 설시를 가능한 범위 내에서 법논리적으로 보다 적절하게 설명할 수 있는 방법이라고 여겨진다.

(a) 이에 대한 반대의 견해의 주장에 대하여는 앞의 Ⅲ.2.(2)(a)에서 본 대로이다. 그런데 소위 일방적 창설행위는 조건에 친하지 아니하다는 법리는 혹 그 일반적 모습으로서는 타당할지 모르지만, 구체적으로 무권리자의 처분을 추인하는 것이 과연 상대방으로 하여금 「불안정」의 감수를 기대할 수 없게 할 정도인가는 보다 상세한 고찰을 요한다. 특히 상계의 의사표시에 조건을 붙일 것을 불허하는 민법 제493조 제1항 제2문과 같은 규정이 없는 터에, 앞의 Ⅱ.2.(2)(a)의

후반부에서 본 메를레의 논증을 음미하면, 이 경우에도 해제조건을 붙이는 것이 그렇게 부당하다고는 말할 수 없지 않을까 하는 생각을 하게 된다.

특히 여기서 붙인 해제조건이 그 추인의 대상인 무권리처분을 행한 무권리자가 스스로 처분대가를 권리자에게 반환하는 것을 내용으로 하는 것이므로, 그에게 기대할 수 없을 정도로 불리하다고 할 수 없으며, 나아가 이는 예외적으로 일방적 형성행위에도 조건을 붙일 수 있다고 학설상 인정되고 있는 隨意條件에[53] 근접한 것이다.

(**b**) 나아가 제 3 자와의 관계를 보자.

우리의 입장에서 주로 문제되는 부동산의 경우를 생각하여 보면, 이와 같이 해석하여도 그 해제조건이 등기되지 않은 이상은 이를 제 3 자에게 대항할 수 없다고 할 것이다. 독일민법 제161조 제 2 항, 제 1 항은, 해제조건부 법률행위에 의하여 취득된 권리(따라서 해제조건이 성취되면 소멸하는 권리)가 조건미성취인 동안에 처분된 경우(소위 「中間處分」 Zwischenverfügung) 그 처분의 효력에 대하여 정하고 있다. 그에 의하면, 중간처분이 "그 조건에 그 발생 여부가 의존하고 있는 效果를 좌절시키거나 침해하는 한도에서" 그 중간처분은 무효라고 한다. 따라서 우리가 다루고 있는 문제의 경우에 추인 후에 취득자가 권리를 다시 양도한 경우에는 그 후에 해제조건이 성취되면 轉得者는 그 권리를 상실한다. 그러나 우리 민법에는 위와 같은 명문의 규정이 없으므로, 이를 독일에서와 전적으로 동일하게 해석할 수는 없다. 이에 대하여 大判 92.5.22, 92다5584(공보 1992, 1981)은 해제조건부 증여에 기하여 不動産所有權이 양도된 경우에 대하여, (i) 해제조건이 성취되면 등기 없이도 소유권은 복귀하며 그러한 효과는 소급하지 않는데, 다른 한편 (ii) 조건성취 전의 처분행위(中間處分)는 그 효과를

53) 우선 Flume(註 37), § 38, 5(S. 698) 참조. 그 외에 同旨의 文獻에 대하여는 Merle(註 24), S. 94 Fn. 38 참조.

제한하는 한도에서 무효가 되나, (iii) 단 그 조건이 등기되지 않았으면 권리를 취득한 제3자에게 대항할 수 없다는 견해를 밝히고 있다. 이는 결국 해제조건이 등기된 것을 요건으로 하여 중간처분은 그 조건의 성취로 말미암아 무효가 된다는 것으로 집약될 수 있는 것이다. 그리고 ―― 우리 등기실무상 이러한 경우의 해제조건의 등기가 어떠한 모습으로 행하여질 수 있는지 의문이기는 하지만, 만일 ―― 실제로 그러한 등기가 행하여진 경우에는, 「법률관계의 불안정」을 쉽사리 말하기 어렵다고 할 것이다.

한편 動産의 경우에는 해제조건의 등기와 같은 공시방법이 없다. 그러나 도품이나 유실물과 같은 점유이탈물의 경우에도, 소유자는 점유이탈된 날로부터 2년이 경과하면 물건의 반환을 청구할 수 없고 그 소유권을 상실한다(민법 제250조 본문).[54] 독일에서는 점유이탈물의 경우에 소유자의 반환청구권에 시간적 제한이 없는 반면에, 우리 민법은 위와 같은 제한을 두고 있는 것이다. 결국 우리 민법에서 점유이탈물의 소유자에게 소유권, 나아가 그 채권적 변형물로서의 처분대가반환청구권이 보장되는 것은 그 2년 동안에 그치며, 그만큼 「법률관계의 불안정」은 영속적이 아니다. 거기다가 동산거래에서의 공시방법, 예를 들면 점유개정 등의 불완전함을 생각하여 보면, 추인에 해제조건을 붙이는 것이 가져올 새로운 불안정이란 앞서 본 「권리자의 딜레마」를 구제할 필요에 비하면 그렇게 큰 것은 아니라고 할 수 있지 않을까?

(c) 한편 독일의 다수설이 택하는 권리자의 추인과 처분대가의 반환과의 동시이행관계를 인정하자는 입장은, 그야말로 동시이행관계에 관한 지금까지의 이해틀을 「파괴」하는 것이어서(이에 대하여는 앞의 Ⅲ.2.(2)(b) 참조) 쉽사리 받아들일 수 없다. 특히 그것이 동시이행

---

54) 앞의 註 8 참조.

시 서울고등법원 판사)이 있어서 그 질의의 대강과 그에 대한 필자의 所見을 밝히고 감사의 뜻을 표한다.

1. 質疑는 부동산이 최초의 무권리자로부터 순차 양도된 경우(각 양수인은 무권리자로부터 양도받은 것이므로 역시 소유권을 취득하지 못하는 것이 원칙이다)에 대한 것이다.

(1) 그 경우 원래의 권리자는 최초의 무권리자가 아닌 양수인들 중 1인을 상대로 그 처분의 대가를 구할 수 있는가, 할 수 있다면 그 이전의 무권리자의 처분행위의 효력은 어떻게 되는가. 또 그 양도인(무권한처분자) 전부를 상대로 하여 그가 각기 취득한 처분대가의 반환을 구할 수도 있는가.

(2) 그 경우 원래의 권리자가 최초의 무권리처분자를 상대로 처분대가의 반환을 소구하여 승소하였지만 그 승소금을 현실로 변제받지 못하여 「해제조건」이 성취되었다면, 그는 제 1 차 양수인을 상대로 그 명의의 소유권이전등기의 말소를 청구하여 승소판결을 받을 수 있을 것으로 생각된다. 그런데 그 해제조건의 성취는 이미 그 전에 당해 부동산을 전전 양수한 현재의 등기명의인에 대항할 수 없으므로, 위의 승소판결로써는 그 등기의 말소를 실현할 수 없고, 따라서 결국 제 1 차 양수인 명의의 소유권이전등기도 말소할 수 없을 것이다. 이 경우 제 1 차 양수인을 상대로 해제조건부 추인을 전제로 다시 그 처분대가의 반환을 구할 수 있는가.

2. 위 질의에 대한 답변은 다음과 같다.

(1) 무권리자의 처분이 순차로 행하여진 경우에 대하여는 아직 해명되지 아니한 문제가 적지 않다고 생각된다. 이를 보다 일반적인 차원에서 생각해 보기로 한다.

(**a**) 독일에서 이 문제는 「전전양도(Veräußerungskette)」에서의 獨民 제816조 제1항 제1문 적용의 문제로서 알려져 있는데, 논의가 충분히 행하여지지는 않은 듯하다. 이에 대하여는 앞의 註 28의 본문 부분에서도 이미 언급하였듯이 독일의 다수학설은, 그 경우 권리자가 어느 처분을 추인할 것인가에 대하여 자유로운 선택권을 가지며 辨濟資力이 가장 많은 무권리처분자를 상대로 할 수 있다고 한다. 그리하여 그 중 어느 하나를 추인하면 그 효력은 소급하여서 당해 처분 이후의 처분은 권리자의 유효한 처분이 되고, 따라서 무권리처분의 「추인」이란 이제 더 이상 문제될 여지가 없고, 그 전의 처분자들은 여전히 부당이득반환청구자에 대하여 책임이 있다고 한다(예를 들면 Reuter/Martinek(註 19), § 8 I 2 b)(S. 302)("권리자를 최대한 우대한다는 전략"); Erman/Westermann, § 816 Rz. 7(10. Aufl., 2000, S. 2412) 등 참조. Münch-Komm/Lieb, § 816 Rn. 25(S. 1316)은 이와 같이 선택권을 주는 것에는 "문제가 없지 않다"고 한다). 여기서 「책임」이라고 하는 것은 아마도 위의 제816조에 기한 부당이득반환책임일 것이다.

(**b**) 생각건대, 무권리자의 처분이 연쇄적으로 행하여진 경우에, 권리자는 어느 처분에 대하여도 추인할 수 있다고 하겠다. 그리고 그 중 어느 처분에 대한 추인이든, 이는 그 때까지 행하여진 무권리자의 처분 전부의 하자를 치유하는 효력이 있다고 하여야 하지 않을까 생각된다.

무권리자의 처분의 추인은 그 본질에 있어서 원래의 권리자가 무권리처분의 상대방의 권리 취득을 승인함으로써 그 한도에서 자기 권리의 상실을 일으키는 법률행위로서, 그 법적 기초는 자신의 처분권능에 있다고 하겠다. 중요한 것은, 처분 자체도 그렇지만 또는 무권리처분에 대한 추인도 본문에서도 누누이 말한 대로 「對象에만 관련된(gegenstandsbezogen)」 물적인 행위로서, 그 대상(권리 또는 법률관계)

의 운명을 정하는 것만을 내용으로 한다는 점이다(단지 그 의사표시는 그에 의하여 직접 영향을 받는 사람, 즉 처분자 또는 처분의 상대방에 대하여 행하여져야 한다). 따라서 무권리처분이 연쇄적으로 행하여진 경우에 누구의 무권리처분을 추인하는가는 중요하지 않으며, 요컨대 그 권리의 物的 歸屬만이 문제된다. 즉 추인으로 말미암아 권리자는 자신의 권리를 상실하고, 그 결과로 무권리처분은 그것이 하나이든 여럿이든 이제 처음부터 권리자에 의하여 행하여진 것으로 취급되는 것이다.

이는 다른 관점에서 말하면 권리자가 연쇄적으로 행하여진 무권리처분 중 어느 것만을 추인하고 다른 것은 추인하지 않는다는 것은 추인의 성질상 허용되지 않음을 의미한다. 그는 그 중 하나의 무권리처분을 추인함으로써 이미 권리자가 아니게 되므로, 이미 그 권리의 처분권능을 상실하여 다른 무권리처분을 추인할 법적 지위를 가지지 못하게 되는 것이다. 또 중간의 무권리처분자(또는 그 後者)로서도 자신의 처분이 애초의 처분에 기한 취득에 기초를 둔 이상 애초의 무권리처분의 효력을 부인하여야 할 근거는 없을 것이다. 또 만일 원래의 권리자가 애초의 무권리처분자만을 상대로 부당이득반환청구를 할 수 있다고 하는 것은, 중간의 무권리처분자에게 우연히 그에 앞선 무권리처분이 존재한다는 사정에 의하여 ── 그는 원래 권리자에 의하여 법적 공격(예를 들면 반환청구 또는 등기정정청구)을 받을 지위에 있던 터이었다 ── 이제 권리자에 대하여 아무런 책임을 지지 않게 되어 역시 부당한 것으로 여겨진다. 그러므로 권리자의 추인은 그것이 누구를 상대로 하여 행하여졌든 그 사이의 무권리처분을 모두 효력 있게 하는 효과, 다시 말하면 그 사이에 일어난 무권리처분의 효력을 그 무권리를 이유로 하여 공격하는 것을 전체적으로 봉쇄하는 효과를 가진다고 할 것이다.

(**c**) 그렇다면 추인을 한 권리자는 무권리처분자 누구에 대해서나 그가 처분대가로 취득한 것의 반환을 부당이득으로 청구할 수 있는 것으로 생각된다. 앞서 본 독일의 학설이 말하는, 추인된 당해 무권리처분의 後者에 대하여는 부당이득반환청구가 배제된다는 것은 자의적인 경계설정이라는 느낌이 없지 않다. 그 후자이든 전자이든 당해 추인에 의하여 무권리처분의 하자가 치유된다는 점에서는 다를 바 없는 것이다.

그리고 어차피 그 반환청구권은 추인한 원래의 권리자가 상실한 소유권의 「代償」인 만큼, 한 번 만족을 얻으면 족하다. 따라서 이러한 복수의 반환채무는 일종의 不眞正連帶債務關係에 있다고 할 것이다. 그리고 추인을 한 권리자에게 처분대가를 반환한 처분자는 그 전자에 대하여 擔保責任(민법 제570조 등)을 물을 수 있을 것이다. 이 경우에 그 처분자가 자신의 처분대가를 계속 보유할 수 없는 것은 타인의 권리가 매매된 경우와 같이 자신의 前者의 무권리로 말미암아 그로부터의 권리 취득이 원래 무효이었던 것에 그 이유가 있다. 그러므로 적어도 매매와 같은 원인행위상의 책임에 관한 한, 이를 타인의 권리의 매매와 동시할 수 있다고 할 것이다.

(**2**) 두번째 질의는 무권리처분의 대상이 부동산인 경우에 한정된 것이다.

(**a**) 본문의 V.2.(2)(b)에서 본 大判 92.5.22, 92다5584(공보 1992, 1981)의 태도에 의하면, 질의상의 설례에서 해제조건의 등기(부동산등기법 제43조 2)가 없는 한, 처분대가의 반환을 청구함에 따른 무권리처분의 해제조건부 추인에서 그 해제조건의 성취는 적어도 그 설례에서의 「제 1 차 양수인」으로부터의 轉得者들에 대하여는 대항할 수 없게 된다. 그리고 현재의 그들 명의의 소유권이전등기를 말소할 수 없는 이상, 등기절차법상으로 제 1 차 양수인의 소유권이전등기를 말

소할 수도 없음은 위의 질의내용에서 전제하는 바대로이다.

그 경우에 원래의 권리자는 당연히 제1차 양수인에 대하여 그가 처분대가로 취득한 것의 반환을 청구할 수 있다고 할 것이다. 소유자가 소유권에 기하여 가지는 물권적 청구권을 행사하여 처분자 자신의 소유권등기의 말소를 소구하였고 또 승소하였다고 해도, 그것은 그 후에 그의 무권리처분을 추인하고 그 처분자가 받은 처분대가에 대하여 부당이득반환청구를 하는 데 영향이 없다.

(**b**) 위의 질의내용에는 명확히 밝혀지지 않았으나 그에 의하여 필자에게 새롭게 환기된 문제는, 무권리처분에 기한 전전양도의 경우에 그 추인에 붙는 해제조건을 어떻게 구성할 것인가 하는 점이다. 앞의 (1)에서 본 대로, 그 중 어느 하나의 추인으로 그 처분 전체가 유효하게 되고 무권리처분자 전원에 대하여 처분대가의 반환을 청구할 수 있다고 하면, 주저되는 바가 없지는 않지만, 결론적으로 그 중 누구로부터도 처분대가를 실제로 반환받지 못하는 것을 해제조건으로 하여야 하지 않을까 하고 일단 생각하여 본다.

5. 獨逸의 動産擔保改革論議
— 非占有動産擔保制度를 中心으로 —

I. 序

1. 독일에서 동산담보제도의 개혁은 오래 전부터 논의된 해묵은 테마이다. 독일민법전이 유일하게 규정하는 동산담보권으로서의 質權이 점유질원칙을 취하여서 채무자(담보제공자)에게 동산의 직접점유를 불허함으로 인하여, 채무자에게 이를 허용하는 담보형태에 대한 요구는 주로 讓渡擔保와 所有權留保의 두 제도에 의하여 충족되어 왔다. 그런데 이들은 한편으로 채권자의 권리에 관한 公示를 결하고, 다른 한편으로 채권자에게 그 경제적 목적을 넘어서 소유권 자체를 인정한다. 이러한 「문제점」을 입법론적으로 해결하기 위하여 각종의 제안과 논의가 행하여졌던 것이다.

독일민법전은 1900년 1월 1일부터 시행되었는데, 이미 그 직후부터 특히 외국의 예를 원용하면서 양도담보를 등기질권으로 대체하자는 의견이 제시되었다.[1] 그러나 이러한 제안들은 오늘날까지도 개별

1) 1900년부터 1920년대 중반까지의 기간 동안에 대하여 양도담보를 등기질권으로 대체하자는 주장과 이에 대한 반응을 관련 利害그룹 사이의 「투쟁」이라는 관점에서 사실적·역사적으로 흥미롭게 서술한 문헌으로 Klaus Melsheimer, *Sicherungsübereignung oder Registerpfandrecht. Eine politologische Studie über den Kampf von Interessengruppen um die Reform des Kreditsicherungsrechts* (1967) 참조.

적으로 일정한 종류의 동산에 대하여만 채택되었을 뿐이고, 근본적인 개혁은 행하여지지 아니한 채로 남아 있다.

2. 그런데 근자에는 유럽통합의 틀 안에서 또는 금융거래의 세계화라는 거스를 수 없는 추세 안에서 동산담보제도를 국제적으로 「통일」 내지 「조정」하려는 움직임이 활발하다.[2] 예를 들면 유럽재건개발은행(European Bank for Reconstruction and Development)은 주로 東歐의 국가들이 자본주의로 이행함에 있어서 모델이 될 동산담보제도를 제시할 목적으로 1994년 3월에 「모범담보거래법(EBRD Model Law on Secured Transactions)」을 발표하였다.[3] 나아가 유엔국제통상법위원회(UNCITRAL)는 1970년 이래 담보법의 통일을 지향하는 작업을 진행하여[4] 현재 그 위원회의 사무총장이 2000년 2월에 「담보거래에 관한 입법지침안(Draft legislative guide on security transactions)」

2) 이에 대한 독일의 문헌으로 우선 Thilo Rott, *Vereinheitlichung des Rechts der Mobiliarsicherheiten. Möglichkeiten und Grenzen im Kollisions-, Europa-, Sach- und Vollstreckungsrecht unter Berücksichtigung des US-amerikanischen Systems der Kreditsicherheiten*(2000), S. 85ff. 참조.

3) 이는 http://www.ebrd.com/country/sector/law/st/modellaw/model.pdf에서 찾아볼 수 있다. 이에 대한 우리 문헌으로는 우선 박훤일, "EBRD의 모범담보법 해설", 경영법무 2002년 4월호, 72면 이하 참조. 또 외국문헌으로는 우선 Karsten Dageförde, Das besitzlose Mobiliarpfandrecht nach dem Modellgesetz für Sicherungsgeschäfte der Europäischen Bank für Wiederaufbau und Entwicklung (EBRD Model Law on Secured Transactions), *ZEuP* 1998, S. 686ff. 참조. 한편 「유럽의 담보법」을 구상하는 최근의 문헌으로 Peter von Wilmowsky, *Europäisches Kreditsicherungsrecht*(1996) 참조. 또 그 전에 유럽의 여러 국가의 동산담보제도를 개관하는 문헌으로 우선 Wulf Gravenhorst, *Mobiliarsicherheiten für Darlehens- und Warenkredite in den sechs Ländern der Europäischen Gemeinschaften*(1972) 참조.

4) 우선 독일의 막스플랑크비교사법연구소에 주요국의 담보법에 대한 보고서의 작성을 의뢰하였는데, 그 결과가 1977년 제출되었다. 그것이 Ulrich Drobnig, Legal principles governing security interests, *Yearbook of the United Nations on International Trade Law*, 1977, Vol. Ⅷ, 173-221이다.

을 작성 · 발표하였고,[5] 2002년 5월부터 同위원회의 「제 6 작업그룹(담보권)」이 위의 지침안을 검토하여 그 결과를 발표하고 있다.[6] 또한 UNIDROIT는 1988년 이래 일정한 동산에 대한 담보제도의 통일을 위한 작업을 행하여 1997년 12월에 그 잠정안("preliminary draft UNIDROIT Convention on International Interests in Mobile Equipment")을 발표하였으며,[7] 1999년 2월 이래로 그 최종안을 마련하기 위한 정부 차원의 전문가위원회를 개최한 결과,[8] 2001년 11월에 "可動設備의 國際的 權益에 관한 協約(Convention on International Interests in Mobile Equipment)" 등을 채택하였다.[9]

3. 本稿는 동산담보제도의 통일 등에 관한 국제적 동향은 다음으로 미루어 두고, 우선 독일 국내에서 행하여진 동산담보제도에 관한 개혁논의의 一端을 非占有動產擔保制度(besitzlose Mobiliarsicherheiten)를 중심으로 살펴보려는 것이다.

---

5) 국제연합 문서번호 A/CN. 9/WG.VI/WP. 2/Add. 1부터 Add. 12까지.

6) 제 6 작업그룹은 2002년 5월에 뉴욕에서, 동년 12월에 비엔나에서, 2003년 3월에 다시 뉴욕에서 회의를 열었다. 이들 회의의 결과를 담은 보고서(Report of Working Group Ⅵ (Security Interests) on the work of its first [second, third] session)가 유엔문서 A/CN. 9/512, A/CN. 9/531 및 A/CN. 9/532로 발표되었다.

7) 이에 대하여는 무엇보다도 Roy Goode, Transcending the Boundaries of Earth and Space: The UNIDROIT Convention on International Interests in Mobile Equipment, *Uniform Law Review* 1998-1, 52; Ronald C. C. Cuming, The Draft UNIDROIT Convention on International Interests in Mobile Equipment, 30 *UCC Law Journal* 365(1998) 각 참조.

8) http://www.unidroit.org/english/internationalinterests/history.htm 참조.

9) 그 외에 그 條約에 따른 "航空機에 관한 議定書(Protocol to the Convention on International Interests in Mobile Equipment on Matters specific to Aircraft Equipment)"도 동시에 채택되었다. 이상은 http://www.unidroit.org에서 쉽사리 찾아볼 수 있다. 이 조약에 대하여는 우선 Roy Goode, The Cape Town Convention on International Interests in Mobile Equipment: a Driving Force for International Asset-Based Financing, *Uniform Law Review*, 2002-1, 3 참조.

1997년 말 이래의 소위 IMF경제위기의 소용돌이 중에서 우리 나라는 국제통화기금 또는 세계은행 등으로부터 동산담보제도를 개혁할 것을「요구」당한 바 있다.[10] 그런데 적어도 그 때까지 우리 나라에서 동산담보제도의 개혁에 대하여는 별다른 논의가 행하여진 바 없었다.[11] 이는 곧 우리가 동산담보제도를 고칠 필요를 별로 느끼지 못하고 있었다는 말이 될 것이다. 그리고 이제 우리가 IMF체제로부터 벗어난 이상에는 위와 같은 외압에 의한「개혁」은 있을 수 없을 것이다. 그러나 과연 우리의 동산담보제도에는 큰 문제점이 없다고 말할 수 있을까? 우리와 유사한 동산담보제도를 가지고 있는 독일에서의 논의를 살펴봄으로써 우리는 혹 이 문제를 바라보는 시각을 획득할 수 있는 단서를 찾을지도 모른다.

4. 本稿에서는 우선 독일의 동산담보제도의 現狀을 간단하게 살핀 다음(Ⅱ.), 그곳에서의 개혁논의의 전형이라고 생각되는 밀거와 드로브니히의 주장을 각기 요약해 보기로 한다(Ⅲ. 및 Ⅳ.). 이 두 사람의 論考는 시간적으로 좀 오래 된 것이기는 하지만, 이 문제를 논한 현재까지의 문헌으로서는 드물게 포괄적인 것일 뿐만 아니라, 밀거의 주장이 보다 래디칼한 것이라고 한다면 드로브니히는 상대적으로 온건하고 점진적인 개혁을 주장한다는 점에서 독일에서의 이에 대한 논의를 전형적으로 보여준다고 할 것이므로, 적어도 우리의 목적을 위하여는 가장 적절한 것으로 여겨진다. 그리고 이어서 우리 민법과 관련하여 약간의 감상을 덧붙이기로 한다(Ⅴ.).

---

10) 法務部 編, 各國의 動産擔保制度, 法務資料 228집(1999)은 이러한 요구에「대응」하기 위한 작업의 일환으로 출간된 것으로 보인다.

11) 그 후에 이에 관한 문헌으로 南潤三, "우리 나라 動産擔保制度의 改善方向(上)(下)", 司法行政 1999년 2월호, 18면 이하; 3월호, 24면 이하가 발표되었다.

Ⅱ. 獨逸의 動産擔保制度 槪觀[12)]

1. 民法典上의 擔保制度 : 動産質權

(1) 독일민법전에 규정된 동산담보권으로는 동산질권이 있다(제1204조 이하).

이는 통상 그 성립의 태양에 따라, 당사자 사이의 계약에 의하여 설정되는 약정질권(Vertragspfandrecht), 계약 없이 법률의 규정에 의하여 성립하는 법정질권(gesetzliches Pfandrecht), 그리고 강제집행의 일환으로 행하여진 압류에 의하여 성립하는 압류질권(Pfändungspfandrecht)의 셋으로 분류된다. 법정질권으로서는, 사용임대인이 임대차목적물에 반입된 임차인의 물건에 대하여 임대차관계상의 채권을 위하여 가지는 임대인질권(제562조 이하),[13)] 수급인이 제작하거나 수선한 도급인의 동산을 그 과정에서 점유하게 된 경우에 그가 도급계약상의 채권을 위하여 가지는 수급인질권(제647조), 숙박업자가 고객이 숙박업소에 반입한 물건에 대하여 숙박계약상의 채권을 위하여 가지는 질권(제704조), 또 위탁매매업자가 위탁업무의 처리를 위하여 점유하게 된 목적물에 대하여 위탁계약상의 채권을 위하여 가지는 질권(상법 제397조 이하) 등이 있다. 한편 민사소송법 제803조 이하에 의하면,

12) 이하 법조항만으로 인용하는 규정은 별도의 지적이 없는 한 독일민법의 그것이다. 또한 이하에서 인용하는 법률은 모두 독일의 그것으로서, 일일이 「독일민사소송법」이라거나 「독일도산법」이라는 등으로 표시하지 않고 단지 「민사소송법」 또는 「도산법」이라고만 한다. 또한 1994년에 제정된 倒產法(Insolvenzordnung)이 1999년 1월 1일부터 시행되기 전의 도산에 관한 법상태에 대하여는 주로 破產法(Konkursordnung)이 문제된다. 그러므로 이하에서는 그 논의의 대상이 되는 시기에 좇아 「파산법」, 「파산절차」, 「파산관재인」 또는 「파산재단」 등의 용어가 —「도산법」, 「도산절차」, 「도산관재인」 또는 「도산재단」 등의 용어와는 별도로 또는 그와 함께— 쓰이는 경우가 종종 있을 것이다.

13) 한편 용익임대차에서도 동일한 질권이 용익임대인을 위하여 인정된다. 제592조 참조.

집행채권자가 강제집행으로 채무자의 동산을 압류하면 그는 그 동산에 대하여 질권, 즉 압류질권을 가지게 되는데, 이 질권에는 다른 채권자에 대한 관계에서 약정질권과 같은 권능이 인정된다(민사소송법 제804조 제2항 참조).

민법은 우선 약정질권에 관하여 규정을 하고, 이를 법정질권에 준용한다(제1257조). 한편 압류질권에 대하여는 민사소송법 제803조 이하의 규정이 적용되는데, 약정질권에 관한 규정이 이에 준용되는가, 그 준용의 범위는 어떠한가에 대하여는 논의가 있다.

(2) 민법상의 약정질권은 소유자와 질권자 사이의 질권 설정에 관한 물권적 합의 외에 질권자에게 목적물을 인도할 것을 요한다(제1205조 제1항 제1문). 점유개정에 의한 질권설정은 허용되지 않는다(소위 占有質原則 Faustpfandprinzip). 질권설정자가 목적물을 간접점유하고 있는 경우에는, 질권설정을 위하여 필요한 「물건의 인도」는 그가 간접점유를 질권자에게 이전하고 또 직접점유자에게 질권의 설정을 통지하는 것으로 갈음할 수 있다(제1205조 제2항). 「간접점유의 이전」이란 우리 민법으로 말하면 반환청구권의 양도에 의한 인도간주(민법 제190조)에 상응하는 것인데, 독일민법에서 통상의 채권양도에서는 채무자에의 양도통지가 그 요건이 아니므로(제398조 이하 참조), 위와 같이 채무자에의 양도통지를 요구하는 것은 질권설정의 경우에 특히 추가적으로 부가되는 요건이다.

예외적으로 특정한 종류의 동산에 대하여는 특별법에 의하여 등기에 의한 질권설정이 인정되고 있다. 이들 경우의 질권은 통상의 「점유질권(Besitzpfandrecht)」에 대비하여 「등기질권(Registerpfandrecht)」이라고 불린다. 예를 들면, 深海케이블(1925년 3월 31일의 법률), 항공기(1959년 2월 26일의 「항공기에 대한 권리에 관한 법률」), 나아가 용익임차인의 屬具(1951년 8월 5일의 용익임대차신용법) 등이 그러하다. 또한 법정질권 중에서는 일정한 장소에 「반입된(eingebracht)」 것으로 족하고 질권자가 이를 점유하는 것까지를 요구하지 아니하는 경우도 있다. 앞의 (1)에서 본 임대인의 법정질권, 숙박업자의 법정질권 등이 그러하다.

(3) 독일의 금융거래에서 동산질권이 담보제도로서 광범위하게 이용되고 있다고는 할 수 없으나, 그렇다고 해서 이 제도가 실제로 무의미하다고는 말할 수 없다. 우선 서민들의 일상적 금융수단으로서의 典當鋪(Pfandleihanstalt)의 여신거래는 동산질권의 설정이 전제된다. 그리고 은행과 같은 전형적인 금융기관의 거래에서도, 채권자가 특히 유가증권을 점유하고서 신용을 제공하는 경우가 적지 않다. 나아가 금융기관의 일반거래약관상으로 일정한 신용거래에 관련하여 이러한 질권설정이 행하여지기도 한다.[14]

2. 非占有動産擔保制度 : 其一 讓渡擔保[15]

(1) 동산양도담보에서 채권자는 담보목적물의 소유권을 취득한다. 통상 그 소유권양도는 물권적 합의와 함께 占有改定에 의한 인도(제930조 참조)에 의하여 행하여진다. 이와 같은 방식을 통하여 채무자는[16] 직접점유를 여전히 보유하여 목적물을 용익할 수 있는 가능성을 가지게 된다.

---

14) Baur/Stürner, *Sachenrecht*, 17. Aufl.(1999), § 55 Ⅱ 2 b(S. 675)에 의하면, 화환어음과 상환으로 신용장대금을 지급한 신용장발행은행은 신용장발행계약상의 채권을 위하여 그 화물에 대하여 질권을 취득하는 것으로 일반거래약관상 정하여져 있다고 한다.

15) 이에 대한 국내 문헌으로는 우선 南潤三, "獨逸의 讓渡擔保에 관한 考察", 法學論叢(국민대) 13집(2001), 169면 이하 참조. 아래 3.을 포함하여 이하의 서술은 전적으로 Baur/Stürner(註 14), § 57(S. 705 ff.); Peter Bülow, *Recht der Kreditsicherheiten*, 6. Aufl.(2002); Westermann, *Sachenrecht*, 7. Aufl.(1998), § 44(S. 340 ff.)에 의하였다.

16) 담보를 제공하는 것은 반드시 채무자에 한정되지 아니하고 제 3 자도 이를 할 수 있으나, 여기서는 편의상 단지 「채무자」라고만 한다.

양도담보에 대하여는 물권법정주의에 반한다든가, 가장행위라든가, 독일민법상의 점유질원칙에 대한 탈법행위라든가 하여 무효를 주장하는 견해도 없지 않았으나, 일찍부터 판례와 다수의 학설에 의하여 그 유효성이 인정되고 있다. 굳이 말하자면, 이는 관습법상의 담보제도로서 확고한 지위를 차지한다. 한편 독일민법 제216조 제2항(2001년 11월의 大改正 전의 제223조 제2항)은 소멸시효 완성의 효과와 관련하여 "청구권의 담보를 위하여(zur Sicherung eines Anspruchs) 권리가 이전된 경우에는"이라고 규정하여, 양도담보를 간접적으로 시인하고 있다고도 말할 수 있다.

독일에서 양도담보의 목적물이 되는 것은 주로 동산과 채권이며, 우리 나라에서와 같이 부동산에 대하여 양도담보가 행하여지는 일은 찾아보기 어렵다. 그 이유는 무엇보다도 부동산취득에 따르는 조세 등의 문제가 있고, 나아가 민법전에 정하여진 土地債務나 抵當權 등의 부동산담보권제도에 의하여 채권자의 이익이 충분히 실현될 수 있기 때문이다. 뿐만 아니라 부동산소유권양도합의(Auflassung)를 조건부나 기한부로 할 수 없게 하는(제925조 제2항 참조) 부동산거래의 제도적 경직성, 또 독일민법에서 강조되는 流擔保의 禁止(제1149조, 제1229조 참조. 우리 나라와는 달리 저당권에서도 금지된다)를 별도의 경제적 필요도 없이 부동산양도담보로 회피하는 것에 대한 주저 등도 그 이유의 일단을 이룬다.

(2) 양도담보를 구성하는 신탁관계의 통상의 성질에 비추어 양도담보에는 질권에서와 같은 부종성(Akzessorietät)이 없다고 일반적으로 이해되고 있다. 그러므로 피담보채권이 성립하지 않았거나 후에 변제 등으로 소멸한 경우에도 채무자는 채권적 반환청구권만을 가질 뿐이다. 물론 당사자들은 조건부로 소유권양도합의를 할 수는 있지만, 독일연방대법원은 의심스러운 경우에는 양도담보가 조건부로 행하여

진다는 해석원칙을 부인하는 태도를 취한다(BGH NJW 1984, 1186; NJW 1991, 353 등). 그리고 금융기관의 일반거래약관도 부종성을 부인하는 조항을 두고 있다.

(3) 양도담보와 관련한 가장 중요한 문제의 하나는, 채권자와 채무자가 각 상대방의 일반채권자에 대한 관계에서 어떠한 지위에 있는가 하는 점이다.

(a) 우선 채무자의 일반채권자에 대한 채권자의 지위에 대하여 살펴본다.

(i) 이는 기본적으로 담보목적물에 대한 개별적 강제집행의 경우와 채무자의 모든 재산을 채권자 전원을 위하여 파악하여야 하는 도산의 경우에 따라 다르다.

담보목적물은 채권자의 소유권에 속하고 있지만, 담보약정상 이는 오로지 채권자의 피담보채권의 만족을 확보하기 위하여 그러한 것이다. 그러므로 채무자에 대한 일반채권자로서는 적어도 그 목적물의 「잉여가치」를 파악하기 위하여 담보목적물에 대하여 강제집행을 실시할 수 있고, 채권자는 그 과정에서 자신의 채권을 ——우선적으로—— 변제받으면 족하다고 할는지도 모른다. 그러나 채권자는 담보목적물을 언제 또 어떠한 방식으로 환가할 것인가에 대하여 지대한 이해관계를 가진다. 이 정당한 이익을 보호하기 위하여 판례와 학설은 채권자에게 第三者異議의 訴(민사소송법 제771조)를 인정하여, 그 강제집행을 배제할 수 있도록 허용한다.[17)]

그러나 도산의 경우에는 채권자에게 別除權만이 인정된다(종전의 판례 · 통설. 이제는 도산법 제51조 제 1 호, 제50조 제 1 항). 이는 포괄적 · 총체적 채권만족절차인 도산에서는 채권자의 위와 같은 「환가에 관한

17) 예를 들면 Baur/Stürner(註 14), § 57 B Ⅳ 2(S. 724): "왜냐하면 담보계약에 기하여 채권자에게 인정되는 환가방법 이외의 방법을 그에게 강요할 수는 없으므로."

관한 이익」은 고려될 여지가 없으며, 채무자의 모든 재산이 경제적인 의미에서 파악되어 그 전부가 일괄적으로 채권자 전원의 만족에 돌려져야 하기 때문이다. 새로운 도산법 아래서는 종전과는 달리[18] 별제권이 성립하고 있는 담보목적물이라도 그 환가는 오로지 도산관재인의 권한에 속하며(도산법 제166조), 그 매득금 중 환가비용을 공제한 잔액으로부터 채권자의 채권액을 우선적으로 지급한다(동법 제170조 제1항, 제171조). 또한 종전에는 목적물이나 채권의 확정 및 평가에 소요되는 비용을 비롯한 환가비용은 그 전부가 파산재단의 부담이었으나, 새로운 도산법에서는 매득금에 대한 일정 비율만이 매득금으로부터 공제된다.

(ii) 채무자의 일반채권자가 문제의 목적물 또는 그 가치로부터 자기 채권의 만족을 도모함에 있어서는 채권자 앞으로의 양도담보로 인하여 앞의 (i)에서 본 바와 같은 제한을 받는다. 그가 채권자, 즉 양도담보권자에 대하여 자신의 이익을 방어하는 방법으로는 다음과 같은 것이 인정된다.

첫째, 債權者取消權. 도산절차 내부에서 행사할 수 있는 취소권에 대하여는 도산법 제129조 이하(종전의 파산법 제29조 이하)가, 그 절차 밖에서의 취소권에 대하여는 새로운 채권자취소법[19]이 규정한다.[20] 이는 대체로 우리 민법상의 채권자취소권에 준하여 생각해도 된다.

둘째, 良俗違反의 법률행위의 무효에 관한 제138조 및 고의에 의

18) 도산법의 시행 전에는 별제권이 성립하고 있는 목적물에 대한 환가권은 원칙적으로 별제권자에 속하였다. 파산법 제127조 제2항 참조.

19) 1994년 10월 5일의「채무자의 법적 행위를 도산절차 외에서 취소하는 것에 관한 법률(Gesetz über die Anfechtung von Rechtshandlungen eines Schuldners außerhalb des Insolvenzverfahrens)」. 이 법률은 도산법과 같이 1999년 1월 1월부터 시행되었다. 그 이전에도 同名의 법률(다만 über 대신에 betreffend라는 말이 들어가 있었다)이 시행 중이었다.

20) 이에 대하여는 우선 閔日榮, "獨逸의 債權者取消制度", 法院行政處 編, 外國司法硏修論集(8) : 裁判資料 제48집(1989), 5면 이하 참조. 이 문헌은 도산법이 시행되기 전의 법상황을 다룬 것이다.

한 양속위반의 가해행위를 이유로 하는 불법행위책임에 관한 제826조의 적용. 이는 양도담보에서의 공시의 결여로 말미암아 일반채권자가 양도담보의 존재를 알지 못하여 채무자에게 자력 있다고 잘못 믿고 새로운 신용을 준 경우에 특히 문제된다. 이들 규정의 적용은 두 가지 관점에서 행하여질 수 있는데, 하나는, 양도담보채권자가 담보목적물을 과도하게 취득하여 채무자로 하여금 隷屬狀態에 빠지게 하였다는 관점(소위 예속화 Knebelung)이고, 다른 하나는, 일반채권자의 정당한 이익을 해하였다는 관점(소위 債權者危殆化 Gläubigergefährdung)이다. 즉 전자는 채무자에 대한 배려를, 후자는 일반채권자에 대한 배려를 결여하였다는 것이다. 후자의 관점과 관련하여서는, 예를 들면 "채무자가 그에 대한 채권의 만족에 쓰일 수 있는 최후의 재산을 양도담보채권자에게 이전하게 하는 경우에 그로 인하여 현재 및 장래의 채권자들이 채무자의 재산상태에 관하여 잘못된 생각을 가질 수 있게 되는 때"에는 양속위반이 된다고 한다. 즉 채권자로서는 문제의 양도담보가 채무자의 책임재산에 미치는 영향을 검토할 구체적인 의무가 있고, 이 의무는 특히 채무자의 도산이 임박할수록 더욱 고도로 요구된다. 양도담보채권자가 양도담보를 취득함에 있어서 그러한 검토의 결과에 좇아 일반채권자에도 배려하는 것을 해태한 경우에는 그 양도담보거래는 양속위반이 된다는 것이다.

(**b**) 나아가 채권자의 일반채권자에 대한 채무자의 지위에 대하여 본다. 이 문제는 담보목적물이 채권자의 責任財產을 이루는가의 문제이기도 하다. 독일의 통설과 판례에 의하면, 채권자는 담보목적물에 관하여 신탁관계상의 구속을 받는데, 채권자가 무자력이 되거나 강제집행을 받는 단계에서는 그러한 구속에 따르는 「경제적」 관점이 전면에 진출하여, 담보목적물은 채무자에게 속하는 것으로 다루어져야 한다고 한다.

그러므로 채권자의 도산의 경우에 채무자는 還取權(도산법 제47조. 종전의 파산법 제43조)을 가진다는 것이 獨逸帝國法院 이래의 확고한 판례이다. 그런데 도산절차에서 도산관재인의 반환청구를 물리치는 등으로 위의 환취권을 실제로 실현하려면, 채무자는 도산재단에 자신의 채무를 이행하는 등으로 신탁목적을 충족하여야 한다.

한편 채권자에 대한 일반채권자가 담보목적물에 강제집행을 행하는 것은 통상은 있기 어렵다. 동산에 대한 강제집행은 집행채무자의 직접점유를 전제로 하기 때문이다(민사소송법 제808조 참조). 그런데 채권자가 어떠한 사유로 목적물을 직접점유하기에 이르렀고 그에 일반채권자의 강제집행이 행하여진 경우에는, 채무자는 제 3 자이의의 소를 제기하여 이를 저지할 수 있다. 그러나 채무자가 그 피담보채무의 이행을 지체하여 채권자가 담보목적물을 환가할 권리를 가지게 되었다면, 채무자는 그러한 소를 제기할 수 없다.

(4) 양도담보는 현존하는 개별 동산뿐만 아니라, 장래의 동산에 대하여도 행하여진다. 나아가 창고에 보관 중인 재고와 같은 동산의 集合物(Sachgesammtheit)도 양도담보의 목적물이 되곤 하는데, 이 경우에는 앞으로 입고될 동산과 같이 내용의 증감변동이 예정되어 있는 소위 流動集合動産이 목적물로 합의되는 것이 통상이다.

후자의 경우에 소유권양도에 일반적으로 요구되는 特定性要件의 충족 여부를 어떠한 기준에 의하여 판단할 것인가는 어려운 문제이다. 판례에 의하면, 계약에 목적물이 특정되어 있어야 하는데, 이는 당사자들의 약정내용을 아는 사람이라면 누구나 어떠한 개별 물건이 양도되었는가를 바로 알 수 있는「단순한 객관적 범주(einfache äußerliche Kriterien)」에 대한 합의가 있으면 충족된다. 그러므로 예를 들어 "재고의 반"이라거나 "그때그때의 채권액만큼"이라는 기준은 위 요건을 충족하지 못하지만, 구체적으로 보면, 분리되어 적치되고 있고 양도담보를 의미하는 푯말이 붙어 있는 집합물은 물론이고, 혼합하여 적치되어 있더라도 그 중 특정한 종류의 물건인 경우, 나아가 ──실무적으로 특히 중요한 것으로서── 특별히 구획된 장소에 적치되어 있는 집합물(소위 「일정공간담보계약」 Raumsicherungsvertrag)은 이 요건을 충족한다.

또한 양도담보에 있어서도 그 수평적 및 수직적 「확장형태」가 적지 않게 약정된다. 그러나 이에 대한 논의는 소유권유보에서 한꺼번에 보기로 한다(뒤의 3.(2)(b) 참조).

3. 非占有動産擔保制度 : 其二 所有權留保[21)]

(1) 동산매매에서의 소유권유보에 대하여는 독일민법에 명문의 규정이 있다. 제449조 제1항은 "동산의 매도인이 대금이 지급될 때까지 소유권을 유보한 때에는 의심스러운 때에는 소유권은 대금의 완납을 정지조건으로 하여 이전한다"고 규정한다.[22)] 소유권유보약정에 기하여, 매도인은 통상 매매대금채권의 담보를 위하여 목적물의 소유권을 여전히 보유하고 이로써 환가권을 확보하며, 매수인은 점유를 통하여 용익을 할 수 있게 되는 것이다.

---

21) 우리 민법상의 소유권유보에 관한 문헌은 대체로 독일에서의 논의를 그대로 전달하고 있어서, 이를 통하여 逆으로 독일의 소유권유보제도를 推察할 수 있다. 그러나 독일의 소유권유보를 정면으로 다룬 논문으로는 우선 李昇祐, "우리 법과 독일법의 소유권유보의 법적 형성 비교", 法律行政論叢(전남대) 19집(1999), 359면 이하; 同, "우리 법과 독일법의 소유권유보의 실체법적 형성과 강제집행 비교연구", 民事法硏究(대한민사법학회) 8집(2000), 163면 이하; 梁亨宇, "獨逸法에 있어서 所有權留保의 物權的 效力에 관한 考察", 比較私法 8권 1호(2001), 253면 이하(Hyung-Woo Yang, *Rechtsvergleichende Untersuchung über den Eigentumsvorbehalt im deutschen und koreanischen Recht*, Diss. Freiburg, 1998의 일부를 손본 것이다) 참조.

22) 2001년 11월의 大改正 전의 제455조 제1항은, 본문에서와 같은 정지조건부 소유권이전 외에도, 매수인이 대금지급을 지체한 경우에는 매도인은 계약을 해제할 권리를 가지는 것으로 추정한다는 점도 규정하였었다.

소유권유보매매는 동산에 한정하여 행하여진다. 부동산에서 이는 제도적으로 허용되지 않는다. 앞의 2.(2)에서도 본 대로 부동산소유권양도합의(Auflassung)에는 조건을 붙일 수 없기 때문이다(제925조 제2항 참조). 한편 채권에 있어서는 일반적으로 用益權이란 상정될 수 없어서, 앞서 설명한 바와 같은 소유권유보의 특질로서의 환가권/용익권의 分屬은 쉽사리 관념될 수 없다.

(2) 소유권유보매매는 얼핏 일단 매수인에게 소유권이 이전되었다가 매수인이 이를 매매대금채무의 담보로 매도인에게 다시 양도담보한 것과 같이 보인다. 그러나 이는 이러한 말하자면「陰地의 양도담보」와는 다른 측면도 있다.

(a) 우선 소유권유보약정은 특히 할부매매에서 빈번하게 행하여지는데, 할부매수인은 일정한 기간에 걸쳐 매매대금을 나누어 지급하므로, 제때에 할부금을 축차로 지급하는 충실한 매수인이면 시간이 갈수록 매매목적물을 취득할 가능성이 높아진다. 이와 같이 매도인에게 지급된 매매대금이 많아지면 질수록 높아지는 할부매수인의 소유권취득의 가능성은 그 자체로서 상당한 경제적인 가치를 가진다. 매수인으로서는 이러한 경제적 가치를「이용」할 수 있게 되는 것에 중요한 이해관계를 가진다. 독일에서 이는 주로 매수인에게 期待權(Anwartschaftsrecht)을 인정하는 것으로 처리된다(뒤의 (3)(b) 참조).

(b) 나아가 소유권유보매매의 목적물이 되는 동산은 많은 경우에 매수인의 영업활동의 일부로서 그 활동을 위하여 취득되는 것이다. 그러므로 소유권유보에서는, 매수인이 정상적인 영업범위 내에서 목적물을 加工 또는 附合시키거나 제3자에게 處分하는 것[23]이 허용

23) 여기서 그 처분이 매매에 기한 양도인 때에는 그 재차의 양도가 다시 소유권유보로 행하여지는 경우도 있다(소위「後續所有權留保」nachgeschalteter Eigentumsvorbehalt). 통상의 경우, 즉 제1소유권유보약정에 기하여 제1유보매수인이 제2유보매수인에게 자신이 유보매수인임을 開示하지 아니하고 재차의 소유권유보가 행하여진 경우에는, 제2유보매수인은 제1의 유보매도인의 소유권에

되어야 하는데, 그 경우에는 유보매수인이 가공 등으로 새로이 소유권을 취득하게 되는 물품이나 제 3 자에 대한 매매대금채권도 여전히 유보매도인을 위한 담보로 파악할 필요가 발생할 수 있다. 이러한 필요에 대응하는 것이 소위 「延長된 소유권유보(verlängerter EV)」이다. 이러한 연장된 소유권유보의 경우에는 유보매수인이 금융기관과의 사이에 맺는 유동집합동산양도담보나 「포괄적 채권양도담보(Sicherungsglobalzession)」 또는 「팩토링포괄양도(Factoringglobalzession)」 등과의 경합을 어떻게 해결할 것인가 하는 문제가 제기된다(이에 대하여는 뒤의 (4) 참조).

한편 유보매수인은 매도인과의 사이에 지속적 거래관계를 맺는 일이 적지 않다. 그 경우에는 비단 당해 목적물의 매매로 인한 대금채권뿐만 아니라, 매도인의 다른 거래상 채권을 위하여도 소유권유보가 약정되는 일도 있다.[24] 이와 같이 원래의 것보다 피담보채권의 범위가 확장된 소유권유보는 「擴張된 소유권유보(erweiterter EV)」라고 불리운다.[25]

(3) 소유권유보에서 각 당사자의 법적 지위를 개관하면 다음과 같다.

(a) 유보매도인은 매매대금을 모두 지급받을 때까지는 목적물의 소유자이고, 또한 간접점유자이다. 그는 목적물을 제 3 자에게 양도할 수 있다(통상은 반환청구권 양도의 방식으로. 제931조 참조).

대하여 기대권을 선의취득하고, 자신의 채무를 모두 이행함으로써 그 소유권을 취득한다. 이에 대하여는 뒤의 (3)(b)(i) 뒷부분 참조.

24) 후자의 경우의 소유권유보는 「相互計算留保(Kontokorrentvorbehalt)」라고 불리운다.

25) 그 외에 유보매도인 이외의 제 3 자의 채권을 위하여 소유권유보약정이 행하여지는 경우도 있으나(소위 「콘체른유보」 Konzernvorbehalt), 이러한 형태의 「확장된 소유권유보」는 1999년 1월 1일부터 시행된 倒產法施行法에 의하여 새로이 추가된 독일민법 제455조 제 2 항(2001년 11월의 大改正 후에는 제449조 제 3 항)에 의하여 그 효력이 부인되기에 이르렀다.

(i) 매매대금이 모두 지급되기 전까지는 매매계약은 그 이행이 종료되지 아니한 것이다. 그러므로 유보매수인이 도산한 경우에는 그 도산관재인은 여전히 이행인가 해제인가의 선택권을 가진다(도산법 제103조 제1항, 제107조). 그가 이행을 선택하면, 매매대금채무는 財團債務로서 전액 이행되어야 하고, 이행을 거절하면 매도인은 목적물을 환취할 수 있다(동법 제47조). 양도담보에서와는 달리(이에 대하여는 앞의 2.(3)(a)(i) 참조) 이 경우에 채권자에게 환취권을 부여하는 것이 과연 首尾一貫한 태도인가에 대하여는 논의가 있다. 그런데 적어도 연장된 또는 확장된 소유권유보에서는, 이제 더 이상 목적물의 반환이 아니라 순전히 채권의 만족만이 문제되므로, 별제권만이 인정된다는 것이 종전의 판례·통설이었고, 도산법도 그 점을 명문으로 규정하였다고 이해되고 있다(제51조 제1호, 제50조 제1항).

한편 유보매도인이 파산한 경우에 파산관재인이 이행인가 해제인가의 선택권(파산법 제17조 참조)을 가지는지에 대하여는 종전에 격심한 다툼이 있었고, 판례는 이를 긍정하였었다(BGH NJW 1967, 2203 등). 새로운 倒産法은 이를 명문으로 부정하여, 유보매수인은 ──물론 대금을 모두 지급하고── 도산관재인에 대하여 소유권의 이전을 청구할 수 있도록 하였다(제107조 제1항).

(ii) 통상 유보매수인이 매매목적물을 직접으로 점유하므로, 그의 채권자가 그 집행을 위하여 이를 압류하는 일은 쉽사리 일어날 수 있다. 이러한 경우에는 매도인은 소유자로서 제3자이의의 소를 제기할 수 있다는 것이 판례이고 통설이다.

한편 유보매도인의 채권자가 목적물을 강제집행하는 일은 매도인이 통상 물건의 직접점유를 가지지 않으므로, 흔히 행하여지지는 않는다. 그런데 어떤 사유로 그 강제집행이 행하여지면 유보매수인도 역시 제3자이의의 소에 의하여 방어할 수 있다는 것이 판례이고 통설이다.

(b) 유보매수인의 법적 지위는 대체로 期待權으로 설명된다. 「기대권」만큼 논의가 많은 法形象은 별로 없지만, 모든 이론상 · 법구성상의 의문에도 불구하고 결국 "유보매수인의 법적 지위가 이미 어떠한 경제적 가치를 가지는 것이어서, 특별한 보호가 필요하고 또 그 자신이나 그의 채권자들을 위하여 유용하게 되어야 한다"는[26] 경제적 고려가 관철되었던 것이다.

(i) 유보매수인의 기대권 자체가 동산소유권양도의 방법(제929조 이하 참조)으로 제 3 자에게 양도될 수 있음은 일찍부터 인정되어 왔다. 그 경우에 매매대금이 유보매도인에게 모두 지급되면 그 제 3 자, 즉 기대권의 양수인이 소유권을 취득하게 된다.[27] 만일 제 3 자에게 담보를 위하여 점유개정의 방법으로 양도되는 경우(양도담보)에, 유보매도인, 유보매수인, 제 3 자의 점유관계는 어떠한가에 대하여는 논의가 있으나, 대체로 유보매수인이 직접타주점유자, 유보매도인이 간접자주점유자, 제 3 자가 간접타주점유자라는 설명이[28] 행하여지고 있다.

유보매수인이 소유권유보의 사실을 밝히지 않은 채 제 3 자에게 소유권유보로 양도하여 제 3 자가 무과실로 그를 소유자로 알았던 경우에 그 제 3 자는 기대권을 선의취득한다. 또 존재하는 기대권을 그 무권리자가 선의무과실의 제 3 자에게 양도한 경우[29]에도 기대권의 선의취득이 인정된다(이상 제932조). 그러므로 이 경우 유보매수인이 대

26) Baur/Stürner(註 14), § 59 B Ⅳ 1(S. 755).

27) 그것이 이를 유보매수인을 거치고 않고 직접 취득하는 것인가 아니면 그를 통하여 취득하는 것인가, 또 직접취득을 위하여는 유보매도인의 동의를 요하는가에 대하여는 論議가 있다.

28) 점유매개관계는 복수의 단계로도 설정될 수 있음은 일반적으로 인정되고 있는데, 본문의 경우에는 유보매도인이 제 2 단계의 간접점유자이고, 제 3 자가 제 1 단계의 간접점유자가 된다고 설명된다.

29) 예를 들면 甲이 乙로부터 소유권유보로 매수한 물건을 甲으로부터 빌어 일시적으로 사용하는 丙이 자신이 이 물건을 乙로부터 소유권유보로 샀다고 속이고 丁에게 양도한 경우에 丁은 甲의 기대권을 선의취득한다.

금을 다 지급하면 그 제3자는 소유자가 된다. 그러나 기대권이 아예 부존재하는 경우에는 기대권의 선의취득이 인정되지 않는다.

(ii) 유보매수인의 채권자는 특히 미이행된 잔대금이 조금밖에 남지 아니한 경우에는 매도인의 기대권에 대하여 강제집행을 할 이익이 크다.

이를 긍정하는 경우에도 구체적으로 그 집행이 어떻게 행하여질 수 있는가가 문제이다. 동산집행의 방법(민사소송법 제808조), 채권(권리)집행의 방법(동법 제857조, 제829조) 및 양자 모두(소위 二重押留 Doppelpfändung)를 거치는 방법의 셋이 상정될 수 있는데, 다수설은 二重押留說을 취한다. 이에 의하면, 우선 유보매수인의 기대권에 대한 권리집행으로서, 유보매수인을 채무자, 유보매도인을 제3채무자로 하는 압류명령의 송달이 행하여진다. 나아가 동산집행을 행함으로써, 유보매수인이 대금의 完給으로 그 소유자가 됨과 동시에 집행채권자는 압류질권을 가지게 된다. 그러나 이에 대하여는 권리집행의 방법으로 족하다는 견해도 유력하고, 판례(BGHZ 49, 197)는 기대권의 다른 하나의 예인 부동산소유권양도합의 후 등기 전의 所有權移轉請求權者의 경우에 이 견해를 취하였다. 이중압류설은, 권리압류만으로는 그 효력이 조건 성취 후의 물건에 미치지 않으므로 물건압류도 필요하며 또 권리압류만으로는 물건 자체에 대한 집행의 公示가 결여된다고 주장하고, 이에 반하여 권리압류설은 권리압류의 효력은 조건 성취 후의 물건에 미친다고 하여야 하며 공시의 결여는 결정적인 사정이 되지 못한다고 주장한다.

(4) 유보매수인이 별도로 금융기관으로부터 금융을 얻으면서 그 담보로 자신의 영업매출로 인한 장래의 채권을 포괄적으로 양도한 경우 또는 팩토링거래에 기하여 자신의 외상대금채권을 팩토링업자에게 포괄적으로 양도한 경우에는, 앞의 (2)(b)에서 본 「연장된 소유권유

보」에서 정하여진 매매목적물의 처분으로 인하여 취득한 채권도 담보의 목적으로 한다는 약정과의 충돌문제가 제기된다. 동일한 채권이 이들 각각의 양도약정의 대상이 되기 때문이다.

이는 통상 물품신용(Warenkredit)과 금전신용(Geldkredit) 중 어느 것을 우선시킬 것인가 하는 문제에 귀착된다. 쉽게 말하면 전자는 상품을 외상으로 판매함으로써 신용을 제공하는 것이고, 후자는 금전을 대여함으로써 신용을 제공하는 것인데, 앞서 본 경우에서는 이들 여신이 서로 경합하여 그 우위를 다투고 있는 경우이다. 그러므로 위에서 제기한 문제는 동시에 권리이전의 경합이 있는 경우에 일반적으로 적용되는 「시간순서원칙(Prioritätsprinzip)」, 즉 "시간에서 앞선 자는 권리에서도 앞선다(Qui prior est tempore, potior est jure)"는 원칙을 어느 만큼 관철시킬 것인가 하는 문제이기도 하다. 판례는 기본적으로 물품신용의 우위를 인정한다. 즉 원칙적으로는 시간순서원칙에서 출발하여야 한다고 하면서도, 금전여신자가 포괄적 채권양도를 약정하면서 채무자가 물품공급자(즉 유보매도인)와 맺을 약정을 「비난가능한 심정으로 무시」한 경우에는 그 포괄적 채권양도는 공서양속(제138조)에 반하여 무효라는 태도(소위 「계약파기이론」 Vertragsbruchtheorie[30])를 취한다. 그리고 BGHZ 56, 173 이래의 판례는 여기서의 비난가능성의 판단기준으로 주관적 요소를 후퇴시킴으로써 공서양속위반을 더욱 쉽사리 인정하는 방향으로 나아갔고, 나아가 예를 들면 BGH NJW 1968, 1516은 은행이 어느 기업에 포괄채권양도약정에 기하여 융자를 행하면서 그 융자금으로는 일차적으로 그 기업이 물품공급자에 부담하는 채무를 변제하여야 한다고 약정하는 것까지도 공서

30) 이 명칭은 포괄적 채권양도약정의 유효를 인정하는 경우에는 채무자 = 유보매수인으로서는 유보매도인과 맺은 연장된 소유권유보약정을 위반하지 않을 수 없다는 것에서 연유한다. 즉 그 경우 매매목적물을 제3자에게 처분함으로써 취득한 채권이 소유권유보약정에서 정하여진 바대로 유보매도인에게 귀속되는 것이 아니라 금융기관에 귀속하게 되는 것이다.

양속에 반한다고 판단하였다. 이와 같이 포괄채권양도가 무효인 경우에는 은행이 채무자로부터 지급받은 금전은 무권리자에 대한 변제로서 유보매도인에게 부당이득으로 반환되어야 한다(BGHZ 72, 316 등). 다만 포괄채권양도가 연장된 소유권유보에 의하여 파악되는 매매대금채권을 배제하여 그 대상으로 하지 않는 경우(소위 「물적 배제조항」 dingliche Verzichtsklausel)에는 공서양속 위반의 문제는 제기되지 않는다.

그런데 팩토링포괄양도에 관하여 판례는 그것이 진정팩토링인 경우, 즉 팩토링업자(Factor)가 양수한 채권에 관하여 그 채무자의 무자력위험을 부담하는 팩토링거래에서는 시간순위원칙을 고수하여, 그 포괄채권양도의 효력을 그대로 인정한다. 그러나 부진정팩토링의 경우, 즉 팩토링업자가 양도받은 채권을 채무자로부터 실제로 만족받을 수 없는 경우에는 채권양도인에게 그 책임을 물을 수 있는 팩토링의 경우에는 이를 소비대차 및 그에 따른 담보계약으로 파악하여, 앞서 본 계약파기이론을 적용한다.

Ⅲ. 밀거의 非占有動産擔保權 導入 主張

1. 밀거[31]는 독일에서의 비점유동산담보제도의 현상을 개관한 후에 이에 대하여 다음과 같은 「綜合評價」를 내린다(S. 44).

(1) 양도담보와 소유권유보는 이제 독일법에서 비점유동산담보제도로서 확고한 지위를 차지하고 있다. 비점유담보물권을 인정하는

31) Karin Milger, *Mobiliarsicherheiten im deutschen und im US-amerikanischen Recht. Eine rechtsvergleichende Untersuchung*(Göttinger rechtswissenschaftliche Studien: Bd. 117), 1982. 이 著述은 앞의 註 12에서 본 倒產法 시행 전의 것으로서, 破産法을 전제로 논하고 있다. 또한 이하 인용하는 문헌은 대체로 위 저술로부터의 재인용임을 밝혀 둔다. 이는 뒤의 Ⅳ.에서도 마찬가지이다.

것이 당사자들의 이익에 가장 적합할지도 모르는데, 이는 법률상 허용되지 않는다. 그러므로 소유권의 귀속으로써 문제를 처리하는 것(Eigentumskonzept)에 귀착되지 않을 수 없었던 것이다. 그러나 이로써 채권자는 원래의 담보목적을 넘는 법적 권리를 취득하게 된다. 이것이 앞서 본 두 담보제도와 관련하여 제기되는 일련의 문제를 발생시키는 원인이라고 말할 수 있다.[32]

(2) 이들 제도에 있어서 채권자의 보호는 별로 나무랄 것이 없다. 채권자는 다른 채권자들이 담보목적물(Sicherungsgut)을 공취하는 것에 대하여는 제3자이의의 소에 의하여 이를 배제할 수 있고, 또 파산절차에 있어서는 별제권(양도담보의 경우)과 환취권(소유권유보의 경우)에 의하여 보호를 받는다.

문제가 있다면, 이러한 비점유동산담보가 복수로 경합하는 경우이다. 예를 들면 연장된 소유권유보와 포괄적 채권양도담보의 경합이 그것이다. 초기에는 주관적 요건을 끌어들여 계약파기의 관점(독일민법 제138조)에서 이를 해결하려고 하였다. 그러나 이는 경제적 분쟁을 해결하기에 적합하지 않으며, 또 법적 불안정성이 현저하게 드러났다. 그러나 근자에는 위와 같은 주관적 요건은 판단기준으로 점차 후퇴하고 있다(앞의 Ⅱ.3.(4) 참조). 그러므로 위와 같은 경합의 경우에 대하여도 보다 확실한 결과를 예측할 수 있게 되어서, 더 이상 법적 불안정이 존재한다고는 하기 어렵다.

(3) 그러나 현재로서는 채무자(담보제공자)와 일반의 무담보채권자의 법적 지위가 충분히 고려되고 있다고는 하기 어렵다.

채무자의 입장에서 보면, 위와 같이 채권자가 가지는 법적 잉여권능은 경제적으로 자유롭게 움직일 수 있는 영역을 제한받는 결과에

32) S. 130-131의 서술도 참조: “잘못된 법형상으로써 정당한 해결을 얻어내려고 하는 현저한 어려움(erhebliche Schwierigkeiten, mit der falschen Rechtsfigur die sachgerechten Lösungen zu verwirklichen)”.

이른다(이에 대하여는 뒤의 2.(3)(b) 참조). 판례는 이 문제를 공서양속 위반의 관점에서 해결하려고 한다(앞의 Ⅱ.2.(3)(a)(ii) 참조).

일반채권자의 입장에서 보면, 경제적으로는 채무자의 재산에 속하는 재화에 대하여 그의 일반채권자가 공취하는 것을 위와 같은 잉여권능이 어렵게 한다. 이에 대하여 기대권을 인정하는 것도, 앞서 본 공서양속의 관점에서 접근하는 것도 제한적인 구제수단을 제공할 뿐이다. 특히 파산의 경우에 담보채권자가 파산절차의 진행 여하에 불구하고 목적물을 환가를 위하여 파산재단으로부터 빼낼 수 있는 것(앞의 註 18 참조), 그리고 그 과정에서 파산재단에 별개의 비용을 부담시키는 것(평가비용, 세금 등. 앞의 Ⅱ.2.(3)(a)(i) 말미 참조)은 특히 무담보채권자에게 불리한 영향을 미친다.

2. 밀거는 미국법상의 동산담보제도, 즉 統一商事法典(UCC) 제 9 장에서 규정된 제도를 개관한 후(S. 45-121), 비교법적 관점에서 독일의 비점유동산담보제도에 대하여 미국법이 시사하는 바를 평가한다(S. 123-147).

그녀는 논의를 다음 세 가지 점에 집중한다. 첫째, 미국법에서 쓰여지는 등기제도를 도입하는 것(S. 124-130), 둘째, 동산담보제도를 미국에서와 같이「하나의 통일적 담보권」에 의하여 구성하는 것(S. 130-142), 셋째, 담보권의 순위에 대한 UCC상의 규율(S. 142-147)이 그것이다.

(1) 독일의 비점유동산담보제도에 대하여 행하여지는 기본적 비판점의 하나는 그것이 公示를 결여한다는 것이다.

한편으로 점유질원칙 위에 서 있는 현행의 민법규정은 일정한 여신자에게 동산을 물적 담보로 제공하는 것을 거의 불가능하게 하여서, 부득이 양도담보와 소유권유보라는 비점유동산담보제도에 의존하지 않을 수 없게 하였지만, 다른 한편으로 이러한 비점유동산담보제도는 담보권, 특히 포괄적 담보형태의 범람으로 파산절차에서 파산재단에 속하는 재산을 거의 없게 하여서(소위 破産財團의 空洞化 Masselosigkeit) 일반의 무담보채권자들에 명목적인 만족만을 강요하는 데 一助하였다.

나아가 채무자 소유의 동산에 위와 같이 대부분 비점유의 담보권이 설정되었다는 사실을 외부에서 알기 어렵다는 사실은 그에게 금융을 제공하려고 하는 사람이 채무자의 자산상황을 파악하는 데 지장을 주어서, 경우에 따라서는 채무자의 자력을 오해한 사람으로 하여금 「무의미한」 신용을 제공하게 하게 하였다. 그리고 이러한 「무의미한」 신용에 의한 一時的인 자금압박의 해소는 즉각 개시되었어야 할 파산절차의 도입을 불필요하게 지연시키고, ――파산채권의 증가로 말미암아―― 일반 채권자들의 파산절차상의 만족을 더욱 악화시키는 결과를 낳았다(뒤의 註 53 참조).

그러나 비점유동산담보제도를 금지하여 점유질원칙을 엄격하게 관철하는 방향으로 문제를 해결하는 것은 이미 시대착오적이므로, 더 이상 논의할 필요가 없다.

(2) 그에 대처하는 방안으로 **등록제도의 도입**에 대하여 논한다.

미국에서는 담보권을 제 3 자에게 대항하기 위하여는 실제로 모든 담보권이 등기[33]되어야 한다는 것을 통하여 「공시」의 필요가 일정 부분 충족된다.

(a) 우선 미국의 동산담보권등기제도가 모든 관점에서 공시의 필요를 충족하는 것이 아님을 명심할 필요가 있다. 미국의 그 등기제도는 채무자(이름과 주소를 알 수 있다) 소유의 일정한 목적물에 어떠

33) 채권자가 제출하는 일정한 서류에 受理日時를 기재하여 채무자의 이름 아래 「편철」하는 것에 그치므로, 이는 엄밀한 의미에서는 일정한 권한을 가진 공무원 또는 그에 준하는 사람이 일정한 장부에 일정한 사항을 기재하는 바의 「登記」라고는 할 수 없다.

한 채권자(이름과 주소를 알 수 있다)를 위하여 담보권이 설정되어 있음을 공시하는 것뿐이다. 예를 들면, 「목적물」이라고 하여도 그것이 구체적으로 어떠한 것인지를 밝힐 것이 요구되지 않으며, 단지 「가구」라거나 「기계」라는 식으로 목적물의 종류만을 기재하는 것이 통상이다. 나아가 피담보채권의 발생원인이나 채권액도 일반적으로 등기되지 않는다.

(**b**) 밀거에 의하면, 이와 같이 「제한적 공시수단」이기는 하지만, 이를 도입하는 것에는 다음과 같은 利點이 있다고 한다.

첫째, 신용을 줄 것인지를 고려하는 사람이 위와 같은 공시가 없는 경우에 비하여 현재 존재하는 담보권에 대하여 보다 신뢰할 수 있는 정보를 얻을 수 있다. 또한 그 한도 내에서 「담보권의 경합」을 피할 수 있게 된다.

둘째, 그 등기는 최소한 채무자의 경제적 상태 일반에 대하여 보다 확실한 정보를 얻을 수 있는 단서를 제공한다. 예를 들어 제3자로서는 모든 동산담보채권자의 이름과 주소를 등기로부터 알 수 있으므로, 그는 이들에게 채무자에 대한 그들의 채권의 실제 내용에 대하여 탐문할 수 있는 가능성을 준다. 이러한 가능성은 채무자에의 신용공여를 거절하는 기회를 넓힘으로써 결과적으로 간접적으로나마 파산절차의 개시를 불필요하게 지연하는 것(앞의 (1) 참조)을 막을 수 있게 한다.

셋째, 파산관재인의 업무를 경감하여 준다.

(**c**) 문제는 위와 같은 이점이 등기제도를 유지하는 데 드는 넓은 의미의 「비용」(등기관리비용은 물론이고 등록을 하여야 한다는 거래상의 부담 등을 포함한다)을 능가하는 것인가 하는 점이다. 밀거는, 독일의 다수의 論者들과는 달리 이를 긍정한다.

그녀에 의하면, 미국의 동산담보등기제도는 그 記載事項을 최소

(c) 나아가 담보목적물의 압류에 대하여 보자.

(i) 채권자의 일반채권자("제3채권자")에 의한 압류의 경우

(aa) 담보채무자가 여전히 목적물의 소유자이면 이 경우 제3자이의의 소로 방어할 수 있다. 그렇게 되면 제3채권자로서는 담보권부 채권을 공취의 대상으로 할 수 있다. 이 때 그로 인한 압류질권은 담보권에도 미치므로 제3채권자는 이행기에 만족을 얻지 못하면 목적물 자체도 파악하여 자신의 피담보채권액의 범위에서 이를 환가할 수 있다. 소유자로서는 이에 의하여 영향을 받을 것이 없으니, 제3채권자는 채권자가 소유자에 대한 관계에서 그러할 권리가 있는 한도에서만 목적물을 공취할 수 있기 때문이다.

(bb) 그러나 현행 법상태(앞의 Ⅱ.2.(3)(b) 말미 및 3.(3)(a)(ii) 참조)는 훨씬 문제가 많다.

소유권유보의 경우에 유보매수인이 기대권을 가지는 한 유보매도인의 채권자는 목적물을 전혀 공취할 수 없다. 그러나 유보소유권이 어떠한 경제적 가치를 가진다면, 이는 만족스럽다고 할 수 없다. 유보매도인의 채권자는 유보매도인의 매매대금채권을 압류할 수 있지만, 그것이 목적물에의 공취를 가능하게 하지는 못한다.

양도담보의 경우에 아직 환가권능이 발생하지 아니한 동안, 즉 채무자의 채무불이행이 없는 동안에는 제3채권자는 목적물을 공취할 수 없고(채무자는 제3자이의의 소를 제기할 수 있다), 환가권능이 발생함으로써 비로소 그것이 가능하게 된다.

이상에 비추어 보면, 비점유질권을 인정하는 편이 낫다.

(ii) 채무자의 일반채권자에 의한 압류의 경우

담보목적물의 가치가 피담보채권보다 현저히 많으면, 채무자의 다른 무담보채권자들로서는 채무자의 이 재산가치를 공취할 이익이 크다.

(aa) 그런데 현행법에서는 매우 제한된 범위에서만 이를 인정한다.

소유권유보에서 유보매수인의 채권자는 그 기대권을 압류할 수 있지만, 이를 위하여는 복잡한 절차를 거쳐야 한다. 즉 그는 원칙적으로 매도인에게 매매대금을 지급할 수는 있지만(제3자의 변제에 관한 민법 제267조 제1항 참조), 밀거에 의하면 그는 바로 유보소유권을 취득하지 못하고 매도인을 상대로 소송을 제기하여 그 양도를 청구하여야 한다고 한다. 나아가 유보매도인과 매수인은 매수인이 이 제3자의 변제에 이의를 제기하고 매도인이 그 변제를 거절함으로써(동조 제2항 참조) 이 제3자의 변제를 막을 수 있는 것이다.

양도담보에서 채권자는 채무자의 다른 채권자의 공취에 대하여 제3자이의의 소를 제기할 수 있다.

(bb) 채무자가 소유권을 가지는 비점유질권의 경우에 채무자의 채권자는 동산집행에 관한 민사소송법 제808조에 의하여 목적물을 압류할 수 있다. 이로써 그는 압류질권을 가지게 되는데, 이는 물론 기존의 비점유질권에 열후한다. 물론 비점유질권이 소멸하면 압류질권자는 목적물을 경매에 붙여 그 매득금으로부터 만족을 얻을 수 있다. 그런데 비점유질권이 존속하는 경우에는 압류질권자는 민법 제1249조에 기한 변제권을 가지며, 이에 기하여 변제를 하면 그는 제1249조 제2문, 제268조 제3항에 의하여 비점유질권자의 채권 및 그 질권을 당연히 양도받고(제412조, 제401조), 이로써 자기 채권과 구상권의 만족을 얻을 수 있다. 즉 현행법에서와 같이 별도로 소송을 제기하여야 할 필요는 없는 것이다.

한편 압류질권자가 위의 변제권을 행사하지 않는 경우에, 비점유질권자는 압류질권자에 의한 강제집행을 저지할 수 없고 그 절차에서 민사소송법 제805조에 의한 優先辨濟의 訴로 만족할 수밖에 없다. 그런데 "채권자는 환가의 시점과 방법을 스스로 결정할 수 있는 데 대하여 현저한 이해관계를 가진다." 통상의 담보계약에서는 목적물의 임의환가가 약정되어 있다. 이에 의하여 공경매보다 나은 매득금을 얻을 수 있는 것이다. 그러므로 비점유질권자가 후순위의 채권자에 의한 목적물의 경매에 대하여 제3자이의의 소를 허용하는 것이 바람직하다.[36] 그러므로 밀거는 제3자이의의 소에 관한 민사소송법 제771조에서 그 제2항으로 다음과 같이 규정할 것을 제안한다.

> "질권자는 압류에 대하여는 이의를 할 수 없으나, 그의 담보목적물의 경매에 대하여는 이의를 할 수 있다."

결국 채무자의 다른 채권자들은 목적물에 압류질권을 가질 수는 있으나, 그것을 실행할 수 있는 것은 선순위의 질권이 소멸하거나 스스로 이를 만족시킨 경우에 한정된다.

(d) 밀거는 이어서 비점유질권을 도입하는 경우에는 종전의 양도담보나 소유권유보는 금지되어야 한다고 주장한다. 만일 종전처럼 이들 제도를 그대로 허용한다면, 위와 같이 비점유질권을 법정하는 의의가 없어지기 때문이다. 특히 비점유질권의 설정에 담보약정을 서면으로 할 것을 요구한다거나 등기를 요하는 등으로 그 요건을 엄격하게 하면 할수록, 이를 회피하고 종전의 제도들로써 자신들의 의도를 관철하려고 할 유혹이 커질 것이다.

그리하여 밀거는 탈법행위의 규제문제를 다루게 된다. 이와 관련하여서는 미국법에서 「임대차로 가장된 담보거래(security interest disguised as a lease)」로 알려진 것에 대한 규제, 특히 UCC §§ 9-102, 9-408가 참고가 된다고 하고, 이에 대하여 상론한다(S. 136-142). 그러나 이러한 탈법행위의 규제가 반드시 쉽다고는 말할 수 없다는 사정이 「단일한 비점유질권」을 도입하는 것의 利點을 덮을 수는 없다고

36) 현행법상의 점유질권자도 통상 우선변제로 만족하여야만 하는 것은 아니다. 민사소송법 제808조, 제809조에 의하여 이미 그가 인도를 하여 주지 않으면 다른 채권자는 아예 이를 경매에 붙일 수가 없는 것이다.

한다. 그 이점이란 요약하면, ① 채권자가 불필요한 잉여의 법권능을 취득하지 아니하고 목적물에 대하여 자신의 경제적 이익에 상응하는 물권적 지위만을 가지게 되므로, 채무자가 자기 소유의 목적물에 대하여 가지는 권리의 처분을 문제없이 설명할 수 있다는 것, ②「기대권」이라는 법형상이나 양속위반의 과잉담보라는 판례의 규율방향 등을 배제할 수 있게 된다는 것, 그리고 ③ 채무자의 일반채권자가 하는 압류 또는 채권자의 일반채권자가 하는 압류를 훨씬 단순하고 간명하게 처리할 수 있다는 것이다.

(4) 또한 **비점유동산담보제도의 경합**에 대하여 언급한다.

(a) 독일법에서는 물품신용과 금전신용 사이의「갈등」이 빈번하게 논의된다. 이에 대하여「시간순서원칙」은 이 문제의 해결에 완전히 적절하지는 아니한 것으로 여겨져 왔다. 판례는 제138조의 공서양속규정의 운용을 통하여 일반적으로 상품공급자, 즉 물품신용의 우위를 인정하였다고 말할 수 있다. 이는 양도담보와 소유권유보 사이에서는 후자의 우위를 의미하는 것이다(앞의 Ⅱ.3.(4) 참조).

(b) 미국법에서도 시간순서원칙이 문제해결의 출발점을 이룬다. 즉 먼저 등기된 권리가 우선하는 것이다. 그러나 일정한 사안유형에 대하여는 이에 대한 예외가 인정되었다. 그 중에서 가장 중요한 것은「매매대금담보권(purchase money security interest)」이다. 즉 예를 들면 매매대금융자에서와 같이 채무자가 채권자가 제공한 여신에 기하여 취득한 물건이 당해 여신에 대한 담보목적물이 되는 경우에는 그 채권자가 우선한다는 것으로서, 쉽게 말하면 동산매매에서 대금이 지급되기까지의 기간에 대하여 미지급대금에 관하여 매도인이 당해 매매의 목적물상에 가지는 담보권을 말한다. 이러한 물품신용의 우위는, 새로운 자금을 공여함으로써 채무자재산 중에 대상적으로 확정될 수 있는 증가를 일으키는 그러한 신용은 경제적으로 매우 의미 있으므로

이를 장려할 필요가 있다는 것으로 설명되고 있다고 한다. 그리고 채무자에 대한 다른 채권자들의 보호는 별도의 통지요건에 의하여 도모된다는 것이다.

그리하여 이 문제에 관한 한 미국법에서도 대체로 독일과 같은 해결방향이 모색되고 있음을 확인할 수 있다.[37)]

(c) 앞의 (3)에서 본「단일한 비점유질권」이 채택된다면, 현행법에서 양도담보와 소유권유보 중에서 후자의 우위를 인정하는 것은 어떻게 되어야 할까? 밀거에 의하면 이러한 경우에도 후자의 우위가 입법적으로 채택되어야 한다. 그리하여 다음과 같은 규정이 제안된다.

> "채권자가 제공한 신용으로 채무자가 채권자의 담보목적물이 된 물건을 취득한 경우에 그 채권자는 다른 모든 담보권에 대하여 우선권을 가진다."

밀거에 의하면, 이러한 규정은 일반적으로 상품여신자만을 보호하는 것이 아니며, 비록 금전여신자라고 하더라도 그가 제공한 자금으로 채무자가 실제로 담보목적물이 된 물건을 취득한 경우에는 마찬가지로 적용된다고 한다.

그러나 과연 위와 같은 基本思考가 채무자가 그 물건을 제3자에

---

37) 한편 독일에서는 연장된 소유권유보와 포괄적 채권양도담보의 경합이 前者의 우위로 결론이 난 반면에, 미국에서는 이러한 관계는 달리 해결될 것이라고 한다(S. 144f.). 앞서 본 대로 미국에서도「매매대금담보권」의 우선권이 인정되고 있기는 하지만, 예를 들어 유보매수인이 이를 제3자에게 매도하여 얻은 매매대금채권에 대하여는 먼저 설정된 담보권이 우선적인 지위를 차지한다는 것이다. 즉「매매대금담보권」의 우선권은 애초의 담보목적물에 갈음하는 채권에는 미치지 않는다는 것이다. 밀거는 그 이유로, 미국에서는 독일에서와 같은 물품신용과 금전신용의 예리한 대립이 존재하지 않으며, 위와 같은 경합은 오히려「금전여신자」사이에서, 즉 독일의 유보매도인에 갈음하여 그의 상품취득을 위한 자금을 제공하는 금융기관과 그의 채권을 담보로 하여 자금을 제공한 다른 금융기관 사이에서 일어난다는 사정을 든다. 그러므로 이러한 말하자면「同種의 與信者」들 사이의 우열은 원칙으로 돌아가 시간우선원칙에 의하여 결정된다는 것이다.

게 양도 등 처분을 함으로써 취득한 채권에 대하여 누구가 우선적인 담보권을 가지는가의 문제를 자동적으로 해결하는 것은 아닐 것이다. 왜냐하면 이 채권의 성립은 제한된 범위에서만 채권자가 제공한 신용에 의존하고 있다고 할 것이기 때문이다. 즉 이 채권은 채무자의 영업활동에 의하여 획득된 것인데, 그의 영업 일반은 오히려 금전여신에 의하여 가능하게 되었다고도 말할 수 있는 것이다. 그러한 관점에서 밀거는 상품공급자는 단지 애초의 유보매매목적물의 가액의 범위 내에서만 그 매매대금채권에 대하여 우선권을 인정한다는 플루메의 제안에[38] 찬성하고 있다.

(d) 나아가 밀거는 위와 같이 전개된 생각을 팩토링거래에도 적용한다(S. 146f.).

판례는 이 경우에 팩토링업자가 자신이 매수하는 채권의 실현가능성에 관한 위험(Delkredere-Risiko)을 부담하는지 여부에 따라 이를 부담하는 眞正팩토링과 부담하지 않는 不眞正팩토링을 나누어 다른 처리를 한다(앞의 Ⅱ.3.(4) 말미 참조).

밀거는 이러한 구분에 반대한다. 오히려 전자의 경우에는 채권의 실현가능성위험을 팩토링업자가 부담함으로써 채권을 상대적으로 염가로 취득할 수 있는 것이 통상이고, 진정팩토링이든 부진정팩토링이든 채무자의 외상대금채권으로 하는 자금유통임에는 차이가 없으므로, 물품신용, 즉 상품공급자의 대금채권의 우위를 인정하는 태도를 이미 선택한 한에서는 이 경우에도 그 태도가 관철되어야 한다는 것이다.

---

38) Flume, Zur Problematik des verlängerten Eigentumsvorbehaltes, *NJW* 1959, 913, 920 참조.

Ⅳ. 드로브니히의 온건한 改革主張

1. 드로브니히의 개혁주장[39]은 독일법률가대회를 위한 감정서에 기한 것이다. 그러므로 우선 독일법률가대회에서 다루어진 동산담보 개혁의 문제에 대하여 간단하게 개관하여 보기로 한다.

독일에서 널리 현안이 되고 있는 법문제에 대하여 법률가들이 모여 의견을 개진하고 수렴하는 場으로서는 무엇보다도, 정기적으로 열리는 「독일법률가대회(Deutscher Juristentag)」를[40] 들 수 있다. 동산담보제도의 개혁이 이 대회의 私法 관련 주제로 다루어진 것은 1900년 1월 1일의 독일민법 시행 후만 하더라도 다섯 차례에 이른다.[41] 이 사실 자체가 독일에서 동산담보, 그 중에서도 특히 非占有動產擔保에 관한 법상태에 대하여 법률가들이 일반적으로 품고 있는 의문 내지 불만을 말하여 준다고 할 수 있다.

(1) 처음으로 동산담보의 문제를 다룬 것은 독일민법이 시행된 지 10년이 채 지나지 않은 1908년의 제29회 대회이었다. 여기서는 동산담보의 보다 특수한 한 측면이 그 주제가 되었는데, 그것은 소유권유보의 대상이 된 기계, 예를 들면 공장주가 할부로 구입하여 아직 대금을 다 지급하지 아니한 기계가 후에 공장 건물에 부착된 경우에 기계매도인의 유보소유권이 상실되는가 하는 문제이었다. 그 때까지의 판례는,[42] 「물건의 본질적 구성부분」에 관하여 규정하는 제93조,

39) Ulrich Drobnig, *Verhandlungen des 51. Deutscher Juristentages Stuttgart 1976*, Bd. I(Gutachten), Teil F, S. 1-97.

40) 각 법문제에 대하여 미리 의뢰를 받은 법학자 또는 실무법률가가 감정의견을 보고하고, 그 의견상의 해결제안에 대하여 그 대회에 모인 실무법률가 및 법학자에 의한 표결이 행하여진다.

41) 독일민법 시행 전에 동산담보문제를 다룬 독일법률가대회에 대하여는 뒤의 (2)(b) 참조.

42) RGZ 62, 406의 1906년 2월 16일 판결; RGZ 63, 416의 1906년 6월 23일 판결.

제94조는 넓게 해석되어, 위와 같은 경우에 기계는 토지의 「본질적 구성부분」이 되고, 따라서 기계에 대한 유보소유권은 소멸한다는 태도를 취하고 있었다. 위 대회에서는 이에 반대하여 유보소유권의 존속을 주장하는 견해가 근소한 차이로 다수를 점하였다.[43] 그리고 이 다수의견의 영향을 받아서인지, 판례는 후에 견해를 바꾸어 기계가 그 부착 후에도 토지의 본질적 구성부분이 되지 아니한다는 태도를 취하였다.[44]

(**2**) 그로부터 4년이 지난 1912년의 제31회 대회는 보다 일반적으로, 양도담보를 법률에서 명문으로 규율할 것인가 또는 어떠한 내용으로 규율할 것인가 하는 문제를 주제로 하였다.

(**a**) 고등법원 판사인 살링거(Salinger)가 보고한 감정의견은 양도담보를 금지하되 집합물에 대한 登記質權으로써 비점유동산담보의 필요를 충족하자는 내용이었고, 리텐(Litten)이 이에 찬성하는 제안을 하였다.[45] 그러나 이 제안은 可否同數로 결국 부결되었다.

한편 다수의견은, 양도담보권자(수익자)가 채무자의 害意를 몰랐다는 사실을 입증하도록 할 것 등 양도담보계약을 채권자취소권에 기하여 취소할 수 있는 요건을 확장하고 강화할 것(앞의 Ⅱ.2.(3)(a)(ii)의 "첫째"도 참조), 나아가 양도담보에 대하여 당시의 파산법 제48조(별제권)와 민사소송법 제805조(우선변제의 소)를 적용할 것을 주장하였다.[46]

(**b**) 그런데 동산의 양도담보 및 이와 관련하여 등기질권은 독일

---

43) *29. Deutscher Juristentag 1908 Karlsruhe, Verhandlungen V*, S. 132ff. S. 172.

44) JW 1911, 532의 1911년 3월 31일 판결; JW 1912, 128의 1911년 11월 23일 판결.

45) *Verhandlungen des 31. Deutschen Juristentages 1912*, I, S. 409ff.

46) 이상에 대하여는 *Verhandlungen des 31. Deutschen Juristentages 1912*, Ⅲ, S. 259, 258, 188.

법률가대회에서 그 전에도 문제된 바 있었다. 즉 1881년의 제15차 대회에서는 "점유개정에 대하여 과연 또는 어떠한 조건 아래서 동산의 점유이전의 효력을 부여할 것인가?"가 주제이었다. 여기서 논의의 중심은 점유개정에 의한 동산소유권양도를 인정할 것인지 여부에 있었고, 점유개정에 의한 질권의 성립을 부인하여야 한다는 점에는 별다른 異論이 없었다. 그리고 그로 인하여 생기는 문제는 영국의 입법에서와 같이 점유의 이전 없는 동산담보제도로써 보완하여야 할 것이 아닌가 하는 주장도 별로 고려되지 않았었다.[47]

(3) 그런데 1921년에 있은 제32회 대회에서는[48] 가일러(Gailer)가 보고를 하였다. 그는 전쟁(제1차세계대전)에 의한 경제사정의 변화는 동산담보제도를 10년 전과는 당연히 다른 각도에서 고려하게 한다고 하면서, 가공재료를 담보로 하는 것(소위 Veredelungskredit)과 중소기업재단의 담보의 둘은 현재 긴급하게 해결되어야 할 문제임을 주장하였다. 전자에서의 문제는, 가공재료를 실제로 가공하여 새로운 물건이 만들어진 경우에는 독일민법 제950조가 적용되어 새로운 소유권이 창출되고 종전의 물건에 대한 권리는 소멸하므로 가공 전의 재료에 대한 담보파악이 불가능하다는 것이다. 이에 대하여는 위 제950조를 임의규정으로 개정하는 것으로 이 문제를 해결하자는 제안이 행하여졌다. 또한 후자에 대하여는 등기질권으로 대응하는 것이 제안되었다. 중요한 것은, 전회와는 달리, 이 두 제안은 모두 총회에서 가결되었다는 점이다.[49] 그 얼마 후에 등기질권제도를 개별적인 영역에서

47) 이상에 대하여는 *Verhandlungen des 15. Deutschen Juristentages*, S. 3ff., 72ff., 91ff., 337.

48) 그 사이에 일어난 제1차세계대전으로 말미암아 次回 대회는 전회 9년 후에야 비로소 이루어졌다. 독일법률가대회가 연이어 같은 주제를 다룬 것도 주목할 만하다.

49) 이상에 대하여는 *Verhandlungen des 32. Deutschen Juristentages 1922*, S. 185ff., 316ff., insb. S. 226, 203f.

인정하는 법률이 제정된 것도[50] 우연은 아닌 것인데, 그렇다고 해서 1920년대에 빈번하게 논의되었던 동산담보의 등기질권(즉 동산저당제도)이 일반적으로 채택된 것은 아니다.

한편 원래 제37차 대회는 양도담보(동산 및 채권의)와 소유권유보를 다시 한 번 다룰 예정이었으나, 1933년의 나치스 집권에 따른 정치적 대전환으로 인하여 이는 실행되지 못하였다.

(4) 제2차세계대전이 끝난 후 경제부흥이 힘차게 진행되고 있는 상황 아래서, 독일(서독)의 연방통상대법원은 1952년 10월 25일의 획기적인 판결로[51] 장래의 채권도 당사자 사이의 약관조항에 의하여 사전에 양도될 수 있음을 정면에서 긍정하는 태도를 취하였다. 이는 동산담보의 「연장(Verlängerung)」(이에 대하여는 앞의 Ⅱ.3.(2)(b)도 참조)을 허용하는 것도 의미하였다. 그리하여 1955년에 열린 제41차 대회에서는 다시 한 번 양도담보와 소유권유보를 과연 또는 어떠한 내용으로 법률로 규정할 것인지가 주제가 되었다. 이 대회에서는 감정의견 대신에 베스터만의 강연이 행하여졌다. 결론적으로 이 대회에서는 현재로서는 법률의 제정을 제안할 것이 아니고, 우선은 담보권을 혹 제한한다면 경제적으로 어떠한 영향을 미칠 것인지를, 또 외국에서의 규율내용과 경험을 면밀히 조사할 필요가 있다는 태도가 취하여졌다.[52]

(5) 그리고 1976년에 이르러 제51차 대회는 다시금 "동산담보의

50) 예를 들면 1926년 7월 4일의 「건조중인 선박에 대한 질권설정에 관한 법률(Das Gesetz über die Bestellung von Pfandrechten an im Bau befindlichen Schiffen)」, 1926년 7월 9일의 「농업용익임차인의 신용창출에 관한 법률(Das Gesetz betreffend die Ermöglichung der Kreditbeschaffung für landwirtschaftliche Pächter)」 등이 그러하다.

51) BGHZ 7, 365.

52) 이상에 대하여는 *Verhandlungen des 41. Deutscher Juristentages, Berlin 1955* (1956), Ⅱ F 1-81.

개혁을 위하여 법률적 조치가 바람직한가?"를 주제로 택하였다. 이 주제에 대한 감정의견으로 쓰여진 것이 바로 이하에서 살피려고 하는 울리히 드로브니히의 글이다.[53]

2. 드로브니히는, 독일의 동산담보제도의 기본적인 문제점으로서 다음의 둘을 든다.

하나는, 각종의 담보적 권리가 지나치게 범람한다는 것, 그리고 그것이 주된 원인이 되어 채무자(또는 담보제공자)가 무자력이 된 경우에 일반채권자들에게 돌아갈 수 있는 책임재산이 극히 한정된 범위에서만 남게 된다는 것("파산재단의 공동화")이다.[54] 이 문제점에 대하여는 아래의 3. 내지 8.에서 검토된다.

다른 하나는, 각각의 담보적 권리에 일정한 법기술적 흠이 있다는 것이다. 그 예는 여러 가지의 담보권 간의 충돌 내지 경합의 장면에서 드러나기도 하는데, 또 채권양도를 약정에 기하여 제한하는 것

53) Ulrich Drobnig, Empfehlen sich gesetzliche Maßnahmen zur Reform der Mobiliarsicherheiten?, Gutachten F für den 51. Deutschen Juristentag(1976), S. 1-97(이 글이 수록된 資料의 이름에 대하여는 앞의 註 39 참조). 이하 이 글은 면수만으로 인용한다. 이 역시 앞의 註 12에서 본 倒産法 시행 전의 문헌으로서, 破産法을 전제로 하고 있다. 또 이하 인용하는 문헌은 Lehmann(註 57) 등을 제외하고는 위 意見書로부터의 재인용임을 밝혀 둔다.

54) 이와 관련하여 드로브니히는 흥미로운 자료를 제시하고 있다(S. 25). 1954년부터 1974년까지 사이에 독일에서 행하여진 파산절차 중에서 파산채권자가 얻은 채권만족의 비율(Deckungsquote)을 우선채권자와 일반채권자로 나누어 살펴보면 다음과 같다(단위는 백분율).

연도	우선채권자	일반채권자	연도	우선채권자	일반채권자
1954	60.8	9.2	1970	43.5	4.5
1957	51.6	9.0	1971	31.4	4.7
1960	54.3	9.1	1972	32.1	3.2
1963	44.5	6.9	1973	31.5	5.0
1966	43.1	4.9	1974	32.9	3.1
1969	35.1	7.1			

에 따르는 불이익 등도 이에 속한다. 이에 대하여는 아래의 9.에서 검토된다.

그에 의하면, 이 중에서도 前者에 대한 개정노력이 전면에 나서야 한다. 왜냐하면 이 문제는 수많은 다른 채권자, 특히 일반채권자의 이해관계에 직접적인 영향을 미치며, 나아가 그 개정의 내용이 되는 담보적 권리의 「제한」은 간접적으로는 후자의 문제, 예를 들면 담보권 간의 경합의 문제와도 일정한 연관이 있기 때문이다. 그리고 그것을 검토하는 과정에서 지금까지 제안된 각종의 개정의견, 그리고 외국의 규율예 등에 대하여도 일정한 평가가 행하여진다.

3. 드로브니히는 우선 **비점유동산담보의 공시문제**에 대하여 다룬다(S. 56-64).

(1) 그는 우선 다른 나라의 예를 보면 대체로 등기가 비점유동산담보권의 성립요건이나 제3자대항요건임을 확인한다. "전적으로 공시와 무관한 우리와 같은 법체계는 세계에서 거의 유일하다"(S. 57). 그리고 1970년에 열린 「신용보호를 위한 제2차 국제회의」에서도 동산담보권의 공시를 요구하고 외부로부터 알 수 없는 담보권에 대하여는 파산 및 강제집행절차에서 효력을 부인한다는 決議가 이루어졌음을 지적한다(同所, Fn. 167).

나아가 그는 독일에서도 공시가 전부터 계속적으로 요구되어 왔음을 상기시킨다. 이러한 요구는 일차적으로는 양도담보(또는 그에 대체하는 등기질권 또는 동산저당권)에 대하여 제기되었는데, 특히 1921년의 제32차 독일법률가대회의 결의(앞의 1.(3) 참조)가, 또 1937년의 독일법아카데미를 대변한 레만의 개정제안이[55] 그러하다. 1926년에는 유통업계에서 등기질권에 관한 법안을 제국의회에 제출하였으나, 이

55) 이에 대하여는 뒤의 (3)(c) 참조.

는 금융기관의 반대와 제국법무부의 회의적 태도로 좌절되었었다. 제2차세계대전 후에도 그러한 요구는 그치지 않고 있다. 그것은 파산관재인측으로부터 가장 빈번하게 제기되는데, 그 외에 경제형법학자, 나아가 일부의 금융기관, 또 학계로부터도 나온다.

(2) 공시의 도입에 찬성하는 견해는 이에 다음과 같은 利點이 있다고 주장한다(S. 58).

첫째, 제3자에 대하여는 채무자의 재산상태의 진상에 관한 정보를 제공한다. 이로써 특히 채무자에게 신용을 제공할 것을 고려하는 자로서는 다른 채권자의 담보권과의 경합을 피할 수 있게 된다.

둘째, 채무자에 대하여는 담보설정에 보다 소극적이 되게 한다. 왜냐하면 사람들은 통상 자신의 담보제공사실 및 그를 통하여 채무부담사실이 공공연하게 알려지는 것을 꺼리기 때문이다.

결국 공시는 한편으로 담보설정 자체를 줄일 수 있게 하고, 다른 한편으로 담보권 사이의 경합을 피할 수 있게 한다는 것이다.

(3) 공시의 방법으로서는 등기와 증서를 생각할 수 있다. 그는 우선 등기에 의한 공시(Register-Publizität)에 대하여 검토한다(S. 58-60).

(a) 먼저 무엇을 등기사항으로 할 것인지가 문제된다. 담보계약의 당사자는 물론 기재되어야 하겠지만, 드로브니히에 의하면, 담보목적물의 상세한 목록과 피담보채권이 반드시 등기되어야 하는 것은 아니다. 특히 전자는 목적물이 영업재산에 속하는 경우에는 필연적으로 그 내용이 변동되기 때문에 쉽사리 할 수 있는 것도 아니다. 그렇기 때문에 몇몇 외국에서는 재고상품이라거나 기계라거나 하는 목적물의 종류만을 기재하도록 하거나(미국의 UCC § 9-402 (1). 앞의 Ⅲ.2.(2)(a) 도 참조),[56] 단지 아예 채무자의 이름만을 기재하도록 하는 것이다(영

56) 미국의 경우에는 다시 담보채권자에게 채무자의 요청에 따라 채무자에게 목적물의 범위에 대한 정보를 제공할 의무가 과하여진다고 한다(UCC § 9-208 참조).

국의 流動擔保 floating charge의 경우).

드로브니히는 독일의 경우에도 이 정도의 「추상적 등기」만이 고려될 수 있다고 한다. 특히 독일의 업계에는 상세한 영업정보를 開示하는 것에 대한 주저가 뿌리깊게 자리잡고 있음을 생각하면 더욱 그렇다고 한다.

(**b**) 그러나 드로브니히는 결론적으로 등기에 의한 공시에 회의적이다.

위와 같은 등기에는 「일반적 경고(pauschale Warnung)」의 기능만을 기대할 수 있는데, 그것을 위하여 그러한 등기의 기재와 변경을 유지·관리하고 또 제3자에게 정보를 제공하는 것에 따르는 엄청난 「비용」을 감수하여야 할 것인가? 오히려 그러한 제도의 도입은 단지 신용제공의 비용을 더욱 많이 들게 하지 않을까? 또한 한편으로 새로운 재화의 경우에는 그것이 신용으로, 따라서 소유권유보매수로 획득되는 일이 흔하다는 것이 상인이나 법률가들에게 일반적으로 잘 알려져 있다. 다른 한편으로 전문적 금융기관의 금전신용에 대하여 보면, 그들은 일반적으로 담보로 제공된 목적물의 법률관계를 보다 철저하게 조사하므로, 어차피 등기부는 불필요할 것이다.

(**c**) 1936년에 레만은, 상인이 그의 영업재산에 속하는 집합물의 전부 또는 일부 또는 그의 미수금채권의 전부 또는 상당 부분에 담보를 설정하는 경우에는 그 담보계약증서를 관할 등기소에 제출할 의무를 부과할 것을 제안한 바 있다.[57] 그러한 담보설정은 채무자의 신뢰성을 판단하는 데 특히 중요하며, 그 경우에는 후발채권자의 권리와의 충돌가능성도 매우 높다. 그리고 등기제도를 유지하기 위한 비용

57) Heinrich Lehmann, *Reform der Kreditsicherung an Fahrnis und Forderungen. Denkschrift (nebst Gesetzesvorschlag) auf Grund der Beratungen des Ausschusses für Personen-, Vereins- und Schuldrecht der Akademie für Deutsches Recht* (1937), S. 73 u. 81.

도 훨씬 덜 든다는 것이다.

그러나 드로브니히는 이러한 「제한적 등기의무(partielle Eintragungspflicht)」의 제안에 대하여도 회의적이다. 이 제안의 결정적인 난점은 채무자가 가지는 집합물이나 미수금채권의 일부에 대하여만 담보가 설정되는 경우를 개별목적물에 대한 담보설정과 구별할 수 있겠는가 하는 점에 있다는 것이다.

(4) 다음으로 증서에 의한 공시(Brief-Publizität)를 검토한다(S. 60-62).

(a) 독일의 확고한 판례에 의하면, 중고자동차 거래에서 자동차등록증의 제시가 없었던 경우에는, 양수인 등의 중과실을 이유로 그의 선의취득이 배제된다고 한다. 그리하여 사실상 등록증의 제시는 거의 예외 없이 행하여지는데, 중고자동차에 담보권을 취득한 채권자는 그 등록증을 留置함으로써 채무자의 무권한처분을 많은 경우에 사실상 막을 수 있고, 그 후에 자동차를 담보로 신용을 제공하려는 채권자로서도 상대방이 등록증을 제시하지 못하면 신용을 제공하지 않기 쉽다. 이러한 기능을 가지는 증서를 다른 종류의 동산에 일정한 범위에서 도입하면 어떤가? 실제로 독일에서는 1950년대 말에 뮤직박스에 대하여, 그리고 건설장비나 훨씬 전에는 자전거에 대하여도 유사한 증서제도가 업계에서 시행되었다고 한다.[58]

(b) 드로브니히는 이 제도가 汎用될 수 있는지에 대하여 회의적이다. 자동차등록증이 거래에서 위와 같은 기능을 수행할 수 있었던 것은, 그것이 공적 증서로서 그 위에 기재된 번호에 의하여 목적물의 동일성을 쉽사리 식별할 수 있고 특히 위조가 사실상 불가능하였다는 사정, 그리고 관련자들 사이에서 당해 물건에 대한 거래가 증서의 제

58) 이상의 예에서 볼 수 있는 대로 드로브니히가 말하는 「증서에 의한 공시」는 대체로 우리 법상으로는 동산등록제도에 대응하는 것이라고 말할 수 있다.

시만으로 별다른 위험 없이 행하여질 수 있다는 관념이 공적인 강제 없이 그들 자신의 주도에 의하여 일반화되었다는 사정에 의한 것이라고 한다. 이러한 조건을 갖추는 동산은 한정될 수밖에 없는 것이다.

(5) 나아가 드로브니히는 소위「내적 공시(interne "Offenkundigkeit")」, 즉 채무자 자신에 의하여 행하여지는 공시에 대하여도 언급한다. 즉 채무자 스스로가 자신의 재산 위에 설정된 담보권을 제3자에게 개시하는 수단을 강구하는 것이다(S. 63-64). 그 방법을 구체적으로 보면, 하나는, 商人에 대하여「擔保提供帳(Sicherungsbuch)」을 작제하여 그에 담보계약증서를 시간적인 순서대로 편철·보관할 의무를 부과하는 것이다. 다른 하나는, 대차대조표(Bilanz)상에 담보제공 상황을 기재하도록 하는 것이다.[59)]

그러나 이들 방법은 드로브니히 스스로 인정하는 대로 그 신뢰성에 문제가 있고, 나아가 그 기재에 어떠한 私法的 效力이 주어지는 것은 아니다. 그러므로 여기서 더 이상 언급하지 않기로 한다.

4. 이어서 **담보계약**의 要式化가 논의된다(S. 64-68).

(1) 단순한 서면방식을 요구하는 것은 담보계약 당사자의 법률관계를 명확하게 하는 데 기여할 것이나, 이는 계약법의 문제이고 담보법과는 일단 무관하다. 나아가 드로브니히는 일반거래약관의 방식으로 행하여지는 소유권유보약정에 있어서는「연장된 소유권유보」를 금지하자는 하겐뮬러의 제안에[60)] 대하여 검토하고, 이 문제는 당사자

59) 종전의 주식법 제151조 제5항 제1문 제4호에서는 대차대조표의 기재사항으로 타인의 채무를 위하여 제공된 담보가, 또 동법 제160조 제3항 제7호에서 영업보고서(Geschäftsbericht)의 기재사항으로 자기의 채무를 위하여 제공된 담보가 규정되어 있었다.

60) Hagenmüller, *Die wirtschaftlichen Auswirkungen einer etwaigen Reform des Rechts der Kreditsicherheiten*, Bd. 1: Text (unveröffentlichtes Gutachten für den Bundesminister für Wirtschaft, ca. 1963), S. 60f. 참조.

들의 자유에 맡기는 것이 낫다는 결론을 내린다(S. 64-66). 유보매수인이 경제적으로 강자인 경우에 그 스스로가 원하여 그와 같은 특약을 하는 것까지 막을 이유는 없다는 것이다.

(2) 이태리, 스페인 등 일부의 프랑스법계 나라에서는 소유권유보에 대하여 등기를 요구하지는 않으나 제3자대항요건으로 確定日字가 요구된다고 한다. 이로써 당사자들이 담합하여 담보계약의 날짜를 앞당기는 일을 막을 수 있다는 것이다. 독일에서도 이러한 주장을 하는 견해가 있다. 그러한 일이 얼마나 행하여지는지 정확하게 알 수도 없는 터에, 확정일자를 받는 데 드는 비용이나 수고를 고려한다면 이 역시 쉽사리 따를 수 없다는 것이 드로브니히의 결론이다(S. 67-68).

5. 또한 **소유권유보와 양도담보의 「확장」을 제한**하는 것에 대하여 논한다(S. 68-77).

(1) 단순한 소유권유보나 단순한 양도담보를 제한하는 것에 대하여 드로브니히는 ―밀거와는 반대로― 이들은 이미 민법전이나 관습법에 확고한 시민권을 획득한 담보형태로서 이들을 새로운 입법에 의하여 「절멸」시키는 것은 생각하기 어렵다고 한다.[61] 그런데 문제는 이들의 「확대형태」, 즉 우선 그 수직적 연장(vertikale Verlängerungen)으로서 담보권이 매매대금채권에 미친다거나 加工이나 附合의 결과로 생긴 새로운 물건에도 미친다는 등의 특약이 행하여지는 형태, 나아가 그 수평적 확장(horizontale Erweiterungen)으로서 다른 거래에서 생긴 채권도 담보하도록 한다는 등의 유형이다. 이들은 특히 담보적 권리 간의 충돌을 야기하는 원인으로서 그 법정책적인 한계를 어디에서 설정하여야 할 것인지 신중한 고려를 요한다.

61) 한편 Münzel, Eigentumsvorbehalt und Sicherungsübereignung, *MDR* 1951, S. 129 ff.는, 강제집행과 파산에서 소유권유보와 양도담보에 어떠한 효력도 부여하지 않는 것을 제안한 바 있다.

(**2**) 그는 우선 그 수직적 연장형태(앞의 Ⅱ.3.(2)(b) 참조)에 대하여 검토한다.

(**a**) 먼저 이를 완전히 금지하는 것은 어떠한가?(S. 71-74) 이미 레만은 이를 제안한 바 있다.[62]

다른 나라의 예를 보면, 일반적으로 등기주의를 취하는 경우에는 「연장」에 관한 등기가 불가능하므로 이는 허용되지 않는다. 또한 프랑스법계의 나라에서는 일반적으로 채권양도에 채무자에의 통지가 요구되어서 역시 문제가 있다.[63] 또한 가공 등의 경우에 담보파악이 가능하거나 실행되고 있는 나라는 거의 찾아볼 수 없다. 그러나 오로지 미국의 경우에는 이와는 달리 법률상 당연히 원래의 목적물의 「대체물」에도 권리가 미친다고 정한다(UCC § 9-306 (2) 내지 (5) 참조). 독일·미국과 다른 나라들 사이의 이 차이는 한 기업이 기업자산 전체를 포괄적이고도 계속적으로 담보의 목적으로 할 수 있는가에 대한 관념의 相異에서 나오는 것으로 설명된다.

드로브니히는 한편으로 담보권자가 원래의 담보목적물의 변형물을 여전히 담보로 잡으려는 것은 경제적으로 정당한 일임을 인정한다. 만일 이러한 담보의 「연장」을 허용하지 않는다면, 여신자는 언제라도 담보의 보충(소위 연결담보 Anschluß-Sicherheiten)을 요구할 수 있는 권리를 애초의 계약에서 확보하려고 할 것이다. 그런데 다른 한편으로 일반채권자를 보다 실효적으로 보호할 필요에 비추어 보면 이를 금지할 것이 요구되기도 한다. 그리하여 그는 동산을 설비용(Anlagegut)과 유통용(Umlaufmittel)으로 나누어, 후자에 그 금지를 한

62) Lehmann(註 57), §§ 4, 20 참조.

63) 그리하여 프랑스에서는 담보목적물이 제 3 자에게 매도되는 경우에는 그 매수인이 환어음을 인수하여 매도인에게 교부하고 매도인이 이를 채권자은행에게 다시 양도하는 방법이 이용된다고 한다. Mezger, *Kollision zwischen der dinglichen Sicherung von Lieferantenkredit und Bankkredit* (Arbeiten zur Rechtsvergleichung, Bd. 23, 1964), S. 17 ff. 참조.

정하는 방안을 생각해 보기도 한다.[64]

그리고 최종적으로 이 문제에 대한 결론은 각각의 제안이 미칠 「사실적 영향」을 확인하기 전에는 쉽사리 내릴 수 없다고 하여 유보적인 태도를 취한다(S. 98도 참조).

(b) 나아가 그는 이 연장형태에서 담보권이 원래 목적물의 가액에 한하여 미치는 것으로 제한하는 것은 어떨지를 검토하여, 밀거와 마찬가지로(앞의 Ⅲ. 2.(4)(c)의 말미 참조) 이를 긍정한다(S. 69-71).

원래의 담보목적물은 채무자에 의하여 가공 또는 부합되거나 제 3자에게 양도됨으로써 그 가치가 상승된다. 만일 그러한 채무자의 활동이 금전여신자가 제공한 자금에 의하여 뒷받침된 것이라면, 그 가치상승분은 금전여신자가 이를 파악하려 할 것이고, 만일 그 기여가 채무자 자신에게 돌아가는 것이라면 일반채권자가 이를 파악할 수 있어야 할 것이다. 소유권유보에서의 「연장특약」에서는 이를 고려하여 원래의 유보목적물의 가액범위 내에서만 연장을 인정하는 약정이 행하여지고 있고, BGH의 판례도[65] 이를 전제로 그러한 특약의 의미를 원래의 매매대금의 범위 내라고 해석한다. 이는 양도담보의 경우에도 적용되어야 할 것이다. 이렇게 하면 다수의 담보권이 충돌 내지 경합하는 일도 상당히 피할 수 있을 것이다.[66]

---

64) 최근 일본의 동산담보개혁논의에서 동산 일반이 아니라 集合動産에 한정하여 진정양도인지 담보 목적인지를 불문하고 登記制度를 채용함으로써 문제를 해결하자는 주장이 제기되었다. 産業經濟省 企業法制硏究會, 企業法制硏究會(擔保制度硏究會) 報告書 ―「不動産擔保」から「事業の收益性に着目した資金調達」へ― (2003. 1), 29면 이하; 座談會 資金調達手法の多樣化と新しい擔保制度, ジュリスト 1238號(2003. 2), 2면 이하, 특히 7면 이하 참조. 여기서의 집합동산은 대체로 「유통용 동산」에 대응하는 것으로서, 드로브니히가 여기서 논의의 대상으로 한 「설비용 동산」과 「유통용 동산」의 구분이라는 視角과 일맥상통하는 점이 없지 않아서 흥미롭다. 일본의 동산담보개혁논의에 대하여는 別稿에 미룬다.

65) NJW 1964, 149의 1963년 10월 23일 판결 참조.

66) 그런데 이러한 「자기제한적」 특약이 행하여지지 아니한 경우에는 어떻게 할 것인지에 대하여는 별다른 언급이 없다.

(3) 그는 이어서 수평적 확장형태에 대하여 검토한다(S. 74-77). 여기서는 소위 「상호계산약정(Kontokorrentklausel)」에[67] 대하여 보기로 한다.[68] 이러한 확장형태는 당해 담보목적물에 대하여 피담보채권이 변경되는 「계속적 담보권(Dauer-Sicherheitsrecht)」을 설정하는 것과 같아서, 그것을 사실상 채무자의 책임재산으로부터 이탈시키는 결과를 가져오고 또 다른 담보권과의 충돌을 일으킬 가능성이 크게 된다. 그러나 채권자로서는 이러한 담보형태를 획득하는 데 이익이 있음은 물론이다. 드로브니히는 결론적으로, 만일 앞의 (2)에서 본 연장형태에 관하여 이를 전적으로 금지하는 태도를 취한다면, 「경제적으로 정당한 확장형태」인 이러한 상호계산약정에 대하여는 관용적인 태도를 취하여야 할 것이고, 반대로 그 연장형태를 인정한다면 적어도 아무런 범위제한이 없는 상호계산약정은 허용될 수 없을 것이라고 한다.

6. 또 **담보목적물을 대상적으로 또는 양적으로 제한하는 문제**를 다룬다(S. 80-82).

(1) 우선 대상을 제한할 것인가를 보면, 프랑스법계의 나라에서는 특별법률로 정한 일정한 동산만을 비점유담보권의 대상으로 허용하는데, 반대로 영미법계에서는 그 대상에 제한을 두지 않는다. 독일에 관하여 드로브니히는, 일정한 종류의 물건을 배제하는 것은 특정한 이해집단을 위하는 것일 뿐, 경제적 수요의 변화에 적절하게 대응하지 못하게 하므로, 일반적으로 그 대상에 제한을 두지 않는 태도가

---

67) 앞의 註 24도 참조. 이는 다시, 계속적 거래관계로 인하여 발생하는 개별 채권이 담보의 대상이 되지만 그 내용이 증감변동하는 경우와, 채권자가 채무자에 대하여 가지는 채권 전부의 잔고액(Saldo)이 담보되는 경우로 나눌 수 있다.

68) 드로브니히가 다루는 수평적 확장형태 중에서 소위 「콘체른유보」에 대하여는 1999년 1월 1일 이래 그 효력이 부정되고 있으므로(이에 대하여는 앞의 註 25 참조), 여기서 다루지 아니한다.

적절하다고 한다.

(2) 양적 제한을 가하는 나라는 찾아보기 어렵다. 그런데 독일에서 클라우징은 채무자재산의 50%는 일반채권자의 만족을 위하여 담보권을 설정하지 못하도록 하여야 한다는 제안을 한 바 있고, 또 경제학자측으로부터 그 50%는 금융기관, 즉 금전여신자가, 나머지 50%는 물건여신자를 포함한 私人에게 배정되어야 한다는 제안이 있기도 하였다.[69]

그러나 이러한 양적 제한은, 첫째, 채무자 각각의 구체적 사정이 다른데도 일률적인 비율을 과하는 것이어서 자의적이고, 둘째, 그러한 비율 설정에 의하여 일반채권자의 만족이 확보된다고 할 수 없는 것이 채무자는 그 부분을 달리 처분해 버리거나 개별적 강제집행에 의하여 소진될 것이기 때문이다.

7. 한편 **기업저당권**(Unternehmenshypothek)에 대하여도 논의된다(S. 82-85).

여기서 그는 외국의 가장 성공한 형태인 영국의 유동담보(floating charge)의 제도 등을 검토한 다음, 그것을 독일에 도입하는 것에 반대하는 태도를 취한다. 독일에는 그 제도의 개별적 내용에 깊은 연관을 맺고 있는 보통법과 형평법의 구분이 없고, 또 무엇보다도 그 제도는 한 사람의 금전여신자만을 우대하는 것으로서, 독일에서는 금전신용과 물품신용이 동등하게 중요성을 가진다는 입장에서 출발하지 않으면 안 된다는 것이다.

---

69) Klausing, Neue Formen der Kreditsicherung(das "öffentliche Schuldbuch"), *Siebenter Deutscher Juristentag in der Tschechoslowakei. Gutachten*(1935), S. 348ff.; Siedschlag, *Ansatzpunkte zu einer Reform des Insolvenzrechts(Konkurs und Vergleich) anhand neuerer Erfahrungen*(Wirtschaftswiss. Diss. Freiburg 1971), S. 109 참조.

8. 도산절차에서의 담보권의 취급은 중요한 문제이다(S. 85-91). 담보권이 일차적인 의미를 가지는 것은 채무자가 도산하였을 때이고, 이 상황에서야말로 모든 물권은 자신의 존재가치를 증명한다.

(1) 우선 채무자가 지급불능상태에 빠지기 전 일정 기간 내에 행하여진 담보제공을 보다 용이하게 채권자취소권 또는 부인권의 대상으로 삼는 것이 생각될 수 있다(S. 85-86). 앞의 1.(2)에서 본 대로 1912년의 제31차 독일법률가대회에서도 이 문제가 양도담보의 제공과 관련하여 논의되었는데, 드로브니히는 채권자취소권제도의 틀 안에서 그와 같이 주관적 요건을 완화할 것이 아니라, 일정한 「위기기간」 동안에 취득한 담보권은 주관적 의도의 입증이 없어도 파산채권자에 대항할 수 없도록 정하는 것이 바람직하다고 한다. 그리고 1970년 2월에 발표된 유럽경제공동체의 「파산, 화해 및 유사절차에 관한 협정 예비초안」[70]에서 "담보설정 전에 성립한 채무를 위하여 파산절차의 개시 전 1년 안에" 설정된 모든 계약상 담보권을 파산채권자에게 대항할 수 없다고 정한 것을 인용한다.[71]

(2) 담보권자가 도산절차에서 어떠한 권한을 가지는가에 대하여도 검토를 요한다(S. 86-88). 특히 문제가 되는 것은, 담보권자가 가치있는 기계나 설비와 같은 담보목적물을 取去함으로써 그렇지 않아도 어려운 도산계획의 실행을 거의 불가능하게 만든다는 점이다. 담보권자가 채무자의 도산에 대비하여 자기 채권의 만족을 확보하는 것은 물론 나무랄 것이 없으나, 채무자가 도산한 이상 이제 담보채권자도 일반채권자도 모두 「위험공동체(Gefahrengemeinschaft)」의 일원으로서 다른 채권자의 이익에 일정한 배려를 하여야 한다. 이러한 관점에

70) Vorentwurf eines Übereinkommens über den Konkurs, Vergleiche und ähnliche Verfahren v. 16. 2. 1970, *RabelsZ* 36(1972), 734ff. 참조.

71) 동 예비초안 제4조 B 2. 한편 영국의 Companies Act 1948, s. 322 (1)도 「유동담보(floating charge)」에 대하여 같은 취지를 정한다고 한다.

서 담보권자는 도산절차에서 다음과 같은 지위가 부여되는 것이 바람직하다.[72)]

첫째, 도산절차가 신청되면 바로 담보권자의 환취나 별제는 일단 유예된다.

둘째, 목적물의 환가는 독일파산법 제127조 제1항의 원칙에 좇아 파산관재인의 권한에 속한다. 파산관재인은 일정 기간 안에, 그 환가를 담보채권자에게 위임할 것인지, 스스로 실행할 것인지, 아니면 당분간 또는 지속적으로 사용을 계속할 것인지를 선언한다. 뒤의 두 경우에 담보권자는 당분간 또는 당해 절차 중 계속해서 파산채권자의 지위에 서게 된다.

셋째, 독일파산법 제63조 제1호에 정하여진 이자지급의 중지는 담보부 채권에도 해당된다.

넷째, 그 평가가 담보채권자에게 위임된 담보목적물의 확정과 평가에 소요되는 비용은 담보채권자가 부담한다.

(3) 일반채권자를 위하여 파산재산의 일정 비율(가령 20%)을 남겨 두어야 한다는 제안이 일반채권자도 그들의 자금으로 채무자의 경제적 능력을 제고하는 데 기여하였고 이로써 담보채권자도 간접적으로 이익을 얻었다는 이유로 행하여지고 있다(S. 89-90). 그러나 드로브니히는 이에 반대한다. 그러한 유보 또는 어떠한 정도의 유보가 실제로 얼마나 일반채권자의 만족비율을 높일지 알 수 있는 자료가 없는 한편, 그것은 담보채권자를 명백히 해하여 그 경제적 효과를 예측할 수 없게 하기 때문이다.

(4) 또한 드로브니히는 도산절차에서 국가 또는 지방자치단체 등의 조세 등 채권에 인정되는 특권(소위 Fiskusprivileg. 독일파산법 제

---

72) 이러한 提案이 그 후에 제정된 도산법의 내용(예를 들면 앞의 Ⅱ.2.(3)(a) 및 3.(3)(a)(i) 참조)에 어느 만큼의 영향을 미쳤는가는 면밀한 검토를 요한다.

61조 제2호 참조)은 제한되어야 한다고 주장한다(S. 90-91).

9. 이상과 같이 담보권의 제한에 관한 입법론적 평가를 행한 후에, 드로브니히는 현재의 법상태에 관하여 그 **「이론적 구조」의 적절성**을 검토한다(S. 93-97).

(1) 양도담보나 소유권유보와 같은 비점유동산담보제도에서는 담보의 목적으로 소유권 자체를 이전한다는 점에서 "그 민법상의 형식과 담보에 제한된 경제적 목적 사이에 불합치"가 존재한다. 원래 용익과 처분은 소유자의 권한에 속하는 것인데, 여기서는 그것이 직접점유자에게 인정된다. 또한 담보의 목적이 제대로 충족된 후에도, 즉 피담보채권이 변제 등으로 소멸된 후에도, 여전히 채권자가 소유자로 있어서 그로부터 채무자에게 다시 양도되어야 한다.

그리하여 가령 양도담보에 있어서는, 제릭의 말을 빌리면, "담보소유권에 소유권과 질권 유사의 권리 사이에서 유동하는 形象이 인정되어, 소유자로서의 법적 지위가 어떤 경우(예를 들면 담보목적물을 계약에 반하여 처분하는 경우)에는 수탁자[즉 채권자]에게, 어떤 경우(예를 들면 채권자의 파산시)에는 신탁자[즉 채무자]에게 인정된다."[73] 그러므로 개별 문제를 적정하게 해결하려면 그때그때마다 관련되는 利害를 면밀하게 분석할 필요가 있게 된다. 다행히 통상의 경우들에 대하여는 많은 재판례의 집적으로 불명확한 점이 대체로 없게 되었다고 하지만, 예외적인 경우의 처리에 관하여는 아직도 법적 안정성이 확보되었다고는 말하기 어렵다. 이상은 소유권유보에서도 다를 바 없다. 특히 소유자 아닌 매수인에게 「기대권」을 인정하여 그 물권적 또는 준물권적 지위를 부여하는 것에 따르는 착잡함을 생각하여 보면 이는 쉽사리 이해될 수 있다.

---

73) Serick, *Eigentumsvorbehalt und Sicherungsübereignung*, Bd. 2(1965), S. 95.

한편 민법 외의 영역, 예를 들면 세법이나 기업회계법이나 보험법에서는 담보목적물을 그 민법상의 소유자에게 귀속되는 것이 아니라 채무자에게 귀속되는 것으로 취급한다. 또한 학설상으로는 이러한 「소유권구성」에 대하여 반대하는 견해도 없지 않다. 예를 들면 레만이 그러한데, 그는 양도담보권의 제한물권적 성질을 강조한다.[74]

(2) 드로브니히는, 비점유동산담보제도를 법이론적으로 새롭게 구성하여, 단일한 담보물권(einheitliches Sicherungsrecht)을 제안하는 것이 불가피하다고 한다. 이로써 앞서 본 불안정성을 제거하고, 민법 이외의 분야와의 통일성을 달성할 수 있다는 것이다. 그런데 그에 있어서 레만과 같이 소유권유보를 별도로 취급하는 것은 바람직하지 않다. 양도담보와 소유권유보는 동일한 목적을 추구하는 비점유동산담보제도로서 같이 다루어져야 한다.[75] 특히 소유권유보와 양도담보는 그 확장형태에 있어서는 이미 동일한 모습을 보여주고 있는 것이다. 물론 이것이 물품신용을 모든 점에서 금전신용의 경우와 같이 처리되어야 함을 의미하는 것은 아니지만 말이다.

이와 같이 「기능적으로 분화된 分枝를 가지는 단일한 담보물권」으로서 모범이 되는 것은 미국의 통일상사법전 제 9 장에서 규정되어 있는 「담보권(security interest)」의 제도이기는 하다. 그리고 법의 역사나 비교법도, 담보의 수단으로 소유권구성을 취하는 시기는 어디까지나 하나의 과도적 단계로서, 다소간 빠른 시일 내에 담보물권으로 정련되어 가는 것이다.

드로브니히는, 그러나 아직 담보법 전체를 포괄적으로 새롭게 입

74) Lehmann(註 57), S. 32ff. 참조. 그러나 그는 소유권유보에 대하여는 유보매도인의 소유권을 기본적으로 긍정한다.

75) 同旨: Gravenhorst(註 34), S. 494ff. 참조. 한편 Reich, Funktionsanalyse und Dogmatik bei der Sicherungsübereignung, *AcP* 169 (1969), S. 247ff.는 소유권유보매수인의 「기대권」을 양도담보에 확장함으로써 「단일한 구성」을 달성하려고 시도한다.

법화할 단계는 아니라고 한다. 그에 이르기까지는 아직 학문적인 차원에서 본원적인 논의를 요하며, 실무와 이론 간의 집중적인 대화가 필요하다고 결론짓는다.

V. 小 結

1. 이상에서 본 바와 같이 독일민법에서 법정된 동산담보권으로서의 動産質權은 그의 점유질원칙으로 말미암아 비점유동산담보권에 대한 광범위한 수요를 충족할 수 없다. 이러한 수요에 대처하기 위하여 독일의 실무는 양도담보와 소유권유보라는 두 가지 제도를 발전시켰다. 이들 제도는 채권자가 담보목적물의 소유권을 보유한다는 점, 또「담보권」의 존부 및 내용을 대외적으로 공시하는 수단을 결여하고 있다는 점에서 공통된다. 그리고 양자는 모두 그 수직적 연장형태 또는 수평적 확장형태가 빈번하게 약정된다. 또한 양도담보는 채무자가 장래 취득하는 불특정의 동산에 대하여도 설정될 수 있다.

2. 일반적으로 이러한 독일의 비점유동산담보제도에는 기본적으로 두 가지 약점이 있다고 인정되고 있다.

하나는, 채권자가 담보목적의 충족을 위하여 필요한 것 이상의 법적 권리를 취득한다는 것이다. 그리하여 채무자(담보제공자)와 일반채권자로서는 그 담보목적물이 채무자의 책임재산으로부터 아예 배제된 것과 같은 지위에 서게 되기도 한다. 그러므로 채무자는 그 목적물을 다시 담보로「이용」할 수 없게 되고, 특히 일반채권자는 책임재산의 부족("파산재단의 공동화")으로 자기 채권의 만족을 얻기가 현저하게 어렵게 된다.

다른 하나는, 공시가 결여되어 있다는 것이다. 이는 채무자에게 새로 신용을 제공하려고 하는 사람이 채무자의 자산상황을 파악하는 데 지장을 주어서, 경우에 따라서는 채무자의 자력을 오해한 사람으로 하여금 「무의미한」 신용을 제공하게 하게 한다. 그리고 그러한 사정은 즉각 개시되었어야 할 파산절차의 도입을 불필요하게 지연시키고, ──파산채권의 증가로 말미암아── 일반 채권자들의 파산절차상의 만족을 더욱 악화시키는 결과를 낳았다.

3. 이러한 문제점에 대처하기 위한 방안을 찾기 위하여 일찍부터 넓은 범위에서 논의가 행하여져 왔다. 그것은, 담보계약에 서면을 요구하거나 「연장」 또는 「확장」의 여러 형태를 다양하게 제한하는 것에서부터 비점유동산담보권을 일반적으로 法定하고 부분적으로 또는 전면적으로 등기에 의하여 이를 공시하는 근본적인 대처에 이르기까지 실로 다양한 방안을 제시한다. 후자의 방안에 관하여는 미국 통일상사법전에서 정하여진 「담보권」이 하나의 모범으로 인식되어 왔다.

그러나 아직도 논의는 결론을 보기에 이르지 못하고 있다. 그것이, 독일에서의 재판 및 거래의 실무가 지혜롭게 양도담보와 소유권유보의 법률문제를 대체적으로 현명하게 해결하여 이들 비점유동산담보제도의 결정적 파국을 막아 왔기 때문인지, 아니면 법률에 정하여진 담보제도의 전면적 개정을 꺼리는 「관성」 때문인지는 필자가 쉽사리 판단할 수 없는 바이다.

(서울대 法學 44권 2호(2003), 1면 이하 所載)

6. 破産節次上의 相計
──소위 「相計權의 擴張」에 대한 立法論的 再考를 포함하여──

Ⅰ. 序 ── 論議의 限定

1. 파산이나 회사정리 또는 화의 등의 도산절차에서의 상계의 문제에 대하여는 이미 발표된 약간의 연구가 있다.[1] 그리고 법원의 파산 또는 회사정리의 실무를 정리한 실무편람류의 문헌에서도 상계가 다루어지고 있다.[2] 아래에서는 우선 정보의 전달이라는 관점에서 이들 문헌, 그리고 약간의 일본자료에[3] 의존하여 도산절차에서 상계

1) 李敏杰, "회사정리절차상의 상계와 부인권", 민사판례연구 17집(1995), 313면 이하; 趙炳顯, "파산절차상의 상계권 행사", 재판자료 제83집: 파산법의 제문제[하](1999), 321면 이하; 金東潤, "회사정리절차 및 화의절차에 있어서의 상계의 제한", 재판자료 제86집: 회사정리법·화의법상의 제문제(2000), 557면 이하; 全炳西, "파산법상 상계권", 人權과 正義 268호(1998. 12), 122면 이하; 同, "파산법상 상계권의 제한", 법률신문 2683호(1998년 4월 6일자), 13면 등. 이상의 문헌은 아래에서는 그 필자명만으로 인용한다.

2) 서울지방법원, 파산사건실무(개정판)(2001), 171면 이하("제 9 장 상계"); 同, 회사정리실무(개정판)(2001), 177면 이하 등. 이상의 문헌은 단지 "파산사건실무", "회사정리실무"라고 인용한다.

3) 齋藤秀夫 等 編, 注解 破産法, 제 3 판, 上巻(1998)(이 중 우리 파산법 제89조 내지 제95조에 해당하는 일본 파산법 제98조 내지 제104조에 대하여는 齋藤秀夫와 高橋慶介가 나누어 집필하고 있다); 伊藤進, 破産法, 全訂第 3 版(2000); 中野貞一郎 等 編, 基本法コンメンタール, 제 2 판(1997)(山本克己 집필) 등. 이상의 문헌은 아래에서 그 집필자 또는 저자의 이름만으로 인용한다.

와 관련하여 제기될 수 있는 실무상의 문제에 대한 해석론을 정리하기로 한다(Ⅲ.). 그리고 그 전제로 상계제도를 바라보는 기본적 시각에 대하여 약간 언급하기로 한다(Ⅱ.).

한편 우리 파산법상의 상계권에 관한 규정은 그 원형을 독일의 1877년 파산법 제53조 내지 제55조에 두고 있다. 주지하는 대로 독일의 1877년 파산법은 1994년 10월에 제정된 도산법(Insolvenzordnung)이 1999년 1월 1일부터 시행됨으로써 폐지되었다. 그런데 이 독일의 새로운 도산법은 「상계권의 확장」이라는 이름으로 알려져 있는 약간의 종전 규정에 대하여 손을 대서 이를 제한하는 방향으로 입법하고 있다. 이러한 입법동향에는 앞으로 우리가 도산절차에서의 상계의 문제를 어떠한 방향에서 처리할 것인지를 생각함에 있어 참고되는 바가 있다고 여겨진다. 그러므로 이 글의 뒷부분에서는 이에 대하여 간략하게나마 살펴보기로 한다(Ⅳ.).

2. 이하의 서술은 파산절차를 중심으로 하여 논한다.[4] 즉 회사정리절차와 화의절차에서의 상계의 문제에 대하여는 일단 언급하지 아니한다.

또한 논의를 원칙적으로 파산채권자가 그의 파산채권을 자동채권으로, 파산재단에 속하는 채권을 수동채권으로 하여 상계하는 것에 한정한다. 그러므로 예를 들어 파산자측, 구체적으로는 파산관재인이 파산재단 소속 채권을 자동채권으로, 파산채권을 수동채권으로 하여 상계하는 경우 또는 파산자의 자유재산(파산선고 후에 취득한 재산이나 파산법 제6조 제3항 소정의 압류할 수 없는 재산)에 속하는 채권으로

4) 화의법 제5조는 파산채권자의 상계권에 관한 동법 제89조 내지 제95조를 화의채권자의 상계권에 준용하고 있으므로, 이하의 설명은 기본적으로 화의절차에도 타당하다. 회사정리절차나 화의절차에서의 상계에 대하여는 우선 金東潤, 557면 이하 참조.

또는 그러한 채권에 대하여 상계하는 경우 등에 대하여는 다루지 않는다.

Ⅱ. 相計의 機能

1. 相計의 意義

相計란 채권자와 채무자가 서로 상대방에 대하여 同種의 債權(금전채권인 경우가 대부분이다)을 가지는 경우에 그 채권을 대등액에 있어서 맞비겨 소멸시키는 채무자의 일방적인 의사표시를 말한다(민법 제492조 제 1 항). 상계가 유효하게 행하여지면 채무자가 가지는 채권(「자동채권」)과 채권자가 가지는 반대채권(「수동채권」)이 대등액에서 소멸하게 되는데, 그 채권소멸의 효과는 "相計할 수 있는 때"로 소급된다(민법 제493조 제 2 항). 우리 민법은 상계적상에 의하여 당사자의 관여 없이 당연히 양채무가 소멸하는 當然相計主義[5]를 취하지 아니하고, 독일이나 스위스와 같이 당사자의 의사표시가 있어야 비로소 소멸된다는 태도[6]를 취하고 있다.

2. 相計의 두 가지 機能

(1) 상계는 우선 「간이한 변제수단」로서의 기능을 한다. 대립하는 채권을 가지고 있는 채권자·채무자가 각자의 채권을 별개로 청구하고 이행받기보다는, 서로 대등액에서 소멸시키고 남은 것만을 결제하면 채권자와 채무자의 쌍방 모두에게 노력이나 비용면에서 절약이 되고 간편할 것임은 두말할 필요가 없을 것이다.

---

5) 프랑스민법 제1290조, 오스트리아민법 제1438조 등 참조.
6) 독일민법 제388조, 스위스채무법 제124조 제 1 항 등 참조.

(2) 다른 한편 상계는 당사자의 일방적인 의사표시에 의하여 바로 자기 채권이 만족되는 효과를 발생시키므로, 상계자에게는 사적인 강제집행(私執行)이 허용된 것과 같은 결과가 되는데, 그러한 측면과 관련하여 상계는 나아가 담보적인 기능을 가진다고 일컬어지고 있다.

그것은 다음과 같은 의미이다. 채무자가 다른 채권자들에 대하여도 채무를 부담하고 있는 경우에, 채권자들 전원은 채무자가 가지는 일반재산을 평등하게 자기 채권의 만족에 돌릴 수 있는 것이 원칙이다(채권자평등의 원칙). 그 때 채무자가 채권자 중의 한 사람에 대하여 채권을 가진다고 하면, 이 채권도 채권자 전원의 만족에 쓰여지지 않으면 안 된다. 그런데 반대채무를 부담하는 채권자가 자신의 채권으로써 상계하면, 채무자의 그 채권은 반대채권자의 채권을 만족시키는 데만 돌려지는 결과가 된다. 즉 반대채무를 부담하여 상계를 할 수 있는 채권자는 그 한도에서 채무자의 자산상태 여하에 불구하고 그 채무자에 대한 다른 채권자들에 우선하여 자기 채권의 만족이 확보되는 것이다.

이러한 우선변제적 기능은, 당사자들이 대립하는 채권을 가지고 있으면 통상적으로 상대방의 자력 여하에 상관없이 서로 채권의 만족을 얻을 수 있다는 신뢰(「상계기대」라고 부르기도 한다)를 보호할 필요가 있다는 것으로 설명되고 있다. 즉 채권의 가치는 일반적으로 채무자의 자력에 의하여 정하여지는데, 당사자 간에서는 그 자력에 관계없이 수액이 같은 것은 같은 가치를 가진다고 하는 것이 공평에 맞는다는 것이다.

3. 相計의 擔保的 機能의 限界 ── 民法 제498조를 端緖로 하여

(1) 그런데 이러한 담보적 기능이 무한정하게 인정되면, 채무자의 재산상태가 악화된 경우에 다른 채권자들의 이익이 부당하게 침해

당할 우려가 있다. 예를 들어, 많은 채무를 부담하고 있는 A에 있어서 B에 대한 채권이 그 책임재산의 중요부분을 이루고 있다고 하자. 이 때 B가 제3자의 A에 대한 채권을 싼 값으로 양도받아 이것으로써 자신의 A에 대한 채무를 상계하여 버리면, A의 책임재산의 실제가치는 훨씬 줄어들게 되어서 A에 대한 다른 채권자들은 예상 외의 불이익을 입는다. 그러므로 파산법 제95조는 이러한 관점에서 상계를 광범위하게 금지하고 있는 것이다. 또 가령 다른 채권자 C가 채무자 A의 B에 대한 채권을 압류하여 강제집행에 착수하였는데 B가 반대채권을 언제 어떠한 방식으로 취득하였는가에 상관없이 그것으로써 상계할 수 있다고 하면, 그 강제집행은 언제라도 무위에 돌아갈 가능성을 가지게 된다.[7] 상계가 私執行으로서의 성격을 가진다고 하더라도 그것이 이와 같이 법정의 강제집행을 공동화시키는 결과는 허용되어서는 안 되지 않을까? 특히 제3채무자의 반대채권은 공시되지도 않으므로 이해관계인으로서는 예상하지 못한 불이익을 입게 될 가능성도 적지 않은 것이다.

따라서 상계의 담보적 기능은 어디까지나 앞서 본 상계의 간편한 변제수단으로서의 기능에 부수적인 것으로서 이를 무한정으로 인정할 것은 아니며, 압류채권자를 포함하는 다른 채권자들이나 채권양수인 등 이해관계인의 정당한 이익을 고려하여 이에 적절한 제한을 가하는 것이 바람직하다.

(2) 이와 관련하여, 앞의 (1)에서도 본 경우, 즉 다른 채권자 C가 채무자 A의 B에 대한 채권을 압류하여 강제집행에 착수한 경우에 B가 어떠한 요건 아래서 자신의 반대채권으로 하는 상계로 C에 대하여 대항할 수 있는가 하는 문제에 대하여 우리 판례의 태도를 신중하

7) 이는 A가 그 채권을 제3자 C에게 양도하였는데, 채무자 B가 A에 대한 반대채권으로 하는 相計를 C에게 대항하는 경우에도 마찬가지이다.

게 음미할 필요가 있다.8)

민법 제498조는 "지급을 금지하는 명령을 받은 제3채무자는 그 후에 취득한 채권에 의한 상계로 그 명령을 신청한 채권자에게 대항하지 못한다"고 규정하고 있다. 그 문언만을 보면, 제3채무자가 압류채권자(또는 가압류채권자)에게 대항하지 못하는 것은 "그 후에 취득한 채권에 의한 상계"에 한정된다. 그러므로, B가 지급금지명령, 즉 채권에 대한 압류나 가압류의 명령(민사집행법 제227조 제1항, 제291조 참조)이 효력을 발생하는 시점(그 명령이 제3채무자에게 송달된 때이다. 민사집행법 제227조 제3항)보다 앞서서 또는 그와 동시에 취득한 것이기만 하면, 후에 상계적상이 된 후에 상계의 의사표시를 함으로써 그 상계를 압류채권자에게 대항할 수 있는 것처럼 여겨진다.

그러나 판례는 보다 제한적으로 해석한다. 주지하는 대로, 판례는 처음에, 두 채권이 상계적상에 있다고 하더라도 아직 그에 기한 상계의 의사표시가 있기 전에 수동채권에 대하여 압류명령이 있었으면 제3채무자는 상계를 하지 못한다고 하여, 극단적으로 압류채권자에게 유리한 태도를 취하였었다.9) 그러나 그 직후에 전원합의체판결로 그 태도를 바꾸어, 압류명령이 있기 전에 두 채권이 상계적상에 있었으면 압류명령 후에 한 상계로써 압류채권자에게 대항할 수 있다고 판시하였다.10) 여기서 상계적상이란 두 채권의 변제기가 모두 도래한 경우만을 말하는 것은 아니고, 자동채권의 변제기가 도래하였으면 수동채권에 대하여는 아직 변제기가 도래하지 아니하였어도 이것이 인정되었다.11) 그러나 그 후에는 한 걸음 나아가서, 압류 당시에는 상계

8) 이상은 채권이 양도된 경우에 채무자가 양도인에 대하여 가지는 반대채권으로써 양수인에 대항할 수 있는가, 또는 어느 범위에서 대항할 수 있는가의 문제(민법 제451조 제2항 참조)에 대하여도 기본적으로 타당할 것이다.

9) 大判 72.12.26, 72다2117(總覽 3-1(A), 333).

10) 大判(全) 73.11.13, 73다518(集 21-3, 155).

11) 이를 明言하는 것으로 大判 80.9.9, 80다939(集 28-3, 45)이 있다.

적상에 있지 않더라도 "자동채권의 변제기가 수동채권의 변제기와 동시에 또는 그보다 먼저 도래하는 경우"에는, 후에 상계적상에 도달한 후에 상계를 함으로써 압류채권자에게 대항할 수 있다는 태도를 취하기에 이르렀다.[12] 그리고 이러한 태도는 여전히 유지되고 있다.[13]

압류 당시 상계적상이 존재하였어야 한다는 종전의 판례의 입장은 타당하지 않다고 하겠다. 이는 민법 제498조의 문언에 반할 뿐 아니라, 제3채무자가 가지는 상계할 수 있다는 합리적인 기대에 적절한 고려를 베풀지 못하고 있기 때문이다. 이러한 기대는 반드시 현재 상계적상에 있어야만 보호할 가치가 있다고는 할 수 없는 것이다. 이제는 이러한 입장을 취하는 학설은 더이상 존재하지 않는다.

그런데 현금의 판례의 태도에 대하여는 이에서 더 나아가서, 압류 당시 제3채무자에게 자동채권을 가지고 있었던 이상에는 그 변제기의 도래 여부나 그 선후관계를 가릴 것 없이 압류 후에 상계적상이 되면 상계로써 압류채권자에게 대항할 수 있다고 보아야 한다고 하여, 한층 제3채무자의 보호에 기울어진 견해(소위 「무제한설」)도 주장되고 있다.[14] 이는 결국 피압류채권(수동채권)의 변제기가 도래하였으나 제3채무자가 이를 이행하지 않고 있는 동안에 자동채권의 변제기가 도래한 경우에도, 제3채무자는 상계로써 압류채권자에게 대항할 수 있는가에 귀착된다. 만일 이 문제를 제3채무자에게 합리적인 상계기대가 있는가를 유일한 기준으로 하여 답하여야 한다고 하면, 무제한설도 수긍할 만하다. 왜냐하면 제3채무자로서는 자신이 가지

12) 大判 82. 6. 22, 82다카200(集 30-2, 157).

13) 大判 88. 2. 23, 86다카2762(공보 1988, 1306); 大判 89. 9. 12, 88다카25120(공보 1989, 1402) 등.

14) 李英秀, "피압류채권을 수동채권으로 한 제3채무자의 상계", 司法論集 4집(1973), 227면; 金炳宰, "제3채무자가 假押留債務者에 대한 反對債權으로써 상계할 수 있는 要件", 민사판례연구 10집(1988), 75면 이하. 이것이 일본의 判例이자 多數說의 태도이기도 하다.

는 자동채권의 변제기가 후에라도 도래하면 그 때에는 이로써 피압류채권과 상계할 수 있다는 정당한 기대를 가진다고도 할 것이기 때문이다. 그러나 그가 우선적으로 보호되려면, 그에게 정당한 보호이익이 있다는 것만으로는 부족하고 그 이익이 반대당사자의 정당한 이익보다 중한 것이어야 하지 않을까?

무제한설은 결국 상계의 담보적 기능을 무엇보다도 중시하는 태도라고 할 수 있다. 그러나 그것은 채권자평등의 원칙에 대한 예외를 이루는 것이어서, 경우에 따라서는 다른 채권자들에게 중대한 불이익을 가져 올 수 있음은 앞에서 본 대로이다. 특히 압류에 착수하여 이제 자신의 채권을 강제적으로 실현하려는 채권자가 등장한 경우에까지 단지 반대채권이 있었다는 것만을 내세워서 언제나 이를 배제할 수는 없다고 하겠다. 결국 제3채무자의 상계기대는, 압류 당시 상계적상에 있었던 경우 외에는, 그의 자동채권이 수동채권의 변제기와 동시에 또는 그보다 먼저 도래하여 바로 상계할 수 있는 경우에만 위와 같은 압류채권자에 우선하여 보호받을 수 있고, 통상은 **자신의 채무이행을 늦추어서야 비로소 상계적상에 이를 수 있는 제3채무자**를 아직 그러한 상계적상이 도래하기 전에 압류에 착수한 채권자에 우선하여 보호할 가치는 없다고 하겠다. 결국 현재의 판례의 태도는 납득할 수 있다고 생각한다.[15] 한편 독일민법 제392조 후단은 우리 판례와 같이, 제3채무자의 채권이 압류 후에 비로소 변제기에 도달하는 경우에는 그 변제기가 피압류채권의 변제기보다 뒤라면 상계를 할 수 없다고 명문으로 정하고 있는데, 그 이유도 제3채무자가 자신이 부담하는 채무의 이행을 반대채권의 이행기까지 지체함으로써 상계의 권리를 얻어내는 것을 막으려는 데 있다.[16]

15) 同旨: 金亨培, 債權總論, 제2판(1998), 772면; 李銀榮, 債權總論, 改訂版(1999), 762면 이하; 鄭東潤, "相計와 押留", 변호사 7집(1976), 193면.

16) Protokolle I, S. 374 참조(이는 제2초안에서 추가되었다).

Ⅲ. 破産節次에서의 破産債權者의 相計

1. 破産債權者의 相計權

(1) 파산채권자가 파산선고시에 파산자에 대하여 채무를 부담하고 있는 경우에 그는 "파산절차에 의하지 아니하고" 상계를 할 수 있다(파산법 제89조). 이는, 그 문언에서 명백한 대로, 파산자에 대한 채권자로 하여금 그의 파산채권을 개별적으로 행사할 수 없고 파산절차에 의하여서만 행사할 수 있도록 한다는 소위 個別行使禁止原則(파산법 제15조: "파산채권은 파산절차에 의하지 아니하고는 이를 행사할 수 없다")에 대한 예외를 인정한 것이다.

(2) 이로써 파산채권자는 자신의 파산채권에 관하여 자신이 부담하는 채무(파산자가 가지는 수동채권)의 한도에서 전면적으로 만족을 얻을 수 있는 확실한 법적 방도를 가지게 된다. 말하자면 앞의 Ⅱ.2.(2)에서 본「상계의 담보적 기능」이 유감없이 발휘되는 장면이 바로 파산의 경우인 것이다.[17]

2. 소위 相計權의「擴張」

(1) 일반적으로 파산절차에서 상계권이 인정되려면, 그 전제로 파산절차 개시 당시에 상계적상의 존재가 요구된다. 민법 제492조에서 요구되는 상계적상의 요건은, 통상 ① 채권자와 채무자가 각각 상대방에 대하여 채권을 가지고 있을 것, ② 그 두 채권이 同種의 목적을 가질 것, ③ 雙方의 債權에 대하여 변제기가 도래하였을 것, ④ 相計가 許容되지 않는 債權이 아닐 것이라고 이해되고 있다. 그런데 이 중 ③에 대하여는, 수동채권에 대하여는 아직 기한이 도래하지 아니

17) 趙炳顥, 328면; 파산사건실무, 171면도 같은 설명을 한다.

한 경우라도 그 채무자, 즉 파산채권자가 그가 가지는 기한의 이익을 포기하여 상계를 할 수 있다고 한다(통설).

그런데 파산법의 규정에 의하여 이상과 같은 민법상의 상계적상의 요건이 완화되고 있다고 파악하고, 이를 「상계권의 확장」이라는 이름 아래 정리하는 것이 통상이다. 이하에서는 그 내용을 파산채권자가 가지는 자동채권(아래 (2))과 그 반대채권(아래 (3))으로 나누어 보고, 나아가 그 근거에 대하여 간략하게 살펴보기로 한다(아래 (4)).

(2) 우선 파산채권자의 채권에 관한 「상계권의 확장」에 대하여 보기로 한다.

(가) 그것이 파산절차 개시 당시에 기한이 아직 도래하지 아니한 것이라도 파산절차가 개시되면 바로 상계를 할 수 있다(파산법 제90조 제1문 전단). 이는 민법의 원칙(앞의 (1)③ 참조)에 의하면 상계할 수 없는 것을, 이 규정에 의하여 비로소 상계할 수 있게 된다는 점에서 별다른 문제 없이 「상계권의 확장」이라고 할 수 있다.

그리하여 이자부 채권에서는 원본과 파산선고 전일까지의 이자의 합산액으로 상계할 수 있고,[18] 무이자채권에서는 확정기한부이면 채권액에서 중간이자(파산법 제37조 제5호)를 공제한 액을, 불확정기한부이면 그 채권액과 파산선고시의 평가액의 차액에 상당하는 부분(파산법 제37조 제6호)을 공제한 액의 한도에서 상계할 수 있다(파산법 제93조 제1항).

(나) 또한 수동채권, 즉 파산자의 채권이 금전채권인 한도에서는, 파산채권자의 자동채권이 파산절차 개시 당시에 금전채권이 아니라도 파산절차가 개시되면 바로 상계를 할 수 있다. 즉 파산법 제90조 제1문 후단은, "파산채권자의 채권이 … 제17조에 규정한 것인 때에도" 상계를 할 수 있다고 정하는데, 파산법 제17조는 그 제1항

18) 高橋慶介, 702면은, 파산선고일 이후에 대하여는 이자가 발생할 여지가 없으므로 파산선고일 이후의 이자로는 상계할 수 없다고 설명한다.

에서 "채권의 목적이 금전이 아닌 때 … 에는 파산선고시의 평가액을 파산채권액으로 한다"고 정한다(파산법 제93조 제2항도 참조). 그러므로 이 역시 앞서 본 민법의 원칙(앞의 (1)② 참조)에 의하면 상계할 수 없는 것을, 이 규정에 의하여 비로소 상계할 수 있도록 된다는 점에서 앞의 (가)의 경우와 같다.[19]

(다) 파산채권자의 채권이 정지조건부이거나 장래의 채권인 경우에 대하여, 파산법 제91조는 조건 성취시까지는 상계를 할 수 없음을 전제로 하여, 파산채권자가 그의 반대채무를 변제함에 있어서, 후일 조건이 성취될 때 상계할 수 있는 자신의 채권액만큼 변제액을 임치할 것을 청구할 수 있다고 정한다. 그리고 최후 배당의 제척기간(파산법 제245조) 내에 조건성취나 구체화가 있으면 파산채권자는 상계권을 행사하여 임치금의 교부를 청구할 수 있다.[20]

민법상의 원칙(앞의 (1)① 참조)으로는 정지조건부 채권이나 장래의 채권으로 상계할 수 없고 그 채권자는 파산절차를 통하여 다른 채권자와 같은 만족을 얻을 수밖에 없다. 그런데 위 규정에 의한 任置請求를 함으로써 나중에 자기 채권의 우선적 만족을 도모할 수 있게 된다. 그 한도에서는 상계권을 확장하였다고도 평가할 수 있을 것이다.

(라) 그런데 파산법 제90조 전단은 파산선고시에 해제조건부인 채권으로도 상계할 수 있다고 정한다. 그러나 민법의 원칙에 의하더

---

19) 그 외에 파산법 제90조 제1문 후단, 제17조는, ① 금전채권이라도 "그 액이 불확정한 때", ② "외국의 통화로 정하여진 때"(이상 제17조 제1항의 경우), ③ "정기금채권의 금액 또는 존속기간이 확정되지 아니한 때"(제17조 제2항의 경우)에도, 각각 상계를 할 수 있다고 정한다. 이들 규정에서 정하여진 여러 채권에 대하여도 역시 민법상의 원칙으로는 상계가 불가능한 것이 말하자면 「창설적으로」 그것이 가능하게 되었다고 말할 수 있다. 이하에서는 이들에 대하여 따로 언급하지 아니한다.

20) 趙炳顯, 340면 참조. 그리고 그 조건성취 등이 없으면 그 임치금은 다른 채권자에의 배당에 쓰이게 된다(파산법 제250조 후문).

라도 그러하므로,[21] 이는 주의적인 규정이고 특별히 상계권을 확장하였다고 할 수 없다. 한편 상계 후에 해제조건이 성취되어 상계가 효력을 상실하면 파산채권자는 그 상계액을 파산재단에 반환하여야 하는데, 그 때 그가 무자력이면 파산재단이 손실을 입게 된다. 그러므로 파산법 제92조는 그 경우에 대비하여 파산재단의 충실을 기하기 위하여 그 상계액에 관하여 담보를 제공하거나 임치하도록 정한다.[22] 그렇다면 이 경우에는 오히려 상계권이 그 한도에서 제한된다고도 이해될 수 있다.[23]

(3) 나아가 파산자측의 반대채권, 즉 수동채권에 관한 「상계권의 확장」에 대하여 보기로 한다.

(가) 파산법 제90조 제2문은 "기한부나 조건부인 때 또는 장래의 청구권인 때"에도 파산채권자가 이를 수동채권으로 하여 상계할 수 있다고 정한다. 이는 파산채권자에게 수동채권(자신의 채무)에 관한 기한의 이익이나 조건의 성취/불성취의 이익을 포기하는 것을 인정하여, 그 자체로서 수동채권으로 할 수 있다는 취지로 이해된다.

그런데 기한부 채권에 대하여 채무자가 그 기한의 이익을 포기하여 이를 수동채권으로 할 수 있음은 앞의 (1)에서 본 바와 같고,[24]

21) 일반적으로 취소 또는 해제할 수 있는 계약으로부터 발생한 채권도 아직 취소 등이 되기 전이면 자동채권도 수동채권도 될 수 있다고 이해되고 있으며, 이는 해제조건부 채권의 경우에도 마찬가지이다. 다만 취소 등에 의하여 채권이 소멸된 때에는, 상계는 효력을 상실하고 상대방의 채권은 소멸하지 않았던 것으로 된다. 이러한 취지의 판례로서 大判 80.8.26, 79다1257등(공보 642, 13114)(매매대금채권으로 상계하였는데 그 후 매매계약이 해제된 사안) 참조.

22) 이 담보 등은 최후 배당의 제척기간 내에 해제조건이 성취되지 아니하면 그 효력을 상실하여 채권자에게 반환된다(파산법 제248조 후문). 한편 파산종결 후에 해제조건이 성취된 경우는 파산절차와 무관하게 파산자가 채권자에 대하여 부당이득으로 그 반환을 청구할 수 있다. 이에 대하여는 高橋慶介, 708면 참조.

23) 山本克己, 158면은 일본 파산법 제101조를 이와 같이 이해한다.

24) 이 때 무이자의 경우에는 파산선고 후 변제기까지의 중간이자를 공제할 수 없고 名義額대로 상계가 이루어진다(파산법 제93조는 적용되지 않는다). 同旨: 파산사건실무, 173면. 한편 이자 있는 경우에는 원본 및 이에 대한 파산선고 전일

또한 해제조건부 채권도 조건 성취 전이면 현존하는 채권으로서 이를 수동채권으로 할 수 있음에 異論이 없다.[25] 그러므로 그 한도에서는 상계권이 확장되었다고 할 수 없고, 단지 민법의 원칙을 확인함에 그친다.

그러나 정지조건부 채권이나 장래의 채권에 대하여는 역시 상계권의 확장을 인정하여도 좋을 것이다.[26] 다만 이들 채권에 대하여 파산채권자가 상계를 행하지 아니하고 파산절차의 진행 중에 조건이 성취되거나 현재의 채권이 되는 것을 기다려 상계권을 행사하는 것도 가능한지에 대하여 일본에서는 견해가 대립되고 있는데,[27] 다수설은 자동채권이 정지조건부인 경우와 대비하거나 파산에서의 상계에 기한의 제한이 없는 것에 비추어 보면, 파산채권자는 상계할 수도 있고, 일단 자신의 채권을 파산채권으로 신고한 다음 수동채권에 관한 조건의 성취 등을 기다려 상계할 수도 있다는 것이라고 한다.[28] 이는 뒤

까지의 이자는 선고시에 상계에 적합하게 되는데, 원본은 그 때에 소멸하므로 그 날 이후에 이자는 상계의 대상이 되지 않는다고 한다(민법 제493조 제2항). 高橋慶介, 703면 참조.

25) 다만 상계 후에 해제조건이 성취한 경우의 처리에 대하여는 일본에서 견해의 대립이 있다고 한다. 그 내용에 대하여는 高橋慶介, 705면 참조. 그러나 山本克己, 158면; 伊藤進, 315면과 같이, 일단 해제조건 성취의 기회를 포기하여 상계권을 행사하는 이상, 그 경우 해제조건이 성취하였다고 하여 소급적으로 파산채권이 부활한다고 할 수 없고, 파산채권의 행사는 인정되지 않는다고 할 것이다.

26) 그 내용에 대하여는 高橋慶介, 704면 참조. 이는 민법의 일반법리로서 정지조건부 채권이나 장래의 채권을 수동채권으로 하여서는 상계할 수 없음을 전제로 하는 설명이지만, 검토의 여지가 전혀 없지는 않다고 생각된다.

27) 그 내용에 대하여는 高橋慶介, 704면; 伊藤進, 315면 참조.

28) 山本克己, 158면 등 反對說에서는, 이 경우에 파산선고 후에 정지조건이 성취하여 수동채권이 발생하였으므로, 파산선고 후에 부담하는 채무를 수동채권으로 하는 상계의 금지(일본 파산법 제104조 제1호. 우리 파산법 제95조 제1호와 같다)에 해당하여 상계를 할 수 없고, 따라서 후자의 選擇肢는 성립할 여지가 없다고 한다. 이에 대하여 多數說은, 정지조건부 채무라고 해도 파산선고시에 상계기대가 존재하는 이상, 파산선고 후에 조건이 성취되었다고 하여 이를 파산선고 후에 파산재단에 대하여 부담하게 된 채무라고 보아서는 안 된다고 한다. 그러나 일단 조건불성취의 이익을 포기하지 아니한 이상 위의 相計禁止가 적용된다고 하여야 하지 않을까?

에서 보는 상계권의 제한과 관련하여, 파산선고 전에 성립된 정지조건부 채권에서 정지조건이 파산선고 후에 성취된 경우가 파산법 제95조 제1호("파산채권자가 파산선고 후에 파산재단에 대하여 채무를 부담한 때")에 해당한다고 볼 것인가 하는 문제와도 연관이 있다. 우리 파산법의 해석으로는 위의 일본 다수설과 같이 이를 부정하여 결국 상계가 허용된다는 것이 최근의 大判 2002. 11. 26, 2001다833(공보 2003상, 175)의 태도이나,[29] 그 경우에 위 규정에 의하여 상계를 불허하여야 한다는 견해도 있다.[30]

(나) 한편 파산자와 파산채권자가 임대차관계에 있거나 파산채권자가 파산자 소유의 부동산에 대하여 지상권을 가지고 있어서 파산채권자(임차인 또는 지상권자)가 파산자에게 차임 또는 지료를 지급하여야 할 채무를 부담하는데, 다른 한편 그가 반대채권을 가지고 있는 경우에 대하여는 약간의 문제가 있다.

(a) 파산채권자가 그 반대채권을 자동채권으로 하여 자신의 차임채무 또는 지료채무에 대하여 하는 상계에 대하여는, 파산법 제94조가 별도의 규정을 두고 있다. 즉 파산채권자는 단지 "파산선고시의 당기 및 차기의 차임에 관하여"만 상계를 할 수 있다(파산법 제94조 제1항 제1문).[31] 앞의 (가)에서 본 법리를 이에 적용한다면, 이 경우에 임차인은 자신의 채무, 즉 수동채권에 아무런 제한을 받지 않아서 먼 장래의 차임채무에 대하여 상계를 할 수 있을 터이지만, "파산재단에 흡수되어야 할 재원을 현저하게 감소시켜 결과적으로 다른 파산채권자를 해치게 되"므로,[32] 파산법 제54조(임대인이 파산선고를 받은 경우에, 임대인이 한 前給借賃의 수령 또는 차임채권의 처분의 효력을 파

29) 그 외에 趙炳顯, 343면 이하도 이를 긍정한다.

30) 파산사건실무, 175면; 全炳西, 127면.

31) 동조 제2항은 地料에 대하여 제1항을 준용하고 있다. 이하에서는 차임채무에 한정하여 논의하기로 한다.

32) 趙炳顯, 337면.

산선고시의 당기 및 차기의 차임에 한정하고 있다)와 동일한 취지에 기하여[33] 수동채권의 범위를 제한하는 것이라고 이해된다.[34]

(b) 한편 임대인, 즉 파산자에게 보증금이 지급되어 있는 경우에 대하여는 어려운 문제가 제기된다.

(aa) 이 경우에 파산채권자, 즉 임차인은 그 후의 차임채무에 대하여도 상계를 할 수 있다(파산법 제94조 제 1 항 제 2 문). 이는 "그 보증금으로부터 파산재단이 수익하고 있다는 이유"에 기한 것이라고 하며, 이 경우 상계는 보증금까지 허용된다고 한다.[35]

(bb) 그런데 임차인이 다름아닌 그 보증금반환채권을 자동채권으로 하여 상계하는 경우는 어떠한가? 이에 대하여 『파산사건실무』 등은 이 경우에도 파산법 제94조 제 1 항 제 2 문이 적용되어 파산선고시의 당기 · 차기뿐만 아니라 그 후의 차임에 대하여도 상계할 수 있다고 한다.[36] 그러면서 그 상계권 행사의 시기에 대하여는, 정지조

33) 伊藤進, 235면; 高橋慶介, 711면.

34) 高橋慶介, 711면에 의하면, 이 규정은 한편으로 상계권을 확장하면서(장래의 채권을 수동채권으로 하는 상계를 허용한다는 의미에서), 다른 한편으로 이를 제한하는(파산법상 일반적으로 허용되는 장래의 채권을 수동채권으로 하는 상계를 특별히 제한한다는 의미에서) 「이중의 성격」을 가진 것이라고 한다.

35) 伊藤進, 235면 이하; 高橋慶介, 711면. 이에 대하여 趙炳顯, 338면 註 23은, "보증금반환채권이 현실화되기 전에는 **그 이외의 파산채권**을 자동채권으로 하여 보증금의 한도까지 위 차임채무와 상계할 수 있다는 견해도 있으나, 그 근거 자체도 불명확할 뿐만 아니라 보증금반환채권이 현실화되기 전에는 그 구체적 액수도 정해지지 아니하고 상계권의 행사범위가 명확하지 아니하므로 위 견해에는 찬성할 수 없다"(강조는 인용자. 이하 같다)고 한다. 그런데 상계할 수 있는 법적 근거로서는 당연히 정지조건부 채권을 수동채권으로 하는 상계도 허용하는 파산법 제90조 제 2 문을 들 수 있으며(파산법 제94조는 단지 상계의 대상이 되는 수동채권의 범위를 제한하는 것일 뿐이다), 또한 파산법 제94조 제 1 항 제 2 문은 본문에서 본 대로 "그 보증금으로부터 파산재단이 수익하고 있다는 이유"에 기하여 그 수동채권이 될 수 있는 임차인의 차임채무의 범위를 확장할 뿐인 것으로서, 그 상계의 허용범위는 보증금**반환채권**의 발생 여부나 그 구체적인 수액과는 무관하다고 이해할 수는 없을까?

36) 파산사건실무, 172면; 趙炳顯, 338면(이것이 "법문에 충실한 해석임은 분명하다").

건부 채권을 자동채권으로 한 상계의 일반원칙(앞의 (2)(라) 참조)에 따라 보증금반환채권이 현실적으로 발생하기 전에는 그 상계를 할 수 없으며, 그 전에는 파산법 제91조에 따라 차임의 임치를 청구할 수 있을 뿐이라고 한다.[37]

그런데 보다 근원적으로, 보증금반환채권이 보증금에서 임대차 종료 후에 미지급차임 및 차임 상당 손해배상금(또는 부당이득금), 나아가 원상회복에 필요한 비용 등 당해 임대차에 관련한 임대인의 제반 채무를 공제하고 남은 것이 있을 때 비로소 「발생」하는 것이라면, 그것을 자동채권으로 하여 상계할 수 있는 차임채무라는 것이 과연 존재할 수 있는지 또는 어떠한 경우에 존재할 수 있는지가 의문이다. 즉 적어도 임대인이 임대차에 관련한 자신의 채권을 보증금으로써 충당하는 통상의 경우를 전제로 할 때에는, 임대차 종료 후에 현실로 보증금반환채권이 발생하였다면 이는 그로써 만족을 도모할 차임채무는 이미 없다는 말이고, 다른 한편 미이행의 차임채무가 남아 있다면 이미 보증금반환채권이란 있을 수 없는 경우이기 때문이다.

(4) 위와 같은 상계권 확장의 근거로서는 파산채권의 현재화(파산법 제16조), 금전화(파산법 제17조) 및 무조건채권화(파산법 제18조)에서 보는 바와 같은 한마디로 하면 파산채권의 等質化를 드는 것이

37) 파산사건실무, 172면 이하; 趙炳顯, 338면. 보증금반환채권이 현실로 발생하는 것이 임대차의 종료시인가(終了時說), 목적물의 반환시인가(返還時說)에 대하여는 주지하는 대로 논의가 있으며, 이에 관한 재판례를 살펴보아도 그때그때 필요한 한도에서 입론할 뿐, 반드시 획일적으로 명확한 태도를 취하는 것은 아니라고 이해된다. 가령 판례는 명백하게 임대차 종료 후 보증금반환과 목적물반환이 동시이행관계에 있다는 태도를 취하는데(무엇보다도 大判(全) 77.9.28, 77다1241(集 25-3, 121) 참조), 이는 종료시설의 입장에 선 것으로 이해될 수 있다. 그러나 다른 한편 大判 88.1.19, 87다카1315(공보 1988, 408) 등 확고한 판례는 "보증금은 임대차 존속 중의 차임뿐 아니라 목적물명도의무 이행까지 발생한 손해배상채권 등 일체의 채권을 담보"한다고 판시한다. 파산사건실무, 172면은, "임차물의 명도 전에는 보증금반환채권을 자동채권으로 하는 상계는 허용되지 않는다"고 하여, 後者의 입장에 서 있는 것으로 보인다.

일반이다. 예를 들어 趙炳顯은 “이러한 상계권의 확장은 파산절차의 지도이념인 채권자평등의 원칙을 완화시키는 것이 아니라 청산형 도산절차인 파산절차 특유의 파산채권의 현재화와 금전화에서 비롯된 것”이라고 설명하고,[38] 또 全炳西는, “파산절차는 파산선고시에 있어서 파산자의 총재산을 환가하여 금전에 의하여 파산채권자의 공동·공평한 만족을 도모하는 절차이므로, 위 셋째 요건[兩債權의 변제기 도래]과 관련하여 파산채권은 가령 기한미도래의 채권이라고 現在化에 의하여 파산선고시에 기한이 도래한 것으로 보고(파산법 제16조), 위 둘째 요건[양채권의 同種性]과 관련하여 非金錢債權이라도 金錢化가 행하여진다. 그 결과 민법상 상계의 요건을 충족하지 못하더라도 파산법상으로는 상계를 할 수가 있게 되고, 이러한 파산절차의 특질로부터 파산절차상 상계의 요건은 민법보다도 완화되고 상계권 행사의 가능성이 확장되어 있다”고 설명한다.[39]

그러나 필자는 과연 그러한 파산채권의 소위「등질화」가 상계권의 위와 같은 확장을 정당화하기에 충분한지 의문이 없지 않다고 생각한다. 무엇보다도 앞서 본 소위 파산채권의 等質化는, 파산제도가 파산자의 재산, 즉 파산재단을 환가하여 얻어진 금전으로써 파산자에 대한 채권 전부를 총체적·포괄적으로 정리하는 절차이니만큼, 기한부 또는 조건부 채권이나 비금전채권 등도 파산절차에서는 일정한 가액의 현존의 금전채권으로 평가하여 이를 획일적으로 처리할 필요에 의하여 인정되는 것이라고 하겠다. 그러므로 파산선고 전에는 상계할 수 없던 채권자가 이와 같은「등질화」에 의하여 돌연 상계할 수 있게 된다는 것, 즉 다른 파산채권자에 우선하여 자기 채권의 만족을 얻을 수 있게 된다는 것은 실로 그「등질화」의 목적을 뛰어넘는 것이라고 하지 않을 수 없는 것이다. 이 점에 대하여는 뒤의 Ⅳ.에서 다시 살펴

38) 趙炳顯, 337면.
39) 全炳西, 125면.

보기로 한다(특히 Ⅳ.2. 참조).

3. 相計權의「制限」

(1) 위와 같이 파산절차에서 파산채권자의 상계권은 일반의 경우보다「확장」되고 있으나, 다른 한편으로 파산법은 일정한 경우에는 이를「제한」하고 있다.[40] 즉 동법 제95조는 파산선고 후에 파산채권자가 파산재단에 대하여 채무를 부담하거나 채권을 취득한 경우(제1호, 제3호)와 파산선고 전에 채무 부담 또는 채권 취득이 있더라도 그것이 소위「危機時期」에, 즉 지급정지 또는 파산신청이 있은 후에 그 사실을 알면서 행하여진 경우(제2호, 제4호)에는 이를 수동채권 또는 자동채권으로 하여 상계를 할 수 없다고 정하고 있다. 그런데 前者의 경우는 파산선고 당시에 서로 채권의 대립이 존재하지 아니하였으므로, 이 경우에 상계가 제한되는 것은 오히려 당연하다고 하겠다. 그러므로 아래 (2) 이하에서는 후자의 경우를 중심으로 하여 논의한다.[41]

그 외에 민법이나 상법 등에서 상계가 금지되어 있는 경우에는 파산절차상으로도 상계를 할 수 없다. 예를 들면 채무의 성질에 반하는 경우(민법 제492조 제1항 단서), 상계금지의 특약이 있는 경우(민법 제492조 제2항), 고의의 불법행위로 인한 손해배상채권이나 압류금지채권(민법 제496조, 제497조) 또는 주주의 주금납입의무(상법 제334조, 제596조)를 수동채권으로 하는 상계 등이 그것이다.

(2) "파산채권자가 지급정지 또는 파산신청이 있었음을 알고 파산자에 대하여 채무를 부담한 때"에는 원칙적으로 이를 수동채권으로

---

40) 이들은 强行規定으로서, 이 규정에 반하여는 파산채권자와 파산관재인 사이의 相計契約도 무효라고 이해되고 있다.

41) 제1호에 대하여는 앞의 2.(3)(가)의 註 27 이하의 본문부분 참조.

하여 상계하지 못한다(파산법 제95조 제2호 본문).[42]

(가) 여기서 「지급정지」란 변제능력의 결여로 인하여 변제기가 도래한 채무를 일반적이고 계속적으로 변제할 수 없다는 사실을 외부에 드러내는 채무자의 행위를 말한다. 전형적으로는 은행거래정지처분(부도처분)의 대상이 되는 어음 또는 수표를 발행하는 것, 또는 채무자가 채권자들의 추급을 피하려고 돌연 자취를 감추는 것 등이 그것이다.[43]

그 이외의 요건에 대하여는 새삼 설명할 필요가 없을 것이다. 다만 위의 지급정지는 파산의 일반적 원인인 지급불능을 추정시키는 사유로 정해져 있는데(파산법 제116조 참조), 위 규정의 취지에 비추어 파산자가 지급불능의 상태, 즉 위와 같이 변제가 불가능하다고 판단되는 객관적 상태에 있음을 파산채권자가 알았던 경우에 대하여도 이를 유추적용할 것이다.

(나) 상계가 허용되는 예외사유에 대하여 본다(파산법 제95조 제2호 단서).

---

42) 이는 1998년 2월 24일 법률 제5519호에 의하여 새로이 삽입된 사유이다. 그 전에 大判 93.9.14, 92다12728(공보 1993하, 2744)은, 회사정리절차의 개시를 신청한 회사가 대출금채무를 부담하고 있는 은행에 대하여 수출어음을 매도한 事案에서, 은행이 그 어음매입대금채무를 수동채권으로 하여 대출금채권과 상계한다면 회사의 어음매도행위가 否認權의 대상이 되어 결국 상계의 효력이 인정되지 않는다고 판시한 바 있다. 이 판결에 대한 평석으로, 앞의 註 1에서 본 李敏杰의 글; 尹眞秀, "회사정리법상의 보전처분과 부인권", 민사재판의 제문제 8권(1994), 1064면 이하가 있다. 위의 사안에서와 같은 상계가 파산절차에서 문제된다면, 이제 파산법 제95조 제2호에 의하여 금지될 것이다.

43) 大判 2002.11.8, 2002다28746(공보 2003상, 32)은, 회사정리절차상의 否認事由에 관한 회사정리법 제78조 제1항 제2호 소정의 「지급정지」의 의미에 대하여, "채무자가 변제기에 있는 채무를 자력의 결핍으로 인하여 일반적·계속적으로 변제할 수 없다는 것을 명시적·묵시적으로 외부에 표시하는 것"을 말한다고 일단 추상적으로 풀이한 후, 구체적으로는 "일반적으로 채무자가 어음을 발행한 후 은행이나 어음교환소로부터 당좌거래정지처분을 받은 때에는 특별한 사정이 없는 한 지급정지상태에 있다고 할 것"이라고 판시하였다. 破産法 제95조 제2호의 「지급정지」에 대하여도 다를 바 없을 것이다.

(**a**) 우선 "그 부담이 법정의 원인에 기한 때." 「법정의 원인」으로는 통상 상속이나 합병 등의 일반승계의 경우 외에 사무관리나 부당이득 등을 든다. 이러한 원인에 의한 채무부담에 악의를 문제로 함은 제도의 성질에 맞지 않는다는 것이 그 예외의 이유이다.[44]

(**b**) 나아가 "파산채권자가 지급정지나 파산신청이 있었음을 알기 전에 생긴 원인에 기한 때." 그렇다면 파산채권자로서는 상계의 정당한 기대를 가졌으리라는 것이 그 이유이다. 그러므로 여기서 「원인」이란 구체적인 상계기대를 가지게 할 정도로 구체적이고 직접적인 것이어야 한다. 일본의 판례는 채무자가 개설한 은행예금계좌에 은행이 그의 지급정지를 안 후에 제3자가 입금을 함으로써 예금지급의무를 부담하게 된 경우는 이에 해당하지 아니한다고 하여 상계를 부인하고,[45] 은행이 채무자로부터 어음의 추심위임을 받고 개개의 어음에 대하여 추심을 위한 배서양도를 받았는데 은행이 그의 지급정지를 안 후에 실제로 추심하여 추심금반환의무를 부담하게 된 경우는 반대로 이에 해당하여 파산채권자(은행)가 대여금채권을 자동채권으로 하여 하는 상계를 허용한다.[46] [47]

(**c**) "파산선고가 있는 날로부터 1년 전에 생긴 원인에 기한 때." 지급정지 등에 대하여 파산채권자가 악의가 된 후에 채무부담의 원인이 발생한 경우에는 앞의 (b)의 예외에 해당하지 않으므로, 상계를 할 수 없다. 그러나 파산채권자의 입장에서 보면 상계의 불허가 확정되는 것은 파산선고가 있는 때이므로, 그 때까지는 불안정한 상태에 놓인다. 이러한 상태에 대한 시간적 한정을 그은 것이 이 규정이라고 한다.[48]

---

44) 그렇다면 합병의 경우 등에는 입법론적으로 의문이 있을 수 있겠다.

45) 日最判 1985(昭 60). 2. 26(金融法務事情 1094, 38).

46) 日最判 1988(昭 63). 10. 18(民集 42-8, 575).

47) 그 외에 문제되는 경우에 대하여는 우선 趙炳顯, 347면 이하 참조.

48) 伊藤進, 323면.

(다) 위의 상계금지요건에 해당하는 경우에도 그 상계가 파산선고 전에 행하여진 경우에는 이는 일단 유효하다. 그러나 뒤에 파산선고가 있으면, 그 상계는 소급하여 무효가 된다. 이는 뒤의 (4)에서 보는 파산법 제95조 제4호의 경우에도 다를 바 없다.

(3) "파산자의 채무자가 파산선고 후에 타인의 파산채권을 취득한 때"(파산법 제95조 제3호). 이와 관련하여서는, 우선 파산재단에 대하여 채무를 지는 갑이 파산채권자 을에 대하여 파산재단에 갈음해서 제3자의 변제(민법 제469조)를 행하여[49] 그 결과로서 구상권을 가지게 되고, 나아가 구상권의 범위 내에서 변제자대위로 을의 채권을 취득하는 경우(민법 제482조)에, 갑이 이 求償權이나 原債權을 자동채권으로 하는 상계를 할 수 있는가가 문제된다. 원채권을 자동채권으로 하는 상계는 이 규정에 의하여 허용되지 않는데, 나아가 구상권에 기한 상계도 이를 유추적용하여 금지된다는 견해가 유력하다.[50]

(4) "파산자의 채무자가 지급정지 또는 파산신청이 있었음을 알고 파산채권을 취득한 때. 단 그 취득이 법정의 원인에 기한 때, 채무자가 지급정지나 파산신청이 있었음을 알기 전에 생긴 원인에 기한 때 또는 파산선고가 있은 날로부터 1년 전에 생긴 원인에 기한 때에는 예외로 한다"(파산법 제95조 제4호).

이는 채무자가 지급정지상태에 빠진 사람에 대한 채권을 염가로 취득하여 이를 자동채권으로 하여 자신의 반대채무와 상계함으로써 채무자의 책임재산을 감소시키는 것을 막기 위한 규정이다. 이에 대하여는 앞의 (2)에서 설명한 바가 대체로 그대로 타당하다.

49) 한편 보증인·연대채무자 기타 全部義務者는 구상의무자가 파산한 경우에 그들의 장래의 구상권에 관하여 "그 전액에 관하여 … 파산채권자로서 그 권리를 행사할 수 있"는데(파산법 제21조 제1항 본문), 그들이 실제로 변제를 하여 파산자에 대하여 구상권을 취득한 경우에는 위의 파산채권이 현실화한 것으로서 이를 자동채권으로 하여 상계를 할 수 있다.

50) 趙炳顯, 352면.

(5) 한편 파산법 제95조 각호에서 정하는 상계권의 제한에 해당하지 않는 경우에 대하여도 구체적인 사정 아래서 상계권의 남용은 허용되지 않는다고 하여, 결과적으로 상계의 효력을 부인하는 경우가 있다고 한다.[51]

4. 相計의 意思表示

(1) 파산법 제89조가 적용되는 한도에서, 채권자는 파산절차가 진행되는 동안에도 상계의 의사표시를 할 수 있다. 상계를 할 수 있는 시기에 대하여는 회사정리(회사정리법 제162조 제1항 참조)에서와는 달리 특별한 제한이 없다. 그러므로 파산절차가 종료할 때(파산법 제254조)까지 가능하다.[52] 그리고 파산채권자가 파산절차에 참가하여 채권의 신고·조사·확정이 이루어진 후에도 나아가 일부의 배당을 받은 후의 잔액에 대하여도 상계할 수 있다.

한편 그 상계에 파산채권의 신고 및 확정이 필요한가에 대하여는 논의가 있으나, 불필요하다는 것이 통설이다.[53] 따라서 파산채권자는 파산관재인이 제기한 이행청구소송에서 채권의 신고 및 확정을 거치지 않은 반대채권으로도 상계할 수 있다. 이와 관련하여서는 파산관재인이 제기한 이행청구소송에서 그 사실심의 변론종결 당시까지 상계를 하지 아니한 경우에, 나중에 상계를 이유로 청구이의의 소(민사집행법 제44조)를 제기할 수 있는가 하는 문제가 있다. 그러나 비록 사실심 변론종결 당시에 상계적상에 있었다고 하더라도 그 때까지 상

51) 소위「同行相計」등이 그것인데, 이에 대하여는 파산사건실무, 179면 이하; 趙炳顯, 357면 이하 참조.

52) 일본에서는 배당표가 확정된 후에는 상계를 할 수 없다는 견해가 유력하고(齋藤秀夫, 694면 참조), 우리 나라에서도 이에 따르는 견해가 있다(趙炳顯, 362면). 그런데 일본에서는 "[그것이] 실제상의 요청으로서는 합리적인데, 이론상으로는 채용할 수 없다"는 반대견해도 제기되고 있다(伊藤進, 330면 註 116).

53) 趙炳顯, 362면; 全炳西, 134면; 파산사건실무, 171면.

계의 의사표시를 하지 아니한 경우에는, 변론종결 전에 자동채권의 존재를 알았는지 여부에 상관없이 판결 확정 후의 상계를 이유로 청구이의의 소를 제기할 수 있다는 大判 66.6.28, 66다780(集 14-2, 101); 大判 98.11.24, 98다25344(공보 1999상, 9)의 태도를 전제로 한다면, 파산관재인이 제기한 이행청구소송에서 반드시 상계를 하여야 할 필요는 없다고 할 것이다.[54]

(2) 다만 상계의 의사표시는 원래의 채무자, 즉 파산자가 아니라 파산관재인에 대하여 하여야 한다.[55] 파산법원에 채권을 신고하면서 동시에 상계의 의사표시를 한 경우에 그것은 파산관재인에 대하여도 행하여진 것으로 해석되는데, 그 효력의 발생시기가 의사표시가 파산법원에 도달한 때인가 아니면 후에 파산관재인이 이를 안 때인가에 대하여 독일에서는 견해의 대립이 있다.[56]

(3) 한편 파산실무상으로 파산채권자가 상계를 한 경우에 대하여 다음과 같은 점에 대한 주의가 환기되고 있다.[57]

즉 은행거래약정서 등에 상계적상의 시기 등이나 소위 「상계의 충당」 등에 관하여 특별한 정함이 있다고 하여도, 이 특약은 파산관재인에게 대항할 수 없다. 그러므로 이들 사항에 대하여는 민법의 규

54) 독일파산법의 해석으로는 반대의 견해도 있고, 그 근거는 주로 독일 판례의 태도이다. 우선 Mentzel/Kuhn, *Konkursordnung. Kommentar*, 8. Aufl.(1976), § 54 Rn. 16(S. 376) 참조. 그러나 근자 독일의 다수설은, 판례와는 반대로, 사실심 변론종결 전에 상계권이나 취소권과 같은 형성권이 발생하였으나 실제로 그 행사는 그 후에 행하여진 경우에는 청구이의의 소를 인정하여야 한다는 견해가 다수설이다. 이에 대하여는 우선 Stein/Jonas/Münzberg(21. Aufl.), § 767 Ⅱ, Rn. 37 f. (Bd. 6(1995), S. 500 f.); Rosenberg/Gaul/Schilken, *Zwangsvollstreckungsrecht*, 10. Aufl.(1987), § 40 Ⅴ 2 b(S. 468 ff.) 참조.

55) 同旨: 趙炳顯, 361면; 파산사건실무, 171면. 大判 88.8.9, 86다카1858(공보 1988, 1207)은 회사정리의 경우에 정리채권자의 상계는 관리인에 대하여 하여야 한다고 판시하는데, 이는 파산의 경우에도 다를 바 없을 것이다. 이 점에 대한 일본의 문헌으로 齋藤秀夫, 693면; 伊藤進, 330면 참조.

56) Mentzel/Kuhn(註 54), § 54 Rn. 16(S. 376) 참조.

57) 파산사건실무, 178면 이하 참조.

정에 의하여야 하는데, 파산채권자 중에는 이를 고려하지 아니하고 원래 특약의 내용대로 상계를 하는 일이 있다는 것이다. 따라서 파산관재인으로서는 파산채권자로부터 상계가 행하여진 경우에 우선 그 상계가 어떠한 자동채권에 기하여 어떠한 수동채권에 대하여 행하여졌는지에 주의하여 이를 명확하게 하고, 필요가 있으면 異議를 하여야 한다. 그리하여 나아가 수동채권으로 利子 있는 채권과 이자 없는 채권, 또는 담보부 채권과 무담보채권 등이 섞여 있는 경우에 자동채권으로 그 전부를 충당할 수 없는 경우에는, 민법의 규정에 의하여 파산관재인을 위하여 채무소멸의 이익이 있는 것부터 충당할 수 있다는 것이다(민법 제477조 제2호 참조).[58)]

Ⅳ. 相計權의 「擴張」에 대한 再檢討

1. 獨逸의 關聯規定

(1) 우리 파산법상의 상계권에 관한 규정(제89조 내지 제95조)은

---

58) 또한 前註의 문헌에 의하면, 파산관재인으로서도 파산채권의 확정 및 파산재단에 속하는 채권의 추심을 신속하게 할 필요가 있으므로, "상계를 하지 않고 있는 파산채권자에게 상계를 촉구하고, 경우에 따라서는 스스로 상계권을 행사하는 것을 검토하여야 할 것"이라고 한다. 이는 파산관재인이 파산재단 소속의 채권을 자동채권으로 하여 파산채권에 대하여 상계하는 것을 긍정하는 입장을 전제로 한다(이러한 입장에서는, 파산관재인이 상계를 함에는, 別除權의 승인에 監査委員의 동의를 얻도록 한 파산법 제187조 제12호가 준용된다고 한다. 파산사건실무, 117면 참조. 同所는 파산채권자가 하는 상계의 승인에도 위 규정이 준용된다고 서술하는데, 그 취지를 이해하기 어렵다). 그런데 이 점은 종전부터 일본에서 논의가 있는 터인데, 우리 나라에서는 위와 같은 肯定說이 통설이다(趙炳顯, 330면 이하; 全炳西, 124면 참조). 한편 앞의 註 55의 大判 88.8.9.은, 회사정리절차에서 관리인에 의한 상계는 "정리채권은 정리절차에 의하지 아니하면 소멸시킬 수 없다는 회사정리법 제112조의 규정에 따라 원칙적으로 허용되지 아니하고, 다만 법원의 허가가 있는 경우에 그 범위 내에서만 가능하다"고 판시하고 있다.

일본의 파산법[59] 제98조 내지 제104조를 통하여 독일의 1877년 파산법의 제53조 내지 제55조의 규정(제1편 제6장)에 그 연원을 둔다. 그 모두의 제53조는 "채권자가 상계할 권리를 가지는 경우에 그는 파산절차에서 그의 채권을 행사할 것을 요하지 아니한다"고 규정하는데, 위 파산법에 대한 理由書(Motive)는, 이에 대하여 다음과 같이 설명한다.[60] "채권자에 있어서 상계는 유치권이나 질권과 마찬가지로 만족을 보장하는 것이고 신용공여자를 위한 담보수단이다. 이들 3개의 담보에는 공통점이 있는데, 그것은, 채권자가 원래 그 채권의 만족을 추구할 수 있었던 대상을 파산재단에 귀속시켜야 하면서도 자신의 채권은 파산채권으로 행사할 수밖에 없다면 이는 불공평하다는 점이다"라는 것이다.[61] 이는 "파산절차에서 상계를 전혀 허용하지 않는다면 정당한 상계기대를 가졌던 파산채권자라도 자기의 채권에 대하여 파산절차에서 근소한 배당을 받는 것에 만족하여야 하는 반면에 자신의 파산자에 대한 채무는 전액 변제하여야 하는 결과가 되어 현저하게 불공평한 결과가 되므로 파산채권의 개별행사금지원칙의 예외의 하나로 상계를 허용하고 있다"는 설명과[62] 같은 의미라고 할 것이다.

그리고 1994년의 도산법 제94조도 "도산채권자가 도산절차의 개

59) 일본에서 최초의 파산법은 프랑스상법전의 파산편을 본따 만든 1890년의 舊商法의 제3편(「파산」)으로, 日本舊商法 중에서는 이 부분만이 1893년 7월 1일부터 시행되었다. 그러나 그 후 새로이 시행된 민법전이나 상법전과의 조정 등의 필요가 제기되어 장기간의 작업을 거친 결과 1922년에 현재의 파산법이 제정되어 다음해부터 시행되고 있다. 이 법률의 최대의 특징은 종전의 상인파산주의(非商人에 대하여는 家資分散法이 별도로 제정·시행되었다)를 버리고 일반파산주의로 전환한 것, 그리고 독일 파산법의 절대적인 영향을 받은 것이다. 일본의 파산법의 연혁에 대하여는 우선 伊藤進, 44면 이하 참조.

60) C. Hahn, *Die gesamten Materialien zu den Reichs-Justizgesetzen*, Bd. 4: Materialien zur Konkursordnung(1881), S. 226.

61) 나아가 同理由書(Hahn(前註), S. 227)는 "유치권은 단순한 만족의 확실성을, 질권은 타인의 채무에 의한 만족을, 그리고 상계권은 자기의 채무에 의한 만족을 가져온다"고 설명하면서, "이들 3개의 담보 중 유치권이 가장 약하고, 상계권이 가장 강하다"고까지 말한다.

62) 趙炳顯, 328면.

시시에 법률에 의하여 또는 약정에 기하여 상계를 할 권리를 가지는 때에는 그 권리는 절차에 의하여 영향을 받지 아니한다"고 정하는 것도 같은 취지인 것이다.

(**2**) 앞서 본 제53조에 이어서 독일 파산법 제54조는 상계권의 확장에 대하여 다음과 같이 규정한다. 그 제1항은 "상계되어야 할 쌍방의 채권 또는 그 일방이 절차의 개시시에 아직 기한부이거나 조건부인(betagt oder bedingt) 사실 또는 채권자의 채권이 금전을 목적으로 하지 않는 사실은 상계를 배제하지 아니한다"라고 규정한다.[63)]

그런데 1994년의 도산법 제95조는 종전의 규정과는 다르게 정한다. 그 제1항은 "도산절차의 개시시에, 상계되어야 할 쌍방의 채권 또는 그 일방이 정지조건부이거나 아직 기한이 도래하지 아니한 경우 또는 동종의 급부를 목적으로 하지 아니하는 경우에는, 상계는 그 요건이 발생한 때에 비로소 이를 행할 수 있다. 제41조 및 제45조의 규정은 이에 적용되지 아니한다. 상계되어야 할 채권[즉 수동채권]이, 상계가 가능하게 되기 전에 조건 없게 되고 또 이행기가 도래한 때에는, 상계를 할 수 없다"고 정하는 것이다.

이 규정이 종전의 파산법 규정과 다른 점은 대체로 다음의 두 가지 점으로 집약할 수 있다.[64)]

---

63) 그 제2항부터 제4항은 다음과 같다.

"② 채권자의 기한부 채권은 상계의 목적을 위하여 제65조의 규정에 좇아 평가된다.

③ 정지조건부 채권의 채권자는, 그 조건이 성취되었을 때 상계를 하기 위하여, 그가 변제하여야 하는 채무액 중 그 채권액의 한도에서 담보의 설정을 청구할 수 있다.

④ 금전을 목적으로 하지 아니하는 채권자의 채권은 상계의 목적을 위하여 제69조 및 제70조의 규정에 좇아 평가된다."

64) 한편 새로운 규정은 자동채권 또는 수동채권이 해제조건부인 경우에 대하여는 언급이 없다. 이는 "일반원칙에 좇아" 이 경우에도 상계가 허용되기 때문일 것이다. 이 점에 대하여는 Harald Hess, *Kommentar zur Insolvenzordnung mit EGInsO*, Bd. 1: Insolvenzordnung(1999), § 95 InsO, Rn. 20(S. 819) 참조.

하나는, 종전에는 파산절차의 개시 당시에 파산채권자의 채권이 변제기가 도래하지 아니하였거나 비금전채권이었어도 파산채권자는 그 채권을 자동채권으로 하여 금전채권과 바로 상계할 수 있었다. 그러나 새로운 규정 아래서는, 파산채권자의 채권에 대하여 변제기가 도래한 후가 아니면 또는 그 채권이 금전채권으로 변환된 후가 아니면, 파산채권자는 이를 자동채권으로 하여 파산재단 소속의 채권과 상계할 수 없다(위 제1항 제1문). 따라서 그는 그 전까지는 파산재단에 자신의 채무를 이행하지 않으면 안 된다. 그리고 그는 자신의 채권을 파산채권으로 신고하도록 강요받는 것이다.[65]

다른 하나는, 종전에는 파산절차의 개시 당시에 상계적상에 있었던 경우는 물론이고, 그렇지 않은 경우에도 그 당시에 서로 대립하는 채권이 있기만 하면, 자동채권이 정지조건부의 채권이 아닌 한, 이로써 상계할 수 있었고, 그에 있어서 어느 채권의 변제기가 먼저 도래할 것인지는 문제되지 않았다. 그러나 새로운 규정 아래서는 수동채권의 변제기가 자동채권의 변제기보다 먼저 도래한 경우에는 상계를 할 수 없게 되었다(위 제1항 제3문). 또한 종전에는 그 채권이 정지조건부 채권이었던 경우에는, 조건이 성취될 때에 상계하는 것을 확보하기 위하여 파산채권자는 담보의 제공을 청구할 수 있었다(파산법 제54조 제3항[66]). 그러나 이제는 그러한 담보제공의 청구를 할 수 없으며, 그 조건이 성취된 때에 그가 상계적상에 있는 반대채무를 여전히 부담하고 있어야만 비로소 상계를 할 수 있다. 또한 수동채권이 정지조건부 채권인 경우에도 새로운 규정 아래서는 그 조건이 성취된 때에 파산채권자가 상계적상에 있는 자동채권을 가지고 있어야 상계를 할 수 있다.[67]

---

65) Hess(前註), § 95 InsO, Rn. 24(S. 820) 참조.

66) 앞의 註 63의 조문번역 참조.

67) Hess(註 64), § 95 InsO, Rn. 27(S. 820) 참조.

2. 破產法 제90조에 대한 立法論的 檢討

(1) 독일의 새로운 도산법이 상계권의 「확장」에 대하여 종전과 같은 태도를 취하지 않는 이유를 그 이유서는 다음과 같이 설명한다.

> "이 규정[종전의 파산법 제54조]은 체계에 반하여(systemwidrig) 특정한 채권자의 법적 지위를 그 외의 채권자에게 불이익하게 강화한다. 그것은 다음과 같은 점에서 평가모순을 범하고 있다. 즉 그것은 [파산절차 등에서] 비금전급부의 채권자가 [상대방이 가지는] 금전채권에 대하여 상계를 하는 것을 가능하게 하는데, 반면에 금전채권자가 비금전채무를 부담하는 경우에는 그는 상계를 할 수도, 민법 제273조의 통상의 유치권을 행사할 수도 없는 것이다.[68] 이 규정은 **실체법상으로 정당화되지 않는 우선적 지위**를 창출하고 있다. 이러한 우선적 지위를 없애는 것이 하나의 개정목표이다.
>
> 그러므로 새로운 규정은 [현행법에서의] 이와 같은 상계의 완화를 답습하지 아니한다. 상계의 자동채권이 절차의 개시 당시에 비록 존재하기는 하여도 아직 조건부이거나 변제기가 도래하지 아니하거나 異種인 경우에는, 일단은 상계는 허용되지 않는다.
>
> 다른 한편 이들 경우에 채권자의 상계권이 절차의 개시에 의하여 어렵게 되어서도 안 된다. 즉 절차 개시 후에 상계에의 장애가 소멸하고 그리하여 채권과 반대채권이 상계가능한 상태로 서로 대립하는 때에는, 도산절차는 채권자가 상계의 의사표시를 하는 것을 원칙적으로 배제하지 않는다(제1문 및 제2문). 절차의 개시 전에 채권자가 상계적상의 발생을 고려하여 자기 채권의 실현에 곤란이 없으리라고 믿을 수 있었던 경우에, 그 기대는 도산절차에 의해서도 뒤집히지 않는 것이다.
>
> 그러나 [도산채권자의] 채권이 도산재산에 속하는 반대채권보다

---

68) 이 평가모순(Wertungswiderspruch)은, 독일 파산법상의 상계권의 「확장」에 대하여 근본적인 비판을 제기한 Ludwig Häsemeyer, Die Gleichbehandlung der Konkursgläubiger, *KTS* 1982, S. 507ff.에서 이미 지적된 바이다. 그 요약으로 그의 도산법 교과서 ders., *Insolvenzrecht*(1992), S. 382ff. 참조.

도 늦게 변제기가 도래하거나 조건 없는 것으로 되는 경우에는 그 채권자에 의한 상계는 인정되지 않는다(제3문). 예를 들면, 절차 개시 당시에 아직 변제기가 도래하지 아니한 금전채권을 가지는 채권자가 그 당시 이미 변제기가 도래한 금전채무를 부담하고 있었던 경우에 그는 이 채무를 상계에 의하여 결제할 수는 없다. 이는 그 채권자가 설사 변제기가 도래한 그의 금전채무의 지급을 자기 자신의 채권의 이행기가 도래하기까지 늦추는 데 성공하였다고 하더라도 마찬가지이다. 오히려 그는 그 채무를 도산재단에 이행하고 반대채권을 도산채권으로 신고하는 수밖에 없다. 그처럼 새로운 규정은 **피압류채권을 수동채권으로 하는 상계에 관한 독일민법 제392조에 좇은 것**이다."[69](강조는 인용자)

여기서 흥미로운 것은, 우선 이 새로운 입법이「실체법상으로 정당화되지 않는 우선적 지위」가 도산 관련 규정에 의하여 창출되는 것을 부정하고, 나아가 이 문제에 대한 독일민법 규정(제392조)의 태도를[70] 관철하고 있다는 점이다.

(2) 이러한 입법동향과는 별도로, 우리는 소위 상계권의「확장」이 과연 타당한가, 타당하다면 어느 범위에서 타당한가를 다시 생각해 보게 하는 몇 가지 문제점에 직면하게 된다.

(가) 앞의 Ⅱ. 3.(2)에서 본 대로, 우리 판례는 자동채권의 변제기가 수동채권의 그것보다 뒤에 도래하는 경우에 수동채권이 개별집행에서 압류되면, 자동채권의 채권자는 이제 상계할 수 없다는 태도를 취한다. 그런데 채무자의 모든 재산을 환가하여 채권자 전원에게 공평하게 분배하는 포괄적·전면적 집행절차로서 파산채권자가 그 권리

69) 원래는 BT-Drs. 12/2443, S. 140/141, "Zu § 107", und BT-Drs. 12/7302, S. 166 zu Nr. 61("Zu § 107"). 인용은 Ruth Schmidt-Räntsch, *Insolvenzordnung mit Einführungsgesetz. Erläuternde Darstellung des neuen Rechts anhand der Materialien*, 1. Aufl.(1996), S. 259에 의하였는데, 다만 단락은 Hess(註 64), § 95 InsO, Rn. 2ff.(S. 817f.)의 인용에 의하여 나누었다.

70) 이 규정에 대하여는 앞의 Ⅱ. 3.(2)의 말미(註 15의 본문 다음 부분) 참조.

행사에서 그 전보다 훨씬 제약을 받게 되는(파산법 제15조의 개별행사 금지의 원칙 참조) 파산절차가 개시되면, 같은 경우에 수동채권이 파산재단에 속하는 때에도, 앞의 Ⅲ. 2.(2)(가)에서 본 대로, 상계를 할 수 있다(파산법 제90조 제2문). 다음과 같은 예를 생각해 볼 수도 있다. 자동채권의 변제기가 수동채권의 그것보다 뒤에 도래하는 경우에 수동채권이 개별집행에서 일단 압류되었는데 그 후에 수동채권자에 대하여 파산절차가 개시되었다고 해 보자. 그렇다면, 처음에는 그 자동채권으로 상계를 하지 못하는데, 파산절차의 개시로 인하여 돌연 상계가 가능하게 되어야 한다는 말인가?[71] 이것은 명백한 평가모순이라고 해야 하지 않을까?[72] 기본적으로 채무자에 대하여 파산절차가 개시되었다고 해서 채권자가 그로 인하여 그 전보다 유리한 지위를 가져야 할 이유는 없을 것이다.

(나) 또한 예를 들어 변제기가 도래하지 아니한 채권을 채무자가 변제하였다고 해 보자. 그 행위가 항상 채무소멸의 효과를 가져온다고는 말할 수 없다. 왜냐하면 이러한 변제는 부인권의 대상이 될 수 있기 때문이다(파산법 제64조 제4호 등 참조). 그런데 파산절차가 개시된 후에는 그 경우 채권자는 상계권의 확장에 의하여 자신의 채무를 내세워 파산재단으로부터 만족을 얻을 수 있게 된다는 납득하기 어려운 결과가 된다.

(다) 그 외에 앞의 (1)에서 본 금전채권과 비금전채권의 불평등한 취급도 명백히 문제가 있다고 생각된다.

(3) 이렇게까지 보면, 상계권의 「확장」에 관한 규정, 특히 파산법 제90조를 입법론적으로 전면적으로 재검토할 여지가 있다고 하여야 하지 않을까? 그것은 역시 파산절차의 성질이 실체법상으로 인정

71) 이와 관련하여 독일의 판례(BGH NJW 1974, 2000)는 이러한 경우에는 파산절차에서의 상계를 인정하지 않는다.

72) Häsemeyer(註 68. 1992), S. 390.

되지 않는 우선적 지위를 설정하는 것을 과연 허용하는가 또는 어느 범위에서 허용하는가 하는 문제와 관련되는 것이라고 생각된다.

V. 小　結

이상으로 파산절차에서의 상계에 대하여 간략하게 살펴보았다. 본인의 전공과 무관한 분야에 속하는 문제를 다루는 것에 불안이 적지 않음을 고백하고, 많은 가르침과 비판이 있기를 기대한다.

그런데 한 마디 덧붙이자면, 우리 나라 법학의 약점 중의 하나는 「領域主義」라고 부를 수 있는 것에 있다고 생각하여 왔다. 어느 하나의 법분야의 전공자라고 한 번 불리우기 시작하면, 그가 다른 법분야에 속하는 문제에 대하여는 입을 열지 않는 것을 美德으로 아는 태도이다.[73] 이러한 태도는, 한편으로 여러 법분야에 걸치는 문제[74] 또는 어느 법분야와 다른 분야의 관계나 통상은 다른 법분야에 속하는 것으로 다루어지는 별개의 법문제 사이의 「관련」 등과 같은 문제에 대하여는 아무리 그것이 중요한 것이라도 별로 다루어지지 않음으로 인한 학문적 영위의 「공백」을 낳고, 다른 한편으로 어떤 법문제를 어느 한 법분야의 관점에서만 고찰함으로 인하여 이해와 서술의 「평탄화」 또는 「일면성」을 낳는다. 앞의 Ⅳ.에서 제기한 상계권의 「확장」에 대

73) 심지어는 같은 민법 안에서도 「재산법」 전공자와 「가족법」 전공자를 서로 다른 영역에 사는 사람으로 치부하는 경향이 있지 않은가 의심되기도 한다. 예를 들어 金疇洙, 親族·相續法 ―家族法―, 제5전정판(1998), iii면의 「머리말」 ("재산법을 전문으로 하는 곽윤직교수가 가족법의 일부분인 상속법(그는 상속법을 재산법의 일부라는 이설을 주장하지만, 이에는 찬동할 수 없다)을 냈기 때문에 **호기심을 가지고** 읽"었다)을 보라.

74) 민법분야에서 우선 머리에 떠오르는 것은, 그 내재적 이해에 소송법 및 강제집행법에 대한 지식을 요하는 채권자취소권(민법 제406조 이하)과 강제집행법 또는 도산법과의 관련에서 본 담보제도의 문제, 그리고 시효중단사유로서의 「재판상 청구」 등이다.

한 재검토의 필요도 어느 하나의 관점을 다른 법영역에서의 논의에 의하여 상대화 또는 다양화할 필요를 알려주는 것이 아닌가 생각해 본다.

(人權과 正義 319호(2003. 3), 104면 이하 所載)

[제 3 쇄에 따르는 後記]

주지하는 대로 「채무자 회생 및 파산에 관한 법률」이 2005년 3월 31일 법률 제7428호로 제정되어 그 공포 후 1년 후부터 시행됨으로써 파산법은 폐지되었다. 그리고 파산절차에서의 상계에 관한 종전의 파산법 제89조 내지 제95조의 규정은 위 「채무자 회생 및 파산에 관한 법률」 제416조 내지 제422조에 아무런 내용상의 변화 없이 그대로 이어지고 있다. 입법자료를 찾아보면, 이 글의 본문에서 밝힌 종전의 파산법 제90조를 "입법론적으로 전면적으로 재검토할 여지가 있다"는 주장에 대하여는 위의 새로운 입법과정에서 아무런 논의가 행하여진 바 없다.

7. 將來債權의 讓渡

Ⅰ. 序

1. 장래채권의 양도가 어떤 요건 아래서 허용되는가를 생각하는 것은 실제적으로 극히 중요한 의미가 있다.

거래의 실제를 보면, 장래에 발생할 채권을 ──그것만으로 또는 현재의 채권과 같이── 특히 담보목적으로 제3자에게 양도하는 거래는 매우 빈번하게 행하여진다. 금융을 얻으려고 하는 사람 또는 담보를 제공하려는 사람은 단지 현재의 자산뿐만 아니라 장래에 얻어질 가능성이 있는 자산도 이를 담보 등으로 「流動化」하려고 하는 것이다. 그것은, 장래의 급료채권이나 임대차계약에 기하여 장차 받을 차임에 관한 채권, 또는 아직 공사가 완성되지 아니한 상태에서의 도급보수채권 등과 같이 그 발생의 기초가 이미 확실하게 존재하는 경우뿐만 아니라, 임대차계약의 종료시에 임대인의 임대차 관련 채권을 만족시키고 남는 것이 있으면 비로소 발생하는 보증금채권, 매매계약이 유효한 상태에서 만일 그 계약이 해제되면 대금을 반환받을 채권 등과 같이 아직 그 발생이 확실하다고는 말할 수 없는 경우에도 마찬가지이다.

나아가 근자에는 집합채권의 포괄적 양도가 담보목적으로 행하여지는 경우가 드물지 않게 행하여지는데,[1] 그에는 대부분의 경우에 장

1) 뒤의 註 39에서 보는 대법원의 재판례는 集合動產에 관한 것이나, 금융거래의 실제에는 그뿐 아니라 集合債權도 빈번히 양도담보의 대상이 된다.

래채권도 포함되는 것이다. 또 소유권유보거래에서 유보목적물이 정당한 영업범위 내에서 제3자에게 처분되었을 때 그로부터 발생하는 채권에도 당연히 담보의 효력이 미친다고 하는 소위「연장된 소유권유보」가 약정된 경우에도, 장래채권의 양도가 문제된다.[2] 또한 예를 들어 住宅抵當債權流動化會社法에서 정하여진「주택저당채권」의 유동화는 당연히 장래채권(구체적으로는 주택의 구입이나 건축을 위한 대출자금의 상환에 관한 채권)의 양도를 전제로 하는 것이다(同法 제2조 제1항 제1호, 제2호 참조).

2. 그런데 大判 91.6.25, 88다카6358(공보 1991, 1993)은, "장래 발생할 채권이라도 현재 그 권리의 특정이 가능하고 가까운 장래에 발생할 것임이 상당한 정도로 기대되는 경우에는 채권양도의 대상이 될 수 있다"고 판시하고 있다. 그리고 이러한 판시는 대판 96.7.30, 95다7932(공보 1996하, 2621); 大判 97.7.25, 95다21624(공보 1997하, 2653) 등에서도 반복되고 있다.

특히 위의 大判 97.7.25.에서,[3] 原審은 "이 사건 채권양도계약

2) 집합채권의 포괄적 양도나 연장된 소유권유보에서는 혹 債務者의 特定이 의심스러울는지도 모른다. 그러나 양도인이 특정한 제3자와 계속적 거래관계(예를 들면 계속적 물품공급계약, 대리점계약 등)를 맺고 거기서 발생하는 장래의 채권을 양도하는 경우 등에는 채무자가 쉽사리 특정될 수 있고, 나아가 채권양도의 대항요건을 갖추는 데도 별다른 문제가 없다(뒤의 Ⅲ.4.도 참조).

3) 이 사건의 사안은 다음과 같다. A 회사는 1989년 2월에 피고(중부지역공업단지관리공단)로부터 구미공업단지 내의 공장용지 5천평을 11여억원에 매수하면서, 그 대금은 계약금 외에 1년마다 1회씩 4회에 걸쳐 매회 2억5천여만원씩을 지급하기로 하되, A 회사의 귀책사유로 매매계약이 해제될 경우에는 이미 지급한 액에서 분양대금의 1할 상당의 위약금과 연체분양대금에 대한 지연이자 등을 공제한 잔액을 반환하기로 약정하고, 그 후 1991년 10월까지 2차중도금까지 합계 6억3천여만원을 지급하였다. 그런데 그 달에 A 회사의 B 은행에 대한 채무가 35여억원에 이르자, A 회사는 이 채무에 대한 담보로, 위 매매계약이 해제되는 경우 등에 피고에 대하여 가지는 분양대금반환채권 등을 B 은행에 양도하고, 같은 날 피고에게 위 채권양도의 통지를 하였다. 그 후 A 회사가 1992년 4월에 부도나자, B 은행은 동년 6월에「금융기관의 연체대출금에 관한 특별조치법」제

당시 양도인의 채무자에 대한 매매계약 해제로 인한 대금반환채권을 특정할 수 있었다거나 가까운 장래에 위 채권이 발생할 것임을 상당한 정도 기대할 수 있었다고는 보기 어렵다"고 판단하고,[4] 그러므로 "이 사건 채권양도계약은 **양도의 대상이 될 수 없는 채권을 그 목적으로 한** 무효의 계약"(이하 강조는 다른 지적이 없는 한 인용자가 가한 것이다)이라고 하여, 채권양수인인 원고의 그 채권의 채무자인 피고에 대한 이행청구를 기각하였다. 그런데 大法院은 결론적으로 "[이 사건의 사안에서] 위 매매대금 반환채권을 양도할 당시 그 채권을 특정할 수 있었다거나 또는 그것이 가까운 장래에 발생할 것임을 상당 정도 기대할 수 있었다고 보기 어렵다는 원심의 판단은 수긍하기 어렵다"고 판단하고,[5] 원심판결을 파기하고 있다.

6조에 따라 원고(成業公社. 현재의 資産管理公社)에게 위 채권을 이관하여 A 회사에 대한 대출금을 회수하게 하였다. 그런데 피고는 1993년 6월에 이르러 A 회사와의 위 공업용지매매계약을 해제하였던 것이다.

4) 原審은, 그 이유로, 첫째, 뒤의 4.에서 보는 大判 82.10.26.에서와 같이, 당사자 사이에 원상회복의무를 발생케 하는 계약의 해제는 이례적·예외적이라는 점, 둘째, 위 양도계약 당시만 해도 A 회사는 피고에게 2차중도금까지 모두 정상적으로 납부하는 등 별다른 이상 없이 계약상의 의무를 이행하여 왔는데 그 후 1992년 4월에 부도가 남으로써 비로소 그 이후의 매매대금을 지급하지 못하게 된 점, 셋째, 피고는 B 은행이 A 회사로부터 위 채권을 양도받은 날로부터 1년 8개월이나 지난 후에야 위 매매계약을 해제한 점 등을 들고 있다.

5) 대법원은 그 이유로, "일반적으로 당사자 사이에 원상회복의무를 발생하게 하는 계약의 해제는 이례적이고 예외적인 것이기는 하지만"이라고 전제한 다음, A 회사가 자본금 3억5천만원의 중소기업이라는 사실, 1990년 3월경부터 B 은행과 여신거래를 시작하여 그로부터 불과 1년 7개월도 되지 아니한 1991년 10월에 제3자에 대한 채무를 제외하고 B 은행에 대한 채무만도 이미 35억원 가량에 이르러 이 사건 채권양도에 이른 사실, A 회사는 그 채권양도로부터 6개월도 안 된 1992년 4월에 부도가 난 사실, 피고는 A 회사의 부도 후 매매계약 소정의 입주계약해지기간이 경과된 1993년 6월에 A 회사와의 매매계약을 해제한 사실을 들고나서, "사정이 그러하다면, 단기간 내에 대금이 지급되고 계약관계가 종료되는 통상의 매매계약과는 달리, 이 사건과 같은 공장용지매매계약의 경우 매매대금이 다액에 이르고 그 대금 또한 주로 은행 등 금융기관의 대출에 의존하여 장기간에 걸쳐 지급되는 관계로, 매매계약 후 공장용지를 취득하기까지의 사이에 자금사정의 악화로 기업이 도산하는 등으로 인하여 계약이 중도에 해제되는 사례가 적지 아니한 점 등에 비추어 볼 때, A 회사의 거래은행인 B 은행으로서

그러므로 「장래 발생할 채권」에 대하여 그 양도계약이 유효하게 성립되려면, 그 목적물에 관하여 ① 양도계약 당시에 그 특정이 가능할 것, 또 ② 가까운 장래에 발생할 것임이 상당한 정도로 기대될 수 있을 것이라는 두 요건이 ──다른 유효요건과 아울러── 갖추어져야 한다는 것이 판례의 태도라고 할 수 있을 것이다(뒤의 4.도 참조).

3. 그런데 채권양도는 그 성질이 처분행위로서 그 계약 당시 목적물인 채권이 특정할 수 있어야 한다는 것(앞의 ①의 점)에는 별다른 의문이 없다. 이는 두 가지 의미를 가진다. 하나는 그 계약 당시에 이미 특정되어 있어야 할 필요는 없으며 이를 특정할 수 있는 기준이 있는 것으로, 즉 特定可能性(Bestimmbarkeit)으로 족하다는 것이다.[6] 다른 하나는, 적어도 장래에는 목적물을 특정할 수 있는 기준이 계약

는 위 채권양도 당시 이미 자금사정이 악화된 A 회사의 부도가능성과 아울러 A 회사가 더 이상 매매대금을 지급할 수 없게 됨으로써 피고가 A 회사와의 매매계약을 해제하고 그로 인하여 멀지 아니한 장래에 소외 회사의 피고에 대한 매매대금 반환채권이 발생할 것임을 상당 정도 예상할 수 있었던 것으로 볼 여지가 있다 할 것"이라는 결론을 내렸다. 그러나 뒤의 Ⅳ.1.(2)에서 보는 高木多喜男의 말대로, 또는 Ⅳ.2.(2)(b)(ii)에서 보는 日最判 1999.1.29.의 판결취지 1.(1)에서 시사하는 대로, 양도의 대상이 特定되는 이상(이에 대하여는 뒤의 註 6 참조), 공연히 당해 계약이나 대금지급의 특성 등을 천착하여 「발생의 개연성」을 억지로 긍정할 필요(이는 그에 앞서서 장래의 해제로 인한 원상회복청구권의 압류적격을 부정한 大判 82.10.26.의 「사슬」로부터 벗어나기 위하여 不得已하였는지도 모른다) 없이, 專門의 금융기관인 B 은행이 거래를 계속해 온 상대방인 A으로부터 장래의 매매계약 해제로 인한 매매대금반환채권을 담보목적으로 양도받았다는 사실 자체로부터 그 거래의 현실적 필요성과 「합리성」을, 나아가 그 채권이 거래의 대상이 될 수 있음을 인정하는 것이 간명하고 솔직한 태도가 아닐까?

6) 이에 대하여는 뒤의 Ⅲ.3.도 참조. 앞의 2.에서 본 大判 97.7.25.은, 이 양도의 대상인 채권의 특정에 관하여 "채권양도에 있어 사회통념상 양도 목적 채권을 다른 채권과 구별하여 그 동일성을 인식할 수 있을 정도이면 그 채권은 특정된 것으로 보아야 할 것이고, 채권양도 당시 양도 목적 채권의 채권액이 확정되어 있지 아니하였다 하더라도 채무의 이행기까지 이를 확정할 수 있는 기준이 설정되어 있다면 그 채권의 양도는 유효한 것으로 보아야 할 것"이라고 판시하고 있다.

당시 합의되어 있어야 하며, 장래에도 이것이 특정될 수 있는 가능성조차 없는 경우에는 그 처분행위의 효력은 부인된다는 것이다.

그러나 그에서 나아가, 장래채권의 양도가 유효하게 행하여지기 위하여 과연 가까운 장래에 발생할 것임이 상당한 정도로 기대될 수 있어야 한다는 것(앞의 ②의 점. 이하 이를「發生蓋然性」또는「發生蓋然性要件」이라고 부르기로 하자)이 요구되는지 검토를 요한다.[7] 그런데 이에 관한 논의는 그 전제적 작업으로「장래의 권리」의 처분 일반에 대한 법리의 검토를 필요로 할 것이다.[8]

4. 앞의 2.에서 본 大判 91.6.25.은 참조판례로 大判 82.10.26, 82다카508(集 30-3, 179)을 인용하고 있다. 그런데 이 후자의 판결은 장래채권의 양도가 아니라 장래채권의 압류 또는 가압류의 효력이 다투어진 사안에 대한 것으로, 그 압류 등의 可否에 대하여 "장래 발생할 채권이나 조건부 채권을 압류 또는 가압류할 수 있음은 채권과 압류 또는 가압류의 성질상 이론이 있을 수 없다고 할 것이나, 다만 현재 그 권리의 특정이 가능하고 그 가까운 장래에 발생할 것임이 상당 정도 기대되어야 한다고 할 것"이라고 판시하였던 것이다. 그리고 이 사건에서 문제된 것은, 大判 91.6.25.에서와 같이, 부동산매매계약에 기하여 매수인의 채무불이행시에 매도인이 가지게 되는 해제권이 장차 행사되는 경우에 발생할 매수인의 중도금반환채권이었다. 原審法

7) 金載亨, "根抵當權附 債權의 流動化에 관한 法的 問題", 서울대학교 法學 43권 1호(2002), 184면은, 그 제목과 같은 채권유동화의 관점에서 이 요건에 간략하게 언급하면서, 실무의 태도를 비판하고 있다("채권이 가까운 장래에 발생할 것임이 상당 정도 기대된다는 기준은 장래채권 양도의 유효성을 판단하는 기준으로는 지나치게 모호하다. 채권이 장래에 실제로 발생할 것인지, 그로 인한 위험은 어떻게 부담할 것인지 여부는 거래당사자에게 맡겨 두더라도 충분할 것이다").

8) 독일에서의 이에 대한 논의에 대하여는 우선 Andreas von Tuhr, *Der Allgemeiner Teil des Deutschen Bürgerlichen Rechts*, Bd. 2/1(1914, Nackdruck 1957), § 60 V(S. 387 ff.) 참조.

院은, "이 사건 가압류결정 당시 매수인의 서울특별시에 대한 이 사건 매매의 해제로 인한 원상회복청구권의 기초 되는 법률관계가 존재하였고 그 채권내용의 확정 또한 가능하였다 할 것이므로 위 가압류결정은 유효"하다고 판단하였다. 여기서는 판단기준으로, 채권내용의 확정가능성 및 기초적 법률관계의 존재를 내세우고 있는 것이 주목된다.[9] 그러나 대법원은 이와는 달리 위에서 본 바와 같이 ① 특정가능성과 ② 발생개연성을 요건으로 내세웠던 것이다. 더욱 중요한 것은 이러한 요건을 내세워 압류적격을 결과적으로 부인하였다는 점인데, 구체적으로는, "일반적으로 당사자간에 원상회복의무를 발생케 하는 계약의 해제는 특히 이례적이고 예외적인 것이라 할 것이며, 이 사건 매매계약에 있어 중도금 및 잔대금의 지급이 여러 단계로 나누어져 있고 연체료·지체상금의 지급 등의 지급약정이 당사자간에 이의 수급[원문대로]이 원만하게 이루어지지 않았던 사정은 원심이 확정한 바이므로, 원심의 위 판시 사정만으로는 장래 발생할 원상회복청구채권이 현재 그 권리를 특정할 수 있고 가까운 장래에 그 발생이 상당 정도 기대된다고 하기도 어렵다"고 하여 원심판결을 파기하였다.[10]

그리고 대법원은 장래채권의 압류적격에 대하여 그 후에도 계속 위와 같은 판시를 반복하여 왔다. 예를 들어 최근의 大判 2002.11.8, 2002다7527(공보 2003상, 24)은 "장래의 채권이라도 채권 발생의 기초가 확정되어 있어 특정이 가능할 뿐 아니라, 권면액이 있고, 가까운 장래에 채권이 발생할 것이 상당한 정도로 기대되는 경우에는 채권압류 및 전부명령의 대상이 될 수 있다"고 하고, 건설업자가 지방자치단체가 시행하는 건설공사의 경쟁입찰에 참가하여 낙찰자로 결정된

9) 이는 뒤의 Ⅳ.1.(1)(b)에서 보는 朝高判 1940(昭 15).5.31.의 취지를 연상시킨다.

10) 그러나 뒤의 註 16에서 보는 大判 2000.10.6, 2000다31526(공보 2000하, 2288)은, 매매계약이 장차 해제되는 경우 발생하는 매수인의 매매대금반환채권의 압류적격을 인정한다. 또한 앞의 2.에서 본 大判 97.7.25. 및 앞의 註 3 내지 5도 참조.

후, 그러나 공사도급계약의 체결 전에 그 채권자가 받은 그 공사대금 채권에 대한 압류 및 전부명령은 유효하다는 결론을 내리고 있다.[11]

그리하여 공사 완료 전의 공사금채권,[12] 장래의 급료채권[13] 및 퇴직 전의 퇴직금청구권,[14] 임대차존속 중의 보증금반환채권,[15] 매매계약이 장차 해제되면 발생하는 기지급대금반환채권[16] 장래 경매가 취하되는 경우에 발생하는 경매보증금반환청구권,[17] 유한회사 사원의 지분환급청구권,[18] 집행담보공탁에서 담보취소결정 전의 공탁금회수청구권,[19] 골프장회원이 퇴회할 때 받을 예치금반환청구권,[20] 환지처

11) 法院行政處, 법원실무제요 민사집행[Ⅲ](2003), 294면도, 장래의 채권 및 미확정채권에 대한 압류적격에 관하여 "적어도 그 기초가 되는 법률관계는 압류 당시 존재하여 채권의 발생근거나 제3채무자를 특정할 수 있고, 또 가까운 장래에 발생할 가능성이 상당한 정도로 확실하여야 한다"고 서술한다. 그리하여 구체적으로는, "매매계약 해제 전에 계약해제를 전제로 한 중도금반환채권의 압류는 효력이 없고[그러나 이 점에 대하여는 前註 참조], 추가공사도급계약의 성립 전에 한 추가공사대금채권의 압류 및 전부명령은 무효이며, 은행이 貨換어음매입신청을 승낙하기 전에 한 수출네고代錢채권의 압류는 효력이 없다"(꺾음괄호 안은 引用者가 가한 것이다)고 한다.

12) 大判 74.7.23, 73다245(공보 불게재, LX 검색)(이 판결은 "수급인의 도급인에 대한 공사금채권은 공사의 정도, 기타에 의하여 상호결산시에 확정적으로 결정되는 것이므로 그 결산에 의하여 구체적으로 확정되었을 경우에 그 공사금채권을 표준으로 하여 전부의 효력도 확정된다"고 판시한다. 이러한 입장은 그 후의 재판례와는 다른 취지로 이해된다) 이래 多數의 재판례가 있다.

13) 다수의 재판례가 있으나 우선 大判 2000.4.21, 99다70716(공보 2000상, 1244)만을 들어 둔다. 이 판결은, "피압류채권인 원고의 김해시에 대한 급료채권은 이 사건 전부명령의 송달시점에서 보아 그 존부 및 범위를 불확실하게 하는 요소를 내포하고 있는 장래의 채권이기는 하나, 그렇다고 하여 전부명령에 의한 집행채권 소멸의 효력이 장차 급료채권이 확정적으로 발생하는 것을 기다려 그 때 가서 비로소 생기게 되는 것은 아니"라고 판시한다. 아마도 前註에서 본 大判 74.7.23.과는 다른 취지라고 할 것이다.

14) 大判 75.7.22, 74다1840(集 23-2, 195).

15) 다수의 재판례가 있으나 우선 大判 98.8.21, 98다15439(공보 1998하, 2292)만을 들어 둔다.

16) 大判 2000.10.6, 2000다31526(공보 2000하, 2288).

17) 大判 76.2.24, 75다1596(공보 533, 9004).

18) 大判 78.10.31, 78다1290(공보 불게재, LX 검색).

19) 大決 84.6.26, 84마13(集 32-3, 122).

20) 大判 89.11.10, 88다카19606(공보 1990, 13).

분공고 전의 환지청산금청구권,[21] 수용재결이 확정되기 전의 수용보상금청구권[22] 등에 대하여도 유효하게 압류를 할 수 있다고 한다.

이와 같이 장래채권의 양도적격의 문제는 그 압류적격의 문제와 평행되게 전개되는 측면이 있다.[23] 물론 채권의 강제적 만족이 추구되는 절차의 한 구비를 이루고 특히 다른 채권자의 攻取를 제한하게 되는 채권압류의 허용 여부를 채권의 양도와 모든 면에서 동일한 기준에 의하여 처리할 수는 없을 것이다. 그러나 실제의 사건에서도 양도와 압류(또는 가압류)가 경합하는 경우는 양도가 경합되는 경우나 압류 등이 경합하는 경우와 크게 다를 바 없이 다루어진다.[24] 그러므로 이하에서는 필요한 한도에서 장래채권의 압류에 관한 논의를 아울러 참고로 하고자 한다.

5. 한편 우리 실무가 취하는 發生蓋然性要件은 종전에 日最判 1978(昭 53).12.15(判例時報 916, 839) 등 일본의 판례가 취하는 태도라고 **이해**되어 오던 것이다. 그런데 그 후 日最判 1999(平 11).1.29 (民集 53-1, 151)은 이러한 요건을 정면에서 부인하고, 장래의 발생가능성의 多寡는 채권양도의 효력에 영향을 미치지 않는다는 태도를 취하였다. 그러므로 혹 이 문제를 둘러싼 일본에서의 논의를 살펴보는

21) 大判 90.12.26, 90다카24816(공보 1991, 628). 이 판결은, "토지구획정리사업법에 의한 환지청산금은 제52조 제2항에 의하여 원칙적으로 환지처분시 결정되어야 하나, 제46조 제2항 제3호는 환지계획에서 청산대상토지명세를 정하도록 하여 이 단계에서는 그 **청산금채권의 기초와 내용이 어느 정도 구체화되므로** 이러한 미확정의 청산금채권도 압류의 목적이 될 수 있는 것이므로 환지처분공고 전의 위 단계에서 이루어진 압류도 유효하다"고 판시한다.

22) 大判 98.3.13, 97다47514(공보 1998상, 1030).

23) 그 외에도 예를 들어 채권양도에서 채무자가 양수인에게 대항할 수 있는 사유(민법 제451조 제1항 참조)로서의 상계의 범위와 채권이 압류된 경우에 제3채무자가 압류채권자에게 대항할 수 있는 사유(민법 제498조 참조)로서의 상계의 범위는 평행되게 정하여진다.

24) 그 전형적인 예가 채권양도에서 복수의 압류명령 또는/및 복수의 확정일자 있는 양도통지가 동시에 도달한 경우의 처리문제이다.

것은 우리에게도 유익할는지도 모른다.

6. 이하에서는 우선 장래채권의 개념 및 분류(Ⅱ.) 및 장래권리의 처분에 관한 일반적 법리(Ⅲ.)를 살펴본 다음, 우리 판례의 태도에 영향을 미치는 것으로 보이는 일본의 학설과 판례를 개관한다(Ⅳ.). 그리고 이상의 논의를 바탕으로 해서 위의 發生蓋然性要件의 當否에 대한 필자의 견해를 결론으로서 제시하기로 한다(Ⅴ.).

한편 논의를 장래채권의 포괄적 양도에 한정하여 보면, 그 과잉담보성으로 인한 反社會性을 이유로 하는 통제도 살펴볼 필요가 있을 것이나, 이는 뒤로 미루기로 한다.

Ⅱ. 將來債權의 槪念

1. 法律上의 將來債權

우리가 장래채권의 양도를 논의함에 있어서는 먼저 여기서「장래채권」이란 무엇을 가리키는가를 명확하게 하여야 할 것이다.[25)]

(1) 民法이「장래채권」에 대하여 정하는 것은, "保證은 將來의 債務에 대하여도 할 수 있다"고 정하는 제428조 제2항이 유일하다. 그런데 우리 학설은 여기서「장래의 채무」란 무엇인지에 대하여 별다른 관심을 기울이고 있지 않은 듯하다.[26)] 그 외에 不動産登記法 제3조 제2문은, 假登記는 "그 請求權[동조 제1문에서 정하고 있는, 소유권 등 권리의 설정·이전 등의 청구권을 말한다]이 始期附 또는 停止條

25) 이 문제는 민사소송법 제251조에서 정하는 將來履行의 訴, 즉 "장래에 이행할 것을 청구하는 소"의 이해와도 관련이 없지 않을 것이다.

26) 아마도 유일한 例外는 徐敏, "將來債權의 讓渡", 考試硏究 16권 4호(1989. 4), 79면 이하일 듯하다.

件附인 때 기타 將來에 있어서 確定될 것인 때에도" 이를 할 수 있다고 정하는데, 이 규정은 우리의 논의에도 의미가 없지 않다고 여겨진다.

또 예를 들면 파산법이나 회사정리법과 같은 도산관계법에서는 「장래의 청구권」이 여러 군데에서 규정되고 있다. 파산법에서 예를 들면 제18조 제 2 항은 파산자에 대한 장래의 청구권에서 그 파산채권액의 산정에 대하여 정하고,[27] 제90조 제 2 문은 "債務가 期限附 또는 條件附인 때 또는 將來의 請求權에 관한 것인 때", 즉 수동채권이 장래의 채권 등인 때에도 파산채권을 자동채권으로 하여 상계할 수 있음을 정하며,[28] 제243조, 제247조 등에서는 배당에서 「장래의 청구권」을 어떻게 취급할 것인지를 정한다.[29]

(2) 한편 독일민법에는 「장래의 채권(künftige Forderung)」 또는 「장래의 채무(künftige Verbindlichkeit)」를 직접의 규율대상으로 삼는 규정이 여기저기 존재한다. 예를 들면 제765조 제 2 항은 "보증은 장래의 채무 또는 조건부 채무에 대하여도 인수될 수 있다"고 하고, 제883조 제 1 항 제 2 문은 "가등기는 장래의 청구권(künftiger Anspruch) 또는 조건부 청구권의 보전을 위하여도 이를 할 수 있다"고[30] 하여, 앞서 본 우리 규정들과 유사한 내용을 정하고 있다. 그러나 그 외에

27) 회사정리법 제118조 제 2 항도 「장래의 청구권」에 대하여 같은 내용을 정한다. 한편 大判 2002. 12. 10, 2002다57102(공보 2003상, 374)은, 가집행선고에 기하여 지급받은 금전 기타의 급부(「가지급물」)를 그 가집행선고가 상급심 판결에 의하여 실효되는 경우에 반환받을 권리, 즉 가지급물의 원상회복채권은 同條 제 1 항에서 정하는 「조건부 채권」에 해당한다고 하고, 회사정리절차에서 이를 신고하지 아니하였으므로 失效되었다고 판단한다. 그러나 엄밀한 의미에서 조건은 법률행위에 그 附款으로 붙이는 것을 의미하므로, 위와 같은 채권은 동조 제 2 항에서 정하는 권리에 해당한다고 해야 하지 않을까?

28) 파산절차와 상계의 문제와 관련하여 장래의 청구권이 문제가 되는 경우에 대하여는 그 외에도 同法 제91조에서 규정이 있다.

29) 그 외에도 同法 제21조, 제166조 등도 「장래의 청구권」에 대하여 규율한다.

30) 한편 소위 抹消假登記(Löschungsvormerkung)와 관련하여 「장래의 청구권」을 보전하기 위하여서도 위 가등기를 할 수 있다고 정하는 제1179조 제 2 호도 본문의 제883조 제 1 항 제 2 문에 대해서와 같은 관점에서 이해될 수 있다.

도 저당권 및 질권이 장래의 채권을 위하여도 설정될 수 있음을 정하는 제1113조 제 2 항, 제1204조 제 2 항, 또 질권이 장래의 채권을 위하여 설정된 경우에도 그 질권의 순위는 설정시를 기준으로 정하여진다는 제1209조 등이 있다. 이들 규정에서는 언제나 조건부 채권(bedingte Forderung)이 장래의 채권과 별도로 또 대등하게("또는") 언급되고 있음도 주목되어 좋을 것이다.

그리하여 독일민법학에서는 「장래의 채권」이란 무엇을 의미하는지에 대하여 논의가 적지 않다. 우리 법에서의 「장래채권」의 개념정립에 있어서도 이들 논의를 참고로 할 수 있지 않을까 기대하여 본다.

2. 「將來債權」의 意味와 分類

(1) 「장래채권」이란 廣義로는 채권의 발생요건이 모두 갖추어진 것이 아닌 채권을 말한다. 여기에는 발생요건의 일부는 갖추어졌으나 나머지가 갖추어지지 아니한 경우는 물론이고, 장래에 체결될 매매계약에 기한 대금채권과 같이 그 요건을 전적으로 결여한 경우도 포함된다.[31)]

그러므로 아직 그 조건이 성취되기 전의 停止條件附 債權이나 그 시기가 도래하기 전의 始期附 債權도 이에 해당한다. 그러나 일반적으로 이러한 조건부 또는 기한부의 채권은, 비록 뒤의 (2)에서 보는 장래채권의 경우와 명확하게 구분하기 어려운 경우가 적지 않지만, 앞의 1.에서 본 대로 법률에서 장래의 채권과 구별하여 규정하는 경우가 많으므로, 통상적으로 장래의 채권이라고 하면 조건부 또는 기한부의 채권은 이에 포함되지 않는다.[32)]

---

31) von Tuhr(註 8), § 60 V(S. 387f.). 大判 2002. 10. 25, 2000다7783(공보 2002 하, 2800)은, 건설회사가 곧 체결할 공사계약상의 報酬債權을 이미 체결된 공사계약상의 보수채권과 함께 제 3 자에게 양도한 事案에 대한 것으로서, 그 양도가 유효함을 당연한 전제로 하고 다른 쟁점에 대하여만 판단하고 있다.

32) 한편 민법 제149조는 "條件의 成就가 未定한 權利義務는 一般規定에 의하여 處分, 相續, 保存 또는 擔保로 할 수 있다"고 정한다.

(2) 장래의 채권은 대체로 다음과 같이 분류할 수 있다.[33] 이 분류는 1차적으로 「장래의 채권」의 다양한 양상을 예시하는 것을 목적으로 행하는 것이고, 완결적인 것이 아니다. 그러므로 어느 群에 속하는 각종의 채권 간의 차이는 양적인 것에 불과한 것이다.

첫째, 현재 그 채권 발생의 기초가 되는 법률관계는 존재하고, 그에 단순히 어떤 사실이 가하여짐으로써 채권이 발생하는 경우. 예를 들면, 이미 고용되어 있는 사람의 장래의 기간에 대한 賃金債權, 임대차계약이 유효하게 체결되어 그에 기하여 발생할 借賃債權, 이자부 소비대차가 행하여져서 그에 기하여 貸主가 가지는 장래의 기간에 대한 利子債權 또는 공사도급계약이 체결되었으나 실제로 일을 완성하기 전의 工事代金債權이 전형적으로 이에 속한다.

둘째, 현재 그 채권 발생의 기초가 되는 법률관계를 발생시킬 요건의 일부만이 성립하고 있는 경우("생성 중의 기초법률관계"). 예를 들면, 계속적 물품공급계약에서 개개의 주문에 의하여 매매대금채권이 발생하는 경우와 같이 基本契約(Rahmenvertrag)만이 존재하는 경우, 임대차관계가 존속 중이어서 종료시에 임대인의 채권을 공제하고 남는 것이 있을지 불명인 保證金返還債權, 계약상 채무에 대하여 만일 불이행이 있으면 발생할 損害賠償債權, 또는 계약이 유효하게 존속 중이나 그것이 취소되거나 해제되면 발생하게 되는 原狀回復請求

33) 예를 들면 Kamillo Elden von Ohmeyer, *Verfügung über künftige Rechte: zugleich ein Beitrag zur Theorie der künftigen Rechte*(1909), S. 26ff.는, 장래의 권리를 (i) 현재의 권리에 갈음하여 발생하는 것(예를 들면 현존하는 채무의 이행불능으로 인한 손해배상채권), (ii) 현존하는 기초적 법률관계로부터 장차 발생하는 것, (iii) 생성 중의 권리, (iv) 기대되는 권리(gehoffte Rechte)의 넷으로 분류한다. 이에 대하여 Georg Süss, *Abtretung künftiger Ansprüche: Ein Beitrag zum Problem über künftige Rechte*(1910), S. 16ff.는 위의 (i)을 드는 것은 불필요하다고 하고, 나아가 위의 (iii)을 생성 중의 법률관계(werdende Rechtsverhältnisse)로부터 발생하는 권리라고 하여야 한다고 비판한다. 결국 기초적 법률관계가 현존하는가, 그것 자체가 생성 중인가, 아니면 생성 중의 기초관계조차 없고 단지 「상정될 수 있는」 것인가가 분류의 기준이 될 수 있을 것이다.

權(不當利得返還請求權) 등도 이에 속할 것이다.[34]

셋째, 아무런 기초적 법률관계도 없는 경우. 실제로는 그 성립에 일정한 전망이 선 단계에서 비로소 그 양도가 논의될 사실상의 가능성이 있을 것이고, 전혀 架空의 장래채권이 문제되는 경우는 쉽사리 상정하기 어렵다. 예를 들면 당사자들 사이에 어느 교섭이 진행되어, 앞으로 일정한 단계에 이르면 계약이 체결될 수도 있다는 전망이 선 경우에, 그 계약상의 채권 등이 이에 해당한다.

Ⅲ. 將來權利의 處分에 관한 一般法理 槪要

1. 處　分

우선 여기서 문제되는 것은 「처분」이고 의무부담행위(또는 채권행위)가 아님을 주의할 필요가 있다. 장래의 권리를 매매하거나 임대하는 등의 행위가 유효하게 행하여질 수 있음에는 의문의 여지가 없는 것이다. 실제로도 우리는 장래 제조될 물건을 사고 파는 일을 흔히 경험한다. 또 장래 설정될 전세권의 전세권자가 현재 그 목적물을 임대하는 계약을 체결하는 것(민법 제306조) 등을 막을 이유는 전혀 존재하지 않는다. 다만 장래에 발생할 것인지 여부가 불확실한 권리 등에 대하여 대가의 지급을 약속하는 것은 射倖性을 띠는 일이 있을 수 있으므로, 다른 법률행위와 마찬가지로 일반적으로 반사회질서의 행위(민법 제103조)가 아닌지가 문제되는 경우가 있을 뿐이다.

그런데 處分行爲는 그 개념상 처분의 대상이 되는 권리 또는 법률관계의 변동(즉 이전, 소멸 또는 내용변경)을 직접 일으키는 것(그것을 일으킬 의무를 부담하는 것이 아니라)을 내용으로 하므로, 과연 그러

34) 그 경우 이미 채무불이행이 있었는지 여부는 문제되지 않을 것이다.

한 對象의 現存(Existenz) 없이도 처분이 행하여질 수 있는가 하는 의문이 제기되는 것이다. 이에 대한 논의는 普通法學에서 빈번하게 행하여졌는데, 결국 대상의 현존은 처분행위의 성립요건이 아니라 단지 효력발생의 요건일 뿐이며, 일반적으로 장래의 권리라고 하더라도 현재 처분을 할 수 있다는 것으로 귀착되었다. 그것은 특히 독일민법 제185조 제 1 항이 타인의 권리의 처분도 일정한 요건(권리자의 승인) 아래서는 유효하다고 명문으로 정하게 된 후에는 거의 의문의 여지가 없어졌다. 처분의 유효성이라는 관점에서는 그것이 타인의 권리에 대한 것인지, 현존하지 않는 권리에 대한 것인지는 차이가 없다고 해야 한다는 것이다. 전자의 경우에도 처분대상인 자신의 권리가 존재하지 않는다는 점에서는 후자와 다를 바 없기 때문이다.[35]

이와 같이 장래의 권리를 현재 처분할 수 있다고 함은 애초의 처분에 반하는 그 후의 처분이 효력을 가지지 못함을 의미한다. 또한 처분자가 권리가 성립하기 전에 파산하거나 그 권리에 대하여 압류나 가압류 등이 행하여진 경우에도, 원래의 처분이 우선한다.[36] 독일에서는, 장래권리의 처분에서 그 효력이 발생하면, 타인의 권리의 처분이 유효한 또 하나의 예인 善意取得에서와 마찬가지로, 처분의 상대방은 직접 권리를 취득하고(소위 直接取得 Direkterwerb), 처분자를 통하여 취득하는 것(소위 間接取得 Durchgangserwerb)이 아니라고 설명되고 있다.[37]

장래권리의 처분("사전처분"[38])에서 처분자는 아직 권리자가 아

35) 우선 von Tuhr(註 8), § 60 V(S. 388) 참조. 이미 그는 *DJZ* 1904, S. 426ff.에서 同旨의 주장을 펼친 바 있다.

36) 다만 장래채권의 양도에 있어서 이와 같이 양립할 수 없는 이해당사자 사이의 優劣關係, 즉 對抗關係를 어떻게 처리할 것인가의 문제는 對抗要件을 누가 먼저 갖추는가에 달려 있음은 주지하는 대로이다.

37) von Tuhr(註 8), § 60 V(S. 392); Baur/Stürner, *Sachenrecht*, 17. Aufl.(1999), § 58 B Ⅲ 4(S. 740) 참조. 우리 나라에서도 이러한 태도를 취할 것인지에 대하여는 보다 면밀한 검토를 요한다.

38) 독일에서는 이를 「事前處分(Vorausverfügung 또는 antezipierte Verfügung)」이라고 부른다.

니고, 따라서 처분권도 아직 없다. 그러나 만일 사전처분이 없었더라면 그가 권리자가 되었을 것임은 그 처분의 논리적인 전제이다. 다시 말하면 사전처분이 없었어도 그가 권리자가 되지 못하였을 사정이 존재하는 경우에는, 사전처분은 효력을 가지지 못한다. 그러므로 특히 장래권리의 발생의 기초가 되는 법률관계 자체가 사전처분 후에 제3자에게 이전한 경우에는, 그 처분은 효력이 없다. 예를 들어 A가 자기 소유의 물건에 대한 장래의 손괴로 인한 손해배상청구권을 B에게 양도한 후에 그 물건을 C에게 양도하였는데 그 양도가 있고 나서 물건이 손괴된 경우에는, C가 손해배상청구권을 취득하고 A는 애초부터 그 권리를 취득하지 못한다. 그러므로, A의 사전처분은 효력이 없다.

2. 將來權利의 處分이 問題되는 範圍

장래의 권리에 대한 처분행위라고 하여도 그 성립요건은 갖추어야 한다. 그런데 不動產物權에 관한 처분행위에 있어서는 물권적 합의와 아울러 登記가 그 성립요건이다(민법 제186조, 제187조 단서). 그러므로 등기되지 아니한 부동산 또는 부동산물권은 처분의 대상이 될 수 없고, 또 事前登記(예를 들면 정지조건부 이전의 등기)는 등기법상 허용되지 아니하므로, 장래의 부동산 또는 부동산물권에 대한 처분은 좀처럼 상정하기 어렵다.[39] 그리고 동산물권에 관한 처분행위에서는 引渡가 그 성립요건의 하나인데, 물론 현실의 인도는 물건이 현존하기 전에는 행하여질 수 없지만, 그에 "갈음하는" 방식으로서의 占有改定은 미리 행하여질 수 있다. 즉 장래의 동산에 대하여 사전에 점유매개관계의 설정에 관한 약정을 하는 것이다(소위 事前占有改定 antezipiertes Besitzkonstitut).[40] 그런데 동산에 성립할 수 있는 물권으

39) 독일에서의 논의에 대하여는 우선 von Tuhr(註 8), § 60 V(S. 389); Ⅳ 2 a u. Note 116(S. 383 f.) 참조.

40) 이에 대한 독일에서의 논의에 대하여는 우선 Baur/Stürner(註 37), § 51 E Ⅱ

로서는 소유권과 질권이 있는데, 점유개정으로는 질권을 설정할 수 없으므로(민법 제332조 참조), 결국 장래의 동산물권의 처분으로서 문제될 수 있는 것은 동산소유권의 양도에 한정되며, 그리하여 실제로 보면 이로써 결국 장래 담보제공자가 취득할 동산의 사전양도담보가 허용되는 것이다.

한편 장래의 채권의 처분에 대하여는 이를 제한할 이유가 없다. 여기서 말하는 처분에는 양도뿐만 아니라, 면제도 포함된다. 나아가 변제를 수령하는 것은 엄밀한 의미에서 처분이라고 할 수 없지만, 그것은 채권을 소멸시키는 효과를 가지므로, 성질에 반하지 않는 한 처분에 준하여 처리할 수 있는데, 장래의 채권에 기한 변제 수령도 역시 하지 못할 것이 없다고 생각된다.[41)][42)] 한편 장래채권의 양도에 있어서는 對抗要件의 처리가 문제될 수 있을지 모른다. 그러나 우리 민법상 채무자에의 통지 등은 그야말로 채무자 또는 기타의 제 3 자에게 대항하기 위한 요건일 뿐이고(민법 제450조 참조), 채권양도 자체의 요건은 아니다.[43)] 따라서 장래채권의 양도에서 대항요건의 문제를 어

5(S. 581 f.) 참조. 실제로 집합동산, 특히 내용이 변동하는 집합동산의 양도담보에 있어서는 장래 담보설정자가 취득할 원료, 제품 등에 대하여 事前占有改定이 빈번하게 행하여진다. 우리 나라의 재판례로서는 大判 88. 10. 25, 85누941(集 36-3, 170); 大判 88. 10. 27, 87누1043(공보 1989, 244); 大判 90. 12. 26, 88다카20224(集 38-4, 215); 大判 96. 9. 10, 96다25463(공보 1996하, 3012) 등이 있다. 이들 재판례 및 사전점유개정에 대하여는 梁彰洙, "內容이 變動하는 集合的 動產의 讓渡擔保와 그 產出物에 대한 效力", 同, 民法硏究 제 5 권(1999), 405면 이하, 411면 이하 참조.

41) 이는 이미 로마법에서도 허용되었다고 한다. 예를 들어 D. 2, 14, 7, 17은 상속인이 상속의 개시 전에 상속채권의 변제를 받은 경우에 그 효력을 인정한다.

42) 이 경우에 장래의 채권이 성립에 이르지 못하면, 급부는 법률상 원인이 없게 되어 민법 제741조에 의하여 반환되어야 한다. 한편 von Tuhr(註 8), § 60 V Note 151(S. 390)은 독일민법학상의 논의에서 장래채권의 변제로 처리될 수 있는 사항들을 열거하고 있다.

43) 이는 독일민법상의 채권양도에서 별도의 대항요건을 규정하지 않고 단지 양도인과 양수인 간의 양도계약으로 족하다고 하는 것(同法 제398조 이하)과도, 다른 한편으로 채권에 대한 질권설정에 있어서 채무자에의 통지를 요건으로 하는 것(同法 제1279조: "양도계약만으로 양도할 수 있는 채권에 대한 질권의 설정

떻게 처리할 것인가(이에 대하여는 뒤의 4. 참조)는 장래채권 양도의 요건이라는 관점에서는 문제될 여지가 없다고 할 것이다.

3. 特定性要件

그런데 처분행위에 관하여는 그 대상의 「특정성」이 요구된다. 이는 통상 특정성원칙(Bestimmtheitsgrundsatz)이라고 불리운다. 이 요건은 법률관계의 명확화를 도모하기 위한 것으로서, 이는 장래채권의 양도에 있어서 실제로는 별로 어려운 문제를 제기하지 않는다. 당사자들은 통상 그 채권의 발생원인이나 채권 발생의 시기 및 종기, 나아가서는 그 채권의 액 등을 정함으로써 어떤 채권이 양도되는 것인가를 객관적으로 명확하게 알 수 있게 하기 때문이다.

그런데 독일의 경우를 보면, 판례와 통설은 이 요건을 特定可能性(Bestimmbarkeit)으로 완화하여, 장차 채권이 성립하는 때에 채무자가 누구인지와 채권의 내용을 명확하게 특정할 수 있을 정도로 양도계약에서 장래채권의 발생원인과 양도의 범위를 정함으로써 족하다고 한다. 그러므로 예를 들어 양도인 A의 "나는 텔레비전을 판매하는 업자로서 장차 텔레비전의 판매로 발생하는 채권 전부를 너에게 양도한다"라는 의사표시에 양수인 B가 동의하면, 이 채권양도계약도 위의 특정성요건을 충족한다. 그리하여 A가 나중에 텔레비전 한 대를 C에게 50만원에 매도함으로써, 애초에는 단지 특정가능하였던 채권이 이제는 실제로 특정되어, B가 그 대금채권을 취득한다는 것이다.[44] 물론 이러한 경우에 對抗要件을 갖출 수 있는지는 별도의 문제이다.

은 채권자가 질권설정을 채무자에게 통지한 때에만 효력이 있다")과도 다르다.

44) 우선 Baur/Stürner(註 37), § 58 B Ⅲ 2(S. 739) m.w.N. 참조.

4. 將來債權의 讓渡와 對抗要件

장래채권의 양도에 있어서도 대항요건이 문제됨은 물론이다. 따라서 그에 있어서 채무자가 특정되지 아니하면 대항요건을 갖출 수 없다. 그 경우에 양수인은 채무자에 대하여도 제 3 자에 대하여도 자신의 권리취득을 대항할 수 없고, 장래채권의 채권자=양도인이 파산하거나 압류·가압류 등으로 처분이 제한되기에 이른 경우에는, 파산재단이나 압류채권자 등에 대한 관계에서 자신의 권리를 주장할 수 없다.

한편 對抗要件을 갖춘 후에 위와 같은 이해관계인이 발생한 경우에는, 비록 그것이 권리의 성립 전이라도 양수인이 우선한다고 할 것이다. 이는 장래채권의 압류에 있어서 확고한 판례의 태도인데,[45] 양도의 경우에도 다를 바 없다고 할 것이다. 무릇 대항요건제도는 債務者의 認識을 통하여 채권자의 신원을 포함한 채권의 내용에 관한 사항을 대외적으로 公示하려는 데 그 취지가 있다. 그러므로 비록 장래의 채권이라고 하여도 그 양도가 행하여졌음에 대하여 원래의 채권자의 통지가 있거나 채무자가 이를 알고 있음을 대외적으로 표명한 때에는, 적어도 공시라는 관점에서는 채무자의 통상의 인식으로 보아 그때에 채권이 양수인에게 이전된 것으로 처리됨이 타당하고, 아직 채권이 성립하지 않았다는 사정에 의하여 달라질 것은 아니라고 생각된다.

---

45) 다수의 재판례가 있으나, 근자의 것으로 우선 大判 95.9.26, 95다4681(공보 1995하, 3521)(완공 전의 공사금채권이 중복압류된 경우에도 그 전부명령의 효력은 전부명령의 송달시에 발생되므로, 압류경합으로 전부명령이 무효인지 여부는 나중에 확정된 피압류채권액을 기준으로 할 것이 아니라 전부명령이 제 3 채무자에게 송달된 당시의 계약상의 피압류채권액을 기준으로 할 것이라고 한다); 大判 99.4.28, 99그21(공보 1999하, 1237)(장래의 급료채권에 대한 압류·전부명령이라도 그 채권의 실제의 발생 또는 추심과정과는 무관하게 그 자체로써 강제집행은 종료된 것이고 한다) 등 참조. 또한 앞의 註 13에서 본 大判 2000.4.21, 99다70716(공보 2000상, 1244) 및 同所 인용의 판례취지도 참조하라.

Ⅳ. 日本의 學說과 判例

1. 學　說

(1) 어느 일본 문헌에 의하면, 1910년대에 이르러서는 주요한 학설이 장래채권의 양도를 인정하기에 이르렀다.[46] 그런데 그 후의 판례에의 영향이라는 점에서 중요한 것은 於保不二雄의 “장래의 권리의 처분”이라는 논문이라고 한다.[47] 이 논문은, 처분행위의 효력발생에 초점을 맞춘 것으로, 구체적으로는 「장래권리의 처분」을 소재로 하여, 과연 처분행위가 행하여진 시점에서 그 내용인 법률관계의 변동이 바로 일어나야 하는가, 그 효과가 당사자에게 귀속되려면 처분의 대상이 구체적으로 존재하여야 하는가를 다룬 것이다. 그는 일반적으로 이들을 모두 否定的으로 답하면서, 처분효과의 귀속을 위하여는 처분의 대상이 필요하지만, 이는 처분행위의 요소는 아니며 후의 효과귀속을 위하여만 실재할 필요가 있다고 주장하였다. 그리고 앞의 Ⅱ.2.(2)에서 본 장래채권의 분류에서 셋째에 속하는 것, 즉 그의 표현에 의하면 「아직 發生의 基礎가 없는 純然한 將來의 權利」에 대하여[48] 그 처분이 허용되지 않는다는 당시 독일의 일부 학설

46) 池田眞朗, “將來債權讓渡の效力(上)”, NBL 665호(1999. 5), 9면. 당시를 휩쓸었던 「독일학파」의 대표적 학자들, 즉 川名兼四郞, 鳩山秀夫, 石坂音四郞, 磯谷幸次郞 등의 저술을 인용하고 있다.

47) 於保不二雄, “將來の權利の處分”, 法學論叢 34권(1936) 1호 및 2호. 후에 同, 財産管理權論序說(1954), 281면 이하에 所載되었다(이하 이에 의하여 인용한다). 이 책에 실린 논문들은, 법률행위의 효과의 발생과 그 귀속은 서로 구분되어야 한다는 전제 위에서 그 效果歸屬要件으로서 「財産管理權」의 개념을 제창하고, 그것으로써 行爲能力, 代理權, 處分授權, 追認 등을 설명하고 있다. 이 개념은 그 후의 일본민법학에도 영향이 없지 않았다. 가령 四宮和夫, 民法總則, 제4판(1986), 28면 참조.

48) 다른 종류의 장래권리, 즉 기초적 법률관계가 있거나 형성 중인 장래권리의 처분성에 대하여는 의문의 여지 없이 이를 긍정하고 있다.

에[49] 대하여, "실제적인 필요가 있고,[50] 또 이론상으로도 법률행위의 목적은 추상적으로 확정할 수 있고 가능한 것이면 족하다고 한다면, 장래의 권리라고 해도, 이미 성립에 대하여 법률상의 원인이 있는 경우에 한정하지 아니하고, [그 성립의] **사실상의 근거가 존재하고 또 사회관념에 좇아 확실하다고 인정되는 한** 그 처분을 인정하는 것은 의의가 없다고 할 수 없을 것이다"고 논하여 이를 반박하였다.[51] 여기서는 채권 발생의 법률상 원인과 사실상 근거를 구별하여 논하는 것이 주목되는데, 다른 한편으로 "장래채권이 성립할 사실상 근거가 있고 또 확실하다고 인정된"다는 것이 「순연한 장래의 권리」의 처분이 허용되기 위한 엄밀한 의미의 要件으로서 언급되었는지는 의문이고, 단지 아직 발생의 기초가 없더라도 위의 정도라면 법률행위 일반에 대하여 요구되는 그 「목적」(이는 법률행위의 내용을 의미함은 물론이다)의 추상적 확정가능성은 충족할 수 있지 않는가 하는 의미라고 이해하는 것이 보다 적절할지도 모른다. 그런데도 이러한 「발생의 확실성」이 그와는 전혀 다른 맥락에서 현저한 의미를 가지게 되는 것이 바로 뒤의 2.(2)(a)에서 보는 日最判 1978(昭 53).12.15(判例時報 916, 25)인

49) 그는, "모든 가능한, 적어도 공상적이라도 성립의 기초·내용 또는 범위를 예견할 수 없는 장래의 권리"의 양도성을, 이를 필요로 하는 실제적 요구도 없고, 또 이론적으로도 이는 대체로 내용이 전적으로 불확정하여 어려운 문제를 야기할 우려가 있다는 이유로 부인하는 외르트만(Paul Oertmann, *Recht der Schuldverhältnisse*, Abt. 1, 5. Aufl.(1928), § 339 1 g Y 참조)도 같은 否定說로 취급한다. 그러나 외르트만은 그러한 권리에 있어서는 처분행위의 내용이 확정되지 아니하였다는 이유로, 즉 법률행위 일반의 유효요건의 하나인 확정성의 결여를 이유로 해서 이를 부인하는 것이고, 소위 「순연한 장래의 권리」의 처분을 모두 부정하는 것은 아니라고 여겨진다.

50) 그는 그 실제상 필요를 여러 경우를 들어 설명하는데, 예를 들면, "도급에 있어서 일이 확정되어 있고 도급할 것이 내정되어 있든가, 또는 신용관계나 종래로부터의 관계상 도급할 가능성이 큰 경우에, 기업자[즉 수급인]가 보증금·재료구입비 등을 조달하기 위하여, 장래 취득할 권리를 담보에 넣는 것"이 그것이다.

51) 於保不二雄(註 47), 313면 이하.

것이다.

(2) 그런데 위의 日最判 1978. 12. 15.가 나온 후에는 이와 같이 발생의 확실성을 요구할 필요가 없다는 견해가 유력하게 되었다. 그 효시를 이룬 것이 高木多喜男의 글이다.[52] 그에 의하면, "[채권 발생의] 법률적 가능성도 사실적 가능성도 하나의 가능성으로서는 정도의 차이에 불과하고, 그 境界도 반드시 명확하지 않다. 발생할 가능성이 있으니까 ──담보목적이든 무엇이든── 채권양도를 할 경제적 수요가 있는 것이고, 그러한 경제적 수요가 있는 경우에는 양자의 가능성을 구별할 합리적 이유가 없다. / 또 일반적 추상론은 별론으로 하고, 집합채권양도담보에 대하여 말하면, 가능성의 관점에서 전체로서 무효가 된다는 것은 있을 수 없다. … 문제는 집합채권양도담보계약이 어떠한 범위의 장래채권을 포함하는가의 형태로 발생하는데, 실제로 이 문제가 제기되는 것은 **이미 현실로 발생한 채권**에 대해서이다. 그러므로 계약시에 발생가능성이 없다는 논리로 이 문제를 처리하는 것은 극히 부자연스럽다. 오히려 特定性·包括性의 관점 또는 對抗要件과 관련하여 해결되어야 할 문제이다."(강조는 원문대로. /은 단락 표시. 점선은 인용자가 생략한 부분을 가리키는데, 이하 같다) 후에 體系書에서 정리된 바에 의하면, 첫째, 장래의 채권이라도 이미 그 발생원인이 되는 법률관계가 존재하는 경우에는 양도가능함에 문제가 없고, 둘째, 원인관계가 없는 경우, 예를 들면 장래 체결될 수도 있는 매매계약에서 발생하는 채권은 그 발생가능성이라는 점에서 문제가 있지만, 이 문제는 "채권양도의 원인행위의 履行不能의 문제로 처리하면 족하고, 양도성이 없다고 할 필요는 없"으며, 셋째, 장래 발생하는 다수의 채권을 일괄하여 양도하는 것도 양도의 대상인 채권을 확정할

52) 高木多喜男, "集合債權讓渡擔保の有效性と對抗要件(上)(下)", NBL 234호 및 235호(1981)(同, 金融取引の法理, 제 1 권(1996), 108면 이하 所載. 이하 이에 의하여 인용한다).

수 있는 기준이 있으면 긍정하여도 좋다는 것이다.[53] 이 견해가 그 후 다수 학설의 지지를 얻었다.[54]

2. 判　　例

(1) 戰　　前

(a) 이 문제에 대한 최초의 재판례라고 일컬어지는 것은 日大判 1910(明 43).2.10(民錄 16, 84)이다. 이는 주주총회에서 이익배당결의가 이루어져서 그 액수가 확정되기 전에 주주가 그 배당금청구권을 타인에게 양도한 사안에 대한 것이다. 법원은 그 양도계약을 유효라는 결론을 내렸는데, 그 이유는 "채권의 발생 전에 양도계약을 체결한 경우라도 당사자의 의사가 채권이 발생하여 그 이전이 가능하게 되는 것을 조건으로 하여 양도의 효력을 발생시키는 것인 때에는 結約 당시 이전이 불능하다는 하나를 가지고 그 계약을 무효라고 할 수 없다"는 것이다. 그러므로 이 판결은 장래채권의 양도의 유효성을 인정하되, 그 법률구성을 채권의 발생을 조건으로 하는 처분에서 구한 것이라고 할 수 있다.

그런데 이러한 **조건부 양도행위**의 법률구성은 몇 가지 난점이 있다.

우선, 예를 들어 이미 임대차계약이 체결되어 장차 발생할 차임채권을 양도하는 전형적인 장래채권 양도의 경우에 대하여 보면, 위와 같은 태도는 기간별 차임채권(소위 지분적 차임채권) 각각마다 그

53) 林良平/石田喜久夫/高木多喜男, 債權總論, 改訂版(1982), 438면(高木多喜男 집필부분); 同, 제 3 판(1996), 486면.

54) 鳥谷部茂, "將來債權の擔保", 星野英一 外 編, 擔保法の現代的諸問題(別冊NBL 10호)(1983), 58면; 田邊光正, "集合債權の讓渡擔保", 同書, 70면; 河合伸一, "第三債務者不特定の集合債權讓渡擔保", 金融法務事情 1186호(1988), 58면; 道垣內弘人, 擔保物權法(1990), 298면; 角紀代惠, "債權非典型擔保", 椿壽夫 編, 擔保法理の現狀と課題(別冊NBL 31호)(1995), 84면; 椿壽夫, "集合(流動)債權讓渡擔保の有效性と效力(上)(下)", ジュリスト 1102호, 126면; 1103호(이상 1996.12), 140면 등 참조.

발생을 정지조건으로 정한 것으로 구성하게 된다. 그런데 당사자들의 의사는 현재의 시점에서 앞으로 순차로 발생할 지분적 차임채권 모두를 한꺼번에 양도한다는 것이지, 그 각각에 대하여 일일이 따로 조건을 정하여 별개로 양도한다는 것은 아닐 것이다.

나아가, 장래채권의 양도에서도 대항요건을 갖출 필요가 있음은 물론인데, 그것은 통상 양도계약의 체결 후 채권 발생 전에 채무자에게 讓渡通知를 하는 방식으로 행하여지는 경우가 많다. 양도통지는 채권양도가 있었음을 알리는 것인데, 조건이 성취되기 전에 즉 채권양도의 효력이 발생하기 전에 채권양도의 통지를 하는 것(소위 事前通知)은 허용되지 않는다고 할 것이다.[55] 특히 이러한 경우 채무자로서는 채권의 발생 여부를 알 수 없는 일도 적지 않으므로, 채무자의 인식을 통하여 채권의 존재와 내용을 公示하려는 對抗要件制度의 목적이 현저히 저해되는 것이다.

또한 예를 들어 매수인이 매매계약을 취소함으로써 발생하는 대금반환채권을 양도하는 경우를 놓고 보면, 그 조건의 성취, 즉 대금반환채권의 발생은 매수인이 매매계약을 취소할 것인지에 달려 있는 純粹隨意條件이다. 순수수의조건 있는 법률행위는 무효라는 것이 우리나라의 다수설이지만, 반대설도 없지 않다.[56] 이 문제에 어떠한 입장을 취하는지와는 무관하게, 장래채권의 양도의 許否의 문제에 이러한 착종된 논의를 끌어들여서 문제를 복잡하게 할 필요는 없지 않을까?

요컨대 장래채권도 양도의 대상이 됨을 정면에서 인정함으로써 족하고, 이를 양도행위에 부관을 붙이는 방식으로 우회적인 정당화를 할 이유는 없다. 그러므로 그 후의 日大判 1930(昭 5).2.5(法律新聞

55) 大判 2000.4.11, 2000다3682(신문 2876, 9)도 事前通知는 "원칙적으로 허용될 수 없"다고 한다. 이 판결에 대한 간단한 평가를 포함하여 채권양도의 사전통지의 허용 여부에 대하여는 우선 金載亨(註 7), 196면 이하 참조.

56) 이 문제에 대하여는 우선 李英俊, 民法總則, 全訂版(1995), 704면 이하 참조.

3093, 9)이 장래의 차임채권의 양도에 관하여 원심판결이 "채권이 성립하는 때에 이전의 효력이 발생한다는 의사로 양도계약을 한 때에만 유효"라고 한 것을 파기환송하면서, 위와 같은 「정지조건」의 구성을 "법률적 기교를 가한 것에 불과"하다고 하고, "솔직하게 장래채권 그 자체의 양도로 인정하는 簡易平明"을 강조한 것은 이유가 있는 것이다.

그 후로 장래채권의 양도가 허용됨은 당연한 것으로 다루어졌고, 그에 발생개연성 등을 요구하는 재판례는 보이지 않는다고 한다. 예를 들어 日大判 1934(昭 9).12.28(民集 13, 2261)은, 장래 회사가 해산되어 청산하는 경우에 잔여재산의 분배를 받을 권리 등이 양도되어 바로 내용증명우편으로 통지를 한 사안에서, 그 양도의 유효성은 별로 다투어지지 않았고, 후일 채권이 성립한 때에 확정일자 있는 통지를 다시 하여야 하는가가 오히려 쟁점이 되었다. 위 판결은, "장래의 채권에 대하여도 양도계약을 유효하게 할 수 있다. 이 경우에는 후일 채권이 양도인에 있어서 성립한 때에 아무런 행위를 요함이 없이 양수인에게 이전하는 것"이라고 하고, 또 "채권양도의 통지는 양도행위 있다는 사실의 통지이고 채권 이전의 법률상 효과를 통지하는 것이 아니다. 따라서 장래의 채권에 양도계약이 있는 경우에는 채권 성립 전이라도 양도인은 유효하게 양도의 통지를 할 수 있다"고 하여, 再次의 通知는 필요 없다고 판시하였다. 이로써 장래채권의 양도에서 채권이 발생하기 전이라도 양도통지를 할 수 있으며, 양수인은 그로써 제3자에 대한 대항요건을 갖추게 된다는 태도가 확립되었다고 한다.[57]

(b) 그런데 장래채권의 양도적격과 관련하여 그 후의 "學說·判例에 상당한 영향을 미친 것"이[58] 朝高判 1940.5.31(司法協會雜誌 19-

57) 池田眞朗(註 46), 11면 참조.

58) 池田眞朗(註 46), 11면.

7, 128)이다. 그 판결의 요지는, 첫째, 채권 발생의 기초인 법률관계가 이미 존재하고 또 그 내용이 명확한 한 장래의 채권이라도 이를 양도할 수 있다는 것, 둘째, 그러한 채권의 양도계약에 기하여 채권 발생 전에 미리 양도인으로부터 채무자에 대하여 그 통지가 있는 경우에는 양수인은 후일 채권이 발생함과 동시에 채권자가 되고, 또 그 사실로써 채무자에 대항할 수 있게 된다는 것이다. 여기서 둘째의 要旨는 앞의 (a) 말미의 日大判 1934.12.28.과 같은 취지라고 이해된다. 本稿의 문제시각에서 흥미를 끄는 것은 오히려 첫째의 요지이다. 여기서는 채권 발생의 기초인 법률관계가 이미 존재할 것 및 그 내용이 명확할 것을 장래채권의 양도에 대한 限定으로 새로이 부각시키고 있는 것이다. 그리고 앞의 I. 4.에서 본 大判 82.10.26, 82다카508(集 30-3, 179)의 원심판결이 이 둘을 장래채권 양도의 요건으로 들고 있는 것도 이 판결과 관계가 있을지도 모른다.

이 판결의 事案은 다음과 같다. 이 사건에서는 타인 소유의 立木을 매매하는 계약이 체결되어 매수인 A가 매도인(피고)에게 계약금 1천엔을 주었는데, 그 계약에서 피고가 2개월 안에 그 입목의 소유자로부터 벌채허가를 얻지 못하면 위 계약은 당연히 해제되고 피고는 A에게 계약금 1천엔을 반환하고 또 위약금으로 1천엔을 지급하기로 약정하였다. 그 후 A는 위 계약상의 지위를 피고의 승낙 없이 원고에게 양도하였으나, 그 중 위 금전채권에 대하여는 피고에게 양도통지를 하였다. 이에 대하여 위 판결은, 계약상 지위의 양도는 피고의 승낙이 없어 무효이고, 단지 채권양도만이 효력이 있다고 판단하였던 것이다. 아마도 이러한 채권양도가 허용된다는 결론에는 당시의 법상황에 따르더라도 의문의 여지가 없다고 할 것이다. 이 판결이 위에서 본 "첫째"의 설시를 하는 것도 당해 사안에서 긍정되는 바의 事情要件을 제시할 것일 뿐이고, 그것이 장래채권의 양도 일반에 필수적으로 요구되는 요건을 적시한 것은 아니라는 생각이 들기도 한다.

(2) 제2차대전 후의 재판례에 대하여 본다.

(a) 장래채권의 양도에 관한 최상급법원의 판결로서 처음 나온 것은 日最判 1978(昭 53).12.15(判例時報 916, 25)이었다. 그 사안은 다음과 같다. 醫師인 A가 피고(社會保險診療報酬支拂基金. 우리 나라의 健康保險公團과 같은 기관인 듯하다)에 대하여 가지게 될 진료보수채권 중에서 1961년 12월부터 다음 해 11월까지의 것을 B 신용조합에 양도하고 대항요건을 갖추었다. 그런데 A에 대하여 채권을 가지는 원고가 A가 피고에 대한 1962년 5월 및 6월의 2개월분을 압류하고 추심명령을 얻은 다음, 이 사건에서 피고를 상대로 추심금청구소송을 제기하였던 것이다.

결국 위의 장래채권 양도는 유효하다고 하여, 원고의 청구는 기각되었다. 그런데 그 이유로 다음과 같이 설시되었다.

> "현행 의료보험제도 아래서는 진료담당자인 의사의 피고 등 지급담당기관에 대한 진료보수채권은 매월 일정기일에 1개월분씩 일괄하여 지급이 행하여지고, 매달의 지급액은 의사가 통상의 진료업무를 계속하고 있는 한 일정액 이상의 안정된 것임이 확실히 기대되는 것이다. 따라서 **위 채권**은 장래 발생하는 것이라도 그렇게 먼 장래의 것이 아니면 특단의 사정이 없는 한 현재 이미 채권 발생의 원인이 확정되고 그 발생을 확실히 예측할 수 있는 것이므로, 始期와 終期를 특정하여 그 권리의 범위를 확정함으로써 이를 유효하게 양도할 수 있다고 할 것이다."

이와 같이 이 판결은 채권의 발생원인의 확정과 그 발생의 「확실한 예측가능성」을 당해 사안에서의 채권양도가 유효인 근거로 들고 있다. 앞의 I.2. 및 I.4.에서 본 우리의 판례의 태도는 그 연원을 여기서 찾아야 할는지도 모른다. 그런데 잘 살펴보면, 그것이 과연 장래채권의 양도 일반의 요건으로 제시된 것인가는 반드시 명확하다고 할 수는 없을 것이다. 그러나 정작 이 판결이 중요한 것은, 이것이 그 후의 재판실무 및 집행실무에 대하여 지침적 역할을 하여, 이 사건에서 문제된 의사의 진료보수채권의 양도 또는 압류에 있어서는 이 사건에서 정면으로 시인된 바 있는 1년의 기간분에 한정하여 유효한 것으로 취급하는 태도를 굳혀갔다는 점이다.[59] 한편 그 외의 장래채권, 특히 차임채권에 대하여는 그보다 장기에 걸치는 것도, 나아가 終期의 정함이 없는 것도 그 양도의 유효를 전제로 판단한 재판례가 적지 않다고 한다.[60]

(b) 이러한 법상태에 종지부를 찍고 장래채권의 양도 일반에 대하여 새로운 접근시각을 제시한 것이 日最判 1999(平 11).1.29(民集 53-1, 151)이다.

(aa) 우선 事案을 보기로 한다. 그 사안은 앞의 (a)의 日最判 1978.12.15.와 유사한 점이 적지 않다.

피고는 1982년 11월에 醫師인 A에 대하여 가지는 채권의 회수를 위하여 A와의 사이에, A가 「사회보험진료보수지급기금」에 대하여 동년 12월부터 1991년 2월까지 8년 3개월 동안 매달 가지게 될 진료보수채권을 각 일정액까지 양도하는 계약을 체결하였다. 그리고 A는 즉시 위 기금에 대하여 확정일자 있는 증서로써 위 채권양도의 통지

59) 채권양도에 대하여는 東京地判 1986(昭 61).6.16(訟務月報 32-12, 2898); 同 1993(平 5).1.27(判例タイムズ 837, 262) 등을, 압류에 대하여는 東京高判 1979(昭 52).9.19(判例時報 944, 60); 札幌高判 1985(昭 60).10.16(判例タイムズ 586, 82) 등을 보라. 또 東京高裁管內民事執行事務協議會는 1983년에, 의사의 「진료보수지불기금」에 대한 장래의 진료보수채권은 특단의 사정이 없는 한 장래 1년분 정도에 대하여 압류의 대상으로 할 수 있다는 「협의」를 하였다고 한다. 이상의 재판례 및 「협의」에 대하여는, 道垣內弘人, "將來債權の包括的讓渡の有效性と對抗要件", ジュリスト 1165호(1999.10), 69면 참조.

60) 道垣內弘人(前註), 69면 이하. 종기의 정함이 없는 것은, 예를 들어 매월 지급할 利子의 일부로서 장래의 차임채권을 양도한 경우로서, 이자지급관계의 소멸시를 종기로 정하는 취지일 것이다.

를 하였다. 그런데 A가 조세를 납부하지 않으므로, 원고(나라)는 체납처분으로 1989년 7월부터 1990년 6월까지의 기간에 대한 같은 채권을 압류하여, 1989년 5월 그 뜻의 압류통지서가 송달되었다. 이와 같이 양도와 압류가 경합하기에 이르자, 동 기금은 위 압류가 있었던 채권 합계 5,196,009엔에 대하여 채권자불확지 등을 이유로 피공탁자를 피고 또는 원고로 하는 공탁을 행하였다. 그러자 원고는 이번에는 위 공탁금에 대한 A의 환급청구권을 압류하였다.

이 사건에서 원고는, A와 피고 사이의 채권양도계약은 1982년 12월부터 1년을 넘는 기간에 대하여는 무효이므로 자신의 환급청구권 압류는 유효하다고 주장하고, 피고를 상대로 위 환급청구권에 관하여 추심권이 있음을 확인할 것을 구하는 소송을 제기하였다. 결정적인 쟁점이 된 것은, A와 피고 간의 채권양도계약이 유효한가 하는 점이었다.

제1심 및 原審은 모두 원고 승소의 판결을 내렸다. 그에 의하면, "장래채권의 양도가 인정되는 것은, 당해 채권이 일정액 이상의 안정된 것으로 발생하는 것이 확실히 기대되는, 그렇게 먼 장래의 것이 아닌 경우에 한정된다"고 전제하고, 이 사건에서 원고의 압류가 있었던 채권은 애초의 채권양도계약으로부터 6년 7개월이나 경과한 후의 것이고, 이러한 채권에 대하여는 채권양도계약의 시점에서 채권발생이 안정된 것임이 확실히 기대되는 것이라고는 도저히 말할 수 없기 때문에 그에 관하여는 채권양도의 효력을 인정할 수 없다는 것이다.

(bb) 그러나 最高裁는 원심판결을 파기하고 自判하였다. 그 판결취지는 長文이나, 思考를 자극하는 바가 적지 않으므로 여기에 그 주요한 부분을 옮겨 본다.

> "1. 장래 발생할 채권을 목적으로 하는 채권양도계약의 유효성에 대하여는 다음과 같이 새길 것이라고 생각한다.

(1) 채권양도계약에서는 양도의 목적인 채권이 그 발생원인이나 양도되는 액 등으로 특정될 필요가 있음은 말할 것도 없다. … 한편 원판결은 … 라고 한다. 그러나 장래 발생할 채권을 목적으로 하는 채권양도계약에 있어서는 계약당사자는 양도의 목적이 되는 채권의 발생의 기초를 이루는 사정을 참작하고, 그 사정 아래서의 채권 발생의 가능성의 정도를 고려한 다음, 위 채권이 예기대로 발생하지 아니하는 경우에 양수인에게 발생하는 불이익에 대하여 양도인의 계약상의 책임의 추급에 의하여 청산하는 것으로 하여 계약을 체결하는 것으로 보아야 한다. 그러므로 위 계약의 체결시에 위 채권 발생의 가능성이 낮았던 것은 위 계약의 효력을 당연히 좌우하는 것은 아니라고 봄이 상당하다.

(2) 무릇 계약체결시의 양도인의 자산상황, 그 당시의 양도인의 영업 등의 추이에 관한 예기, 계약내용, 계약이 체결된 경우 등을 종합적으로 고려하여, 장래의 일정기간 내에 발생할 채권을 목적으로 하는 채권양도계약에 관하여, 위 기간의 길이 등의 계약내용이 양도인의 영업활동 등에 대하여 사회통념에 비추어 상당한 범위를 현저히 벗어나는 제한을 가하거나, 또는 다른 채권자에게 부당한 불이익을 주는 것이라고 보여지는 등의 특단의 사정이 인정되는 경우에는, 위 계약은 公序良俗에 반하는 등으로서 그 효력의 전부 또는 일부가 부정될 수 있다고 할 것이다.

(3) [앞의 (a)에서 본 日最判 1978. 12. 15.은] 장래 발생할 채권을 목적으로 하는 채권양도계약의 유효성에 관한 일반적인 기준을 밝힌 것이라고는 하기 어렵다.

2. 이상을 본건에 비추어 보면, 본건 계약에 의한 채권양도는 그 기간 및 양도의 대상인 각 채권의 액은 명확하게 특정되어 있고, 피고 이외의 A의 채권자에 대한 대항요건의 구비에 관하여도 모자람이 없다. A가 피고와 본건 계약을 체결하기에 이른 경위, 계약체결 당시의 A의 재산상황 등은 명확하지 않으나, 진료소 등의 개설이나 진료용 기기의 설치 등에 있어서 의사가 상당액의 채무를 부담하는 일이 있음은 주지하는 바이고, 그 때에 의사가 담보로 제공하기에 적

> 절한 부동산 등을 가지지 못하는 일도 충분히 생각된다. 이러한 경우에 의사에 자금을 대여하는 측으로서는, 현재 담보물건이 없어도 이 융자에 의하여 정비되는 진료시설에 의하여 의사가 장래에 걸쳐 진료에 의한 수입을 올릴 전망이 높으면 이를 담보로 하여 위의 융자를 실행함에는 충분한 합리성이 있는 것이다. 융자를 받는 의사측에도 채무의 변제를 위하여 채권자와 협의하여 동인에 대하여 이후의 수입전망에 기하여 장래 발생할 진료보수채권을 일정한 범위에서 양도하는 것은 그 나름대로 합리적인 행위로서 선택의 대상에 포함된다고 할 것이다. 이러한 융자형태가 시인됨으로써 능력이 있고 장래가 유망하면서도 현재는 자산이 없는 사람에 대한 금융적인 지원이 가능하게 되는 것이다. 의사가 위와 같은 채권양도계약을 체결했다는 것만으로, 그 의사의 경제적인 신용상태가 당시 이미 악화하였다고 볼 수 없음은 물론이고, 장래 그 상태의 악화를 초래할 것을 면할 수 없다고도 볼 수 없다. 본건에서 A에 대하여 위와 같은 사정이 존재함을 추단케 하는 증거는 제출되어 있지 않다."

(cc) 이 판결은, 종전에 요구된다고 이해되던 발생확실성요건을 부정하는 취지임은 명백하다. 나아가 아마도 더욱 중요한 것은, 양도의 목적이 되는 장래채권 자체가 어떠한 성질을 갖추어야만 그 채권양도가 유효할 것인가 하는 시각에서부터 벗어나, 장래채권의 양도에 대한 규율의 초점을 그 양도가 양도인의 활동을 부당하게 광범하게 제한하거나 다른 채권자의 이익을 무시하는 것이 되지 않는가 하는 公序良俗的 觀點에서의 제한이라는 시각으로 옮아간 점이라고 평가할 수 있을 것이다. 이러한 시각전환은 독일에서 집합채권의 포괄적 양도담보에 대한 규율태도, 즉 소위 過剩擔保(Übersicherung)의 規制問題와[61] 궤를 같이하는 방향으로의 전환이라고도 말할 수 있다.

---

61) 이는 현재 독일 담보법에서 논의되고 있는 가장 중요한 문제의 하나이다. 1996년에 행하여진 과잉담보문제의 처리에 관한 독일연방대법원의 두 民事部의 提案과 이 제안을 받아 행한 1997년 11월 27일의 그 聯合部(Großer Senat)의

또한 비록 의사의 진료보수채권에 한정하여서이기는 하지만, 장래채권의 양도가 행하여지는 경제적·사회적 맥락을 정면에서 제시하여 장기간에 걸치는 장래채권의 양도가 「합리적으로」 행하여질 수 있음을 생생하게 그려낸 점에도 특기할 만하다.[62]

이 판결은 학자들 사이에서 "장기의 장래채권 양도에 최고재가 명확한 승인을 주었다는 의미에서 분명히 待望의 판결이고, 높은 평가를 주어도 좋은 판결"이라거나,[63] "채권유동화의 틀에 관하여서도, 집합채권양도담보에 관하여서도 그 기초가 되는 중요한 판단"을 포함하고 있다거나,[64] "재판례의 흐름, 실무의 요청에서 보아 장래채권의 양도의 유효성을 확대하고 명확하게 한 획기적인 판례"라거나[65] 하여 적극적으로 평가되었고,[66] 금융실무로부터도 일제히 환영을 받았다.[67]

決議를 포함하여 이 문제 일반에 대하여 우선 Baur/Stürner(註 37), § 57 B Ⅲ 4 Rn. 18 ff.(S. 715 ff.) 참조. 우리 나라의 문헌으로, 南潤三, "獨逸의 讓渡擔保에 관한 考察", 法學論叢(국민대학교) 13집(2001. 2), 191면 이하; 同, "신용담보에서 과잉담보에 따른 상환조항에 관한 고찰 ―독일연방최고법원의 판결을 중심으로", 同 14집 1호(2003. 발간 예정), 149면 이하; 차선자, "피담보채권액을 초과한 과잉담보설정문제", 한국민사법학회 2002년 동계 학술대회 자료집, 1면 이하(이는 Seon-Ja Cha, *Mobiliarsicherungsrechte. Rechtsvergleichende Arbeit zwischen deutschem und koreanischem System*, Diss. Bremen 2002, S. 156-171의 번역으로 보인다. 그러나 믿을 만한 문헌이라고 하기 어렵다) 참조.

62) 八木一洋, 時の判例, ジュリスト1156호(1999. 6), 138면 참조("융자의 실제에 즉하여 구체적으로 논한 것으로, 그 설시는 주목할 만하다").

63) 池田眞朗, "將來債權讓渡の效力(下)", NBL 666호(1999. 6), 34면.

64) 道垣內弘人(註 59), 66면.

65) 升田純, "將來の診療報酬債權の有效性", 法學敎室 227호(1999. 8), 103면.

66) 그 외에 吉田光碩, "債權讓渡特例法による集合債權讓渡擔保と最三小判平11·1·29による新判斷", 金融法務事情 1541호(1999. 3), 4면 이하 참조.

67) 예를 들면 堀龍兒, "待ちに待った將來債權の讓渡に關する最高裁判決", 金融法務事情 1539호(1999. 2), 1면; 丹羽繁夫, "將來債權の讓渡をめぐる諸問題", 金融法務事情 1543호(1999. 4), 34면 이하; 荒木新五, "長期的な將來債權の讓渡擔保に「お墨付き」", 金融法務事情 1544호(1999. 4), 17면 이하; 須磨美博, "擔保實務の疑問を拂拭する劃期的判決", 同所, 20면 이하; 冬木千成, "將來債權讓渡の有效性に關する新判決の影響と問題", 同所, 25면 이하 참조. 이들 일본의 금융법무실무가가 이 最高裁判決을 크게 환영하였음은 이 글들 일부의 제목에서 이미 선명하게 드러난다.

그리고 최근에 나온 日最判 2001(平 13).11.22(民集 55-6, 1056)은, 금전채권의 담보로서 기존의 채권 및 장래의 채권을 일괄하여 양도하는 소위 집합채권양도담보의 사안에서,[68] 그 유효를 당연한 전제로 하여,[69] 주로 제3자대항요건의 구비 여부를 다루고 있다.

V. 結 論

이상에서 이미 시사한 대로, 장래채권의 양도에 그것이 가까운 장래에 발생할 것임이 상당한 정도로 기대될 수 있어야 한다는 發生蓋然性을 요구하는 것에는 쉽사리 찬성할 수 없다.

우리 판례가 채택하고 있는 이 요건은, 첫째, 처분행위 일반, 나아가 그 중에서「장래의 권리」의 처분의 유효요건으로부터 근거 없이 일탈하는 것이고, 둘째, 장래의 채권을 현재 양도하고자 하는 당사자들의 이익, 특히 근자에 주목되고 있는 ──특히 담보의 목적으로 행하여지는── 장래채권의 포괄적 양도(소위「집합채권양도담보」), 나아가 자산유동화의 수요에 적절한 고려를 베풀지 못하고 있으며, 셋째, "가까운 장래"라거나 "상당한 정도의 기대가능"이라는 애매한 기준을 요구함으로써 불필요하게 당사자들의 법률관계를 불명확하게 하는 것이다. 그리고 이상의 이유와는 관점을 달리하여, 또한 우리의 재판례에서 지금까지 발생개연성이 없음을 이유로 하여서는 장래채권 양도의 효력이 부인된 예가 실제로는 전혀 없다는 사정(압류의 경우는 그렇지 아니하다)도 이 발생가능성요건이 不毛의 것임을 간접적으로

68) 다만 양도된 장래채권은 구체적으로는 "향후 1년간의 외상대금채권"이다.

69) 이 점에 대하여는 이 판결에 대한 판례연구인 池田眞朗, "集合債權の讓渡擔保契約における債權讓渡の第三者對抗要件", 私法判例 リマークス 제25권: 2002[下](法律時報 別冊. 平成13年度判例評釋)(2002), 31면 참조.

말하여 준다고 해도 좋을 것이다.

만일 장래채권의 발생 여부가 아주 애매하여 그에 대한 법적 효력을 인정하여도 좋을 것인지 따져 볼 필요가 있다고 하여도, 이는 처분행위 일반에 요구되는 特定性의 문제이거나 또는 법률행위 일반에 요구되는 確定性의 문제이지, 이를 장래채권의 讓渡適格의 유무 또는 그 범위의 문제로 처리할 이유도 필요도 없을 것이다.

(저스티스 73호(2003.6), 26면 이하 所載)

[제 3 쇄에 따르는 後記]

1. 大判 2010.4.8, 2009다96069(미간행)는 앞의 I. 2.에서 본 장래채권의 양도적격에 관한 '판례의 태도'를 그대로 반복하고 있다. 그러나 이 판결은 채권양도의 사실관계에 대한 것인지 의문이 없지 않다.

2. 한편 앞의 I. 4.에서 본 장래채권의 피압류적격을 승인한 재판례로서는 거기서 든 것 외에도, 사법서사 합동사무소 구성원이 계속하여 근무할 경우 받게 될 합동사무소에 대한 배당금채권(大判 78.5.23, 78다441(集 26-2, 84)), 물품공급계약에 기한 공급 전 물품에 관한 대금채권(大判 96.4.23, 96다402(미간행)), 토지수용절차에서 사업인정 고시 후 수용재결이 아직 되지 아니한 단계에서의 피수용자의 기업자에 대한 손실보상금채권(大判 2000.5.26, 98다22062(공보 2000하, 1491)), 아직 재직 중인 공무원의 명예퇴직수당채권(大決 2001.9.18, 2000마5252(集 49-2, 78. 20년 이상 근속하고 있는 사안); 大判 2010.2.25, 2009다76799(공보 2010상, 644. 14년 근속의 사안)), 강제경매신청인

이 장래 배당받을 배당금지급채권(大判 2001.9.25, 99다15177(공보 2001하, 2313))에 대한 것 등이 있다.

한편 장래채권의 피압류적격을 부정한 예로는 은행이 荷煥어음매입신청을 승낙하기 전에 한 수출네고대전채권(大判 80.2.12, 79다1615(集 28-1, 75)), 추가공사계약이 체결되기 전의 추가공사대금채권(大判 81.9.22, 80누484(集 29-3, 특21. 大判 65.4.27, 65다142(미공간)를 인용하고 있다)에 대한 것 등이 있다. 그러나 전자의 재판례의 태도가 오늘날 유지될 것인지는 의문이다.

8. 金錢의 不當利得으로 인한 返還義務

— 소위 「騙取金錢에 의한 辨濟」 問題 序說 —

I. 序

1. 郭潤直은 부당이득반환의무의 발생요건으로서의 「受益과 損失과의 因果關係」에 대하여 다음과 같이 설명한다. "舊民法에서의 인과관계론으로서, 판례와 통설은 손실과 이득 사이에 직접적인 인과관계가 있어야 한다고 하였다. … 위와 같은 통설에 대하여, 유력한 반대설(我妻 교수가 그 대표자임)은, 부당이득에 있어서의 수익과 손실 사이의 인과관계는, 사회관념상 그 연락을 인정할 수 있는 것이면 충분하며, 꼭 직접적인 것이어야 할 필요는 없다고 [한다.] … 생각건대, 이득과 손실 사이에 인과관계가 있어야 함은 물론이나, 그것을 직접적인 것에 한정할 법률상의 근거나 해석상의 필요는 없다. 인과관계를 직접적인 것에 한정함으로써, 오히려 공평을 이념으로 하는 부당이득제도의 운용에 있어서 탄력성을 잃게 한다. 이러한 점에서 인과관계를 좀더 넓게 인정하는 현재의 다수설, 즉 我妻說이 타당할 것이다."[1)]

위와 같은 설명은, 해석법학상의 다른 많은 논의와 마찬가지로, 그것이 어떠한 구체적인 실제문제를 염두에 두고 행하여지는 것인가를 알지 못하면, 쉽사리 그 「의미」를 알 수 없다. 그래서 위의 설명에

1) 郭潤直, 債權各論, 新訂版(1995), 619면 내지 621면. 인용문에서 점선은 인용자에 의하여 생략된 부분을 가리킨다. 별도의 지적이 없는 한 이하에서도 같다.

서도 그 논의의 구체적 적용으로 문제되는 중요한 例("인과관계[요건]의 [구체적] 적용에 있어서 가장 문제가 되는 [경우]")를 제시하는데, 그것은 "예컨대 제3자 M이 손실자 X를 속여서 그로부터 금전을 빼앗아서, Y의 Z에 대한 채무를 변제하여, 이득자 Y의 이익을 꾀하였다고 하는 경우"이다.[2)]

위의 설명에서 제시된 具體例는 실제로는, 뒤의 Ⅱ.1.에서 보는 대로, 일본에서 1920년을 전후하여 법원실무가 처리하여 온 실제 사건들 중 어느 하나의 분쟁유형에 대하여 그 사안을 간략하게 한 것이다. 일본에서는 그 후로 그와 같은 문제의 처리를 둘러싸고 상당한 논의가 행하여졌는데, 이 논의는 통상 「騙取金錢에 의한 辨濟」라는 이름 아래[3)] 다루어지고 있다. 그러나 오늘날에 이르러서도 적어도 학설상으로는 문제가 해결을 보았다고 할 수 없다. 우리는 근자의 일본 문헌에서도 이를 "大正年間으로부터 최근에 이르기까지 일본의 不當利得法學에서 판례, 학설을 혼란시키고 있는 問題의 하나"라거나[4)] "대단히 어려운 문제"라거나[5)] "부당이득법상의 難問"이라고[6)] 부르고 있는 것을 발견하는 것이다.

---

2) 郭潤直(前註), 620면. 원문에서는 甲, 乙, 丙, 丁이라고 하고 있으나, 뒤의 Ⅱ.1.에서 보는 일본의 재판례에 대한 설명에서의 關聯者의 指稱과 일치시키기 위하여, 이를 M, X, Y, Z로 바꾸었다. 이는 뒤의 2.에서 보는 인용문에서도 마찬가지이다. 한편 인용문의 꺾음괄호 안은 인용자가 이해의 편의를 위하여 부가한 것이다. 별도의 지적이 없는 한 이하에서도 같다.

3) 그런데 여기서 「편취」라고 하여도 원래의 의미대로 속여서 빼앗는 경우, 즉 詐取의 경우뿐만 아니라, 널리 절도·강도·횡령·배임 등을 포함하여 위법하게 취득한 것을 總稱하여,부르는 것이다. 이에 대하여는 清水誠, "騙取された金錢をめぐる法律關係——金錢債權研究の一素材として", 東京都立大學法學會雜誌 24권 1호(1983), 70면 참조. 그러므로 이하에서는 때로 「불법취득」이라고 부르는 경우도 있다.

4) 加藤雅信, 事務管理·不當利得(1999), 166면.

5) 松岡久和, "債權的價値歸屬權についての豫備的考察——金錢を騙取された者の保護を中心に", 社會科學研究年報(龍谷大學 社會科學研究所) 16호(1986), 78면.

6) 好美淸光, "騙取金錢による辨濟について——不當利得類型論の視點から", 一橋論叢 95권 1호(1986), 12면.

2. 郭潤直은, 위의 設例에 대하여 다음과 같이 설명한다. "종전의 판례는, 금전의 소유권의 귀속을 문제삼[는데] … 위와 같은 판례의 취지는, X의 손실과 Y의 이득과의 사이에 제3자 M의 행위가 개재하고, 더욱이 M은 X로부터의 편취와 Y의 채무의 변제라는 두 행위를 하고 있으므로, 이 점에서 인과관계는 간접적인 것이 되며, 다만 금전이 X의 소유로부터 ―M의 소유가 됨이 없이― 직접 Y의 채무의 변제에 이용된 경우에만 Y는 X의 재산으로부터 이득을 얻은 것이 되고, 손실과 이득과의 사이에는 직접적인 인과관계가 있게 된다는 것이다. 이에 대하여 我妻 교수는 주장하기를, 편취한 금전의 소유권의 귀속을 문제삼는 것은 옳지 않다. 설사 M이 X로부터 편취한 금전의 소유권이 여전히 X에게 귀속한다고 하더라도, 만일에 M이 그 금전을 자기의 다른 금전과 혼합하면 그 소유권을 취득하게 될 것이고, 또는 일단 은행에 예금했다가 찾아 오면 당연히 M의 소유가 될 것이며, 그 후에 이를 Y를 위하여 이용한다면, X·Y 사이에는 부당이득관계가 전혀 성립하지 않게 될 것이다. 이러한 해석은 부당하다[는 것이다]. 이에 반하여, 我妻 교수의 표준에 의하면, M이 X로부터 편취한 금전을 그대로 Y의 채무의 변제에 충당하든 또는 일단 은행에 예금하든, 이를 묻지 않고서, **사회관념상** X의 금전으로 Y의 채무를 변제한 것이라고 인정될 만한 사실상의 연락이 있는 경우에는, 그 금전의 소유권의 귀속과 관계 없이, X의 손실과 Y의 이득과의 사이에는 인과관계가 있다는 것이 된다. 그러나 X의 Y에 대한 부당이득반환청구권을 인정할 것이냐의 문제는, 그 밖에 다시 Y에게 법률상의 원인이 있느냐의 여부에 의하여 결정하여야 한다고 한다. 그러할 때에, **Y는 법률상의 원인이 없는 것이 되어 부당이득을 하는 것이 된다**고 한다. 참고로, 이 때에 **Z는 채권의 변제로서 수령하였으므로 법률상의 원인이 있고, 따라서 부당이득이 되지 않는다**는 결과가 된다"는 것이

다. 그리고 결국은 앞의 1.에서 본 대로 我妻榮의 주장에 찬동한다.[7]

그 문면 자체에서 분명히 드러나듯이, 이상의 설명 또는 주장은, 「종전의 판례」에 대한 이해를 포함하여, 대체로 어떠한 시기의 我妻榮에 따른 것이다.

3. 그런데 뒤의 Ⅲ.1.에서도 보는 대로 我妻榮은 그 논의를 항상 그 때까지의 일본의 재판례를 염두에 두면서 전개하고 있는데, 「편취금전에 의한 변제」와 관련한 일본의 裁判例는 위의 설명에서 문제삼고 있는 편취자 M이 타인이 제3자에게 부담하는 채무를 변제한 소위 第3者受益型 사안에 대한 것 외에도 M 자신의 Y에 대한 채무를 변제한 소위 自己債務辨濟型 사안에 대한 것 등 다양하게 존재한다. 그리고 무엇보다도 일본의 판례는 그 후 변화하여 이제는 금전소유권의 귀속을 문제삼지 않는다는 태도를 보이고 있는 것으로 이해되고, 이는 그 사이에 보다 일반적으로 금전소유권의 변동에 대한 통설 및 판례의 태도가 결정적으로 전환된 것과 깊은 관련을 가진다고 생각된다. 이렇게 보면 위의 설명은 시간적으로도 내용적으로도 한정적인 것으로서, 그 후의 추이에 의하여 이를 보충 내지는 수정하는 것이 필요하다고 여겨진다.

보다 중요한 것은, 我妻榮의 立論은 뒤의 Ⅲ.의 1. 및 2.에서 보는 대로 부당이득제도의 기초에 대하여 공평설적 입장, 즉 실정법상의 여러 법제도의 소위 경직성을 공평의 이념에 의하여 교정하는 超實定的 제도라는 것을 근거로 하고 있다는 점이다. 그러나 필자는, 부당이득도 다른 실정제도와 차원을 같이하는 것이며, 「공평」을 내세워 부당이득반환청구권의 핵심적 요건인 「법률상 원인」의 유무를 판단하는 것을 결국 주관적인 正義感情에의 호소에 다름아닌 것으로 오히려 유

7) 郭潤直(註 1), 620면 내지 621면. 인용문 중의 강조는 인용자가 가한 것이다. 이하 같다.

해하다는 생각을 가지고 있다.[8] 그러므로 앞의 1. 및 2.에서 본 바와 같은 견해가 제기된 맥락을 검토하는 것은 동시에 부당이득의 기초에 대한 위와 같은 대립과 관련하여 그 實際的인 歸結의 차이를 확인하고 그 得失을 구체적으로 판단하는 資料를 얻는 셈이 된다.[9]

4. 그리하여 本稿는 「편취금전에 의한 변제와 부당이득」이라는 법문제를 어떻게 해결하는 것이 타당한가 하는 시각에서가 아니라, 그러한 작업을 하기 위한 전제로서 위와 같은 공평설적 입장은 어떠한 역사적 맥락을 가지는가를 탐색하려는 것이다.

그리하여 우선 「편취금전에 의한 변제」에서의 부당이득문제에 대한 일본에서의 재판례를 검토하고(Ⅱ.), 이어서 그에 관련하여 앞서 본 我妻榮의 견해를 포함하여 학설의 추이를 살펴본다(Ⅲ.). 그리고 마지막으로 위의 맥락문제에 대한 필자 나름의 생각을 간략하게 덧붙이기로 한다(Ⅳ.).

Ⅱ. 日本의 裁判例

1. 우선 戰前의 재판례를 살펴본다.[10] 이는 대체로, 첫째, 불법취득한 금전으로 제3자의 채무를 변제한 유형(제3자수익형), 둘째,

8) 이에 대하여는 우선 梁彰洙, 一般不當利得法의 硏究, 1987년 서울대학교 법학박사 학위논문 참조.

9) 한편 「편취금전으로 인한 변제와 부당이득」의 문제는 소위 「三角關係에서의 부당이득」의 법리의 한 적용이라는 관점에서도 처리될 수 있다. 그런데 이 法理의 내용과 타당성 유무 또는 그 범위에 대하여는 별도의 검토를 요한다.

10) 이 문제와 관련된 재판례의 종합연구로서, 松坂佐一, "不當利得における因果關係", "法律上の原因なきこと", 總合判例硏究叢書 民法(13)(1968), 3면 이하; 谷口知平, 不當利得の硏究(1969), 212면 이하 등이 있다. 이들 재판례는, 加藤雅信(註 4), 169면에 의하면, 「昏迷狀況」에 빠져 있는 것으로 "판례의 결론은 착종되어 있고 통일적 이해는 거의 불가능하다"고 평가되고 있다.

불법취득한 금전으로 자신의 채무를 변제한 유형(자기채무변제형), 셋째, 이중편취형으로 나눌 수 있다.[11] 그런데 앞의 I.의 1. 및 2.에서 본 대로, 우리 학설에 심대한 영향을 준 我妻榮의 견해는 주로 첫째의 유형을 다룬 재판례를 염두에 두고 형성된 것이다.

(1) 不當取得한 金錢으로 第3者의 債務를 辨濟한 事案類型

③ 日大判 1919(大 8).10.20(民錄 25, 1890)

M은 Y 명의의 위조문서를 사용하여 Y를 대리할 권한이 없으면서 Y의 대리인 자격으로 X로부터 금전을 차용하여 이로써 Y의 Z에 대한 별도의 차용금채무를 변제하였다. 그런데 이 별개의 채무는 그 실질적인 借主가 M이었고 Y는 M의 의뢰를 받고 형식상으로 차주가 되었다는 사정이 있다. X의 Y에 대한 부당이득반환청구에 대하여, 대심원은, 부당이득반환의무가 발생하려면 타인의 손실과 수익자의 이득 사이에 「직접의 인과관계」가 존재함을 요하는데, "중간의 사실이 介在"하여 타인의 손실이 이 사실에 기인하는 때에는 수익자는 부당이득반환의무를 지지 않는다고 판시하고, X의 청구를 결론적으로 기각하였던 원심을 유지하였다.

이 판결은, 부당이득의 요건으로서의 「인과관계」에 대하여 그 직접성을 요구하고 또 M의 개재를 그 요건의 충족을 저해하는 사정으로 인정한 점에서 주목된다. 당시의 통설도 ―아마도 당시 독일의 통설이었던 「재산이동의 직접성(Unmittelbarkeit der Vermögensverschiebung)」요건의 주장에[12] 영향을 받아서― 「직접의 인과관계」를 요구

11) 이 분류는 四宮和夫, 事務管理 · 不當利得 · 不法行爲, 上卷(1981), 199면 註 2; 加藤雅信, 財産法の體系と不當利得法の構造(1986), 654면 이하; 磯村保, "騙取金錢による辨濟と不當利得", 金融法の課題と展望(石田喜久夫 · 西原道雄 · 高木多喜男 還曆記念論文集, 下卷)(1990), 253면 이하를 참고로 한 것이다. 이하 원형 안의 숫자는 재판례가 나온 순서에 의하여 붙인 것으로, 이하 그 부호에 의하여 각 재판례를 특정하기로 한다.

12) 이에 대하여는 우선 梁彰洙, "독일 不當利得理論의 歷史的 展開――類型論을 中心으로", 民法學論叢(郭潤直 교수 화갑기념논문집)(1986), 588면 및 同所 註

하고 있었다.[13] 그리고 이러한 견해를 취하는 입장에서는 이 판결의 태도에 찬성하는 평석을 발표하고 있다.[14]

그런데 이 판결은 선행판결로 ① 日大判 1911(明 44).5.24(民錄 17, 330)을 인용하고 있다. 그 사안은, M이 그 점유의 白米에 대하여 Y에 질권을 설정하였는데 X가 소유권을 주장하여 가처분을 하고 이에 기하여 집달리가 환가하여 매득금을 공탁하였다. 후에 가처분이 취소되자 M이 공탁금을 수령하여 Y에게 그 채권의 변제로 교부하였다는 것이다. 이에 X는 Y가 자신의 소유물로 인하여 부당한 이득을 얻었다고 주장하여 부당이득반환청구를 하였다. 그러므로 이 ① 판결은 그 사안이 오히려 뒤의 (2)에서 보는 자기채무변제형에 해당하는 것이다. 원심법원은 그 청구를 기각하였는데, 위의 대심원판결은 이를 파기·환송하였다. 大審院은 우선 일반론으로 부당이득이 인정되기 위하여는 손실과 이득 사이에 인과관계가 존재할 것이 요구되는데 이는 "거래상의 관념에 좇아 확인될 수 있는 한에서는" 긍정된다고 설시하고 있다.[15] 따라서 오히려 「인과관계」 요건에 관한 한 위의 ③과는 그 취지를 달리하는 바가 있고, 따라서 이 ①이 어떠한 의미에서 ③의 선행판결이 되는지 의문이 없지 않다. 그리고 이어서 이 판결은, 공탁된 환가금은 백미의 「대표물」로서 백미에 대한 X의 소유권이 증명되면 그의 소유에 돌아가야 하는 것인 이상, "그 환가금을 영수한 Y는 X의 손실로 이득을 얻었다"고 할 것이고, M이 공탁금의 수령으로 그 소유자가 되었어도 "Y가 수령한 금전이 사건의 관계상 X의 소

28 참조.

13) 末弘嚴太郎, 債權各論(1918), 931면; 鳩山秀夫, 日本債權法各論(1921), 791면 등. 그 후의 岡村玄治, 債權法各論(1929), 595면도 같다.

14) 鳩山秀夫, 民法硏究, 제 4 권: 債權各論(1930), 252면 이하. 즉 X의 손실은 M의 편취행위에, Y의 수익은 M의 변제행위에 각각 기인한 것이므로, 「직접의」 인과관계는 인정되지 않는다는 것이다.

15) 그러므로 我妻榮, 債權法(事務管理·不當利得)(現代法學全集 34권)(1930), 135면 註 4는, 이 판결의 그 취지는 "극히 정당하다"고 평가한다.

유에 돌아가야 할 백미의 대표물임이 인정되는 이상" 다를 바 없다고 판시하였다.

환송받은 원심은, 백미가 원래 X의 소유라고 인정하고 그의 청구를 인용하였다. 그런데 재상고심판결인 ② 日大判 1912(大 1).10.2(民錄 18, 772)은, Y가 선의취득에 관한 일본민법 제192조에 의하여 금전소유권을 취득한다면("Y가 가령 채권의 실행으로 본건 금전을 수취한 것이라고 하여도 M에 대한 채권의 변제로서 그 교부를 받고 이를 점유하였음이 원심법원이 확정한 사실이라고 한다면, 그 금전에 대하여는 민법 제192조의 규정을 적용할 것을 요하고, Y가 변제수령 당시 평온·공연·선의·무과실로 이를 점유하였다고 하면 Y는 그 금전의 소유권을 취득하지 않을 수 없"다는 것이다), 유효한 변제로 Y의 채권은 소멸하고 부당이득 반환의무는 발생하지 않는다고 판시하여, 다시 파기·환송하였다. 즉 ①은「인과관계」의 존부를 문제삼아 이는 긍정된다고 하였는데, ②는 이제「법률상 원인」의 유무를 따져 부당이득의 성립을 부정하였던 것이다.

④ 日大判 1920(大 9).5.12(民錄 26, 652)

M은 Y村의 촌장으로서, Y를 대리할 권한 없이 Y의 이름으로 X로부터 금전을 차용하여 이로써 Y의 Z에 대한 채무를 변제하였다. 大審院은 위의 ③ 판결을 인용하고, M이 사취한 금전을 일단 자기의 소유에 귀속시킨 후에 Y의 채무의 변제에 사용한 경우에는 중간사실이 개재하였으므로 X의 손실과 Y의 이득은 직접이라고 말할 수 없지만, 이 사건 소비대차는 무효이고 따라서 특별한 사정이 없는 한 당해 금전은 여전히 X의 소유이므로 직접의 인과관계가 있다고 하였다("M이 X의 소유인 금전으로 Y가 제3자 Z에 대하여 부담하는 채무의 변제에 충당한다면, X가 입은 손실과 Y가 받은 이익은 직접의 인과관계를 가진다"). 그런데 위 판결은 금전이 混和에 의하여 M의 소유가 된 경우는 별도라고 덧붙이면서, 원심은 그러한 사실은 인정

하지 않고 있다고 하였다. 그리하여 X의 부당이득반환청구를 인용하였다.

이 판결은, ③과 같이 「직접의 인과관계」를 요구하면서, 그 유무는 ②와 맥락을 같이하여 M이 금전의 소유권을 취득하였는지 여부를 기준으로 판단하고 있다. 그런데 M이 무권대리행위로 X의 금전을 부정취득한 ③의 사안에 대하여 이 판결의 논리를 적용한다면 금전소유권은 X에 남아 있다고 볼 여지가 있고, 그렇다면 그 사건에서도 「직접의 인과관계」를 긍정하여 X의 청구를 인용하였어야 하지 않았는가 하는 생각도 든다. 다시 말하면, 이들 두 판결이 과연 整合的인지는 검토의 여지가 있는 것이다.

⑤ 日大判 1920(大 9).11.24(民錄 26, 1862)

④에서와 같이 M과 Y 사이에 긴밀한 인적 관계가 있는지는 불명이나, 사안은 기본적으로 ④와 유사하고, 判旨도 ──위와 같은 整合性에의 의문을 떨쳐버리기 위하여 확고한 입장을 보일 필요가 있다고 생각하기라도 한 듯이── ④의 취지를 더욱 상론하고 있다. 즉 한편으로 "대리권을 수여받은 일이 없는 M이 함부로 Y의 대리자격을 사칭하여 X로부터 금전을 차입하여 편취한 때에는, X는 Y와의 사이에 소비대차계약을 체결할 의사를 표시한 것으로서, M에 대하여 그 금전을 대여하고 그로 하여금 그 소유권을 취득시킬 의사를 가졌던 것이 아니므로, Y가 X와 M 사이의 행위를 추인한 것이 아닌 한 그 소비대차는 무효이고 그 무효인 계약에 기하여 X로부터 M에 교부한 금전은 달리 특별한 사실이 없는 한 여전히 X에게 있다. … 그리고 위 X의 소유인 금전으로써 M이 Y가 제3자에 대하여 부담하는 채무의 변제에 돌려 그 채무가 소멸되었다고 한다면 X가 입은 손실과 Y가 받은 이익은 직접 인과관계를 가진다고 할 것이므로, Y는 … 부당이득반환의 의무를 부담한다"고 한다. 그리고 채무의 소멸에 대하여는, "채무의 변제로서 타인의 물건을 인도한 때는 변제로서

그 효력이 없고, 이로 인하여 채무가 소멸하지 않음은 민법 제475조[우리 민법 제463조에 상응한다]가 규정하는 취지에 비추어 명백하나, 채권자가 동법 제192조에 좇아 또는 취득시효로 인하여 변제로 수령한 물건의 소유권을 취득한 때에는 원소유자에 대하여 그 물건의 반환을 할 필요가 없음과 동시에 변제자에 대하여도 역시 이를 반환할 것을 요하지 아니한다. 따라서 변제자는 다시 변제를 할 필요가 없으므로, 그 경우에는 채무는 유효한 변제로 인하여 소멸한다고 해함이 상당하다"고 한다.

이로써 「인과관계」 요건에 대하여, (i) 추상적으로는 직접의 인과관계를 요구하면서도, 구체적으로 제 3 자수익의 유형에서는, (ii-1) 편취자 M의 금전소유권 취득은 원칙적으로 부정되지만, (ii-2) Z가 Y에 대한 채권의 변제로 그 금전을 수령하여 선의취득규정에 기하여 그 소유권을 취득하는 경우에는 그 변제는 유효하게 되고, (ii-3) 그렇다면 X의 소유권 상실의 손실과 Y의 채무소멸의 이익 사이에 직접의 인과관계가 긍정된다는 논리가 일단 정립된 것으로 보인다. 여기서 (ii-3)은, 그 전에 「직접의 인과관계」를 요구하면서도 그것이 긍정된다는 것에 의문이 없었던, 채권의 준점유자에 대하여 채무자가 유효하게 변제하였던 경우(일본민법 제478조=우리 민법 제470조 참조)와 같이, 여기서도 M의 채무변제라는 하나의 행위가 한편으로 Y의 채무소멸의 이익을, 다른 한편으로 X의 소유권 상실의 손실을 일으켰다는 파악이 작용하였는지도 모른다.[16]

16) 그 외에 관련 재판례로 ⑦ 日大判 1923(大 12).2.21(民集 2, 56)을 들 수 있을 것이다. 사실관계는 다음과 같다. Y村은 歲出에 쓰기 위하여 금전차용의 필요가 생기자, 그 村會가 "A 또는 개인(**은행은 제외**)으로부터 차입"한다는 결의를 하였다. Y촌의 촌장인 M은 그 결의내용을 허위로 기재한 촌회결의록을 제시하여 X은행으로부터 Y의 명의로 금전을 차용하고 이를 제 3 자 A로부터 차용했다고 속이고 Y에 교부하였다. Y촌은 이를 經常費로 지출하였고, 나중에 채권자라고 믿은 A에게 그 금액을 반환하였다는 것이다. 원심판결은, Y가 "이로써 당연히 지출하였을 비용을 절약하였고 X의 손실로 이익을 얻었다"고 하여, X의 부당이득반환청구를 인용하였다. Y는 A에 이미 반환하였으므로 現存利益이 없

한편「법률상 원인」의 요건에 대하여는, Y의 채무소멸의 이익(위의 (ii-2) 참조)에 대하여 별다른「법률상 원인」이 없는 것을 당연한 것으로 생각하는 듯하다.

여기서 주의할 것은 제3자수익형에 대한 재판례는 대체로 1920년대 초반까지만 보이고, 그 후에는 별로 나오지 않았다는 점이다. 이상의 **제3자수익형에 대한 재판례**를 정리하여 보면 대체로 다음과 같이 말할 수 있을 것이다.

첫째,「인과관계」의 존부 판단에 직접성을 요구하는 것이 통상이다.

둘째, 실제로 그「직접의」인과관계가 존재하는지 여부를 판단함에 있어서는 M이 그 금전의 소유권을 취득하였는지, 아니면 여전히 X의 소유에 속하는지가 매우 중요한 역할을 한다(뒤의 ⑥도 참조). 전자라면 그「인과관계」가 적어도 원칙적으로 부정될 것이나, 후자라면 M이 이 X의 금전으로 Y의 Z에 대한 채무를 적법하게 변제함으로써 Y가 채무소멸의 이익을 얻은 경우에는 X의 손실과 Y의 이익 사이에는 그「인과관계」가 긍정된다.

셋째, M의 변제로 Y가 채무소멸의 이익을 얻었다면, Y는 법률상 원인 없이 이득한 것이 된다.

넷째, 채권자=변제수령자 Z에게 부당이득반환의무가 있는지는 별로 다루어지지 아니하였는데, 그에 대한 변제가 적법하고 따라서 그 자신의 채권이 이로써 만족되는 이상 이를 부정하는 태도인 것으로 추측된다.

그러므로 앞의 I.의 1. 및 2.에서 본, 제3자수익형에 관하여「舊

다는 이유로 상고하였는데, 大審院은 "Y가 A에 법률상 원인 없이 변제를 한 것으로서 그 반환을 청구할 수 있다고 한다면" 현존이익이 없다고 할 수 없다고 판시하여, 상고를 기각하였다. 이는 제3자수익형에서 **적어도 상고심에서는** Y의 부당이득반환의무의 성립 여부는 별로 문제되지 않고 그 반환의무의 내용, 즉 이익의 현존 여부가 다투어진 것이다. 따라서 本稿의 관심에서 보면 별로 문제삼을 필요가 없다고 할 것이다.

民法에서의 판례와 통설」에 대한 郭潤直(또는 我妻榮)의 설명은 적절한 것이라고 하겠다.

(2) 不當取得한 金錢으로 自身의 債務를 辨濟한 事案類型[17)]

1920년대 중반부터는 이 유형에 해당하는 재판례가 적지 않다.

⑨ 日大判 1924(大 13).7.23(新聞 2297, 15)

M은 Y에 대하여 금전소비대차로 채무가 있었다. 그 변제를 위하여 그는 X를 기망하여 위조주식을 담보로 하여 금전을 차용하였는데, 금전은 X로부터 Y에게 직접 교부되었다. 판결은, 금전소유권은 X의 Y에 대한 교부에 의하여 Y에 이전하였고 Y는 이를 채무의 변제로 수령하여 법률상 원인이 있다고 하여, X의 부당이득반환청구를 기각하였다.

⑪ 日大判 1927(昭 2).7.4(新聞 2743, 15)

M은 Y로부터 토지의 매도를 의뢰받았는데, X와의 사이에 그 의뢰의 내용에 반하는 매매계약을 체결하고 X로부터 대금을 사취하였다. 그리고 그 일부는 Y의 토지를 매도하여 받은 대금으로, 나머지는 자신의 Y에 대한 채무의 변제로 Y에게 교부하였다. 대금부분에 대하여는 부당이득반환청구가 인정되었는데, 변제부분에 대하여, 판결은, M이 금전을 혼화하지 아니한 채로 Y에 교부하였다면 X의 금전이 Y에게 귀속한 것이므로, X의 손실과 Y의 이득 사이에 직접의 인과관계가 있고, M이 자신의 금전과 혼화하여 자기의 채무변제를 위하여 동액의 금전을 Y에게 교부한 것이라면 직접의 인과관계는 인정되지 않는다고 하여, 그 사실 여하의 심리를 위하여 파기·환송하였다.

⑫ 日大判 1935(昭 10).2.7(民集 14, 196)

M은 변조된 허무인 명의의 예금통장을 Y에 교부하고 이를 담보

17) 앞의 ① 및 ② 판결도 이 유형에 속하는데, 거기서도 X의 채권자 Y에 대한 부당이득반환청구는 결국 법률상 원인이 있다고 하여 기각되었다.

로 하여 금전을 차용하였다. Y는 그 통장에 의하여 나라 X로부터 예금을 반환받고 M에 대한 채권의 변제에 충당하였다. 원심은 부당이득반환청구를 인용하였는데, 위 판결은 이를 파기·환송하였다. 그에 의하면, 특별한 사정이 없는 한 Y에의 예금지급에 의하여 M이 소유권을 취득하고 Y는 M에 대한 채권에 기하여 채권을 취득하였으므로, M과 X의 관계는 별론으로 하고, Y가 부당이득하였다고는 할 수 없다는 것이다.

⑮ 日大判 1938(昭 13).11.12(民集 17, 2205)

M은 A의 차용증서를 위조하고 스스로 그 보증인이 되는 한편 무단으로 A의 부동산에 저당권을 설정하여 X로부터 금전을 차용하는 방법으로 이를 사취하였다. 그리고 그 돈을 M이 보증한 A의 Y에 대한 채무의 변제를 위하여 교부하였다. 판결은, M이 Y의 대리인으로 변제하였는지, 보증인으로 변제하였는지를 불문하고, Y가 민법 제192조에 의하여 변제금의 소유권을 취득한 이상, 변제는 유효하고 Y가 부당이득하였다고 말할 수 없다고 판시하였다.

이상에서 보는 Y가 채무의 변제로 금전을 수령하여 그의 채권이 소멸한 이상 그 금전을 계속 보유할 「법률상 원인」이 있고 따라서 Y는 부당이득반환의무를 지지 않는다는 것이 主流的인 態度라고 하겠다.

(3) 二重騙取型

⑥ 日大判 1921(大 10).6.27(民錄 27, 1282)

M은 누이동생 A의 대리인을 사칭하고 위조된 A 명의의 차용증서를 Y에 교부하여 Y로부터 금전을 차용하였다. 그리고 이 차용금을, 동일한 수단을 써서 A 명의로 X로부터 차용한 금전으로 반환하였다. 그런데 X나 Y는 M이 A의 무권대리인이라는 사실을 모르고 금전을 대여하였고 또 그 반환을 받았다.[18] 판결은, X와 Y 사이에

18) 이 사실관계는 그 再再上告審判決인 ⑩에 의한 것이다. ⑥만으로는 사실관계를 거의 알 수 없다. ⑥에 대한 判例民法의 評釋者인 中川善之助도 "본판결로부

M의 행위가 개재하였다는 것만으로는 부당이득이 아니라고 할 수 없고, M이 금전의 소유권을 취득하였는지 여부를 판단하여야 한다고 판시하고, 직접의 인과관계가 없다는 이유로 청구를 기각한 원심판결을 파기·환송하였다.

환송 후의 원심은 부당이득반환청구를 인용하였다. 再上告審인 ⑧ 日大判 1924(大 13).7.18(新聞 2309, 18)은, Y가 수령한 금전이 X로부터 편취된 것이라도 Y가 선의무과실이라면 민법 제192조에 의하여 그 금전의 소유권을 취득한 것이라고 하여, 다시 파기·환송하였다.

재환송 후 원심은 Y의 선의취득을 인정하고 X의 부당이득반환청구를 기각하였다. 이에 대하여 X는, M의 Y에 대한 금전지급 당시 Y는 아직 M의 무권대리사실을 알지 못하는 상태이었는데도, 원심이 이로써 M이 일본민법 제117조(우리 민법 제135조에 상응한다)에 의하여 Y에 대하여 부담하는 무권대리인으로서의 채무를 변제하였으므로 그 변제는 유효하다고 하여 부당이득을 부정한 것은 잘못이라고 주장하여, 상고하였다. 再再上告審인 ⑩ 日大判 1927(昭 2).4.21(民集 6, 166)은, 원심이 위 제117조의 제1항에서 정하는 바의 「이행」을 한 것이라고 인정한 원심판결에 잘못이 없다고 하여 상고를 기각하였다.

일반적으로 무권대리의 상대방이 무권대리행위에 기하여 수령한 급부는 그 행위의 무효로 인하여 부당이득으로 반환되어야 하는데, 위 사건의 사실관계에서는 그 행위의 내용이 금전차용으로 상대방은 어디까지나 대여하였던 것을 돌려받은 것이므로 이러한 경우에도 그 반환의무를 부담하는가 하는 흥미로운 문제를 제기한다. ⑩은 법률상 정하여진 무권대리인책임이 이행된 것이라고 하여 그 반환의무를 부정하는 것이다. 그러나 Y의 반환의무를 부인하는 것에는 동의할 수

터 사실을 추출하는 것은 거의 불가능하다. 추측까지도 至難하다"고 한다(判例民法 大正十年(1923), 349면).

있다고 하여도,[19] 이를 M에 의한 무권대리인책임의 이행으로 설명하는 것은 변제에 관하여 기준이 되는 변제수령자의 관점에서 볼 때(Y는 어디까지나 A의 채무이행으로 이해하고 있었다)에는 의문이 없지도 않을 것이다(뒤의 註 20도 참조).

⑬ 日大判 1935(昭 10). 3. 12(民集 14, 467)

M은 허위의 서류로 A 소유의 부동산에 설정한 1번 저당권을 담보로 내연의 처 A의 대리인을 사칭하여 Y로부터 금전을 차용하였다. 그리고 이 차용금을, 동일한 수단(이번에는 같은 부동산에 2번저당권을 설정하였다)을 써서 A 명의로 X로부터 차용한 금전으로 반환하였다. 다만 금전은 M의 위탁으로 X로부터 Y에게 직접 교부되었다. 원심은 Y의 금전 선의취득을 이유로 부당이득을 부정하였다. 그런데 판결은 이번에는, Y가 금전을 원시취득하였다고 해서[20] 부당이득이 당연히 배제되지 않으며("무권원점유자에 대한 물권적 반환청구권과 부당이득반환청구권을 혼동하는 것에 다름아니다"), 오히려 소유권이 이전되었기에 이제 부당이득의 문제가 발생하는 것이라고 설시하였다.[21] 그리고 X가 어떠한 자격에서 변제하였는가, 즉 누구의

19) 무권대리인, 즉 편취자 M이 A의 대리인으로 칭하여 Y로부터 차용한 금전을 Y에게 반환하는 경우에, Y가 무권대리의 본인, 즉 A로부터 대여금을 반환받는 것으로 알았다고 하여도, Y의 그 금전수령에 「법률상 원인」이 없다고는 할 수 없다. 무권대리인의 책임에 관한 민법 제135조는 일정한 요건 아래 무권대리인에게 계약의 이행 또는 손해배상의 책임을 과하고 있는데, 이는 무권대리의 상대방에게 **그 계약이 유효한 것과 같은 결과**를 성취하여 주기 위한 것이다. 무권대리인 M이 원래의 계약이 유효한 것과 같은 내용으로 그 계약을 이행하였다면, 이는 민법 제135조가 목적하는 바로 그 상태가 달성된 것이다. Y가 그 이행이 「A를 위하여」 행하여진 것으로 생각했다고 해서 그와 같이 객관적으로 정당한 상태가 달라져야 할 이유는 없다. 부당이득에서의 「법률상 원인」이란 이러한 「객관적 법상태」를 기준으로 정하여지는 것이다. 그리고 나아가 M이 지급한 금전이 X로부터 불법취득된 것인지 여부는 그 급부의 수령자인 Y가 당해 급부를 계속 보유할 원인이 있는가 하는 부당이득적 관점에서는 고려할 필요가 없다.

20) 금전의 소유권이 수령자측의 混和에 의하여 그에게 이전되었다고 해서 당연히 부당이득이 안 되는 것은 아닌 것과 마찬가지라고 덧붙인다.

21) 그리고 ⑩과는 달리, Y의 입장에서 보면 A에 대한 대금채권의 변제라고 여기고 있었는데 이것이 바로 M의 무권대리인으로서의 채무(일본민법 제117조상의

명의로 변제가 이루어졌다고 볼 것인가의 사실관계 여하에 따라서는 청구가 인정될 여지가 있다고 하여, 원심판결을 파기·환송하였다.

이 판결의 결론에 대하여는, M이 X를 통하여 Y에게 변제한 것이라고 보아야 하는데, Y는 M에 대하여 채권을 가지므로 ⑩에서와 마찬가지로 부당이득반환청구를 부정하여야 할 것이라는 반대입장과,[22] X가 A의 채무를 변제한 것인데 수령자 Y는 A에 대한 채권이 없어서 그 급부를 보유할 「법률상 원인」이 없는데, 이 사건에서와 같이 실제로 행위한 M에게 A를 위하여 행위할 권한이 없는 경우에는 X와 A 사이에도 代理 또는 使者關係가 없으므로 이 때 「손실자」는 X라고 해야 한다는 찬성입장으로[23] 견해가 나뉜다.

⑭ 日大判 1936(昭 11).1.17(民集 15, 101)

사실관계는 역시 ⑥과 유사하다. 다만 금전은, ⑬과는 또 달리, 먼저 X로부터 사법서사 B에게 교부되어, B가 Y 앞으로 경료되었던 저당권등기를 말소하고 또 X를 위한 저당권설정등기를 한 다음, Y에게 교부되었다. 원심판결은 Y는 금전의 소유권을 선의취득하였다고 하여 부당이득반환청구를 기각하였다. 大審院은, ⑬과 거의 동일하게, 선의취득에 의한 금전소유권의 취득은 당연히 부당이득을 배제하지 않는다고 하고, 또 이 사건에서 Y에의 지급이 누구의 이름으로 어떠한 경과를 거쳐 이루어졌는가에 따라 X에게 부당이득반환청구권이 있는가가 정하여진다고 판시하여,[24] 원심판결을 파기·환송

책임)의 변제라고 하는 것은 잘 이해되지 않는다고 덧붙이고 있다.

22) 末川博, "存在せざる債務の辨濟と不當利得返還請求", 民商法雜誌 2권 3호(1935), 483면 이하; 我妻榮, 事務管理·不當利得·不法行爲(1937), 52면 註 8 참조.

23) 判例民事法 昭和十年度(1936), 140면 이하(川島武宜).

24) 그 抽象論은 다음과 같다. "甲이 乙이 丙의 대리인이라고 믿고 그에게 금전을 대여하였는데, 乙이 무권대리인에 불과한 경우에는, 甲과 丙 사이에 아무런 대차관계가 없음은 물론이다. [i] 이 경우 丁이 丙을 위하여 제3자의 변제로서 지급한 때에는 甲에 대하여 부당이득반환청구권을 가지는 것은 丁이고 丙이 아니다.

하였다.[25)]

1930년대의 중반에 나온 ⑬, ⑭는 금전소유권의 귀속이라는 관점에서 「인과관계」의 존부를 판단한다는 視角에서 벗어난 태도를 보여주고 있다는 점에서 매우 흥미롭다. 그리고 앞의 註 20에서도 말한 대로, 또 뒤의 Ⅳ.에서도 보는 대로, 필자는 "Y에의 지급이 누구의 이름으로 어떠한 경과를 거쳐 이루어졌는가에 따라" Y의 부당이득반환의무가 인정될 수 있다고는 생각하지 않는다.

(4) 이상의 재판례는 다음과 같이 정리될 수 있을 것이다.

첫째, 보다 초기의 재판례에는 「인과관계의 직접성」을 문제로 삼은 것이 많다(③, ④, ⑤, ⑥, ⑪). 그러나 그 후에는, 그 사이에 나온 我妻榮의 비판을 의식하여서인지, Y 또는 Z가 채권의 변제로서 금전을 수령하였다는 것에 중점이 옮아간다. 사건해결의 결론이라는 관점에서 보면, ⑬, ⑭를 제외하면 Y 또는 Z가 소유권을 취득하고 변제가 유효하다는 이유로 X의 청구를 기각하고 Y 또는 Z를 보호하는 경향에 있음은 명백하다. 다만 제 3 자수익형에서는 Y가 M에 대한 관계에서 이익을 받을 지위에 있지 않다는 것에서, 사안이 특수한 ③을 제외하고는, X의 청구를 인정한다(④, ⑤, ⑦).[26)]

[ii] 그런데 丁의 위 지급이, 미리 丙과의 사이에 교섭이 있어서 丁의 위 지급으로 인하여 丙과 丁 사이에 동액의 소비대차를 성립시키기로 하는 계약에 기한 경우에는, 그 청구권은 丙에 속하고 丁에는 속하지 않는다. 丁은 丙에 대하여 소비대차상의 채권을 가지기 때문이다. [iii] 그러므로 丙과 丁 사이의 위와 같은 계약이 무효인 경우, 예를 들면 丁이 丙의 대리인인 자와 위 계약을 체결하였는데 그가 무권대리인이었던 경우에는, 甲에 대하여 부당이득반환청구권을 가지는 것은 丁이고 丙이 아님은 물론이다."

25) 이 판결의 결론에 대하여 川島武宜는 ⑬에 대하여서와는 달리 반대한다(判例民事法 昭和十一年度(1937), 27면 이하 참조). 그 이유는, 이 사건의 사안에서는 M이 X, B를 통하여 Y에게 변제하였다고 보아야 한다는 것이다. 我妻榮(註 22), 52면 註 8도, "결국 M이 지급하였다고 보아 Y에게 법률상 원인이 있다고 볼 것이다"라고 하여, 판결에 찬성한다.

26) 물론 이러한 결론은 M이 Y의 Z에 대한 채무를 변제한 것이 有效하다는 것,

둘째, 그런데 여기서 X의 청구가 인정된 실제의 사안은, M과 Y 사이에 특별한 관계가 있는 경우가 적지 않다. 즉 ④나 ⑦에서는, M이 Y촌의 村長인데 그가 Y의 무권대리인으로서 X로부터 금전을 차용하여 Y의 Z에 대한 채무를 변제하거나 Y의 경상비로 지출하였다는 것이다. 그러므로 이들 사안에서는 M의 행위가 비록 법률행위의 차원에서는 무권대리로서 그 효과가 Y에 귀속될 수 없다고 하더라도, 부당이득법적 관점에서는 이를 Y에 귀속시킬 수 있는 것이 아닌가 하는 관점에서 이해될 여지도 있다. 다시 말하자면 여기서는 무권대리행위에 기하여 상대방이 행한 급부는 그 행위의 무효로 인하여 본인에 대한 계약상 채무의 이행으로 평가될 수는 없겠으나, 상대방의 그 출연이 그 행위가 유효라고 가정하는 경우에 본인이 얻었을 것과 같은 이익을 실제로 준 경우(본인이 상대방의 계약상 급부를 실제로 취득하고 그로 인하여 이익을 얻은 경우)에는 이제 무권대리행위의 무효를 이유로 그 행위의 상대방인 대리인이 아니라 본인에 대하여 그 급부의 반환을 청구할 수 있다고 할 것이다. 그런데 그 상대방의 「급부」를 구체적으로는 본인이 아니라 무권대리인이 수취하였다고 하더라도, 위의 ④, ⑦의 사안에서와 같이 ―그 사후의 경과에 비추어 볼 때― 본인이 수취한 것과 다를 바 없다고 평가할 수 있다면,[27] 이러한 사안도 마찬가지로 취급되어야 하지 않을까?[28]

특히 Y의 그 채무가 실제로 존재하였다는 것을 전제로 한다.

27) 我妻榮(註 15), 136면이 "편취한 금전을 이득자에게 사용하게 한 경우에는 편취당한 자로부터 이득자에 대하여 부당이득의 청구가 성립한다"고 하는 것은, 同所 註 8에서 위의 ⑦을 인용하고 있는 데서도 알 수 있듯이, 바로 이러한 경우를 염두에 둔 것이다.

28) 따라서 M이 Y를 권한 없이 대리한 경우가 아니라 자기 자신의 채무로서 금전을 차용하고 이를 제 3 자를 위하여 사용한 경우와는 구별되어야 할 것이다. 我妻榮(註 15), 137면 註 8도 "촌장이 개인의 사채로서 차입한 때에는 그 돈은 촌장의 재산이 되고 이를 사용한 촌은 단지 촌장의 재산으로 인하여 수익함에 불과하다. 따라서 이 私債에 대하여 연대채무자가 되어 변제한 자는 촌장에 대한 부당이득의 반환을 청구할 수 있어도 촌에 대하여는 그러한 청구를 할 수 없음

셋째, 1935년과 그 다음해에 나온 두 개의 판결, 즉 ⑬, ⑭에서는 선의취득이 성립하였다는 것만으로 부당이득이 성립하지 않는다고 단정할 수 없다고 판시하고 있으나, 그 때까지는 역시 금전소유권의 귀속, 특히 선의취득의 성립 여부가 부당이득 유무의 판단에 있어서 중요한 기능을 하고 있음은 명백하다. 그리고 1935년 이후에도 ⑮는 여전히 소유권의 귀속을 문제삼고 그에 좇아 부당이득반환의무의 성립 여부를 판단하고 있다.

2. 나아가 戰後의 裁判例를 살펴본다.

(1) 「편취금전에 의한 변제」에 직접 관련되는 재판례로서는 다음의 둘이 있다.

⑯ 日最判 1967(昭 42). 3. 31(民集 21-2, 475)

M은 X로부터 밀감 매수를 알선한다는 구실로 14만원을 사취하고, 이 돈으로 자신의 Y에 대한 밀감대금채무를 변제하였다(「자기채무변제형」). X는 Y에 대하여 그가 위 금액을 반환하기로 합의하였다고 주장하면서 주위적으로 합의금반환청구를 하였으나, 이는 그 합의의 사실이 인정되지 아니하여 기각되었다. 문제는 예비적으로 주장한 부당이득반환청구이다. 위 판결은 다음과 같이 판시한다.

"Y는 자기에 대하여 M이 부담하는 채무의 변제로 본건 금전을 선의로 수령하였으므로, 법률상 원인에 기하여 이를 취득한 것이라고 할 것이고, 위 금전이 위와 같이 X에게서 M이 편취한 것이라고 해서 Y에 대해서 어떠한 부당이득의 관계를 발생시키는 것은 아니라고 해할 것이다."

이 판결에 대하여는 判旨가 매우 간결하여, Y의 선의를 요건으로 법률상 원인을 인정한 것으로 이해할 것인지를 둘러싸고 논의가 있었

은 물론이다"라고 하면서, 日大判 1917(大 6). 11. 3(民錄 23, 1945)을 인용한다.

다.[29] 그러나 이는 기본적으로 당시까지의 我妻榮의 견해(뒤의 Ⅲ.1. 참조)를 답습한 것이라고 보는 견해가 유력하다.[30] 즉 이로써 이제 논의의 차원은 인과관계의 존부에서부터 법률상 원인의 유무로 옮겨졌고, 나아가 후자의 문제는 변제수령자, 즉 채권자를 **일정한 주관적 요건 아래서** 보호하는 방향으로 해결한다는 것이다. 그런데 我妻榮은 위 판결에 대하여, "편취한 금전으로 채무를 변제한 경우에 대한 착종한 판례이론에 종지부를 찍은 극히 중요 · 적절한 판결"이라고 하면서도, 그 「주관적·요건」에 대하여 "다만 나는 금전의 융통성에 비추어, 적극적으로 선의를 요구하지 아니하고, 악의 또는 중과실 없는 한 변제는 유효하다고 해함이 더욱 타당하다고 생각한다"고 비판하고 있다.[31]

(2) 이러한 비판은 그대로 다음의 판결에서 받아들여지고 있다.

⑰ 日最判 1974(昭 49). 9. 26(民集 28-6, 1243)

Y(나라)의 금전을 편취 또는 횡령하고 있던 M은 X의 직원과 공모하여 X의 금전을 편취 또는 횡령하고, M은 이를 Y에 반환하였다(「이중편취형」). 그 때 금전의 일부에 대하여는 X의 다른 직원이 직접 Y에게 수표로 교부하였는데, 나머지는 일단 M의 예금계좌에 넣어 M이 私用으로 유용하였는데 결국은 Y에게 반환된 것이었다. 원심은 Y가 받은 돈이 X의 금전에서 유래한다고 볼 수 없다고 하여 X의 부당이득반환청구를 기각하였다. 위 판결은 이를 파기, 환송하였는데, 그 判旨는 다음과 같다.

"M이 X로부터 금전을 편취 또는 횡령하여 그 금전으로 자기의 채권자 Y에 대한 채무를 변제한 경우에 X의 Y에 대한 부당이득반환청구가 인정되는지 여부에 대하여 생각건대, 편취 또는 횡령된 금전

29) 判例評釋으로 明石三郎, 民商法雜誌 57권 4호(1968), 586면 이하; 谷口知平, 判例評論 106호(1967), 23면 이하; 星野英一, 法學協會雜誌 85권 3호(1968), 455면 이하(同, 民事判例硏究, 제 2 권의 2: 債權(1972), 504면 이하 所收) 등.

30) 好美淸光(註 6), 21면.

31) 我妻榮, 債權各論 下卷 一(1972), 1023면.

의 소유권이 Y에게 이전되기까지의 사이에 그대로 X의 수중에 남아 있던 경우에만 X의 손실과 Y의 이득 사이에 인과관계가 있다고 할 것이 아니고, M이 편취 또는 횡령한 금전을 그대로 Y의 이익으로 사용하든, 그것을 자기의 금전과 혼동 또는 환전하거나, 은행에 예입하거나 일부를 다른 목적을 위하여 소비한 후 그 소비한 만큼을 따로 조달한 금전으로 보전하는 등 하여 Y를 위하여 사용하든, 사회통념상 X의 금전으로 Y의 이익을 도모하였다고 인정되는 정도의 연락이 있는 경우에는, 역시 부당이득의 성립에 필요한 인과관계가 있다고 볼 것이고, 또 Y가 M으로부터 위 금전을 수령함에 대하여 악의 또는 중대한 과실이 있는 경우에는 Y의 위 금전 취득은 피편취자 또는 피횡령자인 X에 대한 관계에서는 법률상 원인이 없고 부당이득이 된다고 해함이 상당하다."

여기서는 우선 「인과관계」의 문제에 대하여 「사회통념상의 연락」으로 족하다고 하고(그 전제로 금전의 물리적 동일성이 유지되지 아니한 경우도 같은 기준이 적용됨을 명확하게 하고 있다), 나아가 변제수령자의 악의 외에 중과실의 경우에도 법률상 원인이 없다고 하여 ⑯의 기준을 보다 세밀하게 하였다.

이 두 판결, 특히 뒤의 ⑰은 "[그 때까지의] 판례 · 학설의 혼미상황을 一變"시킨 것으로서[32] 다수의 학설도 그 判旨에 찬의를 표시하였다.[33]

(3) 한편 위의 두 판결에서는 금전의 선의취득이라는 종전 재판

32) 加藤雅信(註 11), 660면. 한편 磯村保(註 11), 262면도, "議論의 混亂에 일응의 종지부를 찍은 것으로 보였다"고 한다.

33) 앞의 註 28의 문헌 외에, 谷口茂榮, 金融法務事情 494호(1967), 30면 이하; 井田友吉, 金融法務事情 739호(1974), 32면 이하; 中井美雄, "不當利得と因果關係", セミナー法學全集 11(民法 Ⅳ: 債權各論)(1974), 238면 이하; 同, 昭和49年度重要判例解說(ジュリスト 590호)(1975), 71면 이하; 衣斐成史, "騙取金員による辨濟と受領者の不當利得", 基本判例シリーズ 5(判例民法 Ⅱ-2: 債權各論)(1974), 114면 등 참조.

례에서 항용 보이던 중요한 설시가 보이지 않는 것이 눈에 띈다. 그것은 그 사이에 금전소유권의 이전에 관하여 중요한 학설·판례의 변화가 있었기 때문이다. 즉 종전의 판례는 물론이고 학설도, 금전도 하나의 물건으로서 그 소유권의 변동은 기본적으로 動産物權變動에 관한 법리가 적용되는 것을 전제로 하여 논의하여 왔다. 이는 앞의 1.에서 본 재판례의 대부분이 금전이 선의취득의 대상이 된다는 태도를 전제로 하는 것에서 단적으로 드러난다. 그런데 1937년에 금전소유권에 대하여 기본적으로 다른 견해, 즉 그 가치로서의 측면을 강조하여 "금전은 이를 점유하는 자에게 속한다(Geld gehört demjenigen, der es besitzt)"는 원칙을 주장하는 학설이 새로이 주장되고,[34] 이 견해가 바

34) 末川博, "貨幣とその所有權," 經濟學雜誌(大阪商科大學) 1권 2호(1937)(同, 物權·親族·相續(末川博法律論文集 Ⅳ)(1970), 263면 이하 所收). 그 이전에 있었던 논의에 대하여는 淸水誠(註 3), 94면 註 5 및 6 참조. 末川博의 위 논문은 기본적으로 Max Kaser, Das Geld in Sachenrecht, *AcP* 143(1936), S. 1ff.에 따른 것이다(위 論文集, 277면 참조). 그런데 독일에서 카저의 위와 같은 견해, 또는 그 변형인 「금전가치의 물권적 반환청구권(Geldwertvindikation)」을 주장하는 베스터만의 견해(Harry Westermann, *Sachenrecht*, 5. Aufl.(1966), § 30 V 3(S. 137f.) 참조. 이에 찬동하는 입장으로는 Soergel/Mühl(12. Aufl.), § 985 Anm. 17이 있다. 우리 나라에서 이 견해를 간략하게 논의한 것으로, 民法注解[V](1992), 228면 이하(梁彰洙 집필) 참조)는 별로 찬동을 얻지 못하였고(한편 立法論的으로는 금전을 소유물반환청구권의 객체로부터 배제하는 것을 주장하는 학자도 적지 않다. 그에 관하여는 Staudinger/Gursky(1999), § 985 Rn. 78 소재의 문헌을 보라), 독일의 통설은 여전히 금전에 대하여도 동산으로 취급하여, 우선 목적물을 특정가능한 한에서 소유물반환청구권을 긍정하고(Baur/Stürner, § 11 C I 2 a.E.(17. Aufl., S. 111); Wolf/Raiser, § 84 Ⅲ Fn. 6(S. 321); Wieling, I § 12 I 2 d(S. 524f.); Staudinger/Gursky(1999), § 985 Rn. 78f.; MünchKomm/Medicus(3. Aufl.), § 985 Rn. 16f.; Palandt/Bassenge(57. Aufl.), § 985 Anm. 10 등 참조. 한편 파산법의 해석으로 금전에 대한 還取權의 문제에 대하여는 우선 Kuhn/Uhlenbeck, *Konkursordnung*, 11. Aufl.(1994), § 43 Rn. 4 등 참조), 선의취득을 긍정한다(우리 민법 제250조 단서에 대응하는 독일민법 제935조 제 2 항의 문언대로의 해석). 카저 또는 베스터만의 견해에 대한 상세한 비판으로서는 우선, Rudolf Reinhardt, Vom Wesen des Geldes und seiner Einfügung in die Güterordnung des Privatrechts, *Festschrift für Gustav Boehmer*(1954), S. 60ff., insb. S. 72ff.; Dieter Medicus, Ansprüche auf Geld, *JuS* 1983, S. 897ff., insb. S. 900f. 참조. 또한 W. Rainer Walz, Sachenrecht für Nicht-Sachen?, *KritV* 1986, S. 131ff., insb. S. 158f.도 참조.

로 압도적인 다수설이 되었던 것이다.[35] 그리고 이 견해는 곧바로 日最判 1954(昭 29). 11. 5(刑集 8, 1675)[36]; 日最判 1964(昭 39). 1. 24(判例時報 365, 26)에[37] 의하여 채택되었다.

그리하여 위의 ⑯, ⑰이 나올 당시에는 금전의 점유자가 곧 소유자이고 따라서 금전의 선의취득을 인정하지 않는다는 태도가 확고하였던 만큼, 종전의 재판례에서와 같은 설시는 등장할 여지가 없었던 것이다. 이러한 태도는「편취금전에 의한 변제」라는 문제를 금전소유권 취득의 귀속 여하, 나아가 피편취자의 물권적 청구권 유무라는 物

35) 다만 末川博은 특정금전의 보관예탁의 경우와 의사무능력자에 의한 점유이전의 경우에는 금전소유권이 이전하지 않는다고 해서 예외를 인정하였다. 그런데 그 후의 학설은 기념주화 등을 물건으로 거래하는 경우를 제외하고는 위와 같은 예외를 인정하지 않는다. 그 端緖는 川島武宜, 所有權法の理論(1949), 198면 이하에 있는데, 그 후 金山正信, "金錢の所有權", 判例演習 物權法, 增補版(1973), 111면 이하; 鈴木祿彌, 物權法講義, 二訂版(1979), 282면 등 참조.

36) 甲 신용조합의 이사 Y가 조합원이 아닌 P로부터 예금을 "조합의 이름으로 조합의 계산으로 받아서" 그 돈을 다른 사람에의 부정한 융자에 써서, 횡령배임의 죄로 기소되었다. Y는 위 예금계약은 무효이고 금전은 甲 조합에 속하지 않는다고 상고하였으나, 받아들여지지 않았다. 判旨는 다음과 같다.

"설사 위 저금이 조합원 이외의 자가 한 저금이어서 무효이고 조합에 대한 소비임치로서의 법률상 효력이 발생하지 않음에 틀림없다고 하더라도, 위 저금의 목적이 된 금전의 소유권 자체는 일단 조합에 귀속하였다고 하여야 할 것이다. 무릇 금전은 통상 물건으로서의 개성을 가지지 못하고 단지 가치 그 자체로 생각하여야 할 것이고, 가치는 금전의 所在에 수반하는 것이므로, 금전의 소유권은 특단의 사정이 없는 한 금전의 점유의 이전과 같이 이전한다고 해할 것이다. 금전의 점유가 이전한 이상, 설사 그 점유이전의 原由인 계약이 법률상 무효라고 하여도 그 금전의 소유권은 점유와 동시에 상대방에게 이전하는 것이고, 여기에 부당이득반환채권관계를 발생시킴에 불과하다고 해하는 것이 정당하다."

37) 사실관계는 반드시 명료하지 않다. A로부터 B에게 금전이 사기 또는 횡령에 의하여 이전되었다. B는 이들 금전을 합해서 ―아마도 B에 대한 금전가압류명령에 기하여 이를 집행하는― 집달관에게 제출·인도하였다. A는 본건에서 아마도 그 금전이 자신의 소유라고 주장하여 第3者異議의 訴를 제기한 듯하다. 判旨는 다음과 같다. "금전은 특별한 경우를 제외하고는 물건으로서의 개성을 가지지 못하고 단순한 가치 그 자체로 생각할 것이고, 가치는 금전의 所在에 수반하는 것이므로, 금전의 소유권자는 특단의 사정이 없는 한 그 점유자와 일치한다고 해할 것이다. 또 금전을 현실로 지배하여 점유하는 자는, 그것을 어떠한 이유에 의하여 취득하였는지 또 그 점유를 정당화하는 권리를 가지는지 여부에 불구하고, 가치의 귀속자 즉 금전의 소유자라고 보아야 할 것이다."

權的 次元에서 해결하는 방도를 종국적으로 봉쇄하고, 不當利得法의 판단틀을 유일한 해결책으로 남기는 결과를 낳았다.

Ⅲ. 日本의 學說

1. 我妻榮은 1930년에 발간된 부당이득에 관한 저술에서[38] 大審院의 재판례 중에서 제3자수익형, 따라서 M이 Y의 Z에 대한 채무를 변제한 경우만을, 그것도 1920년까지 나온 위의 ① 내지 ⑤의 5개의 재판례만을 염두에 두고 논의하고 있다.

우선 Y에 대한 부당이득청구에 대하여, 그는 문제를 부당이득의 요건으로서의 인과관계와 법률상 원인라는 두 가지 관점에서 접근한다. 우선 因果關係에 대하여는 그 이전의 학설 및 판례가 「직접의 인과관계」를 요구하는 것을 비판하면서, 이와 같이 해석하는 것은 "공평에 기한 제도의 운용으로 하여금 심히 경직된 것으로 만들 우려가 있다"고 하고, 따라서 "사회관념상 이익의 원인으로 인정되는 손실을 입은 자가 있으면 이에 대하여 반환청구를 인정하는 것이 타당하다"고 한다. "물론 부당이득제도의 한계를 긋는 것은 해석론상 매우 필요한 것"이기는 하지만, 그 필요는 "전적으로 「법률상 원인」에 의해서 할 것이고 인과관계에 의하여 할 것은 아니"라는 것이다.[39] 나아가 法律上 原因에 대하여는, "이득자의 선의·악의, 편취자와 이득자간에 존재하는 관계(변제하여야 할 채무를 지는지 여부) 등에 관계 없이 항상 법률상 원인 없는 것"으로 해석함이 옳다고 한다. 그 이유로 그가 제시하는 것은, "무릇 이것들은 이득자와 변제자 사이의 관계에

38) 我妻榮(註 15), 99면 이하. 이 부분의 서술은 7년 후에 나온 앞의 註 22의 문헌에서도 기본적으로 달라진 바 없다.

39) 我妻榮(註 15), 135면.

그치고, 이득자가 편취당한 자의 손실을 무시할 수 있는 이유는 되지 아니하기 때문이다"라는 것뿐이다.[40]

나아가 Z에 대한 부당이득반환청구에 관련하여, 먼저 因果關係에 대하여는 "나의 기준에 의하면 이 경우에도 역시 편취당한 자의 재산으로 인하여 이득하였다고 할 수 있다"고 한다. 그러나 法律上 原因에 대하여는, "Z가 **선의무과실인 한** 완전한 변제로 되고 법률상 원인을 갖추는 것이라고 해한다"고 한다.[41] 여기서 법률상 원인의 유무를 Z의 선의무과실에 걸리게 하는 것에 대하여 그는 다음과 같이 설명한다. "편취당한 금전이 법률의 형식에 있어서 편취당한 자의 소유에 속하는 경우에는 변제를 받은 자가 [선의무과실을 요건으로 하는 선의취득에 관한 일본민법] 제192조의 적용에 의하여 소유권을 취득함과 동시에 채권의 변제로서 是認받게 된다. … [한편] 법률의 형식에 있어서 편취자의 소유가 되는 경우에는 물론 [Z는 금전소유자 자신으로부터 변제를 받는 것이어서, 비권리자로부터의 취득에 관한 위] 제192조를 [바로] 적용할 수는 없다. 그러나 **부당이득의 문제로서 재산의 귀속을 실질적으로 고찰하고 또한 법률상의 원인을 후술하는 바와 같이 공평의 관념에 좇아 결정한다고 하는 때**에는 그러한 경우에도 제192조의 취지를 유추적용하[여, Z가 선의무과실이어야 「완전한」 변제가 되고, 따라서 피편취자의 부당이득의 공격으로부터 유효하게 방어할 수 있도록 하]는 것이 타당하다고 믿는다"는 것이다.[42]

그 후 我妻榮의 이러한 견해는 다른 학자들의 지지를 얻어 점차

---

40) 我妻榮(註 15), 137면.

41) 我妻榮(註 15), 138면 이하. 여기서 변제의 「완전함」이란, 본문의 바로 뒤에서 인용하는 바에 비추어 보면, 일단 금전을 변제로 수령한 Z가 편취자 X로부터 부당이득의 공격에 굴복하지 아니하고 당해 금전을 계속 보유할 수 있는, 즉 부당이득으로 반환하지 않아도 되는 변제를 의미한다.

42) 我妻榮(註 15), 139면 註 13. 그리고 ②의 판결을 "그러한 취지를 明言한" 것으로서 인용한다.

통설이 되었다.[43)]

2. 요컨대, 我妻榮은 「법률의 형식」에 있어서의 금전소유권의 귀속이 법률상 원인의 유무를 판단하는 차원에서는 여전히 적지 않은 의미가 있음을 인정하면서도, "공평의 관념을 실현하는" 제도로서의 부당이득제도를 해석·운용함에 있어서는 그 권리귀속을 **실질적으로** 고찰하여야 한다고 주장한다. 그리하여 실질적으로 피편취자의 재산에 속하였던 금전으로 다른 사람이 이익을 얻었다고 사회관념상 인정되는 경우라면, 그 수익자에게 이를 반환하지 않고 계속 보유할 수 있게 할 만한 특별한 사정("피편취자의 손실을 무시할 수 있어도" 되게 하는 사정)이 없는 한은 「법률상 원인」이 없는 것으로서 이를 반환할 의무를 부담한다는 것이다. 그리고 M이 Y의 Z에 대한 채무를 변제한 경우를 보면, Y에 대하여는 그러한 사정은 항상 부정되어야 하며, Z에 대하여는 ―선의취득규정으로부터의 유추에 기하여― 그가 선의무과실로 변제를 수령한 경우에만 그것이 인정된다는 것이다.

결국 我妻榮은 이익형량의 면에서 피편취자의 보호의 필요를 극력 강조하면서, 법제도적으로는 이를 객관적·형식적 법질서를 교정하여 "공평을 실현하는 법적 수단"으로서의 부당이득제도에 의하여, 보다 구체적으로는 이해당사자들의 법률관계를 사회관념에 입각하여 「실질적」으로 파악한다는 방법을 통하여, 실현하려는 것이다. 我妻榮의 견해는 이와 같이 「實質的 公平主義(Prinzip der materiellen Billigkeit)」와 피편취자 보호의 강조와의 결합에서 나오는 것이다.

그리고 이러한 思考는 다른 학자들에게도 중대한 영향을 미쳤다. 예를 들면 川島武宜는 앞의 ⑭에 대한 평석에서, Y가 금전의 소유권

43) 예를 들면, 谷口知平, 不當利得の硏究(1969), 230면 이하; 松坂佐一, 事務管理·不當利得, 新版(法律學全集 22-I)(1973), 84면 이하 등.

을 취득함으로써 그의 채권이 유효한 변제에 의하여 소멸하는 경우에도, "구체적 형평을 목적으로 하는 부당이득의 정신 및 금전소유권의 이전의 위와 같은 특수성에 비추어, 상법상 유통이 보호되는 유가증권과 같은 정도의 표준에 의하여 적어도 수령자에게 악의 또는 중과실이 있는 경우에만 부당이득반환청구권을 인정할(환언하면, 형식적으로는 금전의 특수성에 기하여 소유권은 이전하여도 특히 구체적 형평에 봉사하는 부당이득의 사명에 기한 실질적 고려 아래서) 여지"가 있다고 하는 것이다.[44)]

3. 앞의 Ⅱ. 2. 에서 본 대로 ⑯, ⑰의 두 판결에 의하여 「편취금전에 의한 변제」의 문제는 「일응」 종결된 것처럼 보였다. 그러나 그 후에도 적어도 학설상으로는 논의가 계속되고 있다. 특히 부당이득제도를 공평을 실현하는 초실정법적 수단으로 보는 입장을 비판하고 이를 다른 실정법적 제도와 同列에 위치시키는 소위 類型論의 입장에서 다양한 해결책이 제시되었다. 그러한 입장에서는 예를 들어 변제수령자의 금전소유권을 인정하면서 공평을 이유로 그 반환을 명하는 我妻榮의 해결은 쉽사리 받아들여질 수 없는 것이다.

그리하여 변제수령자에게 유효한 채권이 있었던 이상 법률상 원인이 있으므로 피편취자의 부당이득반환청구권을 부정하되, 피편취자는 채권자취소권(자기채무변제형, 이중편취형의 경우) 또는 채권자대위권(제3자수익형의 경우)을 통하여 문제를 해결하여야 하고 또 할 수 있다는 견해,[45)] 역시 부당이득반환청구권은 부정하되 피편취자에게 일정한 범위에서 물권적 청구권, 즉 「가치반환청구권」이 인정되어야

44) 川島武宜(註 24), 31면.

45) 加藤雅信(註 11), 663면 이하 참조. 그에 의하면 변제수령자의 주관적 사정에 따라 그 급부의 보유에 법률상 원인 유무가 결정된다는 것은 문제라고 하고, 원래 X는 M에 대하여 불법행위 또는 부당이득상의 청구권이 있는데 M에게 충분한 자력이 있는 한 설사 Y가 악의라도 그를 문제삼을 이유가 없다고 한다.

한다는 견해,[46] 이상과는 달리 위의 문제를 「타인의 물건에 의한 이득」, 즉 침해부당이득(Eingriffskondiktion)의 한 예로 이해하면서, 종전 점유자(즉 피편취자)의 소유권상실의 근거로서 소유권의 채권적 연장(Fortwirkung)으로서의 부당이득반환청구권, 즉 자신의 채무소멸을 위하여 원래 하였어야 할 지출을 면한 채무자 Y에 대한 부당이득반환청구권이 주어져야 한다는 견해,[47] 일반적으로 금전소유자가 그 점유를 그 의사의 뒷받침 없이 「상실」한 경우에는 그 가치의 배타적 귀속자로서의 측면이 고려되어야 할 것인데 이는 M에 대한 다른 一般債權者에 대한 관계에서 優位를 부여함으로써 충분하다는 견해[48] 등이 제창되고 있다.[49]

46) 四宮和夫, "物權的價値返還請求權について──金錢の物權法的一側面", 私法學の新たな展開(我妻榮追悼論文集)(1975), 183면 이하. 이는 기본적으로 독일의 베스터만의 「금전가치의 물권적 반환청구권(Geldwertvindikation)」의 견해(앞의 註 34 참조)에 의존하면서, 금전소유자가 그 가치의 귀속할당을 변경하는 의사 없이 그 점유를 상실한 경우에는 새로운 점유자는 **물건**의 소유권을 가지나 종전의 소유자는 여전히 **가치**의 소유권을 가지며, 비록 물건으로서의 동일성은 상실되었어도 가치로서의 동일성이 인정되는 한(그러므로 混和의 경우나 預金 기타 帳簿上 金錢(Buchgeld. Bargeld, 즉 現金과 대비된다)의 경우에도 가치의 동일성이 인정될 수 있다), 위의 價値所有權에 기하여 통상의 물권적 청구권이 인정되고(따라서 상대방의 파산의 경우에는 환취권을 가진다), 다만 점유가 악의 또는 중과실 없는 제3자에게 이전된 경우에는 그 권리가 차단된다고 한다. 好美淸光(註 6), 28면; 廣中俊雄, 物權法, 下卷(1981), 260면 이하도 기본적으로 동일한 발상을 하고 있다.

47) 川村泰啓, "『所有』關係の場で機能する不當利得制度(1)-(13)", 判例評論 117호 내지 144호(1969-71).

48) 松岡久和(註 5), 86면 이하.

49) 이들 각 견해의 구체적인 내용, 특히 「편취금전에 의한 변제」의 문제에 대한 적용에 대하여는 상당한 차이가 있는데, 여기서 詳論하지 아니한다.

Ⅳ. 小　結

1. 필자는 「편취금전으로 인한 변제」의 사안 중에서 우선 **자기채무변제형**의 경우에는 기본적으로 Y가 M에 대하여 채권을 가지고 있는 한 X가 Y에 대하여 부당이득을 이유로 책임을 물을 수는 없으며, 이는 Y가 악의인 경우에도 다를 바 없다고 생각한다.[50] M이 Y에 대하여 금전지급으로써 한 채무의 이행은 유효하며, Y가 M에 대하여 가지는 채권이 그 금전을 계속 보유할 「법률상 원인」이 된다. 이는 채무의 이행으로 이루어진 급부에 대하여는 변제수령자가 그 급부를 청구할 권리가 있으면, 이로써 그 급부의 보유에 관한 「법률상 원인」을 갖추게 된다는 급부부당이득에 관한 일반적 법리의 적용이다.[51]

M이 X로부터 그 금전을 위법하게 취득하였다는 사정은, X에게 M에 대한 각종의 채권적 구제수단을 부여하는 근거가 된다. 그러나 금전은 그 소유권이 점유와 함께 이전한다는 법리를 전제로 한다면, 비록 X가 금전의 점유를 M의 위법행위로 상실하였다고 하더라도, 이제 X는 소유권을 상실하였으므로 M에 대하여 물권적 청구권을 행사할 수는 없다. 하물며 물건의 소유자 M으로부터 그 의사에 기하여 금전을 인도받은 Y에 대하여 물권적 청구권을 행사할 수는 없다. 이와 같이 Y는 금전에 대한 X의 「割當內容」으로부터 이득을 얻은 것이 전혀 없다. Y가 금전을 취득하기 전부터 이미 X는 그 소유자가 아니

50) 구체적 사정에 따라서 Y가 악의인 경우에는 X에 대하여 M과 함께 공동불법행위책임을 져야 할 경우가 있을는지도 모른다. 또 M이 무자력인 경우에는 채권자취소권이 논의될 수도 있을 것이다. 그러나 이는 부당이득과는 전적으로 별개의 문제이다.

51) 앞의 I.2.에서 인용한 설명 자체에 의하더라도, Z는 자기 채권의 변제로 수령한 것이므로 그 「법률상 원인」이 있고, 따라서 부당이득이 되지 않는다고 한다. 그리고 앞의 Ⅱ.1.(2)에서 본 대로 일본의 戰前의 판례도 자기채무변제형의 경우에 대하여 X의 Y에 대한 부당이득반환청구를 부정하고 있다.

었던 것이다. 따라서 침해부당이득의 관점에서도 Y의 부당이득은 문제될 수 없다.

2. 한편 **제 3 자수익형**의 경우에는, Y는 M에 대하여 급부를 자신에게 실현할 것을 청구할 권리를 가지지 않는다. 그렇다면 이 경우에 郭潤直(또는 我妻榮)과 마찬가지로 Y는 법률상의 원인이 없어서 부당이득을 한 것이 되어 그 반환의무를 부담한다고 할 것인가?

일반적으로 채무자가 아닌 M이 Y의 Z에 대한 채무를 변제하는 경우에, 이는 소위 수령자관점(Empfängerhorizont)을 기준으로 하여 볼 때 다음 셋 중의 하나로 평가된다. 즉 「제 3 자의 변제」(민법 제469조)이거나, Y 자신의 채무이행(Y의 사자 또는 변제대행자를 통하여 하는 경우를 포함한다)이거나, M이 자신의 채무라고 잘못 생각하여 행한 「타인의 채무의 변제」(민법 제745조: "채무자 아닌 자가 착오로 인하여 타인의 채무를 변제한 경우")이다. 그런데 일단 「제 3 자의 변제」에 한정하여 생각하여 보면,[52] 예를 들어 Y와 M 사이에 채무이행의 事務處理契約(통상 이 계약은 위임계약의 성질을 가질 것이다)이 체결되어 M이 그 계약의 이행으로 Z에게 변제한 경우라면, Y가 그 채무로부터의 해방이라는 이익을 얻는 것에 대하여는 위 계약이 바로 그 「법률상 원인」이라고 할 수 있지 않을까?[53] Y는 M에 대하여 위임계약에 기하여 비용상환의무를 부담하는데(민법 제688조 참조), 그 외에 X에

52) 이하의 서술은 Y 자신의 채무이행으로 평가되는 경우에도 달라질 것은 없다. Y와 M 사이의 내부적 법률관계는 M의 비용지출이 Z의 관점에서 Y 자신의 것으로 평가되든 M의 것으로 평가되든 마찬가지이기 때문이다.

53) 앞의 I. 2. 에서 인용한 견해 자체에 의하더라도, Z는 자기 채권의 변제로서 수령하였으므로 「법률상 원인」이 있고 따라서 부당이득반환의무를 지지 않는다고 한다. 그렇다면 Y가 M과 계약을 체결하고 M이 행한 계약이행으로, 즉 Y의 입장에서 보면 그 계약상 채권의 만족을 얻음으로써 자신의 Z에 대한 채무로부터 벗어난 것이므로, 마찬가지로 그 채무소멸에는 「법률상 원인」이 있다고 하는 것이 首尾一貫한 태도가 아닐까?

대하여 부당이득반환의무를 부담하여야 할 이유는 무엇인가? 나아가 만일 Y와 M 사이에 위와 같은 사무처리계약이 없는 경우라고 하더라도, M의 채무이행이 事務管理의 요건을 갖춘다면(그리고 그것은 결코 예외적인 경우에 한정된다고는 할 수 없을 것이다), 따라서 M에 대하여 비용상환의무를 부담한다면(민법 739조 제1항 참조),[54] 역시 이 사무관리의 성립 자체가 그 「법률상 원인」이라고 하여야 할 것이다. 이상의 경우에, M이 계약상 사무처리로서 또는 사무관리로서 Y의 채무를 변제함에 있어서, 그가 X로부터 편취한 금전을 이용하였다는 사정이 Y의 그 이익을 「법률상 원인」 없는 것으로 만들 수 있을까?

이에 대하여는 Y의 이익은 **X와의 관계에 있어서는** 「법률상 원인」이 없다고 하여야 한다고 주장할는지도 모른다. 그런데 이 경우에 말하자면 「법률상 원인의 關係的 分裂」이라고나 불러야 할 이러한 思考틀을 인정하여야 할까? Y의 이익이 X와의 관계에 있어서 돌연 「법률상 원인」이 없게 되는 이유는 무엇일까? 만일 그 진정한 이유가 그 금전이 원래 X의 소유인데 Y가 X의 어떠한 의사관여도 없이 **그 금전으로** 채무소멸의 이익을 얻는 것은 "부당하다"는 생각에 있다면, 반대로 이제 Y의 입장에서 위에서 본 대로 Y는 M에 대하여 비용상환의무를 부담하는데 그 외에 X에 대하여 별도로 부당이득반환의무를 부담하여야 한다는 것은 "부당하다"고 주장하는 것도 일리가 있다고 하여야 하지 않을까? 또 원래 X의 소유인 금전으로 Y의 채무를 소멸시켰다는 것이 X에 있어서 "부당하다"고 한다면, 예를 들어 M이 X로부터 차용하였으나 의무의 내용대로 반환하지 않은 금전을 가지고 Y의 Z에 대한 채무를 이행한 경우에도 역시 Y가 얻은 채무소멸의 이익은 "부당하다"고 해서 그에게 부당이득반환의무를 긍정하여야 하지 않을까? 앞의 設例에서 Y의 이익이 X에 대하여 「법률상 원인」

54) 또 계약도 없고 사무관리의 요건도 갖추지 못하는 경우에 Y는 그가 받은 채무소멸의 이익으로 인하여 **M에 대하여** 부당이득반환의무를 지게 될 것이다.

이 없다고 주장하는 견해는 이 뒤의 예에 대하여도 과연 Y의 부당이득반환의무를 긍정할까? 이를 긍정한다면, 이는 금전대여자로 하여금 차용금의 용도를 추적하여 ―차용자에 대한 계약상의 차용금반환청구와는 별도로― 그 사용의 상대방인 제3자에 대한 부당이득반환청구를 할 수 있게 한다는 결과를 받아들여야 할 것이다. 그리하여 위의 물음에는 否定的으로 대답하지 않을 수 없다고 한다면, 이는 곧 「편취」와 「채무불이행」에 있어서 그 각 위법성의 정도의 차이가 부당이득의 요건으로서의 「법률상 원인」의 유무를 결정함을 의미하거나 아니면 원래의 금전소유자가 원래의 불법취득행위자에 대하여 물을 수 있는 것이 불법행위책임인지 아니면 계약책임인지에 따라 달라짐을 의미한다.

앞에서 본 대로 我妻榮은 우선 부당이득의 핵심적 요건인 「법률상 원인」을 公平說的으로 把握한 다음, 나아가 이를 바탕으로 해서, M의 편취 기타 범죄행위의 희생자인 X를, 많은 경우에 자력이 없어서 X의 채권적 권리를 실효 있게 만족시킬 수 없는 그 행위자 M을 넘어서 보호해 주는 것이 「공평」하다는 感覺이 여기서 문제의 해결을 지배하고 있었던 것이 아닌가, 그리하여 Y의 부당이득반환의무를 당연히 긍정하게 되었던 것이 아닌가 생각된다. 여기서는 Y가 그 경우에 M에 대하여 일정한 비용상환의무를 부담한다는 점에는 전혀 주목하지 않고 있는 것이다.

3. 한편 앞의 I.1.에서 본 具體例의 해결과 관련하여 X의 손실과 Y의 이득 사이에 「인과관계」가 있다고 할 것인지 여부라는 관점에서 문제를 바라보는 한에서는, 我妻榮의 주장은 일단 그럴 듯하다고 여겨진다. M이 X에게서 편취한 금전을 그대로 Z에게 지급하면 「인과관계」가 긍정되어 Y의 부당이득반환의무가 인정되고, 그 돈을

은행에 넣었다가 찾아서 또는 M의 다른 돈과 섞어서 지급하면 「인과관계」, 나아가 Y의 부당이득반환의무가 부인된다는 것은, 아무래도 자연스럽지 못하다는 생각이 드는 것이다.

그런데 「종전의 일본판례」는 무슨 이유로 금전소유권의 귀속을 문제삼고 있는 것일까? 여기서 확인하여 둘 것은, 我妻는 「종전의 판례」가 **편취자측**, 즉 위의 설례에서 M이 금전소유권을 취득하였는지 여부만을 문제삼은 것처럼 설명하고 있지만, 뒤에서 보는 대로 일본의 戰前의 판례에서 금전소유권의 귀속을 문제삼는 경우에는 오히려 **금전수령자측**, Z 또는 특히 Y의 善意取得 여하를 따져서 그가 금전의 소유권을 취득한 것을 적어도 그 하나의 근거로 하여 그의 부당이득반환의무를 부인하는 것이 상당수에 이르는 것이다(앞의 Ⅱ.의 재판례 ⑧, ⑨, ⑫, ⑮ 참조). 그리고 이러한 판단은, 금전도 일반적으로 선의취득의 대상이 된다는 것을 전제로 한다면, 역시 타당하다고 하여야 할 것이다. 즉 부당이득반환청구의 상대방이 된 사람이 그 반환의 목적물을 선의취득하였다면, 이로써 그 목적물을 계속 보유할 「법률상 원인」을 가진다고 할 것이어서,[55] 부당이득반환청구는 부인되어야 하는 것이다.[56] 이렇게 보면, 戰前의 일본판례는 금전도 일반적으로 선의취득의 대상이 됨을 전제로 하여, 선의취득의 요건이 충족되는 경우에는 금전수령자측에 이를 보유할 「법률상 원인」이 있는 것이라고 판단하였던 것이라고 이해될 수 있는 여지도 있다. 다시 말하면, 我妻가 애써 외친, 논의의 초점을 「인과관계」로부터 「법률상 원인」으로

55) 즉 선의취득은 거래안전을 도모하는 제도로서, 양수인측의 신뢰를 보호하기 위하여, 단지 물권적 차원에서 양수인이 무권리자와의 양도행위에 의한 소유권 취득을 긍정하는 것일 뿐만 아니라, 채권적 차원에서 그 계속적 보유도 인정하는 것이라고 이해할 것이다. 이는 독일의 확고한 통설이고 판례이다. 우선 Staudinger/Grunsky(1999), § 812 Rn. 28; § 816 Rn. 17 f. 참조.

56) 善意取得이 부당이득법상의 「법률상 원인」이 되는지에 관한 일본의 학설상황에 대하여는 우선 新版 注釋民法(18)(1991), 415면 이하(田中整爾 집필) 참조.

이동하자는 주장은, 「종전의 판례」에 대한 이해 여하에 따라서는 이미 실현되었던 것이라고 볼 수도 있지 않을까?

(서울대 法學 43권 4호(2002.12), 1면 이하 所載)

[後 記]

大判 2003.6.13, 2003다8862(공보 2003하, 1533)은, 불법으로 취득한 금전에 의한 채무변제의 경우의 부당이득문제에 대하여 ──아마도 최초로── 판단하고 있다. 그 판결은 "채무자가 피해자로부터 횡령한 금전을 그대로 채권자에 대한 채무변제에 사용하는 경우 피해자의 손실과 채권자의 이득 사이에 인과관계가 있음이 명백하고, 한편 채무자가 횡령한 금전으로 자신의 채권자에 대한 채무를 변제하는 경우 채권자가 그 변제를 수령함에 있어 악의 또는 중대한 과실이 있는 경우에는 채권자의 금전 취득은 피해자에 대한 관계에 있어서 법률상 원인을 결여한 것으로 봄이 상당하나, 채권자가 그 변제를 수령함에 있어 단순히 과실이 있는 경우에는 그 변제는 유효하고 채권자의 금전 취득이 피해자에 대한 관계에 있어서 법률상 원인을 결여한 것이라고 할 수 없다"고 판시하였다. 이 판시는 본문의 Ⅱ.2.에서 본 일본최고재판소 판결의 태도에 좇은 것임에는 의심의 여지가 없는 것으로 보이고, 이는 우리 민사재판실무에서 가지는 「일본의 무게」를 다시 한 번 생각하게 되는 것은 필자만의 所懷일까?

그런데 구체적인 사건의 해결이라는 관점에서 보면, 대법원은 위의 판결에서 결국 채권자들의 부당이득을 ──적어도 그 결론으로서는 타당하게── 부인하고 있다. 이 판례의 구체적 사실관계는 다음과 같다. M은 대한석탄공사(원고)로부터 5,620만원을 횡령한 후(M은 주식투자의 실패 등으로 2000년 4월경부터 이미 7차례에 걸쳐 원고의 공금을 횡령하여 그 때까지의 횡령액이 7억원에 이르렀다), 이를 그 처인 피고 Y_1의 예금계좌로 송금하면서 그에게 원고로부터 퇴직금 중간정산금으로 받은 것이라고 거짓말을 하고 그 보관을 부탁하였다. Y_1은 송금받은 당일 M에게 그 돈의 처분용도를 문의하여 M의 지시에 따라 2회에 걸쳐 5,600만원은 M의 예금계좌로 송금하고, 그 후 나머지 20만원을 M에게 교부하였다. 한편 피고 Y_2는 M의 누나, 피고 Y_3는 고등학교 동기동창으로서 그 절친한 친구, 피고 Y_4은 피고의 주거래 금융기관인 농협 여의도지점의 과장으로서 모두 피고에게 거액의 돈을 차용하여 준 사람들로서, 각자의 예금계좌에 대한 송금 방식으로 M으로부터 위 돈으로부터 채무의 변제를 받았다. 우선 대법원은 송금 및 반환의 경위에 비추어 볼 때 Y_1이 그 돈을 자신의 계좌로 송금받았다고 하여 실질적으로 이익의 귀속자가 되었다고 보기는 어려우므로, Y_1의 부당이득은 이유 없다고 판단하였다. 또한 Y_2 내지 Y_4에 대한 부당이득반환청구에 대하여는, 그들이 M이 원고의 출납 담당 과장으로 각종 자금의 출납업무를 담당하고 있다는 사실을 잘 알고 있었고, 또한 그들 피고에 대한 송금의뢰인이 M 개인이 아닌 대한석탄공사로 되어 있었고, 송금받는 사람도 그들 명의가 아닌 상호명이 기재되어 있었는데도 그들이 이에 대한 별다른 확인조치를 하지 아니한 사실은 인정할 수 있지만, 한편 M은 주식투자 실패로 경제적으로 곤란한 상황에 있었음에도 부족한 금원을 원고의 공금을 몰래 횡령하는 방법으로 보충하면서 송금 당시를 비롯하여 그 전후로 그들에게 어려운 경제사정을 계속 숨겨왔고, 그들은 M으로부터 송금받은 돈의 전부 또는 일부를 주식에 투자하여 달라며 다시 M에게 맡긴 사실에 비추어 보면, 그들이 M과 가까운 사이라는 것만으로 M이 원고의 금원을 횡령한 사실을 알았다고 단정하기에 부족하고, 송금의뢰인 및 송금받는 자의 명의가 M 및 그들 피고의 실명이 아니라는 점을 가볍게 생각하고 이를 확인하여 보지 아니하였다고 하여 피고들이 위 돈을 송금받아 취득한 것에 중대한 과실이 있다고 보기 어렵다고 판단하였던 것이다.

그러나 부당이득의 문제가 이와 같이 미세한 過失判斷에 걸리게 되는 부담이야말로 위의 대법원판결도 전제적으로 설시하는 부당이득제도에 대한 公平說的 把握("부당이득제도는 이득자의 재산상 이득이 법률상 원인을 결여하는 경우에 공평·정의의 이념에 근거하여 이득자에게 그 반환의무를 부담시키는 것")에 근본적인 의문을 가지게 되는 가장 중요한 이유의 하나인 것이다.

9. 非債辨濟

── 民法 제742조의 立法趣旨에 따른 再照明 ──

I. 序

1. 채무가 존재하지 아니함에도 불구하고 이를 이행하기 위하여 급부가 행하여지는 경우는 종종 관찰된다. 일상생활에서 늘상 발생하는 소액의 채무를 깜빡 잘못하여 이중으로 변제하거나 지나치게 많이 변제하는 일은 반드시 드물지만은 않다. 또 그러한 채무가 아니더라도 계약이 강행법규에 위반하는 등의 이유로 애초부터 무효임에도 당사자가 이를 알지 못하고 또는 이를 알면서도 그 계약상의 채무를 이행하기도 한다.

이와 같이 존재하지 않는 채무, 즉 非債(indebitum: indu: Nichtschuld)에 대한 辨濟로 급부가 행하여진 경우에 그 급부의 수령자가 원칙적으로 이를 변제자에게 반환할 의무를 진다는 法理는 어느 나라에서든 일찍부터 인정되어 왔다. 그것은 독일민법 제741조나 이를 본받은 우리 민법 제741조에서 정하는 바와 같은 부당이득에 관한 일반법리가 인정되지 아니한 법체계에서 특히 그러하다. 예를 들면, 로마법은 그러한 일반법리는 이를 알지 못하였지만, 非債의 不當利得返還訴權(condictio indebiti)을 오래 전부터 인정하고 있었다. 또 우리 나라나 독일과는 달리 부당이득에 관한 일반규정을 두지 않는 프랑스민법에서도 비채변제의 반환에 관한 규정은 애초부터 마련되어 있었다. 나아가 부당이득에 관한 일반규정을 두는 나라들에서조차 비채변제에 관하여는 별도의 규정을 두는 것이 일반적이다(비채변제에 관한 입법례에 대하여는 뒤의 Ⅱ.1.(1) 참조). 우리 민법 제742조도 부당이득에 관한 일반규정인 민법 제741조에 바로 이어서 非債辨濟에 대하여 규율하고 있다.

2. 비채의 변제가 그 수령자에 있어서「법률상 원인」없는 이득에 해당하는 것, 따라서 그것이 변제자에게 반환되어야 하는 것에는 얼핏 별다른 의문이 없다고 여겨지기도 한다. 그런데 민법 제742조는 오히려 그 반환청구가 배제되는 것을 규율내용으로 한다. 즉 "債務 없음을 알고 이를 辨濟한 때에는 그 返還을 請求하지 못한다"는 것이다.

왜 그래야 할까? 변제의 수령자로서는 문제의 급부를 청구할 법적인 권리도 없으면서 그것을 반환하지 않고 계속 보유할 수 있다고 하면, 이것이야말로 부당이득제도의 기초를 이룬다는 공평의 이념에 반하는 것이라고 해야 하지 않을까? 입법자는 무슨 이유로 채무 없음을 알고 변제하였으면 그 반환을 청구하지 못하도록 하는 것일까?

한편으로 민법 제742조에 대한 현재의 판례나 학설을 개관하여 보면, 이 규정을 제한적으로 적용하여, 변제자가「채무 없음을 알았다」고 보지 못할 것이 아닌 일정한 경우에도 그의 반환청구권을 인정하려는 경향을 간취할 수 있다. 하나의 예를 들면 변제자가 채무 없음을 알고 변제하였어도 그가 변제하여야 할 만한 合理的 事情이 있었던 경우에는 반환청구가 배제되지 않는다고 하는 것(뒤의 Ⅲ.3.(2)(나) 참조)이 그것이다. 이러한 제한적 적용은 민법 제742조의 입법이유와 관련이 되는 것이 아닐까?

3. 本稿에서는 우선 민법 제742조의 立法理由를 다시 한 번 음미하여 보고자 한다(Ⅱ.). 그 전제로 비채변제에 관한 입법례와 同條의 체계적 지위에도 언급한다. 그리고 그 음미의 성과로 얻어진 시각에 입각해서 현재의 비채변제에 관한 판례와 학설을 다시 설명하여 보고자 하는 것이다. 즉 먼저 同條에서 정하는 반환청구권 배제의 要件을 살펴보고(Ⅲ.), 나아가 그 배제의 효과에 대하여도 간단히 다루기로 한다(Ⅳ.).

이러한 작업에 의하여, 민법 제742조를 目的論的으로 縮小解釋하여 거기서 정하고 있는 비채변제에서의 반환청구권 배제를 보다 제한할 수 있는 방법적 기초가 마련될 수 있다고 생각된다. 또 그에 의하여 민법 제742조의 法理를 보다 통일성 있게 이해하고 적용할 수 있으리라고 기대하여 본다.

Ⅱ. 民法 제742조의 沿革과 立法理由

1. 沿革과 立法例

(1) 非債辨濟에 관한 立法例

채무를 부담하지 아니하는 사람이 채무의 이행을 위하여 급부를 한 경우에 그가 일정한 요건 아래서 그 급부의 반환을 청구할 수 있다는 것은 일찍부터 어느 法體系에서도 인정되고 있었고, 이는 契約이나 不法行爲에 버금가는 체계적 지위를 가지는 「不當利得」이라는 통일적 법제도를 알지 못한다고 하여도 다름이 없었다.

(a) 로마법에서는 非債辨濟(indebitum solutum)를 이유로 하여 condictio(不當利得返還訴權[1])이 인정되었다.[2] 이 소권이 인정되기 위

1) 로마법에서 condictio는 반드시 우리 민법상의 不當利得에 해당하는 사안유형만을 포함하는 것이 아니었으므로(가령 무방식의 소비대차에 기한 차주의 채무

하여는 변제자가 「선의로」, 즉 자신에게 채무가 없음을 알지 못하면서 非債(indebitum)를 변제하였을 것이 요구되었다고 이해되고 있다.[3] 그러나 이러한 善意는 변제자측은 물론 수령자측에서도 요구되었으니, 만일 상대방이 상응한 채권이 자신에게 없음을 알면서 변제를 수령하면, 이는 「窃盜(furtum)」에 해당하여(Scaev. D. 13, 1, 18), 窃盜訴權(actio furti)이라는 별도의 구제수단에 의하여 처리되었다. 한편 비채의 부당이득반환소권은 처음부터 채무가 전혀 성립하지 아니한 경우뿐만 아니라 채무가 성립하였으나 무효이거나 나중에 소멸한 경우, 나아가 채무에 항변(exceptio)이 부착된 경우에도 인정되었다.

유스티니아누스帝法에서 非債辨濟返還訴權 또는 非債의 不當利得返還訴權(condictio indebiti)은 독자적 유형으로 인정되어 學說彙纂과 勅法集의 독립항목의 題目으로 등장하였다(D. 12, 6; C. 4, 5). 유帝法은 법률의 착오(error iuris)도 반환청구권을 배제하는 것으로 일반화하였고 또 「선의」의 입증책임을 일반적으로 반환청구를 하는 사람에게 부담시켰다고 한다. 또한 변제자가 채무의 존재에 대하여 확신하지 못하는 상태에서 변제한 경우에 대하여는 반환청구가 배제되지 아니하고 이를 인정하는 것으로 하였다(C. 4, 5, 11).[4]

(**b**) 프랑스민법도 非債辨濟에 대하여는 별도의 규정을 두고 있다. 同法은 초기 보통법학의 전통에 좇아서[5] 「準契約(quasi-contrat)」의

등), 이를 「부당이득반환소권」이라고 옮기는 것에는 誤解의 素地가 없지 않다.

2) 우선 Kaser, *Das Römische Privatrecht*, Bd. 1, 2. Aufl.(1971), § 139 Ⅲ(S. 596) 참조. 물론 후에 관용된 「非債의 不當利得返還訴權(condictio indebiti)」이라는 용어가 이미 古典期에 쓰여졌는가에 대하여는 논의가 있다. 同所, Anm. 34 참조.

3) 무엇보다 Ulp. D. 12, 6, 1: "비채를 착오로 변제한 사람은 이 소권으로 반환청구할 수 있다. 그러나 채무 없는 것을 알면서 변제한 경우에는 반환청구는 배제된다(Et quidem, si quis indebitum ignorans solvit, per hanc actionem condicere potest; sed si sciens se non debere solvit, cessat repetitio)."(大意)

4) 이상 Kaser, *Das Römische Privatrecht*, Bd. 2, 2. Aufl.(1975), § 270 Anm. 13 (S. 422 f.) 참조.

5) 이에 대하여는 우선 Helmut Coing, *Europäisches Privatrecht*, Bd. 1: Älteres

하나로 ──事務管理(gestion d'affaires)와 함께── 非債辨濟(répétition de l'indu)를 규정한다(프랑스민법 제1376조 내지 제1381조).[6)]

프랑스법상의 비채변제제도의 特徵을 들어보면 대체로 다음과 같다.[7)]

첫째, 「주는 채무」의 이행만이 이 제도로 처리되고, 「하는(또는 하지 않는) 채무」의 이행은 거기서 말하는 「변제(paiement)」로 인정되지 않아서, 사무관리 또는 후에 판례나 학설에 의하여 인정된 바의 「부당이득(enrichessement sans cause)」의 법리에 의하여 처리된다.

둘째, 프랑스민법의 규정은 변제자의 「착오」를 비채변제로 인한 반환청구권의 요건으로 明定하지 않는데,[8)] 판례나 학설은 이를 긍정한다. 그런데 그 경우의 「착오」란 물론 우리 민법 제109조에서 정하는 바와 같은 의사표시상의 錯誤와는 다른 것으로서, 예를 들면 일단 변제하여 채무를 부담하지 않는 사람이라도 영수증을 잃어버리고 이를 찾지 못하리라 생각하여 다시 변제하였는데 나중에 이를 다시 발견하여 二重給付의 반환을 청구하는 경우에는 여기의 「착오」가 긍정된다. 한편 변제자의 重過失 있는 「착오」는 반환청구권을 배제한다.[9)] 또한 수령자측의 사기나 강박에 의하여 비채가 변제된 경우는 변제자에게 착오가 있는 것과 同視되어서, 비록 변제자가 비채의 사실을 알

Gemeines Recht(1985), § 78 Ⅱ(S. 394 ff.) 참조.

6) 이미 프랑스민법 제1235조 제 1 항은 辨濟(paiement)와 관련하여 "변제는 모두 負債를 전제로 한다: 의무 없이 변제된 것은 반환청구의 대상이 된다(Tout paiement suppose une dette: ce qui a été payé sans être dû est sujet à répétition)"고 정한다.

7) 이는 주로 Starck/Roland/Boyer, *Obligations*, T. 3: Régime général, 4ème éd.(1992), no. 237 et suiv.(p. 141 et suiv.); Ferid/Sonnenberger, *Das Französische Zivilrecht*, Bd. 2(1986), 2 N 4 ff.(S. 428 ff.)에 의하였다.

8) 다만 프랑스민법 제1377조 제 1 항에서 정하는 他人債務의 錯誤辨濟의 경우는 예외이다. 이에 대하여는 여기서 詳論하지 않는데, 우선 梁彰洙, "他人債務의 錯誤辨濟", 人權과 正義 324호(2003. 8), 107면(本書 335면 이하) 참조.

9) 이태리민법에서도 비채변제를 이유로 하는 반환청구에서 "변명될 수 있는[즉 과책 없는] 착오(errore scusabile)"를 요구한다(제2036조 제 1 항).

았어도 반환청구권이 발생한다.

셋째, 비채변제로 인한 반환청구권의 內容에 관하여 보면 선의자의 반환의무가 현존이익으로 감소된다는 법리(우리 민법 제748조 제1항 참조)를 알지 못한다.

(c) 부당이득에 관하여 일반적 규정을 가지는 法制들에서도 비채변제에 대하여는 별도의 규정을 두는 것이 통상이다. 그리하여 예를 들면 독일에서는 獨逸民法 제813조 제1항 제1경우가 "채무이행의 목적으로 급부된 것은 급부자가 급부할 의무가 없음을 알고 있었던 때 … 에는 그 반환을 청구할 수 없다"고 하고 비채변제의 경우를 일반부당이득에 관한 同法 제812조 제1항 제1문과는 별도로 정하고 있다.

독일민법의 제정 전에는 事情이 달랐다. 사비니는, 비채변제의 경우에 반환청구권이 인정되는 근거를 채무의 존재에 관한 변제자의 착오에서 찾았다.[10] 그리하여 예를 들면 빈트샤이트는 그의『판덱텐 교과서』에서 변제자가 채무의 존재를 착오로 믿었어야 하고, 나아가 그 착오에 대하여「과책 없어야(entschuldbar)」한다고 설명하고 있다.[11]

독일민법의 起草過程에서는 이 점과 관련하여, "부당이득반환청구권이 발생하기 위하여는 그 변제가 행하여진 채무가 존재하지 않음에 대한 주장과 입증만으로 족한가, 아니면 급부가 채무의 존재에 관한 착오에 기하여 야기되었음을 특히 주장하고 입증하여야 하는가" 하는 문제가 다루어졌다. 제1위원회는 前者의 입장을 취하기로 하여, 반환청구자가 착오를 주장 · 입증하는 것은 불필요하며 상대방에게 채

10) Savigny, *System des heutigen Römischen Rechts*, Bd. 3(1840), S. 360f.; Bd. 4 (1841), S. 34 Anm. C; 그리고 무엇보다 Bd. 5(1841), S. 521f. 참조.

11) Windscheid, *Lehrbuch des Pandektenrechts*, Bd. 2, 9. Aufl.(1906), § 426, 3(S. 896f.). 그리고 당시의 판례도 같은 태도를 취하였다고 한다. Staudinger/Lorenz (12. Aufl., 1986), § 814 Rn. 1 참조(RGZ 44, 136, 141을 인용한다). 그러나 빈트샤이트도, 단순한 의심은 착오와 동시되며, 채무의 부존재에 대한 積極的 認識(positives Wissen)만이 반환청구권을 배제한다고 한다.

무의 부존재를 알았다는 점에 대한 입증책임을 지우는 것으로 결정하였다. 『理由書』는 우선 여기서 실질적으로 문제되는 것은 立證責任뿐이며, 요구되는 「착오」란 채무의 존재를 알지 못하였다는 것과 같은 의미임을 명확하게 한다.[12] 나아가 "반환청구자로 하여금 착오를 입증하도록 요구하는 法域에서의 경험에 의하면, 그러한 태도를 취하게 되면, 반환청구자가 실체적 권리에 반하여 구제를 받지 못하거나, 아니면 누구도 착오 없이는 비채를 변제하지 않는다는 추정에 기하여 그러한 입증을 사실상 요구하지 않는 결과가 된다." 그러므로 「實際上의 適切性과 合目的性의 관점에서」 보아 위와 같은 태도를 취하는 것이 정당하다는 것이다. 그리고 착오에 대하여 과책 없어야 된다거나("최근의 입법은 모두 이를 구분하지 않는다"), 사실착오와 법률착오를 구분하는 태도는 취하지 아니하기로 하였다.[13]

그 후의 입법과정에서도 이 立法的 選擇에는 異論이 없었고, 단지 字句나 位置와 같은 「편집상의 수정」에 그치고 있다.

(d) 또한 스위스에서도 債務法 제63조 제 1 항은 "비채를 임의로 변제한 사람은 그가 채무에 대하여 착오에 빠졌음을 증명할 수 있는 경우에만 그 급부한 것의 반환을 청구할 수 있다"고 하여 同法 제62조 제 1 항의 一般不當利得과는 별도로 정한다.

스위스의 학설은, 이 규정이 급부부당이득의 한 종류를 규정한 것으로 이해하면서, 채무의 이행이 自意로 행하여진 경우에는 통상의 부당이득요건 외에 특히 변제자의 錯誤가 별도로 요구된다는 것을 명확하게 정한 것이라고 설명한다.[14]

---

12) 이 점은 現今 독일의 학설에서도 다를 바 없다. 우선 MünchKomm/Lieb, § 814 BGB, Rn. 2(3. Aufl., 1997, S. 1304) 참조.

13) 이상 Motive, Bd. 2, S. 833 f. = Mugdan, Bd. 2, S. 465 f. 참조.

14) 예를 들면 Guhl/Merz/Koller, *Das Schweizerische Obligationenrecht*, 8. Aufl. (1991), § 27 Ⅳ(S. 208); Honsell/Vogt/Wiegand(Hrsg.), *Obligationenrecht* I (1992), Art. 63 Rn. 1(S. 426)(Schulin 집필) 참조.

(2) 民法 제742조의 沿革

(a) 민법 제742조는 依用民法 제705조와 같은 내용을 정한다. 우리 민법의 제정과정에서 민법 제742조에 대하여는 별다른 논의가 없었다.[15] 그런데 依用民法 제705조가 "채무의 변제로서 급부를 한 자가 그 당시 채무의 존재를 알았던 때에는 그 급부한 것의 반환을 청구하지 못한다"고 하여 꽤나 번잡한 문언을 취하고 있었던 것에 비하면, 우리 민법 제742조는 그야말로 간단명료하다.

(b) 일본민법 제705조의 입법과정에서 同條에 대한 입법이유와 관련하여 다음과 같은 설명이 행하여지고 있다.

> "本條는 不當辨濟 또는 非債償却의 반환청구에 관한 요건을 규정하는 것으로서, 채무의 변제로서 급부를 한 자는 어떤 사실을 증명하지 아니하면 그 급부한 것의 반환을 청구할 수 없음은 여러 나라의 입법례가 공히 인정하는 바이다. 그런데 변제자가 증명을 요하는 사실에 이르러서는 아직 歸一되지 않는다. 즉 旣成法典[일본 구민법을 말한다] 財産編 제365조 제1항은 프랑스민법 기타 이에 모방한 여러 나라의 입법례에 좇아 변제자는 채무가 존재하지 아니함은 물론 착오로 변제하였음을 증명하여야 한다고 함에 반하여, 작센민법 기타 두셋의 입법례는 단지 채무가 존재하지 아니함을 증명함으로써 족하고 착오는 법률상 이를 추정된다고 한다. 무릇 本條와 같은 경우에 변제자로 하여금 채무의 존재에 관한 착오를 증명하게 하는 것은 극히 곤란하고, 그로 말미암아 때때로 사실에 반하는 결과를 생기게 할 우려가 있을 뿐 아니라, 필경 수익자는 채무가 존재하지 않음에도 불구하고 변제를 받은 것이기 때문에, 本案[일본민법 초안]은 실제의 편의를 고려하여 변제자는 단지 채무가 존재하지 아니함을 증명할 것을 요하고 착오를 증명할 것까지에는 미치지 않도록 하고, 그러나 변제자가 채무가 존재하지 않음을 알고 급부를 한 때에는 물론

15) 가령 民法案審議錄, 上卷(1957), 435면 下段은 "現行法 제705조와 同一趣旨이다"라고 하는 것이 전부이다.

그 반환청구를 허용할 이유가 없으므로, 수익자가 그 사실을 증명하면 변제자는 급부의 반환을 청구할 수 없다고 하였다."[16](꺾음괄호 안은 引用者가 부가한 것이다. 이하 같다)

이로써 일본민법의 경우에는 앞서 본 스위스채무법 제63조 제1항의 경우와는 명백하게 달리 변제자가 채무 없음을 알았다는 점에 대하여는 반환청구를 부인하는 상대방측에서 이를 입증하여야 한다는 것이 입법자의 의사임을 명확하게 알 수 있다.

2. 民法 제742조의 立法理由

(1) 이상의 입법례와 연혁에서도 알 수 있는 대로, 비채변제를 이유로 하는 반환청구권과 관련한 法問題의 要目이 되었던 것은, 비채변제로 인한 반환청구권이 제한 또는 부인되는 요건을 어떻게 정할 것인가 하는 점이다.

즉, 채무 없는 사람이 자의로 채무의 이행을 위하여 급부를 한 경우에는 통상은 그 급부의 「법률상 원인」이라고 이해되는 채무 그 자체 또는 변제목적(causa solvendi)이 없거나 달성될 수 없어서, 급부수령자에 초점을 맞추어 볼 때, 그가 이를 계속 보유할(Behaltendürfen) 근거가 없으므로 원래라면 그 반환청구권이 인정되는 것이 옳을 것이다. 그럼에도 불구하고 채무 없는 사람이 그 사실을 알면서 변제를 하는 때에는, 혹 변제의 당사자들 사이에 증여의 합의가 있는 경우도 있고, 혹 그것이 소위 自然債務의 이행인 경우도 있고, 혹 변제자가 채무를 추상적·무인적으로 승인하여 변제하는 경우 등도 있지 않을까. 나아가 이와 같이 변제에 「법률상 원인」이 있다고 하여야 할 경우에 해당하지 아니하는 때라도, 급부자에 초점을 두고 보면, 도대체 채무가 없음을 잘 알면서(또는 경우에 따라서는 일정한 過失에 기하

16) 未定稿本 民法修正案理由書, 605면 이하.

여 그것을 잘 알아보지 아니하고서) 굳이 변제를 한 사람이 나중에 그 반환을 청구하는 것을 法秩序가 그대로 용납하여야 할 것인가, 그것은 사람의 일시적이고 무정형인 기분이나 감정에 따라 주었다가는 뺏고 하는 것을 법질서가 정당한 것으로 뒷받침하는 부당한 결과가 되지 않는가 하는 문제가 제기되는 것이다.

민법 제742조는 이러한 規律觀點에서, 비록 급부수령자에게 그 급부를 보유할 「법률상 원인」이 없는 경우에도, 급부자가 급부 당시 "債務 없음을 알"았던 때에는, 부당이득반환청구가 배제된다는 취지를 정한 것이다. 다시 말하면 민법 제742조는 그 앞의 민법 제741조에서 일반부당이득과 관련하여 설정한 "法律上 原因 없이"라는 핵심적 요건을 보다 제한함으로써 부당이득반환청구권의 발생이 배제되는 경우를 추가적으로 규율하는 것이다.[17]

(**2**) 한편 민법 제742조의 입법이유와 관련하여 이를 단지 "변제자가 그 변제를 할 때에 「채무가 존재하지 않았음을 알고 있었던 경우」에는, 返還請求權을 주어서 이를 보호할 필요가 없다"고 설명하는 것[18]은 지나치게 단순하다고 여겨진다. 그 경우의 변제자를 보호할 필요가 없다고 할 이유가 보다 구체적으로 제시되어야 할 것이다. 앞의 (1)에서도 시사한 바를 부연하여 보면 대체로 다음과 같다.

민법 제742조는 한편으로 비채변제의 사안에서의 效率的인 法的 解決의 추구라는 관점에 의하여 설명될 수 있다고 생각된다. 헤크가 말하는 대로 "급부자가 채무가 존재하지 않음을 안 경우에는 그는 실제로는 채무의 변제라는 효과가 아니라, 다른 무엇을 ―증여를 위해서든, 화해를 위해서든, 도의상 의무의 이행을 위해서든 또는 드러나

---

17) 우선 MünchKomm/Lieb, § 814 BGB, Rn. 1(S. 1306) 참조.

18) 郭潤直, 債權各論, 제 6 판(2003), 360면. Esser, *Schuldrecht*, Bd. 2, 4. Aufl. (1971), § 103 I 4 a(S. 353)도, 독일민법 제814조 제 1 경우를 "급부자의 보호무가치(Schutzunwürdigkeit des Leistenden)라는 관점"에서 설명한다.

지 않은 반대급부를 얻기 위해서든── 의욕한 것이다."[19] 이와 같이 채무가 존재하지 않음을 알면서 변제를 한 경우에는 그에 수반하여 흔히 수령자의 급부를 정당화할 만한 「법률상 원인」이 생길 수 있다. 그런데도 사후에 변제자가 그것이 없음을 들어 반환을 구하는 경우에는 그 存否에 관한 분쟁의 원인을 제공하여 법 또는 법원에 무익한 부담을 제기한 변제자에게 불리한 법적 해결을 줌으로써 그 분쟁을 간명하게 해결하겠다는 것이 바로 민법 제742조의 취지인 것이다.

다른 한편으로 민법 제742조는 신의칙의 한 파생원칙인, 선행행위에 반하는 행태(venire contra factum proprium)는 금지된다는 원칙에 의하여도 설명될 수 있을 것이다.[20] 그런데 同條는 수령자가 악의이면 변제자가 채무 없음을 알았어도 반환청구권이 인정된다고는 정하고 있지 아니하다. 그러므로 민법 제742조를 변제를 수령함으로써 변제수령자에게 발생한 信賴를 보호하려고 한다는 내용으로는[21] 위 원칙을 적용할 수 없을 것이다. 오히려 그 원칙을 동조의 입법이유로 끌어들임에 있어서 결정적인 사정은, "채무 없음을 알면서 급부한 자는 자기 보호의 훨씬 단순한 가능성, 즉 이행의 거절[또는 단지 이행하지 아니함]이라는 가능성을 스스로 포기하였는데도, 후에 매우 비용이 많이 들고 귀한 「資源」인 법원의 보호를 받으려고 함으로써 스스로를 위와 같은 자신의 선행행태와 참을 수 없는 모순에 빠뜨렸다는 점"에 있는 것이다.[22] 그러므로 민법 제742조에서 작용하는 선행행위

19) Heck, *Grundriß des Schuldrechts*(1929), § 142, 2 b(S. 424).

20) Larenz/Canaris, *Lehrbuch des Schuldrechts*, Bd. 2, Hbbd. 2, 13. Aufl.(1994), § 68 Ⅲ 1 a(S. 160 f.); MünchKomm/Lieb, § 814 BGB, Rn. 2(S. 1303 f.); Reuter/Martinek, *Ungerechtfertigte Bereicherung* (1983), § 6 I 1(S. 183 f.); Koppensteiner/Kramer, *Ungerechtfertigte Bereicherung*, 2. Aufl.(1988), § 7 I 3(S. 54) 등 참조. 특히 독일의 판례(예를 들면 BGHZ 36, 232, 235; BGHZ 73, 202, 205 등)는 이러한 입장을 천명하고 있다고 한다.

21) 그러나 Reuter/Martinek(前註), 同所는 그와 같이 설명한다.

22) 헤크가 앞의 註 19의 본문에서 인용한 글에 바로 이어서, "이제에 와서 그 효과로는 충분치 않다고 생각한다고 하여도, 법질서는 이러한 그의 意思變更을 보

에 반하는 행위 금지의 원칙은 信頼原則에 의하여서가 아니라 比例原則에 의하여 구체화되는 바의 그것이라고 볼 것이다.[23)]

3. 民法 제742조의 體系的 地位

(1) 민법 제742조는, 앞의 2.(1) 말미에서도 말한 대로, 부당이득반환청구권의 일반적 요건을 정하는 제741조를 전제로 하여 부당이득사안 중의 일정한 경우, 즉 非債辨濟의 事案에 대하여 반환청구권의 발생요건을 强化하는 것이다. 다시 말하면 변제수령자로서는 그가 받은 급부를 계속 보유할「법률상 원인」이 없는 경우이지만 그래도 그는 변제자가 "채무 없음을 알고" 변제하였음을 주장하여 그 반환청구를 부인할 가능성을 열어 주는 것이 민법 제742조의 존재이유인 것이다. 그러므로 이러한 특별한 要件强化가 인정되는 이유(이에 대하여는 위의 2. 참조)는 물론이고, 이와 관련하여 민법 제742조가 적용되는 범위 및 요건이 특히 문제된다.

(2) 한편 민법은 제742조에 이어서 제743조 내지 제745조의 3개조에서 변제의 반환을 청구하지 못하는 경우를 규정하고 있다.

우선 제743조는 채무가 존재하기는 하나 아직 그 기한이 도래하기 전에 변제한 경우를 정하므로, 여기서는 애초 비채변제가 문제되지 않는다. 그러므로 이는 채무가 없음에도 변제가 행하여진 경우에 대하여 정하는 민법 제742조와는 일단 규율대상을 달리하나, 예를 들면 정지조건부·시기부 채무 기타「장래」의 채무와 같이 말하자면 兩者의 경계에 놓여 있어 논의를 요하는 경우도 없지 않다.

호할 아무런 이익도 없다"고 하는 것도 이러한 설명과 무관하지 않을 것이다.

23) 이상 인용문을 포함하여 Larenz/Canaris(註 20), § 68 Ⅲ 1 a(S. 161). 여기서도 "매우 비용이 많이 들고 귀한「資源」인 법원의 보호"라는 문언에서 첫째 이유로 든「효율적인 법적 해결의 추구」라는 관점을 아울러 추출할 수도 있을 것이다.

나아가 제744조는 소위 「도의관념에 적합한 변제」에 대하여 규정하고 있다. 同條도 비채변제가 행하여진 것("債務 없는 자가 … 辨濟한 경우")을 전제로 하지만, 그것이 "錯誤로 인"한 경우, 즉 변제자가 채무가 있다고 잘못 알고 변제한 경우를 두고, 나아가 그 변제가 도의관념에 적합하면 반환청구를 하지 못한다고 규율하는 것이다. 그러므로 변제가 "채무 없음을 알"면서 행하여졌음을 이유로 반환청구를 배제하는 민법 제742조와는 규율영역을 달리하는 것이라고 하겠다.

또한 제745조는 "채무자 아닌 자가 착오로 인하여 타인의 채무를 변제한 경우"에 대하여 규율한다. 이 역시 변제자를 기준으로 보면 그가 부담하지 아니하는 채무를 변제하였다는 점에서 비채변제의 한 경우이기는 하나 그 특징은——변제수령자의 입장에서 보면 변제자 아닌 다른 사람에 대하여는 채권을 가지고 있었다는 객관적 측면과 아울러——주관적으로 역시 그 변제가 "錯誤로 인"하여 이루어졌다는 것이다. 그러므로 앞서 본 제744조에서와 마찬가지로 이 경우도 민법 제742조와는 규율영역이 같지 않다.

결국 제744조, 제745조는 민법 제742조에서 정하는 바의 반환청구배제의 요건을 충족하지 못하여 원칙적으로 급부를 반환하여야 할 터인 경우에 대하여 나아가 특별히 그 반환청구를 부정하는 별도의 사유를 정하는 규정이라고 할 수 있을 것이다.

Ⅲ. 民法 제742조의 適用要件

1. 債務履行을 위한 給付

(1) 먼저 債務를 履行하기 위하여 일정한 給付가 행하여져야 한다. 급부가 辨濟原因(causa solvendi)으로 행하여지지 아니한 경우, 예

를 들면 贈與原因(causa donandi)이나 貸與原因(causa credendi)으로 행하여진 경우에는 민법 제742조는 적용되지 아니한다. 또한 예를 들면 약혼자의 영업소에서 노무를 제공하였는데 후에 약혼이 파기된 때 등과 같이 소위「目的不到達로 인한 不當利得返還請求(condictio ob rem)」가 문제되는 경우에도 급부가 채무이행을 위하여 행하여진 것이 아니므로 민법 제742조에 의하여 반환청구가 배제될 여지가 없다.[24)]

給付原因에 관한 合意의 유무는 의사표시의 해석에 준하여 객관적으로, 즉 수령자의 관점에서 합리적으로 평가한다면 이해되는 바대로 판단된다.[25)] 또 給付 자체가 반드시 새로이 행하여질 것까지 요구되는 것은 아니며, 요컨대 채무이행의 사실이 있으면 족하다. 그러므로 채권자에게 미리 지급하여 두었던 證據金을 실제로는 존재하지 않는 損害賠償債務의 변제에 충당하기로 한 경우에도 이 요건을 충족한다.[26)]

(**2**) 辨濟의 當事者와 관련하여 본다.

(**a**) 채무자가 아닌 제3자가 제3자로서 이행한 경우(민법 제469조)라도 민법 제742조에 의하여 변제자의 반환청구가 부인될 수 있다. 예를 들면 제3자가 채무 없음을 알면서 제3자로서 변제한 경우가 그러하다(한편 이 경우 악의의 주체가 누구인가에 대하여는 뒤의 3.(4) 참조). 물론 그 경우 제3자의 변제로서 유효하면, 민법 제742조의 적용이 문제되기 전에 애초부터 반환청구권이 인정될 여지가 없다.

---

24) 독일의 학설로 우선 MünchKomm/Lieb, § 814 BGB, Rn. 4(S. 1304) 참조.

25) 郭潤直(註 18), 361면이 "給付者만이 贈與意思를 가졌을 뿐이고, 辨濟의 受領者에게 그런 意思가 없었다면, 贈與契約은 성립하지 않고 不當利得이 된다"고 하는 것은, 이러한 취지라고 추측된다. 그 외에 註釋債各(Ⅲ), 182면(金先錫 집필)도 참조.

26) 註釋債各(Ⅲ), 182면(金先錫 집필). 日大判 1915(大 4). 4. 20(民錄 21, 547)의 사안이다.

(b) 채무자가 변제를 한 경우라도 이행의 상대방이 채권자(또는 변제수령권을 가지는 사람)가 아닌 사람이어서 변제의 효과를 가지지 못하는 때에는 민법 제742조가 적용된다. 예를 들면 채무자가 진정한 상속인이 아닌 사람에게 변제한 경우가 그러하다. 수령자가 스스로를 眞正한 權利者라고 믿었는지 여부는 영향이 없다. 물론 그 경우에 민법 제470조, 제471조에 의하여 변제가 유효하면, 애초부터 반환청구권이 발생하지 아니한다.

(3) 변제자가 행한 급부가 그가 존재한다고 생각하였던 債務의 "內容에 좇은" 것이 아닌 경우, 예를 들면 일부급부나 불완전급부의 경우에도 민법 제742조가 적용된다.[27] 즉 채무의 내용에 좇지 아니한 급부라도 변제자가 그 채무가 존재하지 아니함을 알면서 이를 실행하였던 때에는 그 반환을 청구하지 못하는 것이다.

(4) 원래 의미의 辨濟 외에 代物辨濟·供託·相計와 같은 변제에 준하는 사유의 경우에는 어떠한가? 代物辨濟에 대하여는 일반적으로 민법 제742조의 적용이 긍정되고 있다.[28] 나아가 供託이나 相計의 경우에도 이를 달리 볼 이유가 없다고 할 것이다. 그러므로 채무 없음을 알면서 공탁한 경우에는, 공탁자가 供託物回收權을 행사하는 것은 별론으로 하고, 공탁물을 수령한 채권자에 대하여 부당이득을 이유로 반환청구를 할 수는 없다. 또 자신에게 채무가 없음을 알면서 자신의 債權으로 非債와 상계하는 의사표시를 한 경우에는, 민법 제742조를 유추적용하여, 自動債權의 소멸을 인정할 것이다.

그런데 강제집행에 의한 채권 만족은 변제자의 의사에 기하지 아니하고 행하여지는 것으로서, 민법 제742조는 적용되지 아니한다.[29]

27) 同旨: 郭潤直(註 18), 361면; 松坂佐一, 事務管理·不當利得, 新版(1973), 180면.

28) 註釋債各(Ⅲ), 184면(金先錫 집필).

29) 同旨: 註釋債各(Ⅲ), 183면(金先錫 집필). 한편 大判 76.12.14, 76다2212(集

2. 債務의 不存在

변제자가 당해 급부에 의하여 이행하려고 한 債務가 존재하지 않아야 한다. 여기서는 그 주요내용을 요약하는 데 그치기로 한다.

(1) 채무가 전혀 존재하지 아니하였던 경우가 이에 해당함은 물론이다. 예를 들면 피상속인이 채무를 부담하였었다고 생각하여 상속인이 이를 변제하는 경우가 그러하다.

뿐만 아니라 채무발생의 원인인 법률행위가 無效인 경우나[30] 채무가 일단 발생하였으나 후에 그 원인인 행위의 취소·해제 등으로 인하여 채무가 소멸한 경우도 마찬가지이다. 取消나 解除의 경우에 급부 당시에는 아직 취소 등의 의사표시가 행하여지지 않아서 채무가 유효하게 존재하였으나 그 후에 그 의사표시로 채무가 소급적으로 소멸한 경우에도 다를 바 없다(한편 그 때 取消權 등의 존재를 알면서 급부한 경우에 대하여는 뒤의 3.(1)(가) 말미 참조).[31]

또 하자 없이 성립한 채무가 변제·상계 등의 사유로 이미 소멸한 경우(소위 二重辨濟)도 이 요건을 충족한다. 나아가 채무가 존재하더라도 그 내용을 量的으로 초과한 급부가 행하여진 경우(소위 過剩辨濟)에 그 초과부분은 역시 이에 해당한다.

한편 채권의 소멸시효가 완성된 경우에 대하여, 채권이 바로 소

24-3, 453)은 "변제가 강제집행에 의하여 이루어졌을 경우에는 비채변제가 성립할 여지가 없다는 원심판시는 정당"하다고 설시한다. 그러나 이 판결은 압류·전부명령상의 제 3 채무자가 전부채권자에게 ── 원래의 채무액을 ── 넘어 임의로 변제한 事案에 대한 것이다. 따라서 이 사건에서 채권의 이전이 강제집행의 결과로 행하여졌을 뿐이므로, 위 설시는 先例로서 기능할 여지가 거의 없다고 생각된다.

30) 그 법률행위가 민법 제103조에 의하여 또는 强行法規에 반하여 무효인 경우에도 마찬가지이다. 다만 이 경우에는 별도로 민법 제746조(不法原因給與)에 의하여 반환청구권의 배제가 문제될 수 있을 뿐이다(이들 경우 전부가 당연히 불법원인급여에 해당한다는 의미가 아니다).

31) 同旨: 郭潤直(註 18), 361면.

멸한다는 소위 절대적 소멸설에 의하면 이 경우도 이에 해당하나, 시효소멸을 알면서 변제한 경우에는 時效利益을 포기하였다고 볼 것이고, 그 정을 모르고 변제하였어도 이는 "道義觀念에 適合한" 변제에 해당하여 그 반환을 청구할 수 없다고 할 것이므로, 결국 민법 제742조의 적용은 문제되지 아니한다.

(2) 停止條件附 또는 始期附 법률행위에서 아직 조건이 성취되지 아니하거나 기한이 도래하지 아니한 상태에서 당해 법률행위상의 채무를 이행한 경우는 일단 채무가 발생하지 아니하였으므로 적어도 「채무의 부존재」라는 민법 제742조의 適用要件은 이를 충족한다.[32] 그런데 아직 급부가 반환되지 아니한 상태에서 조건이 성취하거나 기한이 도래한 경우에는 이를 「기한전 변제」와 동시하여 민법 제743조를 유추적용할 것이고, 이제 이는 非債辨濟에 해당하지 않는다고 할 것이다.[33] 한편 위 경우에 변제자가 조건의 성취 등이 확정되지 아니한 동안에 대하여는 뒤의 3.(3) 참조.

3. 辨濟者가 債務 없음을 알았을 것

(1) 민법 제742조에 의한 반환청구권 배제를 위하여는 급부의무의 부존재 자체에 대한 積極的 認識이 요구된다. 이는 앞의 Ⅱ.2.에서

32) Enneccerus/Lehmann, *Recht der Schuldverhältnisse*, 15. Bearbeitung(1958), § 223, Ⅰ 2 c(S. 894); 松坂佐一(註 27), 178면. 다만 조건성취에 의하여 법률행위가 소급적으로 효력을 가지게 되는 경우에는 존재하는 채권에 대하여 변제가 행하여진 셈이 되어 애초 非債辨濟에 해당하지 아니하여 애초 민법 제742조의 문제가 제기될 여지가 없다. 이에 대하여는 四宮和夫, 事務管理·不當利得·不法行爲, 上卷(1981), 144면 註 1 참조.

33) 스위스의 同旨의 견해로 우선 Andreas von Tuhr/Hans Peter, *Allgmeiner Teil des Schweizerischen Obligationenrechts*, Bd. 1, 3. Aufl.(1984), § 52 Ⅳ 2 u. Anm. 34(S. 479); 일본의 학설로 四宮和夫(前註), 144면; 新版 日注民(18), 663면(石田喜久夫 집필) 참조. 독일의 Enneccerus/Lehmann(前註), 同所는, 조건이 성취한 후에 반환청구를 하는 것에 대하여 惡意의 抗辯(exceptio doli)(우리 법으로 말하면 信義則을 기초로 할 것이다)을 할 수 있다고 한다.

본 민법 제742조의 立法趣旨에 비추어 설명될 수 있다.

(가) 채무의 부존재를 법적으로 야기시키는 事實, 즉 채무의 부존재라는 법률효과를 발생시키는 要件事實을 알았다는 것만으로는 충분하지 아니하다.[34] 또 자신의 법률관계를 잘못 평가하여 채무가 존재하는 것으로 알고 변제한 경우는 물론이고, 채무의 존재에 대하여 의문을 가지거나 의심을 품었던 경우에도 민법 제742조는 적용되지 아니한다.[35] 그러므로 어떠한 법률행위가 객관적으로 무효라고 하여도, 또 그것을 무효로 하는 사유를 전부 인식하고 있었다고 하여도, 변제자가 그 행위가 무효인지 여부에 대하여 주관적으로 의심하거나 적어도 불명확한 점이 있었다고 한다면, 여기서 말하는 「채무 없음을 알았다」고는 할 수 없다. 한편 변제자가 자신의 法律關係의 내용 또는 채무의 存否를 잘못 안 것에 대하여 過責이 인정된다고 하더라도, 이는 結論에 영향을 미치지 아니한다.[36]

취소 또는 해제할 수 있는 법률행위로부터 발생한 채무가 이행된 경우에도 변제자가 취소권 또는 해제권의 존재를 안 것만으로는 민법 제742조의 要件이 충족된다고 할 수 없다. 다만 이러한 경우에 변제자가 취소권자 또는 해제권자라면, 그러한 변제행위는 法定追認事由(민법 제145조 제1호)에 해당하거나 해제권의 抛棄로 해석될 경우가 있을 것이다.

(나) 독일에서는 채무의 존재에 대하여 의심을 품거나 분명한 인식이 없으면서도 "당사자 사이의 평화를 위하여(um des lieben Frie-

34) 독일의 판례·통설이다. 우선 MünchKomm/Lieb, § 814 BGB, Rn. 10 m.w.N. (S. 1305) 참조. Staudinger/Lorenz, § 814 Rn. 3은 같은 취지에서, "채무 부존재의 법률효과가 발생하는 事實的 事情들(tatsächliche Umstände)을 안 경우에도, 변제자가 이로부터 아무런 채무가 없다는 귀결을 도출하지 아니하였던 한, 반환청구는 배제되지 아니한다"고 한다. 앞의 註 Ⅱ도 참조.

35) 同旨: 四宮和夫(註 32), 146면.

36) 同旨: 郭潤直(註 18), 362면; 大判 98. 11. 13, 97다57337(공보 98하, 2857). 日大判 1941(昭 16). 4. 19(新聞 4707, 11)도 同旨.

dens willen)",[37] 즉 법적 또는 사실적 분쟁을 회피하기 위하여 채무를 이행한 경우에는 역시 나중에 그 반환을 청구하는 것은 허용되지 않는다고 해석되고 있다.[38] 우리 나라에서는 별로 논의되지 않고 있으나, 이러한 급부는 나중에 채무 없음이 명확하게 밝혀지는 경우를 포함하여 어떠한 경우에도 반환청구를 하지 않는다는 뜻에서 무조건적으로 행하여지는 것이다. 그러므로 이러한 의도는 민법 제742조에서 정하는「채무 없음의 적극적 인식」과 評價上으로 同視되는 사유로 보아, 위와 같은 경우에는 반환청구가 배제된다고 하여도 좋을 것이다.

(다) 뒤의 V.1.에서 보는 대로 여기의「적극적 인식」은 반환청구권을 부인하는 측에서 입증하여야 한다. 그런데 이러한 內心的 事實의 입증은 실제로는 쉽지 않으며, 많은 경우에 다양한 間接事實을 기초로 하여 推斷하게 될 것이다.

이와 관련하여 일본의 하급심에서는 强行法規에 반하는 법률행위에 기한 채무가 이행된 경우에는 事實上의 推定 등의 방도로 입증의 곤란을 완화하려는 경향이 있다는 지적이 있다.[39] 그러나 여기서「적극적 인식」의 대상은 채무의 부존재이고 채무의 발생원인인 법률행위를 무효로 하는 事情들이 아니며, 또 "법의 무지는 변명이 되지 아니한다"고 하더라도 이는 그 무지에 대한 非難을 가능하게는 할지언정 事實의 차원에서 무지를「인식」으로 전환시킬 수는 없다. 또 위와 같은 태도는 강행법규를 둔 취지를 몰각하여 급부수령자의 부당한 이익을 정당화하는 결과로 이어지기 쉽다. 그러므로 그 급부가 불법원인급여에 해당하는지 여부는 별론으로 하고, 위의 경우에 민법 제742조를 적용하여 반환청구를 쉽사리 배제할 것은 아니라고 생각된다(뒤의

37) von Caemmerer, Leistungsrückgewähr bei gutgläubigem Erwerb, in: *Festschrift für Gustav Boehmer*(1954), S. 161의 표현.

38) 우선 Staudinger/Lorenz, § 814 Rn. 5.

39) 註釋債各(Ⅲ), 187면(金先錫 집필).

(2)(나)(d)도 참조).

(2) 변제자가 채무 없음을 적극적으로 인식하고 있었다고 하더라도, 예외적으로 민법 제742조가 적용되지 아니하고 반환청구를 할 수 있는 경우가 있다.

(가) 변제자가 返還請求權을 留保한 경우이다. 大判 92.2.14, 91다17917(공보 917, 1019)도 같은 태도를 취한다. 이 경우에는 후에 반환청구를 하는 것이 민법 제742조의 근거가 되는「선행행위에 반하는 행태」라고 할 수 없을 것이다.[40)]

(나) 변제자가 채무 없음을 알면서도 변제하여야 할 만한 合理的 事情이 있었던 경우에도 반환청구는 배제되지 않는다고 할 것이다.[41)] 앞의 Ⅱ.2.에서 본 대로, 민법 제742조의 입법취지가 우선 채무가 존재하지 않음을 알면서 변제를 하지 않으면 안 되는 아무런 사정도 없는데 변제한 경우에 나중에 그 반환청구를 인정하는 것은 법에 대한 무익한 부담이라는 데에 있으므로, 변제 당시에 이를 하여야 할 만한 합리적 사정이 있다면 나중에 반환청구를 하는 것은 원칙으로 돌아가 是認되어야 하는 것이다.

(a) 이 점에 관하여 基軸的인 지위에 있는 판결인 大判 88.2.9,

---

40) 日最判 1960(昭 35).5.6(民集 12-7, 1127)은, 임대인으로부터 차임의 지급을 최고받고 그 액이 강행법규가 정하는 借賃의 범위를 넘는 사실을 알면서도 債務不履行責任이 발생할 것을 두려워하여 "훗날 초과부분에 대하여는 반환청구를 할 것"을 유보하고 부득이하게 지급한 경우에 대하여, "任意로 행하여졌다고 할 수 없다"고 하여 민법 제742조에 해당하는 일본민법 제705조의 적용을 부정하였다. 이와 같은 일본의 재판례에 대하여는 "留保附로 변제하였다는 사정을 任意的 辨濟가 아님을 인정하는 ―중요하기는 하나― 하나의 자료로 보고 있다고도 생각된다"는 견해가 있다. 四宮和夫(註 32), 148면 註 1 참조.

41) 四宮和夫(註 32), 146면은 같은 취지에서 "알면서 변제한 것을 시인할 수 있는 사정"이라고 한다. 한편 郭潤直(註 18), 361면은, "그 변제를 합리적인 것으로 인정할 만한 어떤 특별한 객관적인 사정이 있는 때에는, 不當利得의 返還請求를 인정하여도 本條의 입법취지에 어긋나는 것은 아니다"라고 한다. 대체로 本文과 같은 취지라고 이해되나, 다만「객관적」사정의 존재를 강조할 것은 아니라고 생각된다.

87다카432(集 36-1, 29)은, "민법 제742조 소정의 비채변제는 지급자가 채무 없음을 알면서도 임의로 지급한 경우에만 성립하고 변제를 강제당한 경우나 변제거절로 인한 사실상의 손해를 피하기 위하여 부득이 변제하게 된 경우 등 그 변제가 자기의 자유로운 의사에 반하여 이루어진 것으로 볼 수 있는 사정이 있는 때에는 지급자가 그 반환청구권을 상실하지 않는다고 하여야 할 것"이라고 판시하여, 辨濟에 있어서의 任意性 또는「自由로운 意思」를 민법 제742조 적용의 기준으로 제시하고 있다.[42] 그런데 변제자가 예를 들면 "변제거절로 인한 사실상의 손해를 피하기 위하여" 변제를 決意한 경우에, 그 결의가 그러한 사실상 손해와 사후적인 반환청구로 인한 위험·비용·노력 사이의 비용/편익 계산에 기하여 행하여진 것이라면(많은 경우에는 그러할 것이다) 용어의 통상적 의미에서 이에「임의성」이 없다고는 하기 어려울 것이다. 그러므로「合理的 事情」이라는 표현이 보다 적절하다고 생각되나, 이는 판단의 실질적 기준을 달리하는 문제는 아니다.

(b) 이러한 민법 제742조의「目的的 縮小解釋」은 이미 大判 60.9.29, 4293民上208(要集 民 I-2, 1115)이 "부득이한 사정으로 진의에 반하여 지급한 경우"에는 채무 없음을 알았어도 반환청구가 배제되지 않는다고 판시한 이래 大判 67.9.26, 67다1683(同所) 등에서도 인정되었었다. 그런데 그 사이에 大判 79.11.27, 78다2487(總覽 4-1(A), 864-6)은, 고용주가 일정한 퇴직금을 수령한 퇴직근로자에 대하여 그 외에는 퇴직금채무가 없음을 주장하여 퇴직금채무부존재확인소송을 제기하였는데, 그 후에 추가로 퇴직금을 지급하지 않으면 依法措置하겠다는 勞動廳의 指示가 있어서 이에 따라 추가로 퇴직금을 지급한

42) 독일에서도 급부가 예를 들면 강제집행이 임박하였다는 사정과 같이「압박 아래서(unter Druck)」행하여진 경우에는 반환청구는 배제되지 않는다고 해석되고 있다. 우선 MünchKomm/Lieb, § 814 BGB, Rn. 11(S. 1305); Staudinger/Lorenz, § 814 Rn. 7 참조.

事案에서 “반환청구할 의사로 [퇴직금의 지급을] 하였다고 볼 자료가 없으면” 그 반환을 구할 수 없다고 판단하여, 과연 앞의 (a)에서 본 바와 같은「任意性」기준 자체가 여전히 유지되고 있는지를 의심스럽게 하였다. 특히 大判 80.11.11, 80다71(공보 648, 13392)은 “채무부존재확인소송을 제기한 자가 그 소송계속 중 그 채무로 인한 경매가 진행 중이어서 부득이 그 채무를 변제하였다고 하더라도 이는 채무 없음을 알면서 채무를 변제한 것이 되어 그 반환을 구할 수 없다”고 판단함으로써 이제 변제의「不得已함」도 비채변제의 반환청구를 허용하는 징표가 될 수 없는 것으로 이해되었다.

그런데 위 大判 88.2.9.은 이와 같이 민법 제742조에 의하여 반환청구의 배제를 확장하는 방향의 판결들에 대하여, 앞의 大判 79.11.27.은 “노동청의 지시가 채무 없음을 알면서 임의변제를 하게 된 하나의 계기가 되었을 뿐이었던 사안에 관한 것”이며, 뒤의 大判 80.11.11.도 “경매가 진행 중이었다는 사정만으로 그 변제가 임의의 변제가 아니었던 것으로 단정할 수 없음을 밝힌 것에 불과”한 것이라고—아마도 통상 허용되는 이해와는 거리가 있는—이해를 스스로 보이면서, 위와 같은 一般論을 전개하였던 것이다. 말하자면 위 大判 88.2.9.은, 이들 두 판결은 당해 사건의 개별적 특수사정에 규정되었던 것이어서,[43] 將來의 法適用에 방향을 제시하는 것이 아님을 명확하게 한 것이다.

(c) 그 후의 판결은 大判 92.2.14, 91다17917(공보 917, 1019); 大判 92.7.28, 92다18535(공보 929, 2650)[44]; 大判 96.12.20, 95다

---

43) 註釋債各(Ⅲ), 184면(金先錫 집필)은 이들 판결에 대하여 “사건에 관한 구체적인 해결로서는 正當할는지 모르나, 위와 같은 判示 자체에는 疑問이 있다”고 한다.

44) 자기의 배서가 위조된 약속어음에 대하여 이를 모르고 그 지급을 위하여 수표를 발행하였는데, 그 후 그 위조사실을 알게 되었으면서도 수표의 부도로 인한 형사책임을 우려하여 수표금을 지급한 사안.

52222등(공보 97상, 347); 大判 97.7.25, 97다5541(공보 97하, 2687) 등에서 보는 것처럼, 위 大判 88.2.9.의 법리에 좇아 대체로 비채변제에 있어서의 「自由로운 意思」를 부인하고, 변제자의 반환청구를 긍정하고 있다.

(d) 이 制限法理를 실제에 적용함에 있어서는, 假執行宣告 있는 敗訴判決을 받은 사람이 그 판결에서 명하여진 채무를 임의로 이행한 경우,[45] "[소외 회사로부터 공장을 인수한] 피고가 독점 공급하고 있는 전기공급을 받기 위하여서는 다른 방도가 없어서 인수하지도 아니한 소외 회사의 [원고 韓電에 대한] 체납전기요금채무를 부득이하게 변제하게 된" 경우,[46] 근로자가 국내장기연수를 받은 후 의무복무기간 경과 전에 퇴직하여 연수기간 동안 받은 급여를 당시의 근로기준법 제24조(현재의 제29조)에 반하여 무효인 違約金約定에 따라 반환한 경우,[47] 주택공사로부터 토지를 매수하였으나 목적물을 원래의 용도대로 사용하지 못하게 하는 하자가 있어 분할납입금에 대하여 연체료납부채무가 없음에도 주공의 위약주장에 따라 연체료를 납부한 경우[48] 등과 같이 적어도 典型的인 「힘의 不均衡」이 존재하는 경우가 그 주된 대상이 되고 있다.

이렇게 보면 이와 같은 제한법리는 일정한 사람을 보호하기 위한 强行規定이 있는 경우에 그 보호의 대상에 해당하는 사람이 계약이 무효임을 알면서도 계약대로 이행한 경우에 특히 중요한 기능을 할 수 있다. 예를 들면 임차인의 보호를 위한 민법 제652조나 중개수수

45) 大判 67.9.26, 67다1683(要集 民 I-2, 1115)의 사안.

46) 위 大判 88.2.9 및 大判 92.2.14, 91다17917(공보 917, 1019)의 사안. 특히 후자의 사안에서 원고는 "피고의 위와 같은 부당한 요구 때문에 원고의 피고에 대한 채무가 없음에도 지급하는 것을 명시하여 그 돈의 반환을 유보하고 피고에게 위 체납요금을 원고명의로 납부"하였다고 한다.

47) 大判 96.12.20, 95다52222등(공보 97상, 347).

48) 大判 97.7.25, 97다5541(공보 97하, 2687)의 사안.

료에 관한 不動產仲介業法 제20조[49] 등의 적용에 있어서 임차인 등이 무효인 약정내용대로 일정한 급부를 한 경우가 그러하다. 일본의 재판례에서 法定制限을 초과하는 利子나 借賃 등이 지급된 경우에 민법 제742조의 적용을 부정하고 반환청구를 인정한 것도[50] 이러한 입장에서 이해될 수 있다.

(e) 한편 채무자가 —— 영수증을 발견할 수 없는 등으로 —— 변제 당시 채무 없음을 證明하는 것이 困難하다고 생각하여 변제한 경우는 어떠한가에 대하여 독일에서는 논의가 있다.[51] 이러한 경우에는 「반환청구를 유보」(앞의 (가) 참조)하고 변제하였어야 한다고 해서 부정적인 견해도 있을 수 있겠으나, 통상은 역시 「변제하여야 할 만한 합리적 사정」이 있다고 해도 좋을 것이다.[52]

(다) 우리 나라에서는 별로 논의되지 않으나, 계약이 일정한 하자로 인하여 효력 없음에도 불구하고 계약이 원래의 內容대로 실행되리라고 믿고(따라서 상대방의 반대급부를 얻기 위하여는 當方의 이행이 필요하다고 믿고) 또는 그 하자가 치유되리라고 믿고 계약을 이행한

49) 大判 2002. 9. 4, 2000다54406(공보 2002하, 2308)이 판시한 대로, 동조 및 동법시행규칙 소정의 상한을 초과하는 부동산중개수수료의 약정은 강행법규 위반으로서 무효라고 할 것이다.

50) 우선 新版 日注民(18), 665면 이하(石田喜久夫 집필) 참조. 일본의 裁判例로는, 채권자가 효력 없는 공정증서로 강제집행한다고 위협하여서 변제한 경우에 대한 日大判 1917(大 6). 12. 11(民錄 23, 2075), 임대인이 내용증명우편으로 차임통제법규에 위반한 차임청구를 하자 채무불이행의 책임을 두려워 하여 임차인이 변제한 경우에 대한 日最判 1960(昭 35). 5. 6(民集 14-7, 1127), 주택소유자로부터 차임지급을 최고받고, 나중에 명도소송이 제기되는 경우의 방어방법으로 하기 위하여 이에 응한 경우에 대한 日最判 1965(昭 40). 12. 21(民集 19-9, 2221), 나아가 제한초과의 이자약정을 하였는데 "저당권의 실행이 두려워서" 초과이자를 지급한 경우에 대한 東京高判 1980(昭 55). 11. 25(判例タイムズ 435, 100), 채무정리를 위임받은 변호사가 사채업자의 "강경한 추심을 면하기 위하여" 초과이자를 지급한 경우에 대한 橫浜地判 1987(昭 62). 5. 6(判例時報 1255, 30) 등이 있다.

51) 우선 Staudinger/Lorenz, § 814 Rn. 7 참조.

52) 同旨: MünchKomm/Lieb, § 814 BGB, Rn. 12(S. 1305).

경우에는, 변제 당시 채무 없음을 알았다는 이유로 반환청구를 배제할 수 없다. 이러한 경우에 나중에 상대방이 급부를 하지 아니하거나(그에게 급부의무가 없으므로 이를 강제할 수도 없다) 하자가 종내 치유되지 아니하여, 결국 자신의 급부의 반환을 구하는 것을 「선행행위에 반하는 행태」라고 할 수 없으며, 만일 그 반환청구를 인정하지 않으면 많은 경우에 자신의 급부를 실행하지 아니한 당사자로 하여금 상대방의 급부를 그대로 보유하게 하는 부당한 결과가 되기 때문이다.[53)]

예를 들면 비록 방식에 하자가 있어서 계약이 무효라고 하여도 일방 당사자가 이를 잘 알면서 상대방의 임의의 이행을 기대하거나 또는 이를 유도하기 위하여 자기의 채무를 이행한 경우가 그러하다. 이러한 경우에 후에 상대방이 가령 계약의 무효를 내세워 계약을 이행하지 아니함으로써 급부목적이 달성되지 아니한 때에는, 그 급부의 반환을 청구할 수 있으며, 급부 당시 급부자가 채무 없음을 알았다고 해서 그 반환청구를 배제할 수는 없다.

(3) 한편, 앞의 (2)(다)에서 본 경우와 유사하나 반드시 동일하지는 아니한 것으로서, 장래 채권관계가 발생할 것을 기대하면서 그 채권관계의 내용이 되는 급부를 미리 행하는 경우도 드물지 않게 존재한다.

(가) 예를 들면 매매계약의 체결을 위한 교섭을 진행하고 있는 동안에 매수인이 매도인에게 대금의 일부로 일정액을 지급하는 경우 등이 그것이다. 이러한 경우는 엄밀한 의미에서는 非債의 변제에 해당한다. 그러나 그 채권관계의 成否가 未定인 동안에 그 반환청구를 하는 것은 장래의 채권관계에의 기대가 「법률상 원인」이 되는 것으로서 허용되지 아니한다. 이는 민법 제742조의 바탕에 있는 모순행위금

53) 이상에 대하여 MünchKomm/Lieb, § 814 BGB, Rn. 4(S. 1304); Staudinger/Lorenz, § 814 Rn. 8 참조.

지의 원칙(이에 대하여는 앞의 Ⅱ. 2. (2) 참조)에 비추어도 정당화된다. 나아가 그 변제가 "채무 없음을 알"고 행하여졌다고 하여도 후에 채권관계가 원래의 의도대로 발생하지 아니한 경우(예를 들면 위의 예에서 매매계약이 결국 성립하지 아니한 경우)에는 그 반환을 청구할 수 있다고 할 것이다. 이러한 경우는 非債辨濟로 인한 부당이득반환청구(condictio indebiti)의 문제가 아니라, 소위 「目的不到達로 인한 부당이득반환청구(condiction ob rem)」의 문제로 파악할 것이다.[54)]

(나) 앞의 2. (2)에서 본 대로 停止條件附 또는 始期附 법률행위에서 아직 조건이 성취되지 아니하거나 기한이 도래하지 아니한 상태에서 당해 법률행위상의 채무를 이행한 경우는 일단 채무가 발생하지 아니하였으므로, 적어도 「채무의 부존재」라는 要件은 이를 충족한다.

그러나 다른 특별한 사정이 없는 한, 조건의 성취 등이 확정되지 아니한 단계에서 그 급부가 비채변제임을 이유로 하여 그 급부의 반환을 청구할 수는 없다고 할 것이다. 왜냐하면 그 급부는 통상 장차 채무가 유효하게 성립하면 그에 대한 변제로 충당할 취지로 미리 이행한 것으로 볼 것이기 때문이다. 말하자면 그 급부는 채무 없이 행하여졌어도 앞의 매매계약 교섭의 경우와 마찬가지로 당해 급부목적에 의하여 「법률상 원인」이 있는 것이 된다.[55)] 그러나 이 경우에도 후에 조건의 미성취로 확정되면 원칙적으로 반환청구를 할 수 있을 것이다.[56)]

始期가 도래하지 아니한 債務를 변제한 경우도 이에 준하여 생각할 수 있다. 즉 그 경우 변제자는 장차 기한도래로 채무가 발생하면

54) 이상의 문제에 대한 독일에서의 논의에 대하여는 우선 Gerhard Welker, *Bereicherungsausgleich wegen Zweckverfehlung?*(1974), S. 103ff. 참조.

55) 同旨: 독일의 학설로 Enneccerus/Lehmann(註 32), § 224, I 1 b(S. 897); 일본의 학설로 末弘嚴太郞, 債權各論(1919), 972면; 松坂佐一(註 27), 178면.

56) Enneccerus/Lehmann(註 32), § 223, I 2 c(S. 894)(「원인이 주어졌으나 원인이 발생하지 아니함을 이유로 하는 부당이득반환청구권」 condictio causa data, causa non secuta).

그에 충당할 의사가 변제한 것이므로, 그 반환을 청구할 수 없는 것이다. 이에 대하여는 민법 제743조의 類推適用을 인정하여도 좋을 것이다.

(다) 한편 大判 93.6.22, 91다21435(集 41-2, 123); 大判 93.9.14, 91다41316(集 41-3, 15); 大判 95.4.28, 93다26397(공보 993, 1950) 등은, 국토이용관리법에 기하여 토지거래허가를 받아야 하는 토지를 관할관청의 허가 없이 매매한 경우에 매수인이 매도인에게 지급한 계약금의 반환을 청구할 수 있는 권리를 가지는가에 대하여, "매수인이 임의로 지급한 계약금은 그 계약이 유동적 무효상태로 있는 한 이를 부당이득으로 반환을 구할 수는 없고 유동적 무효상태가 확정적으로 무효로 되었을 때 비로소 부당이득으로 그 반환을 구할 수 있다"고 하여 이를 부정하는 태도를 취한다.[57]

종전에 필자는, 허가를 받지 아니한 토지거래행위는 나중에 허가를 받음으로써 소급적으로 유효가 되기까지는 무효이므로(소위 「유동적 무효」), 이와 같이 무효인 계약에 기하여 수령한 급부는 역시 존재하지 아니하는 채무에 대한 변제에 해당하여 부당이득으로 반환되어야 한다는 견해를[58] 표명한 바 있다. 그러나 앞의 (가)에서 본 대로 장래에 유효한 변제원인이 성립할 것을 기대하여 미리 변제한 경우에는 그 변제목적의 성립 여부가 불명확한 동안에는 그 반환을 청구할 수 없다고 할 것이다. 그리고 위와 같은 사례에서 허가 없는 상태, 즉 부동적 무효의 상태에서 대금을 지급하는 것은 통상 그러한 경우에 해당한다고 할 것이므로, 그 반환을 청구할 수 없다고 할 것이다. 종

57) 朴海成, "國土利用管理法上의 許可 없이 체결한 賣買契約과 不當利得", 民事判例硏究[XVI](1994), 109면 이하는 大判 93.7.27, 91다33766(공간되지 아니한 것으로 보인다)에 대한 評釋으로 이 문제를 다루면서, 판례의 태도를 지지한다. 同旨: 諸哲雄, "流動的 無效인 賣買契約이 確定的 無效로 된 경우의 不當利得返還義務", 判例月報 1997년 5월호, 14면 이하.

58) 梁彰洙, "1993년 民法 判例 槪觀", 同, 民法硏究 제3권(1995), 499면 이하. 民法注解[XII], 148면(李宙興 집필)도 그러한 견해를 취한다.

전의 견해를 변경한다.

(4) 債務 없음을 알아야 하는 主體는 누구인가?

(가) 민법 제742조는 원칙대로라면 인정되어야 하는 반환청구를 배제하는 것이므로, 그 반환청구의 주체(반환청구권자)가 되었을 사람이 채무 없음을 알아야 한다. 그러므로 제3자가 제3자로서 비채를 변제한 경우(민법 제469조)에는 채무자가 아니라 그가 기준이 된다.[59]

한편 第三者가 채무자를 대리하여 변제한 경우에는 그 제3자가 기준이 된다. 그 채무의 내용이 법률행위를 실행하는 것인 경우는 물론이고, 그렇지 아니한 경우에도 민법 제116조 제1항을 類推適用할 것이다.[60] 法人을 數人이 각자 대표하는 경우에는 당해 급부에서 법인을 대표한 사람이 기준이 되므로, 그가 채무 없음을 몰랐던 경우에는 비록 다른 대표자가 악의인 경우에도 반환청구는 배제되지 아니한다.

(나) 채무자 등의 지시를 받고 급부를 사실상 실행한 사람(履行補助者)이 채무 없음을 **알았다고 하여도** 그 인식이 채무자 등의 인식과 동일시될 수 있는 특별한 사정이 없는 한 이로써 반환청구가 배제된다고 할 수 없다(민법 제742조의 취지에 비추어 민법 제391조의 유추적용은 인정되지 아니한다고 할 것이다).

한편 大判 92.1.21, 90다17576등(공보 916, 868)은, 학교법인의 상호신용금고에 대한 채무가 제3자에 의하여 면책적으로 인수됨으로써 학교법인이 더 이상 그 채무를 부담하지 않게 되었음에도 불구하고 그 후 법인의 이사장과 설립자가 대립하여 법정싸움을 벌리는 등 혼란상태에 빠져 있었던 관계로 담당자이던 서무과장이 채무소멸사실을 모르고 위 신용금고에 채무금의 일부를 지급한 사안에 대하여 부

59) 大判 90.6.8, 89다카20481(集 38-2, 48)은, 변제할 정당한 이익이 있는 제3자가 비채를 변제한 경우에 대하여 같은 취지로 판단하고 있다. 독일의 학설도 같다. 우선 MünchKomm/Lieb, § 814 BGB, Rn. 15(S. 1306) 참조.

60) 독일의 학설로 同旨: Staudinger/Lorenz, § 814 Rn. 4.

당이득반환청구권을 인정하였다. 그러나 이로써 판례의 태도를 이행보조자가 채무 없음을 **몰랐던** 경우에는 반환청구권이 배제되지 않는 것으로 일반화하기는 어려울 것이다. 이 판결은 정면에서 인식의 주체를 문제삼고 있지 않으며, 또 이 사건의 사실관계에는 특이한 점이 있어 함부로 추측할 수 없다.

(5) 채무 없음을 알았음을 판단하는 基準時期는 급부의 실행 당시이다.[61] 급부 후에 채무 없음을 알게 된 경우에는 당연히 반환청구를 할 수 있다. 취소나 해제를 할 수 있으나 취소 등의 의사표시가 행하여지지 아니한 동안에 급부를 실행한 경우에 민법 제742조의 적용이 없음(앞의 2.(1) 참조)은 이로부터도 추론된다.

Ⅳ. 民法 제742조상의 法律效果

1. 返還請求의 排除

민법 제742조에 의하여 반환청구는 배제된다. 따라서 급부수령자는 그 급부를 정당하게 보유할 수 있고, 辨濟原因의 缺如 내지 辨濟目的의 不到達을 이유로 한 법적 주장은 이제 허용되지 아니한다.

급부가 소유권의 이전 등 물권변동을 내용으로 하는 경우에는 반환청구가 배제되는 것의 「反射的 效果」로 물권변동 자체가 유효하게 된다고 할 것이다. 예를 들면 동산 매수인이 매매계약의 이행을 위하여 목적물을 이중으로 매도인에게 인도한 경우에 민법 제742조의 적용에 의하여 제2의 급부에 대한 반환청구가 배제되는 때에는 매도인은 제2의 급부물에 대하여도 소유권을 취득하게 된다. 이는 不法原因給與에 대한 민법 제746조에 관하여 大判(全) 79.11.13, 79다483

61) 독일의 학설로 우선 MünchKomm/Lieb, § 814 BGB, Rn. 3(S. 1304) 참조.

(集 27-3, 140)이 취하는 태도의 귀결로서 인정된다.

2. 民法 제742조의 適用範圍

(1) 앞의 Ⅲ. 3. (4)에서도 언급한 대로 소위 「목적부도달로 인한 부당이득반환청구권(condictio ob rem)」이 문제되는 경우에는 민법 제742조는 적용되지 아니한다.[62] 즉 이 경우에는 급부자가 채무 없음을 알면서 급부를 실행한 때라도 반환청구가 배제되지 아니한다.

(2) 不法原因給與에서 민법 제746조 단서에 의하여 예외적으로 급부자의 반환청구가 인정되는 경우에는, 비록 급부자가 채무 없음을 알고 있었다고 하여도, 민법 제742조는 적용되지 아니하며, 반환청구를 할 수 있다.[63] 그 예외는 "不法原因이 受益者에게만 있는 경우"에 그에 대한 일종의 제재로서 인정되는 것이어서, 급부자의 주관적 용태 여하를 묻지 아니하여야 하는 것이다.

3. 立證責任

(1) 非債를 辨濟한 사람이 그 반환을 청구함에 있어서는, 먼저 반환청구의 대상인 급부가 채무변제를 위하여 행하여졌다는 사실과 당해 채무가 존재하지 아니한다는 사실을 입증하여야 한다.

이에 대하여 민법 제742조에서 정하는 반환청구의 배제사유, 즉 변제자가 채무 없음을 알았다는 사실은 반환청구권을 부인하는 사람이 입증하여야 한다.[64] 한편 그 입증에 대하여는 앞의 Ⅲ. 3. (1)(나)도 참조.

---

62) 同旨: Enneccerus/Lehmann(註 32), § 223, Ⅰ 3(S. 895); 四宮和夫(註 32), 148면; 松坂佐一(註 27), 180면.

63) Enneccerus/Lehmann(註 32), § 223, Ⅰ 2 c(S. 895); 四宮和夫(註 32), 148면.

64) 同旨: 大判 62. 6. 28, 4294民上1453(集 10-3, 118)("반환청구자가 채무가 존재하지 아니한 사실만 주장·입증하면 족한 것이고 그 채무가 존재하지 아니함을 알지 못하고 지급하였음을 주장·입증할 책임은 없다").

(2) 한편 상대방이 변제자가 채무의 부존재를 알았음을 주장·입증한 경우에 반환청구자는 변제를 하여야 할 만한 合理的 事情(앞의 Ⅲ.3.(2)(나) 참조)의 존재를 주장·입증하여야 할 것이다.[65] 반환청구를 유보하였다는 사정에 대하여는 논의가 있으나, 이러한 例外的 事情은 역시 반환청구자에게 그 입증책임을 부담시킴이 타당할 것이다.[66]

V. 結　論

1. 앞의 Ⅱ.2.에서 본 대로, 민법 제742조가 변제자가 채무 없음을 알면서 변제가 행하여진 경우에 그 반환청구를 배제하는 이유는 다음과 같이 설명될 수 있으리라고 생각된다.

첫째, 일정한 法政策的 考慮이다. 어떠한 先在의 채무가 없음을 스스로 알면서도 변제를 위하여 급부를 하는 경우에는, 통상 그 변제자에게 그럴 만한 상당한 이유가 있을 것이다. 그것은 증여 목적일 수도 있고, 도의상·의례상의 급부일 수도 있고, 반드시 합의된 것은 아니지만 상대방으로부터 변제자에게 유리한 어떠한 결정이나 태도 또는 나아가 어떠한 반대급부를 끌어내기 위한 것일 수도 있다. 이러한 경우들에서는 급부의 보유에 「법률상 원인」이 있는 것이므로, 단지 채무 없음을 이유로 하는 반환청구는 당연히 배제되어야 한다. 그러므로 변제자가 단지 채무 없이 변제하였다는 것만을 주장하여 이제 그 급부의 반환을 청구해 오더라도, 이 경우에 「법률상 원인」의 존부를 둘러싼 다툼의 원인을 제공한 것은 바로 변제자이므로(그는 애초 그러한 급부를 할 의무가 없었고, 또 이를 알고 있었다), 그 반환청구를

65) 同旨: 郭潤直(註 18), 362면; 註釋債各(Ⅲ), 186면(金先錫 집필).
66) 同旨: 註釋債各(Ⅲ), 186면(金先錫 집필).

부정함으로써 그 다툼이 법원 등에 의하여 심리되어야 하는 부담을 지우지 않겠다는 것이다.

둘째, 변제자의 반환청구는 矛盾行爲禁止의 原則에 반한다는 것을 들 수 있다. 즉 "채무 없음을 알면서 급부한 자는 자기 보호의 훨씬 단순한 가능성, 즉 이행의 거절이라는 가능성을 스스로 포기하였는데도, 후에 매우 비용이 많이 들고 귀한 「資源」인 법원의 보호를 받으려고 함으로써 스스로를 위와 같은 자신의 선행행태와 참을 수 없는 모순에 빠뜨렸다"는 것이다.[67]

이상을 종합하면, 민법 제742조는, 한편으로 비채변제의 사안에서의 효율적인 法的 解決의 추구에, 다른 한편으로 선행행위에 모순하는 변제자의 행태에 대한 제재에 그 입법이유가 있다고 할 것이다.

2. 이러한 입법이유에 비추어, 민법 제742조의 해석에 관하여 일정한 구체적 귀결이 설명될 수 있다고 생각된다. 예를 들면, 변제자가 채무의 부존재를 적극적으로 인식하여야 하고 그 채무의 존재를 의심한 것만으로는 불충분하다거나(앞의 Ⅲ.3.(1)(가) 참조), 변제자가 채무 없음을 알면서도 변제하여야 할 만한 合理的 事情이 있었던 경우에도 동조는 적용되지 아니하여 반환청구를 할 수 있다거나(앞의 Ⅲ.3.(2)(나) 참조) 하는 것이 그러하다. 또 장래 채권관계가 발생할 것을 기대하면서 그 채권관계의 내용이 되는 급부를 미리 행하는 경우도 엄밀한 의미에서는 非債의 변제에 해당하지만 후에 채권관계가 원래의 의도대로 발생하지 아니한 경우에는 그 반환을 청구할 수 있다거나 하는 것(앞의 Ⅲ.3.(3) 참조) 등도 마찬가지일 것이다.

(서울대 法學 44권 3호(2003.9), 121면 이하 所載)

67) 앞의 註 22 및 그 본문 참조.

10. 他人債務의 錯誤辨濟

Ⅰ. 序

1. 우리 민법전을 들추다 보면, 실제의 適用例는 적을지 모르지만 이론적·체계적으로는 그 의미를 쉽사리 무시할 수 없는 규정이 드물지 않게 존재함을 알게 된다. 하나의 예를 들면, 민법 제463조 내지 제465조[1]가 그러하다. LX로 검색을 해 보면, 대법원과 하급심의 재판을 통틀어 이들 3개의 조항이 참조조문으로 되어 있는 것은 단지 1개의 판결에 불과하다.[2]

그 중에서 일단 제464조를 보자. 이는 "讓渡할 能力 없는 所有者가 債務의 辨濟로 物件을 引渡한 경우에는 그 辨濟가 取消된 때에도 다시 有效한 辨濟를 하지 아니하면 그 物件의 返還을 請求하지 못한다"라고 정하고 있다. 우선 떠오르는 의문은, 채무자가 채무의 이행으로 자기 소유의 물건을 「인도」하였는데 그에게 「양도할 능력」이 없었다는 것이 그 「인도」의 변제로서의 효력을 문제삼을 만한 흠이 될 수 있을까? 「인도」는 틀림없이 법률행위에 속하는 양도의 법리에 어느 만큼 영향을 받는가? 우리 민법에서 「인도」란 무슨 의미를 가지는가?

1) 이하 민법의 법조항은 法名을 지시함이 없이 인용한다.

2) 大判 93.6.8, 93다14998등(공보 1993, 2007)이 그것인데, 이 판결은 "민법 제463조는 채무자만이 그 물건의 반환을 청구할 수 없다는 것에 불과할 뿐 채무자가 아닌 다른 권리자까지 그 물건의 반환을 청구할 수 없다는 취지는 아니"라고 판시한다.

가령 민법 제684조 제1항에서 "受任人은 委任事務의 處理로 인하여 받은 金錢 기타의 物件 및 그 收取한 果實을 委任人에게 引渡하여야 한다"고 정할 때, 그 「인도」란 단지 의사에 기한 점유이전만을 말하는 것이 아니다. 大判 62.11.1, 62다506(要集 民 I-2, 1043)은 "수임인이 자기 명의로 계약을 체결하여 취득한 권리는 위임인에게 이전하여야 한다"고 판시하며, 학설도 수임인이 위임사무의 처리로 소유권을 취득하였을 경우에는 그 소유권도 동시에 이전하여야 한다는 점에 異論이 없다.[3] 그렇다면 우리 민법에서 「인도」란 어떠한 의미를 가지는가를 다시 논의해 볼 필요는 없을까? 위의 제464조는 프랑스민법에서 연유한다고 하는데,[4] 프랑스에서는 과연 어떠할까? 특히 민법이 물권변동에 관하여 소위 獨法主義를 취한 후에 프랑스민법의 영향 아래 만들어진 규정들은 어떻게 이해 또는 재이해되어야 할까?

나아가 위 규정은 "그 辨濟가 取消된 때"라고 한다. 그런데 「변제의 취소」란 무엇일까? 「변제」도 법률행위와 마찬가지로 취소의 대상이 되는 것일까? 통설은 변제의 법적 성질을 準法律行爲라고 하는데, 준법률행위에 대하여는 법률행위에 관한 규정이 성질에 반하지 않는 한 준용된다고 하므로, 여기서도 변제를 무능력을 이유로 취소할 수 있다는 취지인가? 아니면 그 변제로 한 「인도」가 실은 법률행위인 경우, 예를 들면 동산의 소유권을 이전하는 채무를 이행하기 위하여 채무자가 목적물의 인도로 채권자에게 소유권을 양도한 경우에, 법률행위로서의 그 양도를 행위무능력을 이유로 취소하면 역시 변제로서의 효력도 상실하게 될 것인데, 위의 규정은 그러한 사태를 가리키는 것인가?[5][6]

3) 우선 民法注解[XV], 558면(李在洪 집필) 참조.

4) 民法案審議錄(上), 273면 上段 참조.

5) 만일 그렇다면 이는 엄밀한 의미에서는 「변제의 취소」라고 할 수 없다.

6) 日注民(12)(1970), 71면(奧田昌道 집필)은 그러한 취지로 이해한다. 즉 "本條는 기초에 있는 채권채무관계는 이를 취소하지 아니하거나 취소할 수 없고 단지 履行行爲만을 취소하여 급부물을 반환받으려고 하는 경우에 관한 규정"이라고 하면서, 여기서 「변제를 취소한 때」라는 표현은 "변제를 법률행위로 보는 견해

그렇다면 이는 물권행위에 한정하여 그것을 취소하는 것을 의미하는 것으로서, 물권행위의 「독자성」을 뒷받침하는 민법규정으로서의 의미가 있다고 할 수 있을는지도 모른다. 그런데 위의 제464조는 依用民法 제476조를 이은 것인데, 일본민법의 제정과정에서 그 起草者는 "변제의 능력이 없는 자가 한 행위는 취소할 수 있다고 하는 것은 本條가 있어서 비로소 알 수 있는 것으로서 總則에 의하여서는 알 수 없다고 생각합니다"라고 말하고 있어서,[7] 적어도 입법자의 의사를 존중하는 한에서는, 사태가 그렇게 간단하지 않다는 느낌도 가지게 된다.

2. 本稿에서 다루려는 민법 제745조도 이와 유사한 문제점을 지니고 있지 않은가 생각된다. 同條는 그 제1항에서 "債務者 아닌 者가 錯誤로 因하여 他人의 債務를 辨濟한 境遇에 債權者가 善意로 證書를 毁滅하거나 擔保를 抛棄하거나 時效로 因하여 그 債權을 잃은 때에는 辨濟者는 그 返還을 請求하지 못한다"고 정하고, 나아가 그 제2항에서 "前項의 境遇에 辨濟者는 債務者에 對하여 求償權을 行使할 수 있다"고 정한다. LX에서는 단지 2건의 대법원판결만이 위의 제745조에 대한 재판례로 검색된다. 그러나 同條는 적지 않은 이론적 문제를 안고 있다고 여겨진다.

그것은 무엇보다도 넓은 의미에서의 「채무자 아닌 자」가 한 변제의 효력에 관한 민법의 규율이 반드시 명료하다고는 할 수 없다는 것에 그 이유가 있다. 즉, 민법은 실제로 존재하는 채무를 그 원래의 채무자 아닌 사람이 변제하는 것을 「제3자의 변제」로서 원칙적으로 허용한다. 그리하여 「제3자의 변제」도 채무자를 채무로부터 해방시키는 효력을 가지며, 변제수령자에게는 이를 보유할 원인이 있으므로

또는 변제와 급부행위를 구별하지 않은 입장에서 이러한 규정이 행하여진 것인데, 그 후 변제와 급부행위를 구별하여야 한다는 것이 自覺된 이래 … [여기서] 「취소한」이라고 함은 급부행위를 취소하는 것이라고 해석되고 있다"고 한다.

7) 日注民(12), 70면(奧田昌道 집필) 참조.

그 변제로 행하여진 급부를 부당이득으로 반환할 의무를 지지 않는다. 이에 관한 규정(제469조)은 채권총칙(민법 제3편 제1장)에서 채권의 소멸사유로서의「변제」에 관한 규정들 중에 자리하고 있다. 다른 한편 채무가 실재하지 않는 경우에 그 채무의 이행으로 급부가 행하여진 경우, 즉 非債辨濟의 경우에는 변제의 효력이 발생할 여지가 없고 따라서 변제수령자로서는 이를 변제자에게 부당이득으로 반환하지 않으면 안 된다. 오히려 민법은 "채무 없음을 알고" 비채변제를 한 사람의 부당이득반환청구권을 배제하는 규정을 부당이득에 관한 규정들 중에 두고 있다(민법 제742조).

일단 이상의 두 규정으로써 넓은 의미에서의「채무자 아닌 자」가 변제를 한 경우가 모두 규율되는 것처럼 보인다. 그러나 실제는 그렇지 않다. 민법 제745조에서 실제로 존재하는 채무를 그 원래의 채무자 아닌 사람이 **자신의 채무로 잘못 알고** 변제한 경우, 즉 錯誤로 인한 他人債務의 辨濟 또는 他人債務의 錯誤辨濟의 경우에 대하여 별도의 정함을 마련하고 있는 것이다. 이 규정은 위와 같은 경우를 제469조에서 정하는「제3자의 변제」에 해당하지 않는 별개의 樣態(Modalität)로 정하는 것인가, 아니면 ──그 문언으로부터의 일차적인 印象과 같이── 단지「제3자의 변제」의 특수한 한 유형에 대하여 별개의 효과를 주는 것에 불과한 것인가. 이러한 의문은 다음과 같은 각도에서 표현될 수도 있다. 즉, 민법 제469조는 채무자 아닌 자가「제3자로서」변제한 경우만을 규율하는 것인가, 아니면 객관적으로 변제자가 채무자가 아니기만 하면 족한 것인가. 이를 보다 일반화하면, 가장 기본적이고 보편적인 채무소멸원인으로서의 辨濟에서「변제의사」는 어떠한 법적 의미를 가지는가의 문제를[8] 제기한다고도 할 수 있다.[9]

---

8) 그 문제를 생각함에 있어서는 辨濟充當에서의 변제자의 指定(민법 제476조)의 법적 성질 등도 아울러 고려되어야 할 것이다.

9) 그리고 이는 변제의 법적 성질에 관하여 어떠한 立場을 취하는가와는 차원을

3. 本稿는 민법 제745조에 대한 해석론을 다시 종합적으로 정리하여 보는 것을 통하여 위와 같은 문제를 부각시키고, 나아가 동조의 태도가 입법론적으로 정당한지를 생각하여 보려는 것이다.

이하에서는 우선 同條의 입법취지와 입법례를 살펴본다(Ⅱ.). 同條는 타인의 채무를 자기의 채무로 잘못 알고 변제한 것이 원칙적으로 변제로서의 효력을 가지지 못하여 변제자가 그 반환을 청구할 수 있음을 전제로 하여, 정면에서는 오히려 예외적으로 그 반환을 청구할 수 없는 경우를 정하고 있다. 그러므로 同條에서 다루어지는「타인채무의 착오변제」의 경우의 원칙적 처리에 대하여 설명하기로 한다(Ⅲ.1.). 그리고 이어서 반환청구가 배제되는 요건 및 그 경우의 법률효과에 대하여 본다(Ⅲ.2. 및 Ⅳ.). 마지막으로 同條에 대하여 입법론적인 당부에 대하여 검토를 가함으로써 이 글을 마감하려고 한다(Ⅴ.).

Ⅱ. 民法 제745조의 立法趣旨와 沿革

1. 民法 제745조의 立法趣旨

민법 제745조의 立法趣旨에 대하여는 대체로 다음과 같이 설명되고 있다.[10)]

어떤 사람이 他人의 債務를 변제하는 경우는, 변제자가 그것이 타인의 채무라는 것을 알면서 변제하는 것과 그것이 자신의 채무라고 잘못 알고 변제하는 것의 둘로 나눌 수 있다. 前者의 경우는 소위 제3자의 변제로서 민법 제469조에 의하여 유효하여 채무를 소멸시킨

달리하는 문제이다. 이 점에 대하여는 여기서 詳論하지 않는다.

10) 郭潤直, 債權各論, 제6판(2003), 363면; 金疇洙, 債權各論(1992), 566면 이하; 李銀榮, 債權各論, 제3판(1999), 705면. 이하에서 이들 문헌은 著者名만으로 인용한다.

다. 따라서 변제자와 채권자 사이에서 부당이득이 문제될 여지가 없으며 단지 채무자에 대한 변제자의 求償이 문제될 뿐이다. 그런데 後者의 경우는 非債辨濟에 다름아니어서 변제가 효력을 가지지 못하므로, 채권자는 자신이 받은 급부를 변제자에게 부당이득으로 반환하여야 하고, 채권자는 여전히 진정한 채무자에 대하여 채무의 이행을 구할 수 있다. 그런데 이러한 原則을 관철한다면 채권자가 "有效한 辨濟를 받은 것으로 믿고서", 혹은 적극적으로 채권증서의 파기나 담보의 소멸 등 채권의 만족을 곤란하게 하는 행위를 하거나, 혹은 소극적으로 채권 행사를 게을리하여 소멸시효에 걸리게 될 수 있다. 이렇게 되면 채권자가 예측하지 않은 손해를 입을 蓋然性이 있으므로, 그러한 일이 실제로 행하여진 경우에는 "債權者를 보호"하기 위하여 제745조를 둔 것이다. 즉 辨濟者의 返還請求權을 인정하지 아니하고 오히려 변제의 효력을 인정하여 채무 자체는 소멸시키되(제745조 제1항), 변제자로 하여금 이제 채무를 자신의 출연 없이 면하게 된 채무자에 대하여 求償權을 인정한다는 것이다(제745조 제2항).

한편 大判 92.2.14, 91다17917(공보 917, 1019)은, "민법 제745조 소정의 비채변제는 채무자가 아닌 제3자가 타인의 채무를 자기의 채무로 오신하고 착오로 변제한 경우에 채권자가 선의로 증서를 훼멸하는 등으로 그 채권을 잃은 때에는 **채권자를 위하여 착오로 변제한 변제자의 부당이득반환청구권을 제한**하는 취지의 규정"(강조는 引用者)이라고 설시하여서 대체로 위와 같은 趣旨를 肯定한다. 다만 여기서 「그 채권을 잃은 때」 운운하는 것은 「잃을 위험이 생긴 때」를 의미할 것이다.

2. 民法 제745조의 沿革과 立法例

(1) 제745조의 沿革

제745조는 依用民法 제707조와 동일한 규정이다.

日本의 舊民法 財産編 제365조는「채권자에 대하여 채무자 아닌 사람이 변제를 한 경우」에 관하여 그 제1항에서 "변제자가 착오로 변제를 한 때가 아니면" 그 반환을 청구할 수 없다고 하고 이어서 제2항에서 "채권자가 변제를 받음으로 인하여 선의로 채권증서를 훼멸한 때에도" 반환청구를 할 수 없다고 정하고 있었다.[11)]

일본민법의 제정과정에서, 그 起草者들은 일본민법 제707조의 입법취지에 대하여, "채권자는 채무자 이외의 자로부터 변제를 받을 수 있음은 물론 법률이 인정하는 바이나, 채무자가 아닌 자가 착오로 채무의 변제를 하여 그로 인하여 채권자에 손해를 끼칠 수 없음은 당연한 일"이라고 하면서, 舊民法에서 정하여진「증서 훼멸」의 경우와, ① "채권자가 변제를 받았기 때문에 그 후 그 채권을 행사하지 아니하여 시효에 걸린" 경우와 ② "담보가 필요없다고 하여 이를 포기한 경우"를 달리 볼 이유가 없으므로, "제365조 제2항의 경우에 위 두 개의 경우를 增補하여 본조 제1항의 규정을 마련하고 채권자의 보호에 만전을 기하려고 한다"는 의견을 제시하고 있다.[12)]

(2) 立 法 例

제745조와 유사한 취지의 규정은 프랑스민법 제1377조에서 찾을 수 있다.

우선 同條 제1항은 우선 "착오로 자신이 채무자라고 믿은 자가

11) 그리고 同條 제3항은, 이와 같이 반환청구를 할 수 없다고 하여도 변제자가 "事務管理의 訴權에 기하여 또는 代位辨濟의 規則에 의하여 진정한 채무에 대하여 가지는 求償權"에는 영향이 없다고 정한다. 이 규정이 제745조 제2항의 直接的 淵源이라고 하겠다.

12) 未定稿本 民法修正案理由書, 607면.

부채를 변제한 때에는 그는 채권자에 대하여 반환청구권을 가진다"고 전제하고, 나아가 同條 제2항에서 "그러나 그 권리는 채권자가 변제 후에 증서를 훼멸한 경우에는 종료한다. 다만 진정한 채무자에 대한 변제자의 구상에는 영향이 없다"고 정한다.

同條 제2항은 변제의 유효를 믿은 채권자가 증서를 훼멸하여 자기 채권의 만족에 장애가 생긴 경우에 관한 것으로 이해되어 「선의의(de bonne foi)」 채권자만에 적용되는 것으로 해석되고 있으며, 나아가 판례는 이를 증서 훼멸의 경우뿐만 아니라 擔保喪失 등의 경우에도 확장적용하였다.[13] 결국 일본민법 제707조는 프랑스민법 제1377조의 해석상 결론을 충실하게 조문화한 것이라고 할 수 있다.

Ⅲ. 民法 제745조의 適用要件

1. 他人債務의 錯誤辨濟

(1) 他人債務의 存在

채무가 존재하되, 그것이 변제자 이외의 사람이 부담하는 것이어야 한다.

(a) 변제자가 실제로 그 채무를 부담하고 있는 경우는 물론이고, 채무가 전혀 존재하지 아니하는 경우[14]에는 제745조는 적용되지 아니한다. 債務가 아예 존재하지 않는다면, 辨濟受領者는 급부를 보유할 「법률상 원인」이 처음부터 결여되어 있어서 이를 언제나 변제자에게 반환하여야 할 것이고, 그가 善意로 證書毁滅 등의 행위를 하였다고

13) 이에 대하여는 우선 Starck/Roland/Boyer, *Obligations*, T. 3: Régime général, 4ème éd.(1992), no. 249(p. 148 et suiv.) 참조.

14) A가 B에게 채무를 부담하고 있다고 잘못 믿고 C가 A를 위하여 제3자로서 변제한 경우에 대하여 日大判 1901(明 34). 3. 28(民錄 7-3, 88)도 同旨.

하여도 이로써 채권 만족이 위험하게 되는 일은 객관적으로 있을 수 없으므로 마찬가지라고 할 것이다. 그러므로 예를 들면 火災保險의 保險者가 채무가 없음에도 채무 있다고 오신하여 당해 보험금채권상의 質權者에게 변제를 하자 질권자가 被保險者(질권설정자)에 대한 抵當權 등의 등기를 말소하고 또 채권증서를 반환한 경우[15] 등에 대하여는 제745조의 적용이 없으며, 위와 같은 경우에 保險者는 質權者에 대하여 부당이득반환청구를 할 수 있다.

(b) 일본의 裁判例 중에는, 先代의 身元保證人으로서의 지위를 상속하였다고 잘못 안 相續人이[16] 신원보증채무를 변제하였고 이를 유효한 변제라고 믿고 수령한 채권자의 손해배상채권이 그 후 시효소멸한 사안에서 일본민법 제707조의 요건이 충족되는 것으로 하여 판단하는 것이 있다.[17] 이 事案은 보증채무가 존재하지 아니하는데도 보증인으로서 변제한 것이므로 이 「채무의 존재」라는 요건이 결여된 것으로 볼 수도 있을 것이나, 일본의 학설은 위 裁判例의 태도를 지지한다. 그 이유는, "形式的으로는 보증인은 자신의 채무로서 변제하는 자이므로, 보증채무가 존재하지 않은 경우에는 제705조[우리 민법 제742조에 해당한다]의 문제가 될 뿐인 것으로 생각된다. 그러나 實質的으로는 타인의 채무이고, 이것을 유효한 변제라고 오신하여 수령한 채권자를 보호하여야 한다는 점에서는 타인의 채무의 변제와 동일하므로, 역시 제707조[제745조에 해당한다]를 적용하여야 한다는 판례이론은 정당하다"는 것이다.[18] 다시 말하면 이러한 경우에 위 규정의

---

15) 同旨: 일본의 大阪地判 1963(昭 38). 5. 24(判例時報 368, 60); 大阪高判 1965(昭 40). 6. 22(下民集 16-6, 1099). 이 경우에는 質權者의 피담보채권이 보험자에 의하여 변제된 것이 아니며, 단지 質權의 目的인 보험금채권이 변제되었을 뿐이다.

16) 신원보증계약은 신원보증인의 사망으로 그 효력을 상실하며, 그 당사자의 지위가 상속되지 아니한다. 우리 身元保證法 제 7 조는 이를 明定하는데, 일본의 해석론으로서도 마찬가지이다. 우선 我妻榮, 債權各論 中卷二(1962), 576면 참조.

17) 日大判 1931(昭 6). 4. 22(民集 10, 217).

18) 我妻榮, 債權各論, 下卷一(1972), 1128면. 그 외에 松坂佐一, 事務管理 · 不當

적용이라는 관점에서는 主債務를 변제한 것과 같이 보아야 한다는 것이다.

우리 민법의 해석으로도 마찬가지로 해석하여야 한다는 견해도 있다.[19] 그리고 나아가 그렇다면 연대채무자 아닌 자가 연대채무자라고 믿고 그 채무를 이행한 경우나 제 3 자가 채무자로부터의 「지시」가 있다고 오신하여 채권자에게 변제를 한 경우에도 그와 같이 해석하여야 할 것이라고 한다.[20]

그러나 타인이 부담하는 채무에 대하여 자신이 보증인이라고 잘못 알고 자신의 보증채무를 이행한 때와 같이 착오의 대상이 어떠한 채무의 귀속주체 여하가 아니라 채무 자체의 동일성인 경우에는 제745조를 유추적용할 것이 아니라고 생각된다. 물론 이와 같은 경우에도 채권자가 선의로 채권증서를 훼멸한 때 등에 채권자를 보호할 필요가 있을 수 있다는 점을 생각하면, 유추적용을 인정하여야 할는지도 모른다. 그러나 뒤의 V.2.에서 보는 제745조에 대한 입법론적 의문에 비추어 보면, 同條의 적용을 확장하는 것은 쉽사리 긍정할 것이 아니라고 할 것이다. 위와 같은 경우는 엄밀하게는 「타인의 채무」를 자신의 채무로 잘못 알고 변제하였다고는 말할 수 없고, 단지 자신에게 채무가 없음에도 채무가 있다고 잘못 알고 변제한 통상의 비채변제에 불과하다. 그러므로 이에 대하여는 민법 제742조에 의하여 처리할 것이고, 제745조를 유추적용하여서는 안 될 것이다.

(**c**) 이와 관련하여 大判 95. 3. 3, 93다36332(集 43-1, 107)은, 보험회사인 원고가 갑이 보험목적물인 자동차를 소위 유상운송(이는 자동차보험약관상 면책사유에 해당하였다)하다가 길에 흙더미를 쌓아둔

利得, 新版(1973), 187면 등도 같다.

19) 註釋債各(Ⅲ), 193면(金先錫 집필).

20) 註釋債各(Ⅲ), 193면(金先錫 집필). 일본의 학설로 同旨: 我妻榮(註 18), 1128면; 松坂佐一(註 18), 187면; 四宮和夫, 事務管理·不當利得·不法行爲, 上卷(1981), 151면; 廣中俊雄, 債權各論講義, 제 4 판 (1979), 395면 등.

피고의 과실과 합하여 사고가 일어나 그 차에 탔던 사람이 부상하자, 위 유상운송 중의 사고가 자동차보험약관상 면책사유에 해당하여 보험금지급의무가 없음을 알지 못하고 "보험자로서 이 사건 피해자에게 보험금을 지급"한 사안에 대하여 판단하였다. 원고는 이 사건에서 피고에 대하여 위 보험금 상당액을 부당이득으로 반환청구하였는데, 그것은 아마도 위 보험금 지급으로 피고가 불법행위로 인한 손해배상채무를 면하였다는 것에 근거를 둔 듯하다. 결국 대법원은 이 청구를 기각하였는데, 그 이유로 "원고는 위 사고가 면책규정에 해당하여 보험금지급의무가 없다는 것을 알지 못하고 보험자로서 피해자에게 보험금을 지급하였으니 그에게 그 반환을 구할 수 있고, 따라서 피해자는 피고에 대하여 손해배상채권을 여전히 가지므로 피고가 원고의 보험금 지급으로 이득을 본 것이 없다"라고 설시하고 있다.[21)]

이 판단은 타당하다고 생각된다. 그런데 원고는 상고하면서 그 이유로 "원고는 착오로 피해자에게 보험금을 지급함으로써 **갑 및 피고의 채무를 변제**한 것인데, 피해자의 갑 및 피고에 대한 손해배상청구권이 시효로 소멸된 이상 원고는 민법 제745조 제1항에 의하여 위 피해자에게 위 보험금의 반환을 청구할 수 없으므로 같은 조 제2항에 의하여 피고에 대하여 그 과실비율에 따라 구상권을 행사할 수 있다"는 주장을 제기하였다. 대법원은 이 상고이유에 대하여 단지 "이는 원심에 이르기까지 주장한 바 없던 새로운 사실에 관한 것으로 적법한 상고이유가 될 수 없다"고 판시하여 배척하였다. 그런데 이 사건에서 원고의 보험금 지급이 「보험자로서」 행하여져서 자신에게 **보험금지급채무**가 있는지에 대한 착오에 기한 것이고 자신이 ── 실제로

21) 그 외에 원고는 事務管理를 주장하였는데, 대법원은 "원고의 위 보험금지급이 자신의 채무를 이행한다는 의사 내지는 갑을 위한 사무관리를 한다는 의사로 보험금을 지급하였다고 할 것이고, 따라서 피고와의 관계에서 사무관리가 성립할 여지가 없다"고 판단하여 이를 배척하였다.

는 갑 및 피고가 부담하는── 불법행위로 인한 손해배상채무를 진다고 잘못 알고 행하여진 것이 아니므로, 앞에서 말한 바에 의하면 위와 같은 원고의 주장은 그 이유만으로써도 배척되어야 했을 것이었다.

(**d**) 한편 정당한 채권자(또는 변제수령권자) 아닌 사람이 스스로를 채권자라고 믿으면서 채무자로부터 변제를 받은 경우에는 제745조는 적용 또는 유추적용되지 아니한다. 일본의 裁判例 중에는 공탁물회수청구권에 대하여 무효의 전부명령을 얻은 사람에 대하여 공탁공무원이 이 명령을 유효라고 믿고 정당한 회수권 없는 그에게 공탁원리금을 지급하여서, 그 전부명령 취득자가 執行債權에 관하여 증서의 훼멸, 담보의 포기 등을 행한 사안에 대하여 "공탁원리금의 부당이득반환청구에 대하여 제745조 제1항을 유추할 것이 아니"라고 판단한 것이 있는데,[22] 이러한 관점에서 理解될 수 있다.

(**2**) 錯誤辨濟

변제자가 타인의 채무를 「錯誤로」 변제하여야 한다. 여기서 「錯誤」라고 함은, 위와 같은 타인의 채무를 자신의 채무로 잘못 알고[23] 자기 채무의 이행을 위하여 변제하는 것을 말한다. 그러므로 자신에게 채무 없음을 알면서 변제한 경우는 제745조가 적용될 여지가 없다.[24]

(**a**) 타인의 채무를 제3자로서 한 변제는 민법 제469조에 의하여 유효하여 채무를 소멸시키므로, 제745조의 적용은 없다. 다만 제3자의 변제가 유효하지 아니한 경우, 예를 들면 利害關係 없는 제3자의 변제가 債務者의 意思에 반하여 무효인 경우(민법 제469조 제2항 참조)에는 제745조를 적용하여야 하지 않는가에 대하여는 특히 일본에서 論議가 있다. 裁判例는 이러한 경우에는 제3자의 변제를 의욕

22) 日最判 1987(昭 62).4.16(判例時報 1242, 43).

23) 大判 92.2.14, 91다17917(공보 917, 1019)도 참조.

24) 前註의 大判 92.2.14 참조.

하지 않는 채무자의 의사가 존중되어야 한다는 이유로 제745조의 적용을 否定하는 것이 있는데,[25] 이에 대하여는 贊反이 갈린다.[26] 우리 민법의 해석으로도 위와 같은 경우에 "제745조 제1항과 같은 返還請求制限이 필요하다"는 견해가 있다.[27]

민법 제469조 제2항의 입법태도 자체에 입법론적으로 문제가 없지 아니한 점[28] 등에 비추어 보면, 위와 같은 경우에 "채무자의 의사를 존중하는 것은 거래계의 실정에 맞지 않아 合理性이 없"으며 "債權者를 존중하기 위하여"[29] 제745조가 적용 또는 유추적용되어야 한다는 肯定說에도 일리가 있을는지도 모른다. 그러나 제3자의 변제를 제한하는 것에 대한 입법론적 문제점을 역시 입법론적으로 의문이 없지 않다고 할(이에 대하여는 뒤의 V.2. 참조) 제745조를 확장적용함으로써 해결하려는 것에는 주저를 느끼게 된다. 또 채무자 아닌 사람의 변제가 제3자로서 하는 변제인가, 즉 第3者辨濟意思(Drittleistungswille) 있는 변제인가, 아니면 채무자 자신으로서 하는 변제인가의 판단도 의사표시의 해석에서와 같이 변제수령자, 즉 채권자의 입장에서 합리적으로 행하여져야 하는 것이다.[30] 그러한 기준에 좇아 채무자 아닌 자의 변제가 제3자의 변제로 해석될 만한 경우인데, 그것이 유효한 변제가 되기 위한 법률상의 요건을 객관적으로 갖추지 못하였다면,

---

25) 日大判 1942(昭 17). 11. 20(法律新聞 4815, 17).

26) 그 詳細에 대하여는 新版 日注民(18)(1991), 680면 이하(石田喜久夫 집필) 참조.

27) 李銀榮, 705면.

28) 타인의 채무를 유효하게 변제하고자 하는 「이해관계 없는 제3자」는 채무자의 의사에 반하여도 채권자와 보증계약을 맺어 보증인으로서 履行함으로써 자기의 목적을 달성할 수 있다. 또한 민법 제469조 제2항과 같이 제3자의 변제에 채무자의 의사를 존중하는 立法例는 거의 없다.

29) 我妻榮(註 18), 1131면.

30) 이것이 이 문제에 관한 독일의 통설이고 판례이다. 우선 MünchKomm/Keller, § 267 BGB, Rn. 7 m.w.N.(3. Aufl., 1994, S. 596 f.); Jauernig/Vollkommer, § 267 Rn. 5(10. Aufl., 2003, S. 226) 참조.

채권자로서는 적어도 통상은 그것을 알 수 있었다고 보아야 하지 않을까? 그것이 아니라고 해도, 제3자의 변제로서 유효하지 아니할 수 있다는 것에 대한 위험, 따라서 일단 수령한 급부를 계속 보유할 수 없을 수 있다는 것에 대한 위험은 채권자 자신이 부담한다고 보아야 하지 않을까? 그러한 채권자가 후에 증서훼멸 등의 조치를 취하게 되면 애초 무효이었던 변제가 유효하게 된다는 것은 이해하기 어렵다.[31] 그리고 제745조에서처럼 변제자에게 무슨「착오」가 있는 것이 아니라 단지 채무자의 반대의사로 말미암아 자신의 변제목적을 달성하지 못하게 된 변제자에 대하여 "債權者를 존중하기 위하여" 반환청구를 부정하는 것은 가혹하다고 여겨진다. 그러므로 위와 같은 경우에 제745조를 적용 또는 유추적용할 수 없다고 볼 것이다.

(b)「착오로」 변제하였다고 인정되기 위하여는, 그 변제가 변제자의 容態(의사에 의한 지배가 가능한 행태·판단)에 基因할 것을 요구하는 취지이기도 하다고 이해할 것이다. 그리하여 心神喪失者가 변제한 경우에는 제745조의 적용이 없다. 나아가 債權者의 强要나 그 밖의 詐欺·强迫에 의하여 타인의 채무를 변제한 때와 같이 "착오변제에 대하여 책임을 질 것이 아닌 경우"에는 제745조의 적용이 부정된다는 견해도 있다.[32]

(3) "債務의 內容에 좇은" 辨濟

민법 제745조가 적용되기 위하여는 착오변제가「타인의 채무를 자기 채무로 잘못 알고」변제한 점을 제외하고는 "채무의 내용에 좇은"(민법 제390조, 제460조) 것이어야 한다. 그렇지 아니하면 채권자에게 증서 훼멸 등의 요건이 있어도 그 변제에 의하여 채권의 소멸을

31) 가령 新版 日注民(18), 681면(石田喜久夫 집필). 同所 인용의 同旨見解도 참조.
32) 註釋債各(Ⅲ), 193면(金先錫 집필); 新版 日注民(18), 681면(石田喜久夫 집필). 한편 李銀榮, 705면도 구체적으로 채권자의 강요나 사기·강박의 경우에 대하여 같은 뜻을 피력한다.

인정할 수 없을 것이다. 그러므로 가령 타인의 물건을 변제하였는데 채권자에게서 선의취득의 요건이 갖추어지지 못한 경우 등에는 제745조는 적용되지 아니한다.

2. 善意의 債權者의 證書毁滅·擔保抛棄 또는 消滅時效의 完成

(1) 善意의 債權者

善意의 채권자에게 증서 훼멸 등의 일이 일어나야 한다. 여기서 「善意」란 유효한 변제를 받았다고 誤信하는 것을 말한다.[33] 그러한 오신은 변제자를 진정한 채무자로 믿었기 때문이든 제 3 자의 변제로 유효하다고 믿었기 때문이든 묻지 아니한다.

(2) 證書毁滅 등

채권자가 그러한 誤信으로 인하여 증서를 훼멸하거나 담보를 포기하는 행위를 하거나 또는 소멸시효를 중단시키는 조치를 취하지 아니하여 소멸시효가 완성되어야 한다. 위와 같은 사유가 있어도 그것이 그러한 誤信으로 인한 것이 아닌 경우, 즉 오신과의 사이에 인과관계가 없는 경우에는 제745조는 적용되지 아니한다고 할 것이다.

(a) 여기서 「證書」란 채권의 존재를 증명하는 서면을 의미한다. 그러한 서면이면 그것이 帳簿이든 紙片(메모)이든 불문한다.[34] 일본의 裁判例 중에는 이를 "채무자 스스로 또는 제 3 자가 채무자를 위하여 발행한 증서를 말한다"고 制限的으로 해석하는 것이 있다.[35] 이러한

33) 郭潤直, 705면; 金疇洙, 567면.

34) 註釋債各(Ⅲ), 193면(金先錫 집필). 新版 日注民(18), 682면(石田喜久夫 집필)은, 일본민법의 제정과정에서의 起草者의 同旨의 발언을 인용하고 있다.

35) 日大判 1933(昭 8).10.24(民集 12, 2580). 貨物船의 全部傭船契約者가 운송 중 선원의 과실로 손상한 화물에 관하여 荷主에 대하여 손해배상의무를 지는 것은 자신이라고 믿고(사실은 船主이다) 변제하고 荷主로부터 貨物相換證 기타 관계서류를 교부받아 폐기한 후 제745조 제 2 항에 의하여 船主에게 求償한 사안에서, 위와 같이 판시하였다. 이에 찬성하는 견해도 있으나, 반대하는 학설이 유력하다. 이에 대하여는 우선 新版 日注民(18), 682면 이하(石田喜久夫 집필) 참조.

물적 제한은 반드시 설득력 있는 것으로 생각되지 않으나, 제745조의 趣旨(앞의 I.1., 특히 그 (2) 참조)에 비추어 보면 여기서 증서란 그 훼멸로 인하여 채권자가 채권 만족을 얻는 것이 객관적으로 위태롭게 되는 성질의 것이어야 할 것이다(목적적 제한).

증서의 「毁滅」이란 반드시 물리적으로 파기하는 것에 그치지 아니하고, 요컨대 그것이 "채권자의 지배를 떠나 채권자가 이를 자유로 입증방법으로 사용할 수 없게 된 경우"를 의미한다.[36] 그러므로 채권자가 증서에 橫線을 긋거나 서면상의 채무자의 姓名과 印影을 塗抹하는 경우도 포함된다.[37] 그런데 채권자가 변제자에게 반환하였다는 것만으로 이에 해당하는가에는 의문이 있다.[38]

(**b**) 또한 擔保란 물적 담보뿐만 아니라 인적 담보도 포함한다.[39]

그런데 여기서 「포기」에 관하여는 문제가 있다. 채권자가 피담보채무를 변제받았다고 믿은 경우에 그가 별도로 담보 포기의 의사를 표시하는 일은 실제로는 거의 없을 것이다. 담보권은 일반적으로 附從性이 있어서 변제로 인한 피담보채무의 소멸로 당연히 소멸하기 때문이다. 통상 행하여지는 것은, 질권이나 저당권에서와 같이 담보권 자체가 실체적으로 소멸하여도 남는 外形, 즉 점유나 등기를 없애는 행위(引渡 또는 登記抹消)를 하는 것이다. 그런데 이들 행위에 있어서

---

36) 日大判 1904(明 37).9.27(民錄 10, 1181)의 判示.

37) 同旨: 註釋債各(Ⅲ), 193면 이하(金先錫 집필); 日大判 1904.9.27(前註).

38) 日最判 1977(昭 52).3.25(判例時報 913, 87)은, 어음채권자가 어음금을 변제받고 어음을 변제자에게 인도한 경우에 대하여, 변제자가 부당이득으로 변제금의 반환을 청구함에 있어서 어음의 반환을 제의하여 그 이행을 제공하고 있는 경우에는, 그 반환의 제의가 時機에 늦었다는 입증이 없는 한 「증서 훼멸」에 해당하지 않는다고 판단하였다.

39) 我妻榮(註 18), 1129면은 인적 담보에 대하여, 抽象論으로서는 제745조의 「담보」에 포함시키는 것이 옳다고 하면서도, "유효한 변제를 받았다고 오신한 채권자가 특히 보증인의 책임을 면제하는 것은 실제상 드물 것"이고, 혹 일부의 변제를 유효하다고 오신하여 보증인의 책임을 전부 면제하였다는 등의 경우에도 면책행위는 錯誤로 무효가 되어서 결국 제745조가 適用될 여지는 없다고 한다.

채권자의 의사는 담보의 「포기」를 포함하지 않는다. 물론 채권자가 一部의 滿足만을 얻고 저당권 전부를 소멸시키거나 보증채무 전부를 면제하는 경우 등에는 엄밀한 의미에서의 「포기」가 행하여진다고 할 것이다. 그런데 위와 같은 引渡나 登記抹消의 경우에도 여기서 정하는 「담보 포기」를 긍정함이 타당하다고 생각된다.[40] 물론 이러한 경우에 채권자에게 점유나 등기를 회복할 法的 可能性이 없지 않다고 하더라도, 채권자가 채권의 만족을 얻지 못하게 될 위험이 있다는 점에는 다를 바 없는 것이다.

한편 채권자가 담보 중 일부만을 「포기」하여 나머지 담보로써도 채권의 만족을 얻을 수 있는 경우에는 제745조는 적용되지 않는다고 할 것이다. 이는 그러한 담보의 「포기」에 의하여서는 채권 만족이 위험하게 되었다고 말할 수 없기 때문이다.

(c) "時效로 인하여 그 債權을 잃은 때"란 채권의 소멸시효(각종의 短期消滅時效를 포함한다)가 완성된 경우를 가리킨다. 제745조의 취지에 비추어, 이는 채권자가 채권의 만족을 믿었기 때문에 청구 등 시효중단조치(민법 제168조 참조)를 취하지 아니함으로 인하여 소멸시효가 완성된 경우에 한정된다고 할 것이다.

여기서 「채권을 잃었다」고 함은 채권자가 채권의 만족을 얻을 법적 가능성을 상실하였다는 의미로 이해할 것이다. 그러므로 하나의 채권이 시효소멸하였어도 채권자가 동일한 급부를 목적으로 하는 별도의 경합하는 채권을 여전히 가지는 경우에는 「채권을 잃」었다고 할 수 없다. 예를 들면 불법행위로 인한 손해배상채권이 시효소멸하였어도 여전히 채무불이행으로 인한 손해배상채권이나 부당이득을 이유로 하는 반환청구권을 가지는 경우 등이 그러하다.[41]

---

40) 同旨: 四宮和夫(註 20), 153면 註 2.

41) 앞의 註 17에서 본 日大判 1931(昭 6).4.22.은 마찬가지의 입장을 취하여, 비록 채권자가 不法行爲로 인한 損害賠償債權이 시효소멸하였다고 하여도 그가

Ⅳ. 民法 제745조의 效果

1. 辨濟者의 不當利得返還請求權의 排除

(1) 不當利得返還請求權의 消滅

民法 제745조의 要件이 갖추어지면 변제자는 자신이 한 급부에 관하여 부당이득반환청구권을 가지지 못한다. 보다 정확하게 말하면, 당초의 변제에 의하여 발생한 변제자의 不當利得返還請求權이 위 Ⅱ. 2.에서 본 여러 事由 중 하나가 발생함으로써 그 요건이 사후적으로 缺落하여 소멸하게 된다.

이와 같이 채권자가 자신이 수령한 급부를 반환할 의무도 지지 않게 됨으로써 그의 채권도 소멸한다. 이 경우 채권 소멸의 원인에 대하여 일본에서는 目的到達說과 辨濟有效說이 대립한다고 하나,[42] 우리 민법의 해석으로는「목적도달(Zweckerreichung)」을 별도의 채무소멸원인으로 내세울 필연성 자체를 부인할 것이고,[43] 별다른 論議의 實益도 없는 터에[44] 변제가 유효하게 된다고 설명하는 것이 단순명료하다.

채무자에 대하여 不當利得返還請求權을 가지는 경우에는 "따로 채권자 구제의 필요가 없으므로" 제745조는 적용되지 않으며, "경합하는 청구권 전부에 대하여 본조의 사유가 생긴 경우에 한하여" 同條가 적용된다고 한다. 일본의 학설도 대체로 이에 찬성한다.

42) 우선 新版 日注民(18), 685면(石田喜久夫 집필) 참조. 日大判 1911(明 44). 11. 27(民錄 17, 719) 등 일본의 판례는 변제유효설을 취한다고 이해되고 있다.

43) 이 개념의 모국이라고 할 독일에서도 최근의 학설은 이러한 견해를 취하고 있다. 무엇보다도 Larenz, *Lehrbuch des Schuldrechts*, 14. Aufl.(1987), § 21 Ⅰ c (S. 315)("오늘날은 이러한 [목적도달이론에 설명되었던] 경우들이 給付不能의 한 경우라고 거의 일반적으로 인정되고 있다"). 라렌츠는 그의 채권총론 교과서에서 제 9 판까지는 Peter Klein, *Untergang der Obligation durch Zweckerreichung* (1905)에 연유하여 한때 매우 유력하였던 이 법률구성을 채택하였었으나, 제10판 이래 이를 포기하였다.

44) 新版 日注民(18), 685(石田喜久夫 집필)은, 앞의 Ⅱ. 2.(2)(c) 말미와 같은 결론을 내기에는 目的到達說이 낫다고 하나, 거기에서 본 대로 이는 제745조에서

(2) 遡及效의 有無

한편 이러한 부당이득반환청구권의 소멸이 遡及效를 가지는가, 다시 말하면 변제는 처음부터 유효하게 되는가. 이에 대한 정면의 論議는 잘 찾아볼 수 없다.[45] 이는 주로 증서 훼멸 등의 사유가 발생할 때까지 채권자가 그 수령한 급부로부터 얻은 果實 등 利益에 대하여 반환의무를 부담하는가 하는 문제와 관련된다. 그런데 제745조의 취지는 채권자로 하여금 변제자에 대한 관계에서 일체의 부당이득문제가 제기되지 않도록 하려는 데 있다고도 이해된다. 그러므로 소급효가 인정된다고 하여도 무방하지 않을까 생각된다.

2. 辨濟者의 債務者에 대한 求償權

(1) 求 償 權

민법 제745조에 의하여 비채변제가 유효하게 되면 채무자는 자신의 出捐 없이 자신의 채무를 면하게 된다. 그러므로 일반적으로 변제자는 채무자에 대하여 求償權을 가지게 된다. 동조 제 2 항은, 변제자의 이러한 구상권이 그대로 인정됨을 정하는 것이고, 그 규정에 의하여 별도의 구상권이 변제자에게 새롭게 부여된다는 의미는 아니다. 이는 依用民法 제707조 제 2 항이 "前項의 規定은 辨濟者로부터 債務者에 대한 求償權의 行使를 **방해하지 아니한다**"고 정하는 데서 명백하게 드러난다.

(2) 求償權의 性質

이와 같은 경우의 구상권은 통상 부당이득반환청구권의 성질을 가진다(通說). 사무관리로 인한 비용상환청구권의 성질이 인정되지

정하는 「채권을 잃」었다는 요건의 해석문제라고 하면 족하다.

45) 郭潤直, 363면이 "그 [債權] 消滅의 時期는, 辨濟를 한 때가 아니라, 제745조 제 1 항의 요건이 갖추어진 때임을 주의"라고 註記한 것은, 소급효를 부인하는 취지인가?

않는 것은, 본조의 경우에는 타인의 채무를 자기 채무로 오인하여 변제한 것으로서 主觀的으로는 자기 사무를 처리할 의사로써 행위하였기 때문이다.

3. 立證責任

부당이득반환청구권을 주장하는 사람(변제자)이 변제의 사실과 자신에게 이를 이행할 채무가 없음을 입증하고, 상대방(채권자)은 자신이 변제자가 이행한 급부를 목적으로 하는 채권을 가진다는 사실과 자신이 선의로 증거의 훼멸 또는 담보의 「포기」를 하였거나 그 채권의 소멸시효가 완성되었다는 사실을 입증하여야 할 것이다.

문제는 錯誤辨濟의 점, 즉 타인의 채무를 자신의 채무로 잘못 알고 변제하였다는 점에 대한 입증책임인데, 이는 역시 제3자로서 변제한 것이 아님을 주장하는 변제자가 입증하여야 할 것이다.[46)]

Ⅴ. 小結: 민법 제745조에 대한 立法論的 疑問

1. 이상에서 민법 제745조에 대하여 살펴보았다. 그런데 우리는 민법 제745조가 타인의 채무를 자기 채무로 잘못 알고 변제한 경우에 원칙적으로 인정되어야 할 변제자의 부당이득반환청구권이 배제되는 요건을 예외적으로나마 인정하는 것에 대하여 다음과 같이 입법론적으로 의문을 제기하지 않을 수 없다.

2. 제745조에서 문제되는 「타인 채무의 착오 변제」의 사안에서는 典型的으로 다음과 같은 利益衝突이 문제된다.

46) 同旨: 註釋債各(Ⅲ), 195면(金先錫 집필).

(a) 우선 제745조가 적용되지 아니하는 경우, 즉 착오변제자의 반환청구권이 인정되는 경우를 생각하여 보자.

이 경우 채권자는 자신이 받은 급부를 반환하고, 채무자로부터 다시 채권의 만족을 구하여야 한다. 그러므로 그는 채무자의 無資力危險을 부담하게 된다. 이 역시 원래 채권자가 부담하여야 하는 것이므로 별다른 문제는 없다.

나아가 착오변제자는 채권자=변제수령자로부터 그 급부의 반환을 청구할 권리가 있으나, 이로써 그는 변제수령자의 無資力危險을 부담하게 된다. 물론 이는 자신의 「錯誤」에 의하여 초래되었고 자신이 변제수령자로 택한 상대방에 대하여 부담하는 것으로서 그만한 이유가 있다고 하겠다.

(b) 그런데 제745조가 적용되어 착오변제자의 반환청구권이 부인되는 경우를 보자.

채권자는 이제 착오변제자로부터 수령한 급부로써 현실적으로 채권의 만족을 얻고, 채무자의 무자력위험을 더 이상 부담하지 않게 된다. 이는 채무자 자신의 이행행위가 없는데도 「선의로 증서 훼멸 등의 행위를 하였다」는 것에 기하여 얻어진 것으로서, 일종의 福運(bonanza)이다.

한편 착오변제자는 이제 원래 자신과 별다른 법률관계에 선 일이 없고 따라서 자신이 통상 잘 알지 못하는 채무자를 상대로 「求償」하여 자신이 출연한 것에 대한 재산적 「보상」을 얻어야 한다. 그리하여 그는 그 채무자의 무자력위험을 안아야 한다. 이는 자신의 「錯誤」와 함께 변제수령자가 「선의로 증서 훼멸 등의 행위를 하였다」는 것에 기하여 지워진 것으로서, 착오변제자로서는 전혀 意外의 負擔이다.

(c) 이와 같이 보면 제745조는 과연 착오변제자의 「착오」와 채권자의 「선의의 증서 훼멸 등 행위」가 위와 같은 채권자의 위와 같은 福運과 또한 채무자의 무자력위험의 轉置를 정당화할 만한가 하는 문

제를 제기한다. 생각하여 보면, 채권자가 선의로 증서 훼멸이나 담보 포기의 행위를 하였다고 해도, 그것은 그의 채권 만족을 抽象的으로 危險하게 하는 데 그치는 것이 아닐까. 증서 훼멸에 관하여 보면, 채권증서 등 서면이 소송상 입증을 위하여 반드시 요구되는 態度를 취하지 아니하는 이상에는[47] 그러하고, 또 담보 포기의 경우에도 일반적으로 채권의 만족을 믿고 그러한 행위를 하였다면 착오를 이유로 이를 취소할 수 있을 것이다(물론 이 경우에는 그 사이에 생긴 선의의 제3자(민법 제109조 제2항 참조)의 문제는 남는다). 그리고 시효소멸은 사실상 극히 드물게밖에 일어나지 않을 것이다. 또한 채권자가 증서 훼멸 등으로 인하여 채권의 만족을 얻지 못한 손해를 실제로 입은 ── 아마도 드문── 경우라면, 不法行爲를 이유로 착오변제자로부터 그 손해의 배상을 받을 수 있을지도 모른다. 특히 債權者는 위와 같은 손해 또는 손해 발생의 개연성을 내세워 이를 착오변제자에서 반환할 이익으로부터 控除할 것을 주장할 수 있을 것이다(민법 제748조: "그 받은 利益이 現存한 限度에서").[48]

그렇다면 제745조에 대하여 우리는 입법론적으로 의문을 제기하지 않을 수 없는 것이다.

(人權과 正義 324호(2003. 8), 103면 이하 所載)

---

47) 프랑스에서는 계약의 목적물이 데크레가 정하는 일정액을 넘는 경우에는 입증을 위하여 서면이 요구되는데(프랑스민법 제1341조: "데크레에 의하여 정하는 금액 또는 가액을 넘는 것 전부에 대하여 公證人 앞에서 또는 私署에 의하여 證書가 작성되어야 한다."), 현재는 그 액은 5천프랑으로 정하여져 있다(1980년 7월 15일의 데크레 제533호). 그러므로 다소라도 중요한 契約은 모두 간접적으로 要式主義를 취하고 있다고 할 수 있다.

48) 제745조와 같은 규정을 두지 않는 독일에서는 제745조의 문제가 그와 같이 해결되고 있다. 우선 Staudinger/Lorenz, § 818 Rn. 39(12. Aufl., 1986)("법률상 원인 없이 수령한 것[그리하여 부당이득반환의무의 목적이 된 것]에 의하여 자신의 채권이 만족되었다고 생각하는 채권자가 가령 제3자에 대한 권리를 포기하든가 소멸시효가 완성되도록 방치하여 불이익을 입는 경우") 참조.

11. 債權者代位에 의한 處分禁止效가 第3債務者가 債務者의 債務不履行을 이유로 賣買契約을 解除하는 것에도 미치는가?

— 대법원 2003년 1월 10일 판결 2000다27343사건(판례공보 2003상, 562면)

[事實關係]

대법원판결로부터 알 수 있는 사실관계를 이 평석에 필요한 한도에서 간단하게 보면 다음과 같다.

원고가 1987년 8월에 甲에게 이 사건 부동산을 매도하였는데, 甲은 대금을 다 지급하기 전에 이를 다시 피고에게 매도하였다. 피고는 1989년 1월에 갑에 대하여, 그리고 甲을 대위해서 원고에 대하여 이 사건 부동산에 관하여 소유권이전등기청구소송을 제기하였었다. 이 소송은 대법원에서 두 차례나 파기환송되는 곡절을 겪으면서, 1998년 10월에야 상고기각으로 종결되었다(원고에 대한 대위청구부분에 대하여는 "원고는 甲으로부터 매매잔금을 지급받음과 동시에 甲에게 소유권이전등기절차를 이행하라"는 내용의 판결이 확정되었다). 그런데 그 소송이 마지막으로 대법원에 계속 중이던 1997년 7월에, 즉 사실심에서의 변론종결 후에, 원고는 甲에게 기간을 지정하면서 잔금의 이행을 최고하고 그 기간이 도과하면 매매계약은 해제된다는 내용의 서면을 보냈다. 甲이 그 기간을 도과하자 원고는 동년 8월에 甲에게 매매계약이 해제되었다는 뜻의 서면을 다시 보냈다.

이 사건에서 원고는, 사건명이 「채무부존재확인」인 점 등으로 미루어 보면, 원고가 위와 같이 甲의 채무불이행을 이유로 매매계약을 적법하게 해제하였으므로 피고가 前訴에서 대위행사하였던 甲의 소유권이전등기청구권은 이제 존재하지 않음을 확인할 것을 청구한 것으로 추측된다.

원심은 원고의 청구를 기각하였다. 그 이유는 요컨대 원고가 대위채권자인 피고를 관여시킴이 없이 매매계약을 해제하고 이를 피고에게 주장하는 것은 신의칙에 반한다는 것이었다. 대법원은 원고의 상고를 기각하였는데, 그 이유는 원심판결에서과 같이 신의칙 위반을 인정한 것이 아니었다.

[判決趣旨]

"채권자가 채권자대위권에 기하여 채무자의 권리를 행사하고 있는 경우에 그 사실을 채무자에게 통지하였거나 채무자가 그 사실을 알고 있었던 때에는 채무자가 그 권리를 처분하여도 이로써 채권자에게 대항하지 못하는 것인데 … 원고가 피고의 채권자대위권 행사에 의한 소유권이전등기절차의 이행을 구하는 종전 소송의 재파기환송 후 그 청구를 인용한 항소심판결에 대하여 상고를 제기하여 그 사건이 상고심에 계속되어 있던 중에, 채무자인 甲에게 반대의무의 이행을 최고하였으나 甲이 아무런 조치를 취하지 아니하여 원고로 하여금 甲의 채무불이행을 이유로 매매계약을 해제할 수 있도록 한 것 역시 채무자인 甲이 원고에 대한 소유권이전등기청구권을 처분하는 것에 해당한다고 할 것이므로 이를 채권자인 피고에게 대항할 수 없고, 그 결과 제3채무자인 원고 또한 그 계약해제로써 피고에게 대항할 수 없다."(점선은 인용자가 생략한 부분을 가리킨다)

[評　　釋]

1. 序

민법 제405조 제2항은 채권자대위의 목적인 채무자의 권리를 채무자가 처분하는 것을 제한하고 있다. 대상판결은, 피대위권리가 매매계약에 기하여 발생한 소유권이전등기청구권인 경우에 그 상대방(즉 매도인. 이하 피대위권리의 상대방을 「제3채무자」라고 부르기로 한다)이 채무자(즉 매수인)의 매매대금지급의무 불이행을 이유로 催告要件을 준수하여 당해 契約을 解除하는 것도 위와 같이 제한을 받는 「처분」에 해당됨을 정면에서 밝히고 있다. 그러나 이러한 見解에는 찬성할 수 없다.

여기서는 이 구체적인 사건이 어떻게 해결되어야 하는가, 가령 원고의 주장이 원심판단과 같이 신의칙에 위반되는가는 검토하지 아니하고, 단지 위의 추상적 견해 그 자체의 當否만을 살펴보기로 한다. 이 역시 여러 관점에서 행하여질 수 있겠지만, 민법 제405조 제2항의 연혁이나 입법례에 비추어 본 문제점, 그 규정에 대한 입법론적 비판 등에 관하여는 지면관계로 생략하기로 한다.

또한 對象判決이 그 효력을 제한하고 있는 언필칭 「처분」이 있은 것은 채권자대위소송의 사실심변론종결 후이다. 그리하여 대상판결은 채권자대위로 인한 채무자의 처분제한은 언제까지 그 효력이 미치는가 하는 문제도 제기한다. 그것은 채권자가 채무자의 권리를 대위행사하고 있는 동안에 한정되는가? 아니면 만일 채권자대위소송이 제기되었다면, 그 事實審의 변론이 종결된 후에도, 나아가 그 소송이 모두 종결된 후에도, 채무자는 여전히 자신의 권리를 처분하지 못하는가? 그러나 이 점에 대하여도 역시 논하지 않기로 한다.

2. 다른 處分制限制度와의 均衡

(1) 아마도 채권에 대한 처분제한의 전형적인 사유는 채권의 押留 또는 假押留를 들 수 있을 것이다(실무상 소유권이전등기청구권에 대하여 처분금지가처분이 신청되기도 하는데, 그러한 가처분이 허용되는지는, 法院行政處, 법원실무제요, 민사집행[Ⅳ](2003), 298면에 의하면, "피보전권리와 관련하여 의문이 없는 것은 아니"다). 그런데 大判 82.10.26, 82다카508(集 30-3, 179) 이래 근자의 大判 2001.6.1, 98다17930(공보 2001하, 1482) 등에 이르기까지 우리 판례는 일관하여 채권압류 또는 채권가압류의 처분금지효는 그 채권의 발생원인인 법률관계에 대한 채무자의 처분까지도 구속하는 효력은 없다는 태도를 견지하고 있다(위 법원실무제요, 민사집행[Ⅲ](2003), 305면; 同 [Ⅳ], 208면도 참조). 그리하여 大判 2000.4.11, 99다51685(공보 2000하, 1177)은 "소유권이전등기청구권의 가압류나 압류가 행하여지면 제3채무자로서는 채무자에게 등기이전행위를 하여서는 아니되고, 그와 같은 행위로 채권자에게 대항할 수 없다 할 것이나, 가압류나 압류에 의하여 그 채권의 발생원인인 법률관계에 대한 채무자와 제3채무자의 처분까지도 구속되는 것은 아니므로 기본적 계약관계인 매매계약 자체를 **해제할 수 있다**"(강조는 引用者가 가한 것이다. 이하 같다)고 판시하고 있다.

만일 對象判決과 같이 채권자대위권이 행사된 경우에 제3채무자가 채무자의 채무불이행을 이유로 계약을 적법하게 해제한 것을 채권자에게 대항할 수 없다고 한다면, 이는 채권자가 집행권원에 기하여 正式의 강제집행절차를 통하여 채무자의 채권을 압류하는 것보다도 더욱 강력한 효력을 채권자대위에 인정하는 결과가 된다. 과연 누가 이것을 타당한 처리라고 할 수 있을 것인가?

(2) 채권압류의 경우에 제3채무자가 채무자에게 자신의 채무를 이행할 수 없고 채무자가 이를 수령할 수 없음은 물론이며(民事執行

法 제227조 제1항 등 참조), 이는 소유권이전등기청구권이 압류된 경우라고 하여 다를 바 없다. 그런데 채권자대위에서는 제3채무자가 채무자에게 채무를 변제할 수 있으며 채무자는 이를 유효하게 수령할 수 있다고 한다(우선 民法注解[IX], 795면(金能煥 집필) 참조). 특히 大判 91.4.12, 90다9407(공보 1991, 1366)은, 對象判決의 사안에서와 같이 부동산이 甲으로부터 乙, 乙로부터 丙으로 전전 매도된 후에 丙이 乙의 甲에 대한 소유권이전등기청구권을 대위행사하여 소유권이전등기청구소송을 제기한 후에 乙이 甲으로부터 소유권이전등기를 경료받은 事案에 대하여, 타당하게도 "채무자의 변제수령은 처분행위라 할 수 없고, 같은 이치에서 채무자가 그 명의로 소유권이전등기를 경료하는 것 역시 처분행위라고 할 수 없으므로, 소유권이전등기청구권의 대위행사 후에도 채무자는 그 명의로 소유권이전등기를 경료하는 데 아무런 지장이 없다"고 판시한 바 있다.

이처럼 채권자대위에서는 일반적으로 채권압류에서보다 채무자가 행할 수 있는「處分」의 범위가 넓은 것이다(물론 변제의 수령은 엄밀한 의미에서는 처분이라고 할 수 없으나, 이로 인하여 채권이 소멸된다는 점에서 이 맥락에서는 통상 처분에 준하여 처리된다). 그런데 하필 피대위채권의 발생원인이 되는 기본적 계약관계의 해제에 관하여 채무자의「처분」을 더욱 제한하여야 할 이유는 없을 것이다.

3. 債權者代位에서 第3債務者의 地位

원래 채권자대위권의 목적이 된 권리의 상대방, 가령 피대위권리가 채권이면 그 상대방이 되는 제3채무자는 채권자대위권이 행사되었다고 해서 자신의 법적 지위에 기본적으로 영향을 받지 않는다. 채권자는 단지 채무자에 대위해서 채무자의 채권을 행사하는 것뿐이므로, 제3채무자로서는 채무자 자신이 그의 채권을 행사하는 경우에 비교해서 불이익한 지위에 놓일 이유가 없는 것이다.

채권의 **귀속 자체가 변경**되는 債權讓渡(즉 처분의 「제한」을 문제삼기 전에 이미 채권, 나아가 그 처분권 자체가 다른 사람에게 이전되는 제도)에 있어서도 채무자는 양도통지의 도달시까지 양도인에 대하여 생긴 사유를 양수인에게 대항할 수 있다(민법 제451조 제2항). 그리하여 양도통지가 있은 후 양도인이 채무자에 대한 계약상 반대채무를 불이행함으로써 채무자가 피양도채권의 발생원인이 되는 계약을 해제한 경우(예를 들어 매도인이 매매대금채권을 양도하였는데 그 후 그가 자신의 소유권이전채무를 이행하지 아니하여 매수인이 매매계약을 해제한 경우)에는 채무자가 그 해제를 양수인에게 대항할 수 있다고 일치하여 해석되고 있다(우선 民法注解[X], 592면(李尙勳 집필) 참조. 일본의 학설로, 我妻榮, 新訂 債權總論(1964), 525면; 奧田昌道, 債權總論, 增補版(1992), 442면; 林良平 등, 債權總論, 第3版(1996), 503면 등 참조). 그리고 이상은 채권자가 집행권원에 기하여 집행채무자의 채권을 압류·전부받음으로써 취득한 경우에도 다를 바 없을 것이다.

그렇다면 권리의 귀속 자체에 아무런 변경이 없는 채권자대위권의 경우에 제3채무자는 대위채권자에의 대항사유라는 점에서 채권양도 또는 채권전부의 경우 이상으로, 아니면 적어도 동등하게 보호를 받아야 하지 않을까?

4. 合意解除와 法定解除를 구별할 必要

(1) 對象判決에 대하여는 혹 다음과 같은 설명이 가능할는지 모른다. 즉 大判 93.4.27, 92다44350(공보 1993, 1551)(이 사건의 제1차 환송판결이다); 大判 96.4.12, 95다54167(공보 1996상, 1516) 등 종전의 재판례는 채권자대위에서의 채무자의 처분제한이 채무자와 제3채무자가 대위행사의 목적이 된 권리의 발생원인이 되는 계약을 당사자

간의 **합의로** 해제하는 것에도 미친다는 태도를 취하여 왔다. 대상판결은 그 취지를 법정해제의 경우에 연장하였을 뿐이라는 것이다.

그런데 우선 종전 재판례의 태도가 타당한지가 문제이다. 그것은 일단 앞의 2.(1)에서 본 채권압류의 효력이 기본적 법률관계에 미치지 않는다는 판례의 태도와 수미일관하지 않을 뿐 아니라, 보다 근본적으로 필자는 채권압류의 경우에도 合意解除(약정해제권이 행사된 경우가 아니라, 解除契約이 체결된 경우를 말한다)에 대하여는 채권압류의 처분금지효가 미쳐야 한다고 생각한다. 이러한 해제계약에 동의하는 채무자의 의사표시에는 채권압류로 저지하려는「채권 자체의 처분」이 성질상 당연히 포함되어 있기 때문이다(이에 대하여는 梁彰洙, "債權假押留 후 債務者와 第3債務者 간의 契約關係消滅에 관한 合意의 效力", 同, 民法硏究, 제5권(1999), 429면 이하, 특히 451면 이하 참조).

(2) 그러나 채무불이행책임의 한 내용으로서의 법정해제의 경우는 달리 보아야 한다. 물론 해제계약이 채무자의 채무불이행문제를 처리하는 일환으로 행하여진 경우는 별론으로 하고(그러한 의미에서 최근의 大判 2001.6.1, 98다17930(공보 2001하, 1482)가 채권가압류의 처분제한효가 "채무자와 제3채무자가 아무런 합리적 이유 없이 채권의 소멸만을 목적으로 계약관계를 합의해제한다는 등의 특별한 경우"에는 합의해제에도 미친다는 뜻으로 종전에 없는 판시를 한 것은, 새로운 법전개의 端緖라는 면에서 흥미롭다), 법정해제와 해제계약은 혹 그 법률효과에서는 서로 유사할지 모르나(그래도 大判 96.7.30, 95다16011(集 44-2, 61) 등 판례는 해제로 인한 금전반환의무에 관한 민법 제548조 제2항이 해제계약에는 적용되지 않는다고 한다), 그 성립원인이나 법적 성질에 있어서는 현격한 차이가 있다. 특히 채권자대위나 채권압류의 효력으로서의「처분제한」에서와 같이 집행채권자 또는 대위채권자의 권리만족 내지 실행확보의 이익을 도모할 필요와 채무자의 활동의 자유를 보

호 · 신장할 원래적 필요의 조화가 문제되는 국면에서는 더욱 그러하다. 거칠게 말하면, 법정해제는 채무자의 객관적 채무불이행에 대한 제3채무자의 정당한 법적 대응이고, 해제계약은 채무자의 의사행위를 하나의 필수적 요소로 하여 채권관계를 소멸시키는 것이다.

(3) 이와 관련하여 對象判決은 "채무자 甲이 제3채무자인 피고의 매매대금 이행최고에 **아무런 조치를 취하지 아니하여** 피고로 하여금 해제를 할 수 있도록 한 것"이 채무자의 피대위채권에 대한 「처분」에 해당한다고 한다. 이는 어떠한 의미에서도 處分이라는 법개념의 부당한 확장일 뿐만 아니라, 앞의 2.(2)에서 본 대로 채권소멸을 가져오는 변제의 수령도 여기서의 處分에 해당하지 않는다고 판단한 대법원이 이제 와서 돌연 이러한 무리를 하여야 할 이유가 무엇인지 이해하기 어렵다.

5. 實際的 問題

對象判決과 같은 입장은 실제적으로도 부당한 결과에 이르게 된다. 이 사건에서와 같이 채무자가 매매대금을 지급하지 아니하고 있는 동안에는, 제3채무자로서는 채무자의 매매대금 지급과 相換으로만 소유권이전등기를 할 것을 대위채권자에 대하여 주장할 수 있다. 그리하여 前訴에서의 확정판결이 그러했던 것처럼, 그러한 내용의 판결이 선고되어 확정되더라도, 제3채무자로서는 어쨌거나 그 후 매매대금을 지급받기까지는 소유권이전등기를 넘기지 않아도 된다. 그런데 그 확정판결 후에도 채무자가 종내 매매대금을 지급하지 않는다고 해 보자. 그러면 제3채무자로서는 그 때 이행최고를 하고 계약을 해제할 수 있음은 물론일 것이다. 만일 그가 이 권리를 행사한다면, 그는 확정판결의 집행력을 배제하기 위하여 "변론이 종결된 뒤"에 생긴 그 사유를 주장하여 채권자를 상대로 請求異議의 訴(民事執行法 제44조)를 제기하여야 할 것이다.

제 3 채무자에게 이와 같이 迂遠한 방도를 취하게 강요할 필요는 없지 않을까? 어차피 채무자가 그의 채무를 불이행하고 있는 이상에는, 채권자가 채무자를 대위하여 제 3 채무자를 상대로 제기한 소유권이전등기소송에서 제 3 채무자로 하여금 원래대로 해제를 허용하고 이로써 채권자에게 대항할 수 있도록 하는 것이 일을 간명하게 처리하는 길이다.

6. 結　論

이상에서 본 바와 같이 對象判決의 판결취지는, 채권자대위에서의 제 3 채무자의 법적 지위의 파악이라는 점에서도, 다른 처분제한의 경우나 기타의 제도와의 균형이라는 점에서도, 「처분」이라는 법개념의 왜곡이라는 점에서도, 실제적 문제해결의 타당성이라는 점에서도 찬성할 수 없다. 혹 문제의 근원은 채권자대위에서 채무자의 처분제한을 별다른 제한 없이 인정하는 듯이 표현되어 있는 민법 제405조 제 2 항의 문언 자체에 있을는지도 모른다. 이에 대하여는 별도의 論考에서 다루기로 한다.

(法律新聞 3160호(2003. 4. 7), 14면 所載)

12. 賣買代金債權 一部의 讓受人이 代金을 受領한 후에 賣買契約이 解除된 경우 그 金錢返還義務는 買受人의 目的物引渡義務와 同時履行關係에 있는가?

— 대법원 2003년 1월 24일 판결 2000다 22850사건(판례공보 2003상, 685면)

[事實關係]

대법원판결로부터 알 수 있는 사실관계를 이 평석에 필요한 한도에서 간략하게 제시하면 다음과 같다.

A(원래는 여럿이나 이와 같이 표시한다)는 이 사건에서 문제된 건물의 일정 부분을 원고에게 분양하는 계약을 체결하였다. 원고는 분양대금의 일부를 A에게 지급하였는데, 그 후 피고는 A로부터 분양잔대금채권을 양도받았다. 그러자 원고는 피고에게 나머지 분양대금을 지급하였다. 그 건물이 완공된 후에 원고는 자신이 분양받은 건물 부분을 인도받기는 하였지만, 그에 관한 소유권이전등기를 경료받지는 못하였다. 이 사건 건물에는 채권최고액 70억원의 근저당권설정등기가 경료되었고, 여러 개의 가압류등기 또는 압류등기가 행하여졌으며, 나아가 A가 무자력상태에 빠졌던 것이다. 피고는 이로써 분양자측의 소유권이전등기의무가 이행불능이 되었음을 들어 이 사건 분양계약을 해제하였다.

이 사건에서 원고는 피고를 상대로 하여 자신이 지급한 분양대금의 반환을 청구하였다. 원심법원은, 우선 이 사건 분양계약에 기하여 분양자측이 부담하는 소유권이전등기의무가 이행불능이 되었고, 따라서 원고의 위 계약해제는 적법하다고 판단하였다. 그리고 피고가 한 同時履行의 抗辯, 즉 위 계약의 해제로 인한 피고의 대금반환의무는 A가 원고로부터 건물을 인도받는 것과 상환으로 이행되어야 한다는 항변을 배척한 다음, "이 사건 분양계약상의 분양대금채권 중 미수금채권을 양도받은 피고는 원고에게 그 양수 이후 원고로부터 지급받은 판시 금원을 반환할 의무가 있다"는 결론을 내리고, 원고의 청구를 모두 인용하였다.

대법원은 피고의 상고를 기각하였다. 대법원판결은, 이행불능 여부의 판단, 이행불능을 이유로 한 계약해제에서 반대채무의 이행제공의 要否, 쌍무계약에서 발생한 채권의 양수인이 계약해제의 효력을 대항받지 않는 민법 제548조 제1항 단서의 「제3자」에 해당하는지 여부 등 여러 가지 사항에 대하여 흥미로운 판단을 포함하고 있다. 그러나 이 평석은 위의 동시이행항변을 배척한 것의 當否에 한정하여 다루고자 하므로, 이에 관련된 판결취지만을 들기로 한다.

[判決趣旨]

"계약이 해제된 경우 계약해제 이전에 해제로 인하여 소멸되는 채권을 양수한 자는 계약해제의 효과에 반하여 자신의 권리를 주장할 수 없음은 물론이고, 나아가 특단의 사정이 없는 한 채무자로부터 이행받은 급부를 원상회복하여야 할 의무가 있다고 할 것이[다] … 피고는 분양계약상의 매도인의 지위를 양도받은 것이 아니라 분양대금 미수금채권을 양도받았을 뿐이고, 이 사건 계약해제로 인하여 원고가 지급한 분양대금 중 일부만을 원고에게 반환할 의무를 부담하고 있는 바, 위와 같은 의무는 원고가 계약해제로 인하여 분양계약의 당사자인 A에게 부담하는 이 사건 분양부분의 명도의무와 동시이행관계에 있다고 볼 수 없으므로, 같은 취지에서 피고의 동시이행항변을 배척한 원심의 조치 역시 옳고, 거기에 상고이유에서 주장하는 바와 같은 위법이 있다고 할 수 없다."(점선은 인용자가 생략한 부분을 가리킨다)

[評　釋]

1. 序

이 사건에서 문제된 바와 같은 분양계약은 적어도 그 주요한 부분에 있어서는 매매계약의 성질을 가진다고 할 것이다. 그런데 매매계약과 같은 쌍무계약이 해제된 경우에 쌍방 당사자가 각기 부담하는 原狀回復義務(민법 제548조 제 1 항 본문 참조)가 서로 동시이행관계에 있음은 민법 제549조에서 명문으로 정하는 바이다. 예를 들어 매매계약에서 매수인이 목적물을 인도받았는데 대금의 일부만을 지급하고 나머지 대금의 이행을 게을리함으로써 매도인이 이를 이유로 매매계약을 적법하게 해제한 경우에는, 매도인은 수령한 대금의 반환의무를, 매수인은 목적물의 반환의무를 각각 부담하게 된다. 그리고 이 쌍방의 의무는 서로 相換으로 이행되어야 하는 것이다.

對象判決은, 우선 계약이 해제되기 전에 매도인의 매매대금채권이 제 3 자에게 양도되고 매수인이 그 양수인에게 대금을 지급하였는데 그 후 계약이 적법하게 해제된 경우에는 그 채권양수인이 매수인에 대하여 대금반환의무를 부담함을 인정한다. 그런데 나아가 채권양수인의 이 대금반환의무와 매수인의 목적물인도의무 사이에는 동시이행관계를 인정할 수 없다는 태도를 밝히고 있다. 필자는 이러한 태도에는 찬성하기 어렵다. 쌍무계약으로부터 발생한 채권이 제 3 자에게 양도되었다고 해서, 앞서 본 원상회복의무의 동시이행관계가 달라져야 할 이유는 없는 것이다. 대상판결은 분양계약의 당사자로서의 지위가 인수된 것이 아니고 단지 계약상 채권이 양도된 것뿐이라는 점을 들고 있으나, 이는 위의 문제에 관하여 결론을 달리 하게 할 사정이 되지 못한다. 한편 이 부분 판시는 비록 판례공보나 LX상에 판시사항이나 재판의「요지」에 포함되어 있지 않지만, 그것이 이 판단이 가지는「의미」를 제한하는 것이 아님은 물론이다.

또한 對象判決이 이 부분의 판시 중에 "원고가 지급한 분양대금 중 **일부만**을 원고에게 반환할 의무를 부담하고 있"음을 운운하는 것을 보면, 그 眞意는 혹 원래의 채권 중 일부가 제 3 자에게 양도된 결과로 일방의 원상회복의무를 부담하는 당사자가 여럿이게 된 경우에는 상환관계가 부인되어야 된다는 데 있는지도 모른다. 그러나 이러한 태도에도 역시 찬성할 수 없다. 쌍무계약으로부터 발생하는 채권 중 일방의 채권의 전부가 아니라 그 일부만이 제 3 자에게 양도되었다고 해도, 위의 문제를 다르게 처리하여야 할 필요는 없다.

2. 債權讓渡와 契約解除

(1) 大判 77.5.24, 75다1394(集 25-2, 44); 大判 85.4.9, 84다카130등(集 33-1, 167) 등 확고한 판례는 계약해제의 효과로 계약은 소급적으로 효력을 상실하고 계약의 이행으로 일어난 물권변동도 당연히 원상태로 복귀한다는 태도를 취한다. 그리하여 민법 제548조 제 1 항 단서는 해제로 인한 계약의 소급적 소멸효를 제한하는 규정으로서,「제 3 자의 권리」는 그 소급적 소멸에 의하여 영향을 받지 않음을 정하는 것으로 이해된다.

(2) 大判 64.9.22, 64다596(集 12-2, 123) 이래 對象判決에 이르기까지 역시 확고한 판례는 쌍무계약에서 발생한 채권을 양수한 사람

은 위 단서규정상의 「제3자」에 해당하지 않는다고 한다. 이에는 약간의 반대도 없지 않으나, 쌍무계약상의 채권은 그 계약의 운명에 따르는 것이므로 그대로 수긍될 수 있다. 그러므로 그 채권양수인은 계약이 적법하게 해제되면 애초부터 채권을 취득하지 못한 것으로 취급된다. 그런데 계약이 해제되기까지는 채권양수인은 당연히 채무자에 대하여 그 채무의 이행을 청구할 수 있고, 채무자로서는 양수인에게 이를 이행하여야 할 의무가 있다. 따라서 채권자는 채무자가 그 채무이행으로 한 급부를 적법하게 보유할 법률상 원인이 있고, 부당이득 책임은 문제될 여지가 없다.

그러나 계약이 해제되면 이제 상황은 一變한다. 당해 채권의 발생원인인 계약이 그 효력을 소급적으로 상실하였으므로, 양도의 대상인 채권도 애초부터 발생하지 아니한 것으로 다루어진다. 따라서 채권양수인은 처음부터 당해 채권양도에 의하여 아무런 권리도 취득하지 못하였던 것이 된다. 그러므로 그가 채무의 변제로서 수령한 급부도 이제 그 법률상 원인이 없는 것이 되어, 이를 그 급부를 행한 채무자에게 반환하지 않으면 안 된다. 大判 80.8.26, 79다1257등(공보 642, 13114)은, 계약상 채권으로 相計가 행하여진 경우에 그 계약이 해제되면 상계로 소멸하였던 반대채권이 자동적으로 부활한다고 판시하는데, 급부를 얻은 채권양수인으로서도 애초 채권을 취득하지 못하였던 것이므로 그 급부를 반환할 의무를 부담하게 되는 것이다. 따라서 對象判決이 이러한 취지를 판시한 것은 타당하다고 하겠다.

(3) 이상은 可分債權의 일부가 양도된 경우라고 하여 하등 달라질 바가 없다. 최근의 大判 2002.2.8, 2000다50596(공보 2002상, 656)은, 건물신축공사잔대금 6억여원의 채권 중 2억8천여원의 채권이 양도된 경우에 그 채무자(공사도급인)가 가지는 1억3천여원의 손해배상채권을 자동채권으로 하는 상계의 방식 및 효력이 문제된 사안에서,

우선 채권의 일부양도의 효력에 관하여, "채권의 일부양도가 이루어지면 특별한 사정이 없는 한 각 분할된 부분에 대하여 독립한 분할채권이 성립"한다고 판시하고 있다. 이러한 법리는 이 사건에서와 같이 분양잔대금채권이 양도된 경우에도 다를 바 없을 것이다. 따라서 이 사건의 경우에도 분양잔대금채권을 양수하여 그 채무자인 원고로부터 그 대금을 지급받은 피고는 이 사건 분양계약이 해제됨으로써 원고에 대하여 이를 반환할 의무를 부담함은 물론이다.

3. 債權讓渡와 同時履行關係

(1) 채권이 양도되었다고 해도, 그 채권에 부착하고 있는 「흠」 내지 대항사유는 그대로 따라간다. 기본적으로 채무자는 자신이 당사자가 되지 않은 채권양도에 의하여 종래보다 불이익한 지위에 놓일 이유가 없는 것이다. 따라서 양도 전에 채권자에 대하여 주장할 수 있었던 대항사유는 모두 양수인에 대하여도 대항할 수 있다(민법 제451조 제2항 참조). 예를 들어 매매대금채권이 양도된 경우에 채무자(매수인)는 그 채권에 부착한 동시이행의 항변권, 즉 자신이 매도인으로부터 매매의 목적인 권리와 그 점유를 이전받을 때까지 대금의 지급을 거절할 수 있는 권리를 양수인에 대하여도 주장할 수 있다.

이 때 채권양수인이 채무자가 가지는 반대채권의 상대방이 아니라는 사정은 이에 아무런 영향을 미치지 못한다. 예를 들어 임대차보증금반환채권이 양도되어 그 양수인이 임대인을 상대로 보증금의 반환을 청구하는 사안에서 大判 89.4.25, 88다카4253등(공보 1989, 809)도 이러한 경우에 임대인이 동시이행항변권으로 대항하면 "임대인은 임차인으로부터 임대차목적물을 인도받음과 동시에 보증금채권양수인에게 보증금을 반환하라"는 판결을 내려야 한다고 판시하고 있는 것이다(사법연수원, 민사재판실무(2003), 126면도 同時履行判決에 대하여

"피고에게 원고 또는 **제 3 자의** 채무이행과 상환으로 피고의 채무를 이행할 것을 명하는 취지의 판결을 하여야 한다"고 설명한다).

(2) 이상은 可分債權의 일부가 양도된 경우라고 하여 달라질 바가 없다. 앞의 2.(3)에서 본 大判 2002.2.8.의 判旨대로 채권의 일부 양도로 복수의 분할채권이 성립한다고 하여도 마찬가지이다.

한편으로 채무자가 가지는 동시이행항변권을 관철함으로써 그의 이익을 도모할 필요에는 하등 변화가 없는 것이다. 채권 일부의 양도가 있었다고 해서, 채무자가 돌연 그 양수인에 대하여 동시이행의 항변권을 주장하지 못하고 채권양도가 있기 전과는 달리 비록 일부나마 반대채권에 관한 아무런 만족도 얻음이 없이 그대로 채무를 이행하여야 한다고 볼 이유는 도대체 어디에 있을까? 이 사건에서처럼 채무자가 가지는 반대채권이 건물의 인도와 같이 不可分의 급부를 내용으로 하는 불가분채권이라고 하면, 채무자로서는 원래의 채권자에 대하여도, 채권 일부의 양수인에 대하여도 자신이 그 반대채권의 만족을 얻을 때까지 채무의 이행을 거절할 수 있는 것이다.

다른 한편으로 이렇게 한다고 해서 원래의 채권자나 채권 일부의 양수인에게 부당한 不利益이 가하여진다고 할 수도 없다. 원래의 채권자로서는 종전과 같이 채무자에 대하여 반대의무를 이행할 의무를 지는 것이므로 새로이 무슨 불이익을 입게 된다고 할 것이 없다. 또 채권 일부의 양수인으로서는 그가 양수한 채권이 애초 그러한 내용의 것이기에 이를 감수하여야 한다. 채권 일부의 양도가 있었다고 해서, 그 양수인이 원래의 채권자와는 달리 반대채무의 이행에 관하여 동시이행의 항변을 대항받지 아니하고 그 양수채권을 관철할 수 있게 될 근거는 없는 것이다.

4. 結　論

(1) 이렇게 보면 A와 B 사이의 쌍무계약으로부터 발생한 A의 채권이 C에게 양도되어 상대방 B는 C에게 이행하고, 또 A는 원래대로 B에게 각각 이행을 한 후에 계약이 해제됨으로써 각각의 급부수령자가 급부반환의무를 부담하는 경우에, 채권양수인 C는 상대방 B가 원래의 채권자(채권양도인) A에 대하여 그의 반환의무의 이행제공을 하기까지는 상대방 B에 대하여 자신의 반환의무의 이행을 거절할 수 있다고 할 것이다. 그리고 그 때 A의 채권의 일부만이 C에게 양도되어서 채무자 B가 A와 C에게 각기 이행하였고, 그 후 적법하게 행하여진 계약의 해제로 이제 A와 C가 B에 대하여 각기 급부반환의무를 부담하는 경우에도 다를 바 없다. 즉 A는 물론이고 C도 B가 A로부터 얻은 급부를 A에게 반환하기까지는 그의 반환의무의 이행을 거절할 수 있다. 앞의 3.(2)에서 설명한 바와 같이, 채권의 일부양도가 있었다고 해서, B나 C가 그 양도가 없었던 상태에서는 인정되지 않았던 법적 이익(B의 경우) 또는 법적 불이익(C의 경우)을 받아야 할 이유는 어디서도 찾아보기 어려운 것이다.

(2) 그러므로 이 사건에서 법원은 피고의 동시이행항변을 받아들였어야 했다고 생각한다. 그렇게 하는 것이, 원고가 부담하는 반대채무(이 사건 건물부분의 반환의무)의 이행을 간접적으로 강제함으로써 사건을 한꺼번에 해결하는 방도이기도 할 것이다. 물론 원고가 피고로부터 분양금을 반환받기 위하여 건물부분을 A에게 실제로 반환하면, 원고는 A에 대한 분양금반환청구채권과의 관계에서는 자신의 반대채무를 先履行한 셈이 된다. 그러나 이러한 점은 원고 스스로가 A와 피고 쌍방이 아니라 피고만을 상대방으로 하여 분양금반환청구소송을 제기한 것에 따른 부득이한 결과이다. 그리고 그러한 결과도 반드시 불가피한 것은 아니다. 위와 같은 결과를 피하고자 한다면, 원고

는 건물부분을 실제로 반환하기 전에 事後로라도 A를 상대로 소송을 제기하여 동일한 相換判決을 받은 다음에, 이 두 판결 모두에 대한 집행개시요건(民事執行法 제41조 제1항 참조)을 충족하기 위하여 건물부분을 인도하면 되는 것이다. 원고가 두 사람을 상대로 그러한 소송을 제기하여야 하는 것이 문제라면, 그 「성가심」은 애초 可分債權의 일부만을 양도하는 것을 허용함으로 인한 것이지, 그것을 이유로 동시이행관계를 부인하거나 혹은 계약상 지위의 양도가 있을 때만 이를 인정할 수는 없을 것이다.

(法律新聞 3169호(2003.5.12), 14면 所載)

13. 最近 重要 民事判例 動向

Ⅰ. 序

1. 「최근 중요 민사판례 동향」에 관하여 무엇을 말할 것인지를 정하는 것은 쉽지 않은 일이다. 중요한 판례라고 하면 우선 최근의 5년만을 두고 보아도 상당수에 이른다. 그것들을 하나하나 들어가며 그 「중요성」을 되집어 보는 것도 그만한 의미가 있을 것이다. 혹 그것이 이번 연수회를 주관하시는 분들의 의도에 더 맞는지도 모르겠다.

그러나 여기서는 그러한 개별적·열거적 방법보다는 두 가지 사항에 초점을 모아서 그에 관한 근자의 재판례를 포괄적으로 개관하여 보는 방식을 택하기로 하였다. 무엇보다도 그 편이 「동향」, 즉 시간의 흐름 속에서 전개되어가는 재판실무의 움직임을 그 큰 그림에 있어서 파악하는 데 적절하기 때문이다.

2. 여기서 다루고자 하는 재판례는, 첫째, 채권자취소권(민법 제406조, 제407조)에 관한 것, 둘째, 언론보도로 인한 명예훼손에 관한 것이다.

채권자취소권이 1997년 말의 경제위기 이래 민사재판실무에서 급격히 빈번하게 주장되고 있음은 주지하는 대로이다.[1] 채권자취소권

1) LX에서 민법 제406조에 관한 1990년 이후의 재판례를 검색하면 모두 144건(참조조문 중복 포함)에 이른다.

의 법적 성질이나 효과 등에 대하여는 이론적으로도 많은 문제를 안고 있다. 그에 대한 천착은 일단 제쳐두기로 하자. 궁극적으로는 채무자에게 책임재산이 부족한 경우에 특히 충분한 담보권이 없는 채권자들 사이에서 공평한 만족의 달성을 준비하기 위한 이 제도가 구체적으로 어떠한 모습으로 운용되었는가를 되집어보는 것은 앞서 말한 경제위기의 「법적 처리」가[2] 이제 어느만큼 진행된 이 단계에서 혹 필요한 일이라고도 생각된다.

또 언론보도로 인한 명예훼손의 문제도 우리 사회가 「민주화」되어 감에 따라 점점 중요한 법문제가 되고 있다. 약 10년 전에 필자는 인격적 이익의 보호가 "불법행위법의 전개에 있어서 가장 중요한 국면의 하나일 것"이고, 違法性(민법 제750조)의 判斷이 어려운 예로 "정신적인 인격적 법익이 특히 언론에 의하여 침해된 경우"라고 하면서 다음과 같이 말한 바 있다.

> "타인에 대한 정보를 수집하고 전파하고 나아가 타인의 사상이나 행동, 나아가서는 인격 자체에 대하여 평가를 내리는 것은 민주사회의 운영에 필수적인 意思形成의 자유를 실현하는 데 있어서 不可缺의 基礎가 된다. 이러한 側面의 重要性을 표어적으로 잘 드러내 주는 것이 「알 권리」라는 말이다. 그렇다면 가령 언론이 어느 公職者의 사생활을 들추어 비난을 가하는 것은 과연 위법한가. 여기서 그 공직자의 인격권이 침해되었음에는 의문의 여지가 없다. 그러나 미국의 판례 등의 영향을 받아, 소위 公的 人物(public figures)의 프라

2) 1997년 말 이래의 경제위기의 「법적 처리」의 全貌를 파악하고, 이를 장래의 해석론 및 입법적 작업의 기초로 삼는 것은 現下 민법학, 나아가 법학 일반이 처리해야 할 중요한 課題의 하나라고 할 것이다. 재판례의 개관이라는 관점에서 논의되어야 할 사항으로 얼핏 생각나는 것을 꼽아보아도, 법률행위의 해석과 관련되는 것, 보증을 필두로 하는 각종의 담보제도에 관한 것, 주택건설분양업자의 도산으로 인한 각종의 법문제에 대한 것, 민법 제312조의 2, 민법 제628조, 주택임대차보호법 제 7 조에서 정하는 차임 · 전세금 · 보증금의 증감청구를 포함하여 사정변경의 원칙과 관련된 것, 일반인의 투자거래에서 금융기관의 고객에 대한 설명의무 등에 대한 것 등을 들 수 있을 것이다.

이버시는 통상의 私人과는 달리 원칙적으로 보호되지 않는다는 주장이 오히려 강력하며, 나아가서는 언론의 자유를 보호하기 위하여 — 만일 이러한 경우 쉽사리 손해배상책임을 부과하면 언론이 自己檢閱을 가하게 되고, 따라서 그 자유가 간접적으로 위축된다는 것이다 — 그 보도내용이 허위임을 알면서 또는 중대한 과실로 알지 못한 경우에만 名譽毁損이 성립된다는 立論도 존재하는 것이다. 이렇게 보면, 여기서 불법행위법은 違法性判斷의 이름 아래 실제로는 헌법적인 문제를 판단하고 있는 것이라고 할 수 있다."[3)]

그러면 그 후로 재판실무는 이 문제를 어떠한 준칙에 의하여 처리하여 왔는지를 살펴보려는 것이다. 이것은 보기에 따라서는 요즈음 많이 행하여지고 있는 대법원이 「보수적」인가 하는 논의와도 관련이 없지 않을 것이다.

3. 이상의 두 법문제에 대하여 의미 있는 판단을 보이는 하급심의 재판례도 적지 않다. 그러나 여기서는 대법원의 재판례에 한정하여 보기로 한다.

Ⅱ. 債權者取消權에 관한 裁判例

1. 이하에서 채권자취소권에 관한 재판례를 최근 약 10년 이래의 것에 한정하여 살펴보기로 한다. 채권자취소권의 요건 중 채무자의 무자력에 대하여도 재판례가 없지 않으나, 종전과 별로 달라진 것이 없고 또 특기할 만한 것도 보이지 않으므로, 그에 대하여는 별도로 언급하지 않기로 한다.

3) 梁彰洙, "不法行爲法의 變遷과 可能性", 同, 民法硏究 제 3 권(1995), 332면 이하 참조(원래는 民事判例硏究 15집(1993. 4) 所載).

2. 被保全債權

(1) **장래의 채권**의 보전을 위해서도 채권자취소권이 인정되는가 하는 점에 대하여 본다.

(가) 종전에 사해행위 전에 채권이 발생되어 있어야 그 채권자가 사해행위 취소권을 가질 수 있다는 것이 확고한 판례의 태도인 것으로 이해되어 왔다. 예를 들어 비교적 가까운 大判 1995.2.10, 94다2534(공보 상, 1284)만 해도, "사해행위로 인하여 사해행위 이후에 권리를 취득한 채권자를 해친다고 할 수 없으므로 취소채권자의 채권은 사해행위가 있기 이전에 발생하고 있어야 함은 채권자취소권의 **성질상 당연한 요건**"(강조는 인용자가 가한 것이다. 이하 같다)이라고 판시하면서, 同旨의 재판으로 훨씬 앞선 大判 62.2.15, 4294民上378(集 10-1, 112) 등을 인용하고 있다. 그러나 그것이 반드시 예외를 허용하지 않는 취지라고까지는 단정할 수 없는 것이, 예를 들면 大判 78.11.28, 77다2467(LX 검색)은, "채권자취소권은 채무자가 채권의 공동담보(책임재산)의 부족을 알면서 재산감소행위를 한 경우에, 그 행위의 효력을 부인하여 책임재산의 유지를 꾀함을 목적하는 제도이며, 아울러 어느 특정한 금전채권의 보호를 위하여 공동담보의 보전을 도모하려는 법리이기도 하나니, 피보전채권의 성립시기는 **원칙적으로** 사해행위 前임을 요한다고 할 것이다. 왜냐하면 **특별한 경우가 아니고서는** 행위 후에 생긴 채권을 가지고 그 행위가 그 채권을 해친다고 할 수는 없는 이치이기 때문"이라고 판시하여서, 그에 대한「예외」를 전혀 불허하는 취지인지는 반드시 명확하지 아니하였던 것이다.

그런데 大判 95.11.28, 95다27905(集 43-2, 338)은 처음으로 그 예외의 내용을 구체화하는 설시를 정면에서 담고 있다. 즉 "채권자취소권에 의하여 보호될 수 있는 채권은 원칙적으로 사해행위라고 볼 수 있는 행위가 행하여지기 전에 발생된 것임을 요하지만, [i] 그 사해행위 당시에 이미 채권 성립의 기초가 되는 법률관계가 발생되어 있고, [ii] 가까운 장래에 그 법률관계에 기하여 채권이 성립되리라는 점에 대한 고도의 개연성이 있으며, [iii] 실제로 가까운 장래에 그 개연성이 현실화되어 채권이 성립된 경우에는, 그 채권도 채권자취소권의 피보전채권이 될 수 있다"(꺾음괄호 안은 인용자가 부가한 것이다. 이하 같다)는 것으로서, 그 이유를 "왜냐하면 위와 같은 경우에도 채권자를 위하여 책임재산을 보전할 필요가 있고, 채무자에게 채권자를 해한다는 점에 대한 인식이 있었다고 볼 수 있기 때문"이라고 설명하고 있다.

그러나 위와 같이 피보전채권의 범위를 확장함으로써 채권자취소권의 발생범위를 보다 넓게 인정하는 취지의 일반적·추상적 설시가 **그 사건의 해결**에 반드시 필요한 것은 아니었다. 대법원은 이 사건에서 원고(신용보증기금)의 사해행위취소청구를 인용한 원심판결을 오히려 파기하여 그것을 부정하는 방향으로 판단하였을 뿐만 아니라, 원고가 피보전채권으로 주장하는 민법 제442조 제1항 제4호("채무의 이행기가 도래한 때") 소정의 受託保證人의 事前求償權이 인정되었다면 그에 기하여 그 후에 행하여진 사해행위(매매예약 및 그에 기한 가등기)의 취소를 주장할 수 있음에도 의문이 없었다.[4] 바로 그렇기 때문에 대법원도 "보증인이 주채무자에 대하여 사전구상권을 행사할 수 있는 상태에서 주채무자가 사해행위로 볼 만한 행위를 하였을 경우에

4) 일본에서 예를 들어 我妻榮, 新訂 債權總論(1964), 178면은 보증인이 그 구상권에 기하여 주채무자의 사해행위를 취소할 수 있는가의 문제를 설명하면서, "취소권을 발생시키는 채권은 사해행위 전에 현실로 성립하고 있음을 요한다고 해할 것이므로, 보증인이 **미리 구상권을 행사할 수 있는 경우**(제460조[우리 민법 제442조에 상응한다]) **외에는** 부정할 것"이라고 한다. 新版 日注民(10)(1987), 801면(下森定 집필)도 同旨. 民法注解[Ⅸ], 812면(金能煥 집필)도 위의 두 문헌을 인용하면서 같은 뜻을 말한다. 요컨대 민법 제442조에서 정하는 수탁보증인의 사전구상권은 채권자취소권의 피보전채권이라는 측면에서 볼 때에도 이미 발생한 통상의 채권과 달리 취급할 아무런 이유가 없는 것이다.

나중에 보증인이 보증채무를 이행함으로써 주채무자에게 구상권을 갖게 되면 보증인도 자기의 구상금채권을 피보전채권으로 하여 채권자취소권을 행사할 수 있는 경우가 있을 수 있다는 취지의 원심판결의 이유는 일단은 정당하다"고 설시하고 있다고 여겨진다.[5] 그런데 정작 대법원이 이 사건에서 위와 같이 원심판결을 파기한 이유는, 그 구상권 발생의 기초가 되는 신용보증약정 자체가 문제의 행위 당시 아직 체결되지 아니하여, 그 당시에는 위와 같은 사전구상권이 전혀 발생하지 아니하였다는 데 있다.

그러므로 한편으로 위와 같은 피보전채권의 확장에 관한 일반적 설시가 과연 법원의 장래의 법해석을 규정하는 의미를 가지는지 의문이 없지 않고, 다른 한편으로 수탁보증인의 사전구상권에 기한 사해행위 취소의 문제에 대하여는 오히려 해명이 요구되는 측면이 있었다고 생각된다.

(나) 그런데 그 후의 재판례는 주로 보증기금 또는 보증보험회사 등이 하는 소위 機關保證에서 보증기관이 주채무자(A)에 대하여 취득하는 구상채권 또는 A의 그 구상채무를 보증한 자(B)에 대한 보증기관의 보증채권에 기하여 A 또는 B의 법률행위, 특히 부동산의 증여 또는 그에 대한 담보설정을 사해행위를 이유로 취소하려는 사건(이하 이러한 경우를 「保證求償事件」이라고 부르기로 한다)에서 그와 같은 장래의 구상채권 또는 장래의 보증채권이 피보전채권이 될 수 있는가의 문제를 다루었다.

그러나 그 후 적어도 일정한 기간 동안은, 문제의 법률행위가 채권의 구체적 발생 전에 행하여진 경우에 그에 대한 사해행위 취소가 인정되는 요건에 관하여 위의 大判 95.11.28.과 같은 추상론을 반복하고 있다. 그리하면서도 그 실제의 적용에 있어서는 오히려 소극적

5) 물론 여기서 "나중에 보증인이 보증채무를 이행함으로써 주채무자에게 구상권을 갖게 되면"이라는 부분을 어떻게 이해할 것인가는 문제될 수 있을 것이다.

이었다고 할 것이다. 예를 들어 大判 96.2.9, 95다14503(공보 상, 902); 大判 97.5.23, 96다40977등(공보 하, 1859) 등에서는 앞의 [ii]의 요건, 즉 채권 성립의 고도의 개연성이 인정되지 않는다는 이유로 사해행위 취소를 부인하고 있는 것이다.

위와 같은 추상론이 구체적으로 적용되어 사해행위 취소가 실제로 인정된 것은 大判 97.10.10, 97다8687(공보 하, 3420)이 최초인 것으로 보인다. 이 판결은 A 회사의 부도 당일에 A의 대표이사인 동시에 원고와의 신용보증약정상의 연대보증인인 B가 그의 유일한 재산이라고 할 자신의 부동산에 피고 앞으로 근저당권을 설정하여 준 것으로, B가 "피고와 통정하여 허위 채무를 부담하여 근저당권을 설정"하였다는 虛僞表示(민법 제108조)의 사실이[6] 인정된 사안에 대한 것이다. 그러므로 이 사건에서 피고의 근저당권설정등기의 말소는 반드시 사해행위 취소가 아니더라도 긍정될 수 있을 것이었다.[7]

그 후 大判 97.10.28, 97다34334(공보 하, 3642)은, 원심이 피보전채권의 미발생 또는 앞의 [ii] 요건의 불충족을 이유로 사해행위취소청구를 기각한 것을, 그 요건이 충족되었다고 볼 여지가 있음을 이유로 파기환송하기에 이르렀다. 이로써 「장래의 채권」[8][9]에 기한 사

---

6) 채무자의 법률행위가 허위표시라고 해도 채권자취소권의 대상이 된다는 것, 다시 말하면 사해행위취소소송의 피고가 문제의 법률행위가 가장행위임을 들어 방어할 수 없다는 것이 통설이고, 또한 ── 하나의 재판례만을 들면 ── 大判 98.2.27, 97다50985(공보 상, 899) 등 확고한 판례이다.

7) 또한 원고가 A 및 B와의 사이에 체결한 신용보증약정에는 사전구상의무의 발생에 관한 정함도 포함되어 있었다고 하므로, 이미 「장래의 채권」에 기한 채권자대위권의 문제가 아니라고 해야 할는지도 모른다.

8) 「장래의 채권」이라는 법개념은 비록 우리 나라에서 민법(장래의 채무에 대한 보증을 허용하는 제428조 제2항) 기타의 법률(예를 들어 파산법 제18조 제2항, 제90조 제2문, 회사정리법 제118조 제2항 등)에서 채용되고 있기는 하나, 그 의미가 반드시 명확한 것은 아니다. 이 문제에 대하여는 우선 梁彰洙, "將來債權의 讓渡", 저스티스 73호(2003.6), 32면 이하(本書, 233면 이하) 참조.

9) 한편 梁彰洙(前註), 33면 이하에서 말한 대로, 장래의 채권은 대체로 셋으로 분류할 수 있다. 첫째는, 현재 그 채권 발생의 기초가 되는 법률관계는 존재하고,

해행위 취소의 문제는 적어도 대법원판결의 차원에서도 현실적으로 의미 있는 것이 되었다. 이 사건에서 그것을 긍정하게 한 중요한 事情要素는, ① B의 부동산증여행위가 있고 겨우 1개월 후에 A가 부도가 났다는 점, 그리고 ② 그 증여 당시 이미 A가 동일한 은행으로부터의 다액의 대출금을 변제하지 못하고 있었다는 "증여계약 당시의 채무자의 재정상태"이다.[10)]

이렇게 하여 법원은 적어도 이 점에 있어서는 소위 IMF 경제위기에 이어지는 채권자취소소송의 洪水를 맞을 「법이론상의 준비」를 갖추게 되었던 것이다.

(다) 그 후로 保證求償事件에서 피보전채권이 장래의 채권임을

그에 단순히 어떤 사실이 가하여짐으로써 채권이 발생하는 경우. 예를 들면, 이미 고용되어 있는 사람의 장래의 기간에 대한 賃金債權, 임대차계약이 유효하게 체결되어 그에 기하여 발생할 借賃債權, 이자부 소비대차가 행하여져서 그에 기하여 貸主가 가지는 장래의 기간에 대한 利子債權 또는 공사도급계약이 체결되었으나 실제로 일을 완성하기 전의 工事代金債權이 전형적으로 이에 속하고, 본문에서 논의되고 있는 求償債權이나 이에 대한 保證債權도 이에 속한다고 할 것이다. 둘째, 현재 그 채권 발생의 기초가 되는 법률관계를 발생시킬 요건의 일부만이 성립하고 있는 경우("생성 중의 기초법률관계"). 예를 들면, 계속적 물품공급계약에서 개개의 주문에 의하여 매매대금채권이 발생하는 경우와 같이 基本契約(Rahmenvertrag)만이 존재하는 경우, 임대차관계가 존속 중이어서 종료시에 임대인의 채권을 공제하고 남는 것이 있을지 불명인 保證金返還債權, 계약상 채무에 대하여 만일 불이행이 있으면 발생할 損害賠償債權, 또는 계약이 유효하게 존속 중이나 그것이 취소되거나 해제되면 발생하게 되는 原狀回復請求權(不當利得返還請求權) 등도 이에 속할 것이다. 셋째, 아무런 기초적 법률관계도 없는 경우. 실제로는 그 성립에 일정한 전망이 선 단계에서 비로소 그 양도가 논의될 가능성이 있을 것이고, 전혀 架空의 장래채권이 문제되는 경우는 상정하기 어렵다. 예를 들면 당사자들 사이에 어느 교섭이 진행되어, 앞으로 일정한 단계에 이르면 계약이 체결될 수도 있다는 전망이 선 경우에, 그 계약상의 채권 등이 이에 해당한다. 본문에서 말한 大判 95. 11. 28.에서 설시되고 있는 채권자취소권의 피보전채권의 요건과의 관련에서는 적어도 통상적으로는 위에서 본 첫번째 유형의 「장래의 채권」만이 문제될 것이다. 본문의 (2)에서 보는 大判 99. 4. 27.이 不動産의 二重讓渡에서 제1양수인의 손해배상채권(위에서 본 두번째 유형의 「장래의 채권」에 해당한다)에 기하여 제2양도행위를 사해행위로 취소하는 것을 부정하는 것도 이러한 관점에서 설명될 수 있을는지도 모른다.

10) 이 점은 뒤의 (다)에서 보는 大判 2000. 2. 25, 99다53704(공보 상, 826) 등에서도 마찬가지이다.

이유로 사해행위 취소가 부인된 예는 오히려 찾기 어렵게 되었다. 예를 들면 大判 99.9.3, 99다23055(공보 하, 2047); 大判 2000.2.25, 99다53704(공보 상, 826); 大判 2001.2.9, 2000다63516(공보 상, 637); 大判 2001.3.23, 2000다37821(공보 상, 953) 등이 모두 사해행위 취소를 긍정하고 있는 것이다.

그런데 이를 부정한 재판례도 없지는 않다. 예를 들면 大判 2000.6.27, 2000다17346(공보 하, 1759)이 그러하다. 이 판결은, 보증기관의 구상채권이 "B가 이 사건 부동산을 피고에게 매도한 때로부터 11개월 남짓 지난 후에야" 비로소 현실적으로 발생하였고, 또 "B가 이 사건 부동산을 피고에게 매도할 당시의 A의 재정상태에 대하여는 아무런 자료가 없"다는 점을 들고, 그러므로 그 부동산매도행위 당시에 채권자(원고)의 구상권 행사가 임박하였다거나 장차 원고가 구상권을 행사하게 되는 사태가 성립하리라는 점에 대한 고도의 개연성이 있었다고 보기는 어렵다고 하여, 원고의 사해행위 취소청구를 기각하고 있다. 여기서도 保證求償事件에서는 앞의 (나) 말미에서도 본 바 있는, ① 피보전채권이 현실적으로 발생한 시기와 문제의 행위가 있었던 시기와의 근접성, 그리고 ② 문제의 행위 당시의 채무자의 재정상태 여하라는 두 개의 사정이 「채권 발생의 고도의 개연성」이라는 요건을 판단하는 중요한 자료임을 알 수 있다.

(2) 그러나 이러한 피보전채권의 「확장」은 **특정물채권**에는 인정되지 않는다. 大判 96.9.20, 95다1965(공보 하, 3103) 등은 이를 확인하여 준다.

나아가 大判 99.4.27, 98다56690(공보 상, 1041)은, "부동산을 양도받아 소유권이전등기청구권을 가지고 있는 자가 양도인이 제3자에게 이를 이중으로 양도하여 소유권이전등기를 경료하여 줌으로써 취득하는 부동산 가액 상당의 손해배상채권은 이중양도행위에 대한 사해행위취소권을 행사할 수 있는 피보전채권에 해당한다고 할 수 없다"고 하여 이 문제에 대하여 처음으로 명확하게 판시하였다. 주목할 것은 그 이유가 앞의 (1)에서 본 장래의 채권에 기한 사해행위 취소의 許否의 문제와 연관지어서 제시되었다는 점이다. 즉 이 사건에서 원고는, M에 대하여 소유권이전등기청구권이 있었는데, M이 不渡난 상황에서 사해의 의사로 N과 서로 공모하여 N에게 매매 원인의 소유권이전등기를 마쳤으므로, 그로 인하여 원고가 취득한 M에 대한 이 사건 부동산 가액 상당의 손해배상채권을 보전하기 위하여 M과 N 사이의 위 사해행위를 취소하고 N에 대하여 소유권이전등기의 말소를 구한다고 주장하였던 것이다. 이에 대하여 원심은 "원고의 주장 자체에 의하더라도 원고의 M에 대한 손해배상채권은 M이 N에게 이 사건 부동산의 소유권을 이전하여 원고의 M에 대한 소유권이전등기청구권이 이행불능됨으로 인하여 발생하였다는 것이므로 원고가 사해행위라고 주장하는 이 사건 부동산 소유권 이전 당시에는 아직 위의 채권이 발생하지 아니하였고, 그 채권 성립에 관한 고도의 개연성 또한 없어 원고는 M에 대한 위의 채권을 피보전채권으로 하여 채권자취소권을 행사할 수 없다"고 판단하여 원고의 청구를 기각하였었다. 그리고 대법원은 원심의 위와 같은 판단을 결과적으로 정당한 것으로 긍정하였다.

3. 債權者取消權의 對象이 되는 行爲

민법 제406조는 사해행위 취소의 대상을 「財産權을 목적으로 한 法律行爲」라고 정하고 있다. 그런데 구체적으로 들어가 보면, 어떠한 행위가 그에 해당하는지 반드시 명확한 것은 아니다.

(1) **가족법상의 법률행위** 중에서 재산적 의미가 없지 않은 것은 어떠한가?

(가) 이혼에 따른 재산분할(민법 제839조의2 참조)로 배우자에게 재산을 양도하는 것이 사해행위취소의 대상이 되는가? 이는 우리 나라의 부부재산관계 및 이혼급부의 실태와 관련하여 실제로 중요한 의미를 가지는 문제라고 하겠다.

이 문제에 대하여 처음으로[11] 명확한 태도를 밝힌 大判 2000.7.28, 2000다14101(공보 하, 1940)은, ① 원칙적으로 그 재산분할은 사해행위 취소의 대상이 되지 않는다, 왜냐하면 "이혼에 따른 재산분할은 혼인 중 쌍방의 협력으로 형성된 공동재산의 청산이라는 성격에 상대방에 대한 부양적 성격이 가미된 제도"이기 때문이다, ② 그러나 예외적으로 그것이 "민법 제839조의2 제2항의 규정취지에 따른 상당한 정도를 벗어나는 과대한 것"인 경우에는 그러하지 아니하다, ③ 이 경우 취소의 대상은 그 상당 정도를 초과하는 범위에 한정된다, ④ 과대한 재산분할이라는 점에 대한 입증책임은 사해행위 취소를 구하는 채권자측에 있다는 법리를 채택하였다. 그 이후 이러한 태도는 大判 2000.9.29, 2000다25569(공보 하, 2207); 大判 2001.2.9, 2000다63516(공보 상, 516); 大判 2001.5.8, 2000다58804(공보 하, 1344) 등에서도 기본적으로 그대로 이어지고 있다.

---

11) 이혼시의 재산분할청구권에 관한 민법 제839조의2는 1990년 1월 13일 법률 제4199호로 신설되어 1991년 1월 1일부터 시행되었다. 그러나 그 전의 大判 84.7.24, 84다카68(集 32-3, 194)은, "처와 협의이혼을 함에 있어 그 이혼에 따른 처에 대한 재산분여행위를 채권자를 해하는 사해행위로 보려면 채무자와 처 간의 이혼에 따른 재산분여행위가 상당 정도를 넘는 과도한 것인지 그리고 채무자의 잔류재산과 원고의 채권액을 비교하여 취소권의 범위를 확정해야 할 것"이라고 하여, 本文에서 보는 뒤의 재판례와 유사한 취지로 판시한 바 있다. 한편 大判 90.11.23, 90다카24762(공보 1991, 176)은, "채권자가 채무자를 상대로 손해배상채권을 보전하기 위하여 그 소유의 부동산에 대하여 가압류결정을 받기 하루 전에 채무자가 합의이혼을 하고 처에 대한 위자료 및 자녀의 양육비조로 그의 유일한 재산인 위 부동산을 처에게 무상양도하였다면 그 양도경위에 비추어 채무자는 그 양여행위로써 자신이 무자력에 빠지게 되어 채권자를 해한다는 사실을 알고 있었다고 보여지므로 위 양여행위는 채권자에 대한 사해행위가 된다"고 판시하고 있다.

그런데 주의할 것은, 위의 대법원판결들은 하나같이 원심이 사해행위 취소를 전면적으로 긍정하였던 것을 파기하였다는 점이다. 그리고 그 파기사유는 일차적으로 과연 문제의 재산양도행위가 이혼으로 인한 재산분할로서의 의미를 가지는가 하는 점과 관련된다. 즉 문제의 재산양도가 이혼에 따른 재산분할의 의미를 가진다면, 그에 대한 사해행위 취소는 배제되든가(위의 ①), 적어도 제한되어야(위의 ③) 하는 것이다. 예를 들면 위의 大判 2000.7.28.은, 이 사건 부동산의 양도가 "피고에게 이 사건 부동산 전체를 **이혼에 따른 위자료 등 명목으로 증여하기로 함으로써 실질적으로 협의에 의한 재산분할**로 이 사건 부동산을 양도한 사실"이 인정되는데도, 원심이 이 사건 부동산의 증여가 이혼에 수반되는 상당한 재산분할이라고 볼 만한 증거가 없다고 판단하여 그 행위 전체가 사해행위에 해당한다고 결론지은 것을 탓하고 있다. 이 점은 위에서 인용한 다른 판결들의 경우에도 크게 다를 바 없다.

위와 같은 점을 보다 여실하게 보여주는 것이 위의 大判 2001.5.8.이다. 이 판결은, 주채무자 A의 금융기관(원고)에 대한 채무를 연대보증한 B가 A의 채무불이행으로 금융기관으로부터 연체대출금 정리를 통고받았는데, 그 후 처인 피고에게 "위자료 및 양육비 명목으로" 자신의 유일한 재산인 이 사건 부동산을 증여하고, 다음 날 피고 앞으로 소유권이전등기를 경료한 다음 피고와 협의이혼한 사안에 대한 것이다. 원심은 "설령 피고가 A에 대하여 이혼에 따른 위자료 및 양육비 채권을 가진다 하더라도 채무자의 재산이 채무의 전부를 변제하기에 부족한 경우 유일한 재산인 부동산을 무상양도하거나 특정채권자에게 대물변제로 제공하였다면 그 범위 내에서 공동담보가 감소함에 따라 다른 채권자는 종전보다 불리한 지위에 놓이게 되므로 이는 다른 채권자와의 관계에서 사해행위에 해당한다"고 판시하여, 사해행위취소청구를 인용하였었다. 그러나 대법원은, 우선 "재산분할은 부부가 혼인 중에 가지고 있었던 실질상의 공동재산을 청산하여 분배함과 동시에 이혼 후에 상대방의 생활유지에 이바지하는 데 있지만, 분할자의 유책행위에 의하여 이혼함으로 인하여 입게 되는 정신적 손해(위자료)를 배상하기 위한 급부로서의 성질까지 포함하여 분할할 수도 있다"고 전제하고 나서, 이 사건에서 문제된 협의이혼의 경위(남편=증여자의 폭행 등)를 서술한 다음에 "사정이 이러하다면 피고가 B로부터 이 사건 부동산을 증여받은 것은 단순한 재산상의 법률행위가 아니라 이혼에 따르는 **재산분할의 성격이 포함되어 있는 이혼급부**로 볼 여지가 많"은데도 원심이 문제의 증여행위 전부가 사해행위라고 판단한 것은 잘못이라고 결론짓고 있는 것이다. 그리고 나아가 이 판결은, 앞의 ②에 상응하는 추상론으로서 "그러한 재산분할이 민법 제839조의2 제2항의 규정 취지에 반하여 상당하다고 할 수 없을 정도로 과대"하다는 것 외에도, 거기다 덧붙여 「재산분할을 구실로 이루어진 재산처분」이라는 특별한 사정이 없는 한 사해행위가 되지 않는다는 새로운 제한적 설시를 가하고 있다.

이렇게 보면, 대법원은 이혼에 따르는 재산분할의 의미를 가지는 배우자에의 재산양도행위를 사해행위를 이유로 공격하는 것에 대하여 오히려 소극적이라고 말할 수 있을 것이다. 물론 그렇게 단정하는 것은 속단일는지도 모른다. 위에서 든 대법원판결들은 앞서 말한 대로 사해행위를 제한 없이 긍정한 원심판결을 파기하면서도, "원심으로서는 그 재산분할이 민법 제839조의2 제2항의 규정 취지에 반하여 상당하다고 할 수 없을 정도로 과대하고, 재산분할을 구실로 이루어진 재산처분이라고 인정할 특별한 사정이 있는지 여부를 심리하여"서, 그와 같은 특별한 사정이 인정되는 경우에는 그 상당한 정도를 초과하는 범위에서 이를 취소하여야 한다고 덧붙이고 있는 것이다.

(나) 한편 大判 2001.4.1, 2000다51797(공보 상, 613)은 **상속재산분할협의**도 사해행위 취소의 대상이 된다고 최초로 밝힌 중요한 판례이다. 이 판결은 우선 "상속재산의 분할협의는 상속이 개시되어 공동상속인 사이에 잠정적 공유가 된 상속재산에 대하여 그 전부 또는 일부를 각 상속인의 단독소유로 하거나 새로운 공유관계로 이행시킴으로써 상속재산의 귀속을 확정시키는 것으로, 그 성질상 재산권을 목적으로 하는 법률행위이므로 사해행위취소권 행사의 대상이 될 수 있다"고 전제한다. 그러나 보다 구체적으로는 "이미 채무초과상태에 있는 채무자가 상속재산의 분할협의를 하면서 상속재산에 관한 권리를 포기함으로써 결과적으로 일반채권자에 대한 공동담보가 감소되었다 하더라도, **재산분할의 결과가 구체적 상속분에 상당하는 정도에 미달하는 과소한 것**이라고 인정되지 않는 한 사해행위로서 취소되어야 할 것은 아니"라고 하고, 나아가 "구체적 상속분에 상당하는 정도에 미달하는 과소한 경우에도 사해행위로서 취소되는 범위는 그 미달하는 부분에 한정하여야 한다"고 판시한다. 여기서 「구체적 상속분」이라고 하는 것은, 위 판결에 의하면, 특별수익(민법 제1008조)이나 기여분(민법 제1008조의2 제1항)이 있는 경우에 지정상속분이나 법정상속분이 그에 의하여 수정된 것을 가리킨다. 그리고 위 판결은, 지정상속분이나 기여분·특별수익 등의 존부 등 구체적 상속분이 법정상속분과 다르다는 사정은 채무자가 주장·입증하여야 한다고 하였다.[12)]

---

12) 일본의 最高裁判所 1999.6.11. 判決(判例時報 1682, 54)도 "공동상속인 사이에 성립한 상속재산분할협의는 사해행위취소권 행사의 대상으로 될 수 있다고 해석함이 상당하다. 생각건대 상속재산분할협의는 상속의 개시에 의하여 공동상속인의 공유로 된 상속재산에 관하여 그 전부 또는 일부를 각 상속인의 단독소유로 하거나 또는 새로운 공유관계로 이행시키는 것에 의하여 상속재산의 귀속을 확정시키는 것으로서 그 성질상 재산권을 목적으로 하는 법률행위라고 할 수 있기 때문이다. 그렇다면 위의 사실관계에 있어서는 원고는 이 사건 상속재산분할협의를 사해행위로서 취소할 수 있다고 한 원심의 판단은 정당하다고 시인될 수 있다"라고 하여 이를 肯定하였다. 이 판결은 피상속인의 사망 후 상속인이 타인의 채무를 연대보증하였는데, 주채무자가 채무의 이행을 지체하자, 채권

이 판결은 위와 같은 추상적 법리의 점에서뿐만 아니라, 그 구체적 적용의 점에서도 흥미롭다. 즉 이 사건에서는 상속인 중 A가 피상속인의 생존시에 그의 소유이던 부동산을 담보로 제공하고 8천만원을 대출받은 바 있었는데 피상속인의 사망 후 공동상속인들이 상속재산분할협의에서 위와 같은 사실을 고려하여 A에게는 전혀 상속재산을 나누어 주지 않기로 하였다는 것이다. A에 대한 채권자인 원고는 그러한 상속재산분할협의가 사해행위에 해당한다고 주장하여 그 취소를 청구하였다. 원심판결은 A의 법정상속분 전체에 대하여 사해행위취소를 명하였다. 그러나 대법원은, "A가 위 대여금채무를 변제하지 아니한 이상 피상속인으로부터 대여금 상당의 증여를 받았다고 추정할 수 있고, 따라서 그는 위 수증액이 자기의 상속분에 부족한 한도 내에서만 상속분이 있다고 보아야" 한다고 판시하고, 원심판결을 파기하였다.

(다) 아직 **상속의 승인·포기**에 대하여는 재판례를 찾아볼 수 없다. 일본의 판례는 상속 포기에 대하여 이는 사해행위 취소의 대상이 되지 않는다고 한다.[13] 우리 나라에는 이에 반대하여 사해행위 취소가 인정되어야 한다는 견해도 있으나,[14] 흔히 일신상의 사유에 의하여 상속 자체의 승인 여부가 정하여지는, 말하자면 「人的 決斷」으로서의 상속의 포기 등(그로 인하여 재산이 감소되었다면, 이는 그 부수적인 결과에 불과한 것이다)과 이미 행하여진 상속에 기하여 상속재산의 귀속을 정하는 상속재산분할협의를 같이 취급하기는 어렵고, 아마도

자가 상속인에 대하여 연대보증채무의 이행과 상속재산에 속하는 부동산에 관하여 상속을 원인으로 하는 소유권이전등기절차를 청구하였으나, 위 상속인을 포함한 공동상속인들이 당해 부동산의 소유권을 다른 상속인에게 귀속시키기로 하는 내용의 합의를 한 사안에 대한 것이다. 이 判決에 대해서는 매우 많은 評釋이 발표되었는데, 判旨에 반대하는 文獻은 찾아보기 힘들다.

13) 日最判 1974(昭 49).9.20(民集 28-6, 1202).

14) 尹眞秀, "相續法上의 法律行爲와 債權者取消權 ──相續 拋棄 및 相續財産 協議分割을 중심으로", 私法硏究 第6輯(2001.12), 1면 이하.

부정하는 것이 타당할 것이다.[15)]

(2) 한편 가등기에 기한 본등기가 행하여진 경우에는 특히 사해행위취소청구에 관한 제척기간의 산정(이에 대하여는 뒤의 7.에서 보기로 한다)과 관련하여 가등기의 원인행위와 본등기의 원인행위를 각각 별개로 볼 것인가가 문제된다. 大判 96.11.8, 96다26329(공보 하, 3545)은 원심판결이 本登記時를 기산점으로 본 것을 "원칙적으로 가등기의 등기원인인 법률행위를 제쳐놓고 본등기의 등기원인인 법률행위만이 취소의 대상인 사해행위라고 볼 것이 아니다"라고 판시하여

---

15) 우리 나라의 통설도 그러하다. 우선 郭潤直, 債權總論, 新訂(修正版)(1999), 190면; 金亨培, 債權總論, 제2판(1998), 402면; 金疇洙, 親族 · 相續法, 제6전정판(2002), 608면 참조. 하급심판결로 光州高判 79.6.22, 78나79(高集 1979민, 365)도 같다. 독일에서도 通說은 상속의 포기 등은 사해행위취소의 대상이 되지 않는다고 한다. 우선 Palandt/Edenhofer, § 1954, Anm. 1 (59. Aufl., 2000, S. 1922) 참조. 前註에 본 일본의 최고재판소 판결에 대한 評釋 등에서도 상속포기와 상속재산협의분할을 준별하여 상속포기는 사해행위취소의 대상이 되지 않지만, 상속재산협의분할은 그 대상이 될 수 있다고 보고 있는 것이 일반이다. 특히 千藤洋三, "遺産分割協議が詐害行爲取消權行使の對象とされた事例", 判例時報 1700號(1999), 206면 이하 참조. 또 예를 들면 片山直也, "遺産分割協議と詐害行爲取消權", 別冊 ジュリスト 160號: 民法判例百選 Ⅱ(債權編)(2002), 42-43면은 "本判決(前註의 最高裁판결)의 의의는, 일반채권자와의 관계에 있어서도 유산분할의 이전주의를 관철함을 분명히 한 점에 있다고 할 수 있다. 즉 개개의 상속재산은 채무자인 공동상속인의 지분의 범위에서 채권자의 책임재산을 구성한다. 그런 까닭에 상속인의 채권자는 유산분할 전에 그 지분을 압류하는 것이 실체법상 가능하게 되고, 나아가 지분의 범위를 초과하여 이루어진 유산분할협의를 사해행위(책임재산감소행위)로서 취소할 여지가 인정되는 것이다. / 이에 대해서 상속포기의 사해성은 적어도 현시점의 판례이론에 의한 한 기본적으로는 부정되게 된다. 그 점은, 앞으로, 상속자격의 소급적 소멸이라는 구성 자체가 재검토된다 하더라도, 상속인의 포기의 자유, 기간의 한정([일본민법] 제915조) 등 상속재산분할과의 법구조상의 차이에 따라 시인되어야 할 것이다. 최근에는 판례이론에 비판적인 학설의 경향이 유력하나, 가령 상속포기를 사해행위 취소의 도마위에 올려놓더라도, 양자의 사해성 인정을 전부 동일한 기준으로 행하는 것은 타당하다고는 생각되지 않는다. 상속포기에 대해서는, 상속인의 포기의 의사가 존중되어 원칙적으로 사해행위로는 될 수 없고, 상속인의 채권자로부터의 추급을 면할 목적으로 공동상속인간에 공모하고 상속포기에 假託하여 혹은 포기를 위장하여 사해적인 재산처분이 이루어졌다고 할 만한 경우에만 예외적으로 취소의 대상으로 된다고 해석해야 할 것이다"라고 하고 있다.

파기환송하였다. 이어서 大判 99.4.9, 99다2515(공보 상, 861)도, 가등기와 본등기의 각 원인이 명백하게 다르지 아니한 한 가등기의 원인이 된 법률행위를 기준으로 하여야 한다고 판시하였다.[16]

(3) 채무자의 책임재산에 속하지 않는 재산에 대한 처분이 사해행위 취소의 대상이 되지 아니함은 물론이다. 이와 관련하여 大判 2000.3.10, 99다55069(공보 상, 932)는 부동산실명법 시행 후 명의수탁자는 그 부동산의 소유자가 아니므로, 비록 그가 제3자에게 근저당권을 설정하여 주었어도 그 명의수탁자의 채권자는 사해행위 취소의 청구를 하지 못한다고 한다.

4. 詐害性의 有無

사해성의 유무에 대한 판단에 있어서는 별로 달라진 것이 없다. 즉 무자력의 채무자가 일부채권자 또는 특정채권자만에 대하여 담보를 제공하는 것,[17] 일부채권자 또는 특정채권자만에 대하여 대물변제를 하는 것[18] 등은 물론 사해행위가 된다.

(1) 그리고 주지하는 대로 채무자의 「유일한 재산인 부동산」을 양도나 담보제공 등으로 처분하는 행위는 현저한 한 유형을 이룬다.

(가) 일찍이 大判 66.10.4, 66다1535(集 14-3, 138)은, "채무자가 자기의 유일한 재산인 부동산을 매각하여 소비하기 쉬운 금전으로 바꾸는 행위는 그 매각이 일부 채권자에 대한 정당한 변제에 충당하기 위하여 상당한 매각으로 이루어졌다던가 하는 **특별한 사정이 없는 한**

16) 이미 大判 93.1.26, 92다11008(集 41-1, 88; 공보 상, 852)이 같은 뜻을 밝히고 있다.

17) 大判 97.5.23, 95다51908(공보 하, 1858); 大判 2000.4.25, 99다55656(공보 상, 1269) 등.

18) 大判 1996.10.29, 96다23207(集 44-2, 299)(유일한 재산인 부동산의 대물변제); 大判 97.6.27, 96다36647(공보 하, 2318)(채무자의 채권을 대물변제로 양도한 경우) 등.

항상 채권자에 대하여 사해행위가 된다고 볼 것"이라고 판시한 바 있고,[19] 大判 89.9.12, 88다카23186(공보 1462)은, "이미 채무초과의 상태에 빠져 있는 채무자가 그의 유일한 재산인 부동산을 채권자 중의 어느 한 사람에게 채권담보로 제공하는 행위는 특별한 사정이 없는 한 다른 채권자들에 대한 관계에서 사해행위가 된다"고 판시하였다. 근자의 大判 99.9.7, 98다41490(공보 하, 2066)도, "채무자가 채무를 변제하지 아니한 채 그의 유일한 재산인 부동산에 관하여 제3자와 사이에 신탁계약을 체결하고 그 제3자 명의로 소유권이전등기를 경료한 경우"에 대하여 그 신탁계약은 사해행위라고 봄이 상당하다고 하였고, 大判 99.11.12, 99다29916(공보 하, 2490)은, "채무자의 재산이 채무의 전부를 변제하기에 부족한 경우에 채무자가 그의 유일한 재산인 부동산을 무상 양도하거나 일부 채권자에게 대물변제로 제공하였다면 특별한 사정이 없는 한 이러한 행위는 사해행위가 된다"고 판시하였다. 또 大判 96.10.29, 96다23207(공보 하, 3530)은 채권자 중 1인이 채무자의 유일한 재산인 부동산을 대물변제로 양도받은 것은 비록 그가 다른 채권자들에 대한 채무자의 채무를 인수하였어도 사해행위가 된다고 한다. 어쨌거나 취소채권자의 채권의 만족은 그러한 행위에 의하여 저해되기 때문이라는 것이다.

(나) 그리고 위와 같이 유일한 재산인 부동산의 처분행위가 있으면 채무자의 사해의사는 추정된다고 한다. 이는 이미 大判 66.10.4, 66다1535(集 14-3, 138)에 의하여 채택된 태도이고, 그 후로도 大判 91.2.12, 90다16276(공보 981); 大判 97.5.9, 96다2606등(공보 상, 1722); 大判 98.4.14, 97다54420(공보 상, 1325) 등에서도 변함이 없다.

(다) 時價 상당의 매도도 사해행위가 될 수 있음은 전부터 인정되던 바이다. 大判 95.6.30, 94다14582(공보 2543)도, "채권자 중 1인

---

19) 大判 2000.9.29, 2000다3262(공보 하, 2199)도 같은 취지를 설시한다.

과 통모하여 그만이 우선적으로 채권만족을 얻게 할 목적으로 채무자 소유의 중요한 재산인 공장건물과 대지를 그 채권자에게 매도한 경우에는 비록 시가 상당의 가격으로 매도하였어도" 사해행위가 된다고 한다. 이 사건에서는 그 채권자의 채권으로 대등액에서 대금의 일부에 충당하였었다.

(2) 그러나 大判 2001. 5. 8, 2000다50015(공보 하, 1340); 大判 2001. 5. 8, 2000다66089(공보 하, 1350)은, 채무자가 유일한 또는 중요한 재산을 특정한 채권자에게 담보로 제공하였더라도, 그것이 "자금난으로 사업을 계속 추진하기 어려운 상황에 처한 채무자가 자금을 융통하여 사업을 계속 추진하는 것이 채무변제력을 갖게 되는 최선의 방법이라고 생각하고, 자금을 융통하거나 사업을 계속하기 위하여 부득이 부동산을 특정 채권자에게 담보로 제공한 경우"에는 그 행위가 사해행위에 해당한다고 할 수 없다고 한다. 大判 2001. 10. 26, 2001다19134(공보 하, 2543)도 같은 취지의 판단을 하면서, 다만 "이 경우 사업의 추진과 아무런 관계가 없는 기존채무를 피담보채무의 범위에 포함시켰다면 그 부분에 대한 담보권설정행위는 사해행위가 된다"고 한다.

이로써 일반적으로는 사해행위가 되는 행위유형에 대하여 중대한 예외("특별한 사정이 없는 한")가 인정되었다고 할 것이다. 가령 앞의 2000다66089 판결은, 공장신축공사가 공정률 60 내지 70퍼센트 정도 진행된 상태에서 도급업자의 자금난으로 중단되자 도급업자의 위임을 받은 채권자단이 수급업자로 하여금 수급업자의 부담하에 공사를 계속하게 하기 위하여 공사대금의 담보조로 신축공장의 건축주 명의를 수급업자로 변경하여 준 사안에 대하여, "공장신축공사를 완공하여 공장을 가동하는 것이 채권자들에 대한 최대한의 변제력을 확보하는 최선의 방법이었고 수급인에게 신축공장의 건축주 명의를 변경하여 준 것은 공장을 완공하기 위한 부득이한 조치"였다고 하고, 이는 사해행위에 해당하지 않는다는 결론을 내렸다. 요컨대 이러한 행위유형에서 詐害性의 유무는 채무자의 처분의 「목적」을 중요한 요소로 아울러 고려하여 정하여 판단된다고 할 것이다.

(3) 大判 96.5.14, 95다50875(공보 상, 1850)에 의하면, 이미 근저당권이 설정되어 있는 부동산이라도 이를 제3자에게 부당한 가격으로 양도하는 행위는 사해행위가 될 수 있다. 즉 "근저당권이 설정된 부동산이라 하더라도 그 부동산의 가액에서 근저당권의 피담보채권액을 공제한 잔액의 범위 내에서는 일반채권자들의 공동담보에 공하여져 있으므로, 채무자가 채무가 초과된 상태에서 근저당권이 설정된 자신의 부동산을 제3자에게 양도하고 그 양도대금은 근저당권의 피담보채무를 인수함으로써 그 지급에 갈음하기로 약정한 경우, 채무자로서는 실제로 매매대금을 한푼도 지급받지 아니한 채 일반채권자들의 공동담보에 공하여져 있던 부동산을 부당하게 저렴한 가액으로 제3자에게 양도한 것으로 될 것"이어서 사해행위에 해당된다는 것이다.

이와 관련하여 大判 97.9.9, 97다10864(공보 하, 3051)은, 이미 담보권이 설정되어 있는 재산을 채무자가 처분한 경우에 그 담보권의 피담보채권액이 목적물의 가액을 초과한 경우에는 그 목적물이 공동담보가 된다고 할 수 없어 사해행위 취소의 대상이 되지 않는다고 한다.

5. 主觀的 要件: 債務者 및 受益者(또는 轉得者)의 惡意

(1) 우선 취소권 발생의 주관적 요건으로서의 「채무자의 악의」, 즉 詐害意思에 관하여 大判 98.5.12, 97다57320(공보 상, 1615)은, 이는 "채무자의 재산처분행위에 의하여 그 재산이 감소되어 채권의 공동담보에 부족이 생기거나 이미 부족 상태에 있는 공동담보가 한층 더 부족하게 됨으로써 채권자의 채권을 완전하게 만족시킬 수 없게 된다는 사실을 인식하는 것을 의미하고, 그러한 인식은 일반채권자에

대한 관계에서 있으면 충분하고 특정의 채권자를 해한다는 인식이 있어야 하는 것은 아니다"라고 한다. 즉 그것은 당해 행위에 의하여 일반적으로 채권자의 채권을 완전하게 만족시킬 수 없게 되거나 그러한 상태가 악화된다는 **사실의 인식**을 의미한다는 것이다. 그것은 大判 97.5.9, 96다2606등(공보 상, 1722); 大判 99.4.9, 99다2515(공보 상, 861) 등이 설시하는 대로 "채권자를 해할 것을 기도하거나 의욕하는 것을 요하지 아니"한다.

그리고 이러한 사해의사는 사해행위자 자신의 책임재산이 부족하게 되는 것에 대한 인식으로서, 말하자면 상대적으로 판단할 일이다. 그리하여 大判 98.4.14, 97다54420(공보 상, 1325)은 **연대보증인**의 경우에는 그의 자산상태가 채권자에 대한 연대보증채무를 담보하는 데 부족이 생기게 되리라는 것을 인식하는 것을 말하며, 주채무자의 자산상태에 그러한 부족이 있다는 점에 대한 인식은 문제되지 아니한다고 한다.

(**2**) 앞의 4.(1)(나)에서 본 대로, 채무자의 유일한 재산인 부동산을 처분하는 행위가 사해행위가 되는 경우에는 채무자의 사해의 의사는 **추정**되는 태도는 여전히 유지되고 있다.

6. 詐害行爲 取消의 範圍와 方法

(**1**) 취소채권자는 그 채권액의 범위에서만 사해행위를 취소할 수 있다. 그런데 大判 2001.9.4, 2000다66416(공보 하, 2162); 大判 2001.12.11, 2001다64547(공보 2002상, 275)에 의하면, 그 「채권액」에는 사해행위 당시의 채권액만이 아니라 사실심변론종결시까지의 이자나 지연손해금이 포함된다.

(**2**) 취소채권자에 있어서 다른 방법으로 채권의 만족이 확보되어 있는 경우에는 그 「채권액」에서 공제되어야 한다. 大判 2002.4.12,

2000다63912(공보 상, 1089)는, “주채무자 또는 제3자 소유의 부동산에 대하여 채권자 앞으로 근저당권이 설정되어 채권자에게 우선변제권이 확보되어 있다면 그 범위 내에서는 채무자의 재산처분행위는 채권자를 해하지 아니하므로 그 담보물로부터 우선변제받을 액을 공제한 나머지 채권액에 대하여만 채권자취소권이 인정된다”고 판시하였다.

이 문제와 관련하여서 보다 포괄적인 판단을 보이는 것은 大判 2002.11.8, 2002다41589(공보 2003상, 1)이다. 이 판결은, ① 주채무자 또는 제3자 소유의 부동산에 대하여 채권자 앞으로 근저당권이 설정되어 있고, 그 부동산의 가액 및 채권최고액이 당해 채무액을 초과하여 채무 전액에 대하여 채권자에게 우선변제권이 확보되어 있다면, 그 범위 내에서는 채무자의 재산처분행위는 채권자를 해하지 않는다, ② 피보전채권의 존재와 그 범위는 채권자취소권 행사의 한 요건에 해당되므로, 이 경우 채권자취소권을 행사하는 채권자로서는 그 담보권의 존재에도 불구하고 자신이 주장하는 피보전채권이 그 우선변제권 범위 밖에 있다는 점을 주장·입증하여야 한다, ③ 채무자의 재산처분행위가 사해행위가 되는지 여부는 처분행위 당시를 기준으로 판단하므로, 담보로 제공된 부동산이 사해성 여부가 문제되는 재산처분행위가 있은 후에 임의경매 등 절차에서 환가가 진행된 경우에는 그 재산처분행위의 사해성 여부를 판단하기 위한 부동산 가액의 평가는 부동산 가액의 하락이 예상되는 등 특별한 사정이 없는 한 사후에 환가된 가액을 기준으로 할 것이 아니라 사해성 여부가 문제되는 재산처분행위 당시의 시가를 기준으로 하여야 한다, ④ 채권자의 채권원리금이 그 우선변제권에 의하여 전액 담보되지 아니하는 경우에는 변제충당의 법리를 유추적용하여 사해행위 시점에서는 이자채권이 원금채권에 우선하여 우선변제권에 의하여 담보되고 있다고 볼 것이다, ⑤ 따라서 채권자가 채권자취소권을 행사할 수 있는 범위는 사해행위

후의 담보권 실행 등으로 소멸한 부분을 제외하고 난 다음 남은 미회수 원리금 전부가 아니라 사해행위 당시의 채권최고액 및 담보부동산의 가액을 초과하는 부분에 해당하는 채무원리금 및 그 중 원금 부분에 대한 사실심변론종결시점까지 발생한 지연이자 상당의 금원이 이에 해당한다(이 판시부분에 대하여는 앞의 (1)에서 든 재판례도 참조), ⑥ 사해행위에 해당하는 법률행위가 언제 있었는가는 실제로 그러한 사해행위가 이루어진 날을 표준으로 판정할 것이되, 다른 특별한 사정이 없는 한 처분문서에 기초한 것으로 보이는 등기부상 등기원인일자를 중심으로 그러한 사해행위가 실제로 이루어졌는지 여부를 판정할 수밖에 없을 것이라는 등의 다양하고도 중요한 판단을 포함하고 있다.

(3) 특히 사해행위의 목적물이 부동산인 경우에 대한 재판례를 들어둔다.

(가) 大判 2000.2.25, 99다53704(공보 상, 826)은, 사해행위 취소의 목적인 부동산에 관하여 그 등기명의를 채무자 앞으로 회복시킴에 있어서는 반드시 말소등기에 의하여야 할 필요는 없고, 소유자의 진정등기명의회복청구에서와 같이 이전등기에 의하여 수익자로부터 채무자 앞으로 바로 복귀시킬 수도 있다고 한다.

(나) 한편 저당권이 설정되어 있는 부동산이 사해행위로 양도된 경우의 원상회복의 방법에 대하여, 大判 1996.10.29, 96다23207(集 44-2, 299)은, 이미 저당권이 설정되어 있는 부동산이 채권자 중 1인에게 대물변제로 양도되어 그것이 사해행위로 취소되는 경우에는 비록 그 저당권이 변제 등에 의하여 소멸하였어도 "부동산 자체의 회복을 구하는 것은 당초 일반채권자의 공동담보에 속하지 않은 부분까지 회복시키는 것이 되어 부당하므로, 저당권의 피담보채권을 공제한 잔액의 한도에서 사해행위를 취소하고 그 가액의 배상을 명할 수 있을 뿐"이라고 한다. 大判 99.9.7, 98다41490(공보 하, 2066)은, 그 경우

부동산 가액의 산정은 사실심변론종결시를 기준으로 한다고 한다.

한편 앞의 (2)에서 본 大判 2002.11.8.은, 이와 같이 저당권이 설정되어 있는 부동산이 사해행위로 이전된 후 그 저당권설정등기가 말소되어 그 부동산의 가액에서 저당권의 피담보채무액을 공제한 잔액의 한도에서 사해행위를 취소하고 그 가액의 배상을 구하는 경우에, 특별한 사정이 없는 한 그 피담보채무의 소멸의 원인이 무엇인지, 소멸의 원인 중에 변제도 포함되어 있는 경우라면 변제에 있어서의 실제 자금의 출연주체가 누구인지 여부는 더 나아가 따질 여지도 없다는 것, 또한 사해행위인 계약 전부의 취소와 부동산 자체의 반환을 구하는 청구취지 속에는 위와 같이 일부취소를 하여야 할 경우 그 일부취소와 가액배상을 구하는 취지도 포함되어 있다고 볼 수 있으므로 청구취지의 변경이 없더라도 바로 가액반환을 명할 수 있다는 것 등도 판시하고 있다.

(다) 그러나 사해행위의 목적물에 이미 가압류가 있었던 경우는 어떠한가? 大判 2002.6.25, 2002다12642(신문 3093, 12); 大判 2003.2.11, 2002다37474(공보 상, 776)은, 가압류는 가압류채권자만이 아니라 가압류채무자에 대한 채권자 전원을 위한 것으로서 목적물의 공동담보로서의 가치에 영향이 없다고 한다. 그러므로 수익자 또는 전득자가 그 가압류채권자의 채권을 변제함으로써 가압류집행이 취소되었다고 해도 이러한 사정을 사해행위 취소로 인한 원상회복의 범위를 정함에 있어서 고려할 것은 아니라는 것이다.

(4) 한편 사해행위의 목적물이 동산인 경우에 대하여, 大判 99.8.24, 99다23468등(공보 하, 1950)은, "민법 제406조에 의한 사해행위의 취소에 따른 원상회복은 원칙적으로 그 목적물 자체의 반환에 의하여야 하는바, 이 때 사해행위의 목적물이 동산이고 그 현물반환이 가능한 경우에는 취소채권자는 직접 자기에게 그 목적물의 인도를 청

구할 수 있다"고 하고, 피고에 대하여 株券을 취소채권자인 원고에게 직접 인도할 것을 청구할 수 있다고 판시하였다.

7. 權利行使期間

(1) 채권자취소권은 소의 제기로써만 행사할 수 있고(민법 제406조 제1항 본문: "… 債權者는 그 取消 및 原狀回復을 法院에 請求할 수 있다."),[20] 채권자취소소송은 "債權者가 取消原因을 안 날로부터 1년, 法律行爲 있은 날로부터 5년 내에 제기하여야 한다"(同條 제2항). 법률이 정한 이 두 권리행사기간 중 어느 하나라도 도과된 경우에는 채권자는 채권자취소권을 상실한다.

大判 96.5.14, 95다50875(공보 상, 1850)은, 위 기간의 법적 성질과 그 준수 여부의 심리 등에 대하여, "위 기간은 제소기간이라고 할 것이므로 법원은 위 기간의 준수 여부에 관하여 직권으로 조사하여 그 기간이 도과된 후에 제기된 채권자취소의 소는 부적법한 것으로 각하하여야 할 것"이라고 한다. 이 점에 대하여는 이미 大判 75.4.8, 74다1700(集 23-1, 196); 大判 80.7.22, 80다795(공보 13035) 등도 같은 뜻을 밝힌 바 있다. 그런데 위의 大判 96.5.14.은 더 나아가 "그러므로 그 기간의 준수 여부에 대하여 의심이 있는 경우에는 법원이 필요한 정도에 따라 직권으로 증거조사를 할 수 있지만, 법원에 현출된 모든 소송자료를 통하여 살펴보았을 때 그 기간이 도과되었다고 의심할 만한 사정이 발견되지 않는 경우에까지 법원이 직권으로 추가적인 증거조사를 하여 기간의 준수 여부를 확인하여야 할 의무는 없다"고 판시하였다.

(2) 한편 위 기간의 기산점인 「채권자가 취소원인을 안 날」의

20) 大判 78.6.13, 78다404(集 26-2, 122); 大判 93.12.6, 92다11008(集 41-1, 88) 등 판례는, 채권자는 사해행위의 취소를 법원에 소를 제기하는 방법으로 청구할 수 있을 뿐이고, 소송상의 공격방어방법으로 주장할 수는 없다고 한다.

해석 · 적용에 관한 일련의 재판례가 있다.

(가) 大判 2000.2.25, 99다53704(공보 상, 826); 大判 2000.6.13, 2000다15265(공보 하, 1652) 등은, "취소원인을 안다고 하기 위하여서는 단순히 채무자의 법률행위가 있었다는 사실을 아는 것만으로는 부족하고, 그 법률행위가 채권자를 해하는 행위라는 것, 즉 그에 의하여 채권의 공동담보에 부족이 생기거나 이미 부족상태에 있는 공동담보가 한층 더 부족하게 되어 채권을 완전하게 만족시킬 수 없게 된다는 것까지 알아야 한다"는 추상론을 내세운다. 그 전에 大判 89.9.12, 88다카26475(공보 1463)은, "민법 제406조 제2항 소정의 채권자가 그 취소원인을 안 날이라 함은 채무자가 채권자를 해함을 알면서 법률행위를 한 사실을 채권자가 안 때를 의미하고 단순히 사해행위의 객관적 사실을 안 것만으로는 부족하며, 사해의 객관적 사실을 알았다고 하여 취소의 원인을 알았다고 추정할 수는 없다"고 판시한 바 있다.

(나) 한편 앞의 4.(1)에서 본 대로「유일한 재산인 부동산의 처분」은 사해행위에 해당하기 쉬운데, 大判 97.5.9, 96다2606등(공보 상, 1722); 大判 99.4.9, 99다2515(공보 상, 861) 등은, "채무자가 유일한 재산인 부동산을 매도한 경우 그러한 사실을 채권자가 알게 된 때에 채권자가 채무자에게 당해 부동산 외에는 별다른 재산이 없다는 사실을 알고 있었다면 그 때 채권자는 채무자가 채권자를 해함을 알면서 사해행위를 한 사실을 알게 되었다고 보아야 한다"고 판시한다.

8. 取消權 行使의 效果

사해행위 취소의 효력은「상대적」인 것이어서 소송당사자인 채권자와 수익자(또는 전득자) 사이에만 발생할 뿐이라는 것이 大決 84.11.24, 84마610(공보 1985, 347)(수익자만을 상대로 한 사해행위 취소의 효력은 전득자에게 미치지 않는다); 大判 88.2.23, 87다카1989(集 36-1,

64)(채무자에게 미치지 않는다) 등 확고한 판례이며 또 통설의 태도이기도 하다. 그러나 그 법리의 구체적 적용에 있어서는 여러 가지 어려운 문제가 제기된다. 예를 들어 사해행위 취소에 기하여 그 원상회복으로 한 소유권이전등기말소로 소유권등기의 명의는 채무자에게 회복되게 되어서 마치 그 취소에 절대적 효력이 있는 것과 같은 상태가 된다는 것을 생각해 보아도, 이 문제가 그리 단순하지 않음을 알 수 있다. 일단 여기서는 책임재산의 파악이라는 관점에서 취소채권자와 수익자에 대한 채권자 사이에 누가 우선하는가의 문제를 주로 염두에 두고 살펴보기로 한다.

(1) 大判 90.10.30, 89다카35421(공보 2402)은 다음과 같은 사안에 대한 것이다. 수익자의 일반채권자(피고)가 목적부동산을 가압류한 후에 채권자가 수익자를 상대로 사해행위 취소 및 소유권이전등기말소를 청구하는 소송을 제기하여 승소판결을 받고 수익자 명의의 이전등기가 말소됨으로써 등기명의가 채무자에게 환원되자, 채무자가 이를 다시 제3자(원고)에게 양도하였다. 그 후 위 가압류채권자가 가압류의 처분금지효를 주장하면서, 채무자에 대하여 얻은 승소판결을 집행권원으로 하여 부동산에 경매신청을 하자, 이에 원고가 第3者異議의 訴를 제기한 것이다. 원심은 이 청구를 인용하였는데, 대법원은 “사해행위의 취소는 상대적 효력밖에 없어 특단의 사정이 없는 한 가압류의 효력이 당연히 소멸되는 것은 아니므로, 채무자로부터 위 부동산을 전전하여 양도받은 자는 가압류의 부담이 있는 소유권을 취득하였다 할 것”이라는 이유로 이를 파기하였다.

이 판결은 취소의 상대효를 이유로 해서, 취소의 효력이 발생하기 전에 목적물을 가압류한 수익자의 채권자의 優位를 선언한 것으로서, 매우 중요한 의미가 있다고 생각된다.

(2) 한편 大判 2000.12.8, 98두11458(공보 2001상, 301)은, “민법

제406조의 채권자취소권의 행사로 인한 사해행위의 취소와 일탈재산의 원상회복은 채권자와 수익자 또는 전득자에 대한 관계에 있어서만 그 효력이 발생할 뿐이고 **채무자가 직접 권리를 취득하는 것이 아니므**로 채권자가 수익자와 전득자를 상대로 사해행위 취소와 일탈재산의 원상회복을 구하는 판결을 받아 그 등기명의를 원상회복시켰다고 하더라도 재산세 납세의무자인 「사실상의 소유자」는 수익자라고 할 것"이다고 판시하였다. 그렇다면 앞의 (1)에서 본 大判 90.10.30.의 사안에서 그 판결이 사해행위가 취소된 후 "**채무자로부터** 위 부동산을 전전하여 양도받"았다는 표현에는 일정한 유보가 필요할 것이다.

(3) 大判 2001.5.29, 99다9011(공보 하, 1444)은, 채무자가 소유하던 부동산에 저당권을 가지는 피고가 그 부동산에 대한 경매절차에서 우선적으로 배당받은 것에 대하여 그 채무자에 임금우선채권을 가지는 원고들이 부당이득반환청구를 한 사안에 대한 것이다. 원래 원고들은 그 경매절차에서 배당요구를 하였었는데, 집행법원은 위 부동산이 채무자로부터 제3자에게 양도되어서(피고의 저당권은 그 양도 전에 설정되었다) 채무자의 소유에 속하는 재산이 아니라는 이유로 원고들의 우선변제권을 부정하고[21] 배당하지 아니하였던 것이다. 그러자 원고들은 채무자로부터의 양수인을 상대로 사해행위취소소송을 제기하였고, 그 양수인은 청구를 인락하였던 것이다.

대법원은, 사해행위 취소의 효력은 상대적이어서 소송의 상대방 아닌 제3자에게는 아무런 효력을 미치지 아니한다고 전제하고, "따라서 이 사건의 경우 원고 등이 부동산양수인을 상대로 제기한 사해행위취소소송에서 그 청구가 인락되었다 하더라도 그 취소의 효력은

21) 大判 94.1.11, 93다30938(공보 상, 692) 등 판례에 의하면, 근로기준법에 정하는 근로자의 우선변제권은 사용자의 특정재산에 대한 배타적 지배권을 본질로 하는 추급효까지 인정한 것은 아니므로 사용자의 재산이 제3자에게 양도된 경우에는 그 양도인에 대한 임금채권의 우선권은 이 재산에 대하여 추급될 수 없다고 한다.

그 소송의 당사자 사이에만 발생할 뿐 위 사해행위 이전에 이미 이 사건 부동산에 대하여 근저당권을 가지고 있던 피고에게 위 사해행위 취소의 효력이 미치는 것이 아니며, 위 양수인이 원고 등의 청구를 인락하였다는 이유만으로 원심 판시와 같이 곧바로 이 사건 부동산이 소급하여 채무자의 책임재산으로 회복되는 것도 아니"라고 판시하였다. 그리하여 원고들의 청구는 기각되어야 한다는 것이다.

(4) 또한 大判 2002.9.24, 2002다33069(공보 하, 2534)은, 채권자(목적물에 가압류를 하여 두었었다)가 사해행위취소소송을 제기하기 전에 근저당권이 사해행위에 의하여 설정되었음을 주장하여 배당금지급금지가처분을 함으로써 경매법원이 근저당권자에게 배당될 금전을 공탁하였고, 이어서 그 채권자가 근저당권자를 상대로 그 취소소송을 제기하여 승소판결을 받자, 집행법원이 위 공탁금을 위 채권자에게 추가배당한 사안에 대한 것이다. 대법원은, "채권자취소의 효과는 채무자에게 미치지 아니하고 채무자와 수익자와의 법률관계에도 아무런 영향을 미치지 아니하므로 취소채권자의 사해행위취소 및 원상회복청구에 의하여 채무자에게로 회복된 재산은 취소채권자 및 다른 채권자에 대한 관계에서 채무자의 책임재산으로 취급될 뿐 채무자가 직접 그 재산에 대하여 어떤 권리를 취득하는 것은 아니라는 점 등에 비추어 보면, 그 공탁금은 그 경매절차에서 배당요구하였던 다른 채권자들에게 추가배당함이 상당하다"고 판시하여, 위 근저당권자의 배당이의청구를 기각하였다.

민법 제407조가 사해행위의 취소와 그 원상회복은 "모든 債權者의 利益을 위하여" 그 효력이 있다고 정한다고 하여도, 이미 목적물에 대하여 경매절차가 진행 중인 경우에는 「그 경매절차에서 배당요구하였던 다른 채권자들」에게 일정한 우선권을 주지 않을 수 없다는 취지라고 할 수 있을는지도 모른다.

Ⅲ. 言論 기타 大衆媒體에 의한 名譽毁損

1. 出發點으로서의 大判 88.10.11, 85다카29(集 36-3, 1)

(1) 事實關係와 爭點

(가) 원고는 변호사이고, 피고 회사는 가정주부를 주된 독자로 예정한 A 월간잡지 등을 발행·판매하는 출판회사이다. 피고는 A誌 1982년 7월호에 소외 甲의 수기를 "한국 최초로 변호사를 상대로 승소한 중학 중퇴 기능공의 법정투쟁기"라는 제목 아래 게재하였다. 그 내용은, 甲이 그로부터 소송수행을 위임받은 원고가 그 업무를 제대로 처리하지 못하였다는 이유로 원고를 상대로 손해배상청구소송을 제기하여 승소판결을 받기까지의 과정에 관한 것이다. 그 수기의 중간 중간에 "변호사의 잘못 드러나 나는 드디어 승소했다", "수임변호사가 날짜까지 변조해 가며 나를 패소케 하였다", "법을 잘 아는 사람에게 법 몰라 이용당한 꼴" 등의 소제목을 붙였다. 피고는 동년 6월에 위 잡지를 10만부 만들어 전국에 반포하였다.

그런데 문제의 소송은 원고가 甲으로부터 수임한 두 개의 소송사건이 그의 임무해태로 패소로 종결되었음을 이유로 77만원의 손해배상을 구하는 것이었는데, 그 제1심법원은 그 중 하나의 소송수행에 관하여만 원고의 임무해태를 인정하여 37만원의 지급을 명하는 판결을 선고하였다. 그 사실이 몇몇 중앙일간지에 보도되자, 피고의 편집부에서는 甲의 수기를 A지에 게재하기로 기획하고 담당기자가 1982년 6월경 甲을 직접 찾아가 위 소송에 관한 수기를 써줄 것을 부탁하였다. 그런데 甲이 작성한 원고는 분량이 많고 문맥이 맞지 않으며 원고에 대한 과격한 표현이 많으므로, 甲의 동의를 얻어 위 수기의 요지와 취지를 해하지 아니하는 범위 내에서 수정하여 위 잡지에 게재하였다. 한편 원고는 위 일부패소판결에 항소하여, 1983년 3월 항소법원으로부터 원고에게 소송위임사무를 잘못 처리한 책임이 없다고 하여 원고의 일부패소부분을 취소하는 판결을 받았고, 이 판결은 그 무렵 확정되었다.

원고는 이 사건에서 피고가 위 수기의 배포로 원고의 명예가 침해되었다고 하여 위자료 등의 손해배상을 청구하였다. 원심법원은, 피고가 원고가 변호사로서의 윤리를 저버리고 본분을 망각한 행동을 하였다는 인신공격적인 표현으로 그의 인격을 비방하여 명예를 위법하게 침해하였다고 인정하고, 금 1천만원의 위자료를 지급할 것을 명하였다.

(나) 대법원은 다음과 같이 판시하여 피고의 상고를 기각하였다.

> "민주주의 국가에서는 여론의 자유로운 형성과 전달에 의하여 다수의견을 집약시켜 민주적 정치질서를 생성 유지시켜 나가는 것이므로 표현의 자유, 특히 공익사항에 대한 표현의 자유는 중요한 헌법상의 권리로서 최대한의 보장을 받아야 할 것이다. 우리 헌법 제20조 제1항(1980.10.27. 개정 공포된 헌법)도 '모든 국민은 언론, 출판의 자유와 집회, 결사의 자유를 가진다'라고 규정하고 있는데 그 핵심은 표현의 자유의 보장에 있다고 해석된다. 그리고 헌법 제20조 제2항 전단에서는 '언론, 출판은 타인의 명예나 권리 또는 공중도덕이나 사회윤리를 침해하여서는 아니된다'라고 규정하여 표현의 자유가 민주정치에 있어 필수불가결의 자유이기는 하지만 절대적인 것이 아니고 언론, 출판이 그 내재적 한계를 벗어나 타인의 명예나 권리를 침해한 경우에는 법의 보장을 받을 수 없는 것으로 하여 그 한계를 명시하고 있으며, 헌법 제20조 제2항 후단에서는 언론, 출판의 사후책임에 관하여 명문규정을 두고 있다. 한편 헌법 제9조 후단에서는 '모든 국민은 … 행복을 추구할 권리를 가진다'라고 하여 생명권, 인격권 등을 보장하고 있어 어떤 개인이 국가권력이나 공권력 또는 타인에 의하여 부당히 인격권이 침해되었을 경우에는 인격권의 침해를

이유로 그 침해행위의 배제와 손해배상을 청구하여 그 권리를 구제받을 수 있도록 하고 있다.

그러므로 우리가 민주정치를 유지함에 있어서 필수불가결한 언론, 출판 등 표현의 자유는 가끔 개인의 명예나 사생활의 자유와 비밀 등 인격권의 영역을 침해할 경우가 있는데 표현의 자유 못지않게 이러한 사적 법익도 보호되어야 할 것이므로 인격권으로서의 개인의 명예의 보호(헌법 제9조 후단)와 표현의 자유의 보장(헌법 제20조 제1항)이라는 두 법익이 충돌하였을 때 그 조정을 어떻게 할 것인지는 구체적인 경우에 사회적인 여러 가지 이익을 비교하여 표현의 자유로 얻어지는 이익, 가치와 인격권의 보호에 의하여 달성되는 가치를 형량하여 그 규제의 폭과 방법을 정해야 할 것이다.

위와 같은 취지에서 볼 때 형사상이나 민사상으로 타인의 명예를 훼손하는 행위를 한 경우에도 그것이 공공의 이해에 관한 사항으로서 그 목적이 오로지 공공의 이익을 위한 것일 때에는 진실한 사실이라는 증명이 있으면 위 행위에 위법성이 없으며 또한 그 증명이 없더라도 행위자가 그것을 진실이라고 믿을 상당한 이유가 있는 경우에는 위법성이 없다고 보아야 할 것이다. 이렇게 함으로써 인격권으로서의 명예의 보호와 표현의 자유의 보장과의 조화를 꾀할 수 있다 할 것이다.

원심이 확정한 사실에 의하면, 피고 발행의 A 월간잡지 1982년 7월호에 게재된 甲의 수기는 원고가 수행한 소송과 관련하여 그가 변호사로서의 자질이 부족하다는 것을 그 내용으로 하고 있으므로, 이러한 인물에 대한 평가로서 공공의 이익에 관한 사항인 경우에는 원칙적으로 비평의 대상이 된다고 할 수 있겠으나 이 사건 수기는 그 내용과 기술방법으로 보아 원고의 인격을 비방하는 인신공격의 표현이 상당히 포함되고 있어 그 수기의 게재가 오로지 공익을 위한 의도로서 행한 것으로는 도저히 볼 수 없고, 진실성이 결여된 점은 위 수기의 제목 및 표현내용과 문면 자체에 의하여 분명한 바이다.

그리고 일정한 입장에 있는 인물에 관한 행위가 공적 비판의 대상이 된다고 하더라도 신문에 비하여 신속성의 요청이 덜한 잡지에 인신공격의 표현으로 비난하는 내용의 기사를 게재함에 있어서는 기사내용의 진실 여부에 대하여 미리 충분한 조사활동을 거쳐야 할 것인데 원심이 적법히 확정하고 있는 바와 같이 피고가 이 사건 수기를 잡지에 게재함에 있어 그 내용의 진실성에 대하여는 전혀 검토하지 아니하고 원문의 뜻이 왜곡되지 않는 범위 내에서 문장의 일부만을 수정한 채 원고가 변호사로서의 본분을 망각한 악덕변호사인 것처럼 비방하는 내용의 글을 그대로 잡지에 게재하였다면 피고로서는 위 수기의 내용이 진실한 것으로 믿는 데 상당한 이유가 있었다고는 할 수 없다 할 것이다."

(2) 當時의 裁判例

名譽의 違法한 侵害가 불법행위가 됨은 민법 자체가 명문으로 인정하는 바이다(제751조 제1항: "타인의 … 명예를 해한 … 자", 제764조: "타인의 명예를 훼손한 자" 등). 또 명예훼손이 언론보도 기타 대중매체에 의하여 행하여졌다고 해서 달라질 이유는 없을 것이고, 이는 특히 언론과 출판 등의 자유를 정하는 憲法 제21조가 그 제4항에서 "언론·출판은 타인의 명예 … 를 침해하여서는 아니된다. 언론·출판이 타인의 명예나 권리를 침해한 때에는 피해자는 이에 대한 손해의 배상을 청구할 수 있다"는 다른 나라의 헌법에서는 찾아보기 힘든 내용을 명문으로 정하는 것에 비추어서도 명백하다.

그러나 어떠한 요건 아래서 명예훼손을 違法하다고 할 것인가의 문제는 그 판단기준을 제시하기가 쉬운 일이 아니다. 예를 들면 민법 시행 초기의 대표적인 교과서는 이에 대하여, "명예나 신용의 침해가 어떠한 경우에 위법성을 띠느냐는 **매우 미묘한 문제**이다. 침해행위는 허위사실을 유포하는 것인 경우가 많지만, 반드시 이에 한하지 않고, 진실한 사실을 말하는 것이나 의견을 말하는 것도 명예훼손이 될 수 있다. 그러나 대체로 말해서, 진실의 사실을 말하는 경우에는 위법성이 약하고, 허위사실을 말하면 위법성이 강하다. 또 공공의 이익에 관계가 깊은 것은 위법성이 약하고 순전히 私事에 관한 것은 위법성이 강하다. 그 점에서 형법 제310조가 '진실한 사실로서 오로지 공공의 이익에 관한 때에는 처벌하지 아니한다'고 규정한 것은 민사상에도 유추되어도 좋을 것이다. … 이상과 같이 명예훼손의 위법성의 유무는 여러 가지의 구체적 사정을 고려하여 판단하여야 하"(점선은 인용자가 생략한 부분을 가리킨다. 이하 같다)는 것이라고 말하자면 對症療法的으로 설명한다.[22] 이 설명은 진실성과 공공성 등을[23] 판단항목으로 하면서도 이를 위법성의 存否의 문제가 아니라 그 强弱의 문제로 설명하고 있는 점이[24] 주목된다.

특히 이 위법성의 문제는 명예훼손이 언론보도 기타 대중매체에 의하여 행하여진 경우에는 더욱 어려워질 것임을 쉽사리 예측할 수 있다. 그것은, 위의 대법원판결이 말하는 것처럼, 가해자측의 행위가 민주사회에서 극히 중시되는 法益인 언론·출판의 자유의 발현으로 행하여진 것이고 따라서 그 결과로 비록 명예훼손이 일어났다고 하더라도 이는 감수되어야 하는 주장도 성립할 수 있기 때문이다.

명예훼손사건에 대한 그 때까지의 대법원판결도 명확한 기준을 제시하지 아니하고, 당장의 구체적 사건에 대하여 종국적인 결론, 즉 불법행위의 성립 여부만을 제시할 뿐이다.[25]

22) 金曾漢·安二濬 編著, 債權各論(下)(1965), 775면 이하. 이 설명은 예를 들면 郭潤直, 債權各論, 再全訂版(1984), 656면에서도 거의 그대로 반복되고 있다. 그 설명의 原型이라고 추측되는 加藤一郞, 不法行爲(1957), 127면 이하도 참조.

23) 그 외에 사실을 공표한 相對方이 누구인가에 따라서도 위법성의 강약에 차이가 생긴다고 한다.

24) 이는 기본적으로 金曾漢·安二濬의 위 編著書(註 22 참조)가 의존하고 있는 我妻榮이 불법행위상의 위법성의 판단에 있어서 전개하는 소위 相關關係理論 및 이에 결정적으로 영향을 받은 그 후의 日本學說과 관련이 있다고 생각된다.

25) 大判 80.2.26, 79다2138등(集 28-1, 112); 大判 88.6.14, 87다카1450(集 36-2, 34) 등 참조. 그 전의 大判 67.7.25, 67다1000(集 15-2, 229)은, 原審이 피고가 유포시켰다는 원고와의 情交關係 등이 사실이라는 이유로 원고의 위자료청구를 기각한 것을, "원고는 장성한 자식들과 동거하고 있는 과부이므로 … 피고가 그러한 사실을 부락 사람들에게 유포시켰다면 특단의 사정이 없는 한 피고는 원고

(3) 위 大判 88.10.11.의 意味

위 대법원판결은 언론보도 기타 대중매체로 인한 명예훼손의 문제에 대하여 일반적 법리를 선언하고 있다. 그 사안에는, 외부의 필자가 투고한 原稿에 대한 불법행위책임이 추궁되었다거나 가해매체가 일간신문이나 라디오·텔레비전 등의 전자매체와 같이 보도의 신속성이 덜 요구되는 월간잡지라는 등의 특징이 있는데,[26] 이 판결의 판단내용은 사실 그 事案에 직접 대응하는 범위를 훨씬 넘어선 것이다.

위 판결은 "형사상이나 민사상으로 타인의 명예를 훼손하는 행위를 한 경우에도 그것이 공공의 이해에 관한 사항으로서 그 목적이 오로지 공공의 이익을 위한 것일 때에는 진실한 사실이라는 증명이 있으면 위 행위에 위법성이 없으며 또한 그 증명이 없더라도 행위자가 그것을 진실이라고 믿을 상당한 이유가 있는 경우에는 위법성이 없다"고 한다. 이 판시는 다음과 같은 의미를 가진다.

첫째, 언론보도 기타 대중매체로 인한 명예훼손도 적어도 추상적 요건으로는 다른 방식의 명예훼손과 같은 기준에 의하여 판단됨을 전제로 한다.[27]

둘째, 형사상 명예훼손죄와 민사상 명예훼손으로 인한 불법행위

의 명예를 훼손시켰다"고 하여 파기환송하였다. 여기서 명예훼손이 문제되는 것이라면, 이로부터 眞實性만으로는 피고의 위법성이 부인되지 않는다는 법리를 추출할 수 있을 것이다. 그러나 이 사건에서는 명예훼손이 아니라 진실성 여부가 문제되지 않는 프라이버시侵害(또는 私的 情報의 公開)가 문제된다고 함이 보다 적절하다고 할 것이다. 프라이버시침해와 명예훼손의 관계에 대하여는 梁彰洙, "情報化社會와 프라이버시의 保護 ──私法的 側面을 中心으로", 同, 民法硏究 1권(1992), 513면 이하 참조.

26) 이러한 사안의 특징에 대하여는 이 판결에 대한 평석인 李銀榮, "명예훼손책임에서 언론보도의 진실성과 공공성", 민사판례연구 12집(1990), 153면도 지적하고 있다.

27) 미국에서는 보통법상의 불법행위책임을 묻는 명예훼손에 관한 법리를 新聞社 기타 언론매체에 적용할 때에는 언론자유와의 상관관계 속에서 이를 별도로 파악하여야 한다는 법리가 전개되었다(뒤의 (3)(라)도 참조). 이에 대하여는 우선 方碩皓, "명예훼손 면책사유로서의 진실성과 신문사의 주의의무", 민사판례연구 19집(1998), 256면 이하 참조.

는 적어도 논리적 구조에 있어서는 같은 기준에 의하여 판단된다.28)

셋째, 명예훼손이 있으면29) 이는 원칙적으로 違法한 것으로 평가되지만, 일정한 사유가 있으면 그것이 阻却된다는 논리구조로 판단된다. 마치 생명이나 소유권의 침해에서와 같이 構成要件으로서의 명예훼손 자체가 위법성을 推斷시키는 것이다.30) 그러므로 大判 98.5.8, 97다34563(공보 상, 1575)이 명언하는 대로, 위법성에 관한 입증책임은 "명예훼손행위를 한 언론매체"에 있는 것이다.31)

넷째, 위법성의 조각을 위하여는 公共性과 眞實性의 두 요건이

---

28) 大判 93.6.22, 92도3160(공보 하, 2188); 大判 94.8.26, 94도237(공보 하, 2572) 등 명예훼손죄에 대한 裁判例도 같은 기준을 채택하고 있다. 한편 裵鍾大, 刑法總論, 全訂版(1995), 266면은 "형벌의 최후수단성 그리고 형법의 보충성은 형법에 앞서 있는 다른 법적 통제수단이 내린 適法判定을 존중하도록 요구한다. … 그러나 반대로 형법이 보충적·예외적으로 내린 違法性排除判斷이 더욱 포괄적인 다른 법률의 違法性排除에 구속적으로 작용할 수는 없다"고 한다. 즉 민법상의 위법성 조각은 형법에 비교하여 보다 광범위하게 행하여질 수 있다는 이 발언은 注目할 만하다.

29) 말하자면 「구성요건」으로서의 언론보도에 의한 명예훼손의 인정기준에 대하여는 大判 97.10.28, 96다38032(공보 하, 3625)이, 비록 원심판결의 판시를 시인하는 방식을 취하고는 있으나, 基準的이다. 즉 "명예훼손이란 명예주체에 대한 사회적 평가를 저하시키는 일체의 행위를 의미하고, 신문이나 잡지 등 언론매체가 특정인에 관한 기사를 게재한 경우 그 기사가 특정인의 명예를 훼손하는 내용인지의 여부는 기사의 객관적인 내용과 아울러 일반 독자가 기사를 접하는 통상의 방법을 전제로 기사의 전체적인 흐름, 사용된 어휘의 통상적인 의미, 문구의 연결 방법 등을 종합적으로 고려하여 그 기사가 독자에게 주는 전체적인 인상도 그 판단 기준으로 삼아야 할 것"이라는 것이다.

30) 독일민법학상의 불법행위이론에서 구성요건의 충족이 위법성을 추단시키는 것(소위 Indikation der Rechtswidrigkeit)에 대하여는 우선 Larenz/Canaris, *Lehrbuch des Schuldrechts*, Bd. 2/2, 13. Aufl.(1994), § 75 Ⅱ 2 c(S. 5363 f.) 참조. 한편 독일에서는, 名譽, 나아가 「一般的 人格權」의 침해에 있어서도 이러한 「위법성의 추단」이 적용되어야 할 것인가 또는 생명 등의 침해와 같은 방식으로 적용되어야 할 것인가에 대하여는 많은 논의가 있다. Larenz/Canaris, 同書, § 80 Ⅱ 1 b; 2 b(S. 499 ff.)은 명예훼손의 경우에 일반적으로 구성요건해당성의 위법성 추단을 긍정하고 있다.

31) 그런데 刑法學에서는 최근에 「범죄의 입증은 검사가 한다」는 형사소송법의 원칙에 반한다고 하여 형법 제310조의 擧證責任을 검사가 부담하여야 한다는 견해가 오히려 유력하다(강구진, 이재상, 김일수, 배종대 등). 즉 "검사는 피고인이 제310조의 위법성조각사유를 주장하면, 그가 공개적으로 적시한 사실이 진실

충족될 것이 요구된다. 그 중에서 前者는 다시 그 적시된 사실 등이[32] "공공의 이해에 관한 사항"에 해당하여야 하고 나아가 그 적시의 목적이 "오로지 공공의 이익을 위한 것"임을 요한다. 그러나 여기서 「오로지」란 뒤에서 보는 대로 그 실제의 적용에서는 엄격하게 관철되고 있다고 하기 어렵다.

다섯째, 아마도 위 판시의 가장 중요한 점은, 眞實性의 요건에 관하여 그 증명이 없더라도 "행위자가 그것을 진실이라고 믿을 상당한 이유가 있으면" 위법성이 조각된다고 하는 부분에 있을 것이다. 여기서 "그 증명이 없더라도"라고 하는 것은 「허위임이 밝혀진 경우에」라는 의미가 아니라 「가해자의 입증에도 불구하고 진실인지 여부를 알 수 없는 경우」라는 의미라고 이해할 것이다.

2. 이 判決 이후의 裁判例의 展開

그 후의 실무는 대체로 위의 大判 88.10.11.에서 선언된 법리에 좇아 전개되었다.

(1) 재판례 중에는 大判 95.6.16, 94다35718(공보 하, 2496); 大判 98.2.27, 97다19038(공보 상, 865)와 같이 "진실의 증명이 없더라도 행위자가 이를 진실이라고 믿었고 또 그렇게 믿을 만한 상당한 이유가 있으면 그 행위에 대한 고의·과실이 없다고 하여야 한다"고 하여 이를 有責性의 차원에서 논의하는 경우도 있다. 그러나 主流는 위

한 사실이 아니고 公益과도 관련이 없다는 것을 입증해야 한다"는 것이다. 우선 裵鍾大(註 28), 228면 이하 참조.

32) 뒤에서 보는 대로 우리 실무는 사실의 적시와 평가의 주장을 반드시 명확하게 구별하지 않는 태도를 취한다. 양자의 명확한 구별을 전제로 각각 다른 법률효과를 인정하는 독일의 이론(意見 또는 評價에 대한 留止請求權 또는 不作爲請求權은 인정되지 아니한다)에 대하여는 우선 Larenz/Canaris(註 30), § 88 I(S. 708ff.) 참조.

의 大判 88.10.11.에서와 같이 여전히 위법성의 문제로 다룬다.[33)]

이는 단순히 법률구성의 문제에 그치지 않으며, 출판물의 배포금지 등의 禁止請求權과[34)] 관련하여 의미가 적지 않다. 즉 만일 피고가 적시하는 사실 등이 진실이라는 증명은 없으나 진실이라고 믿을 만한 상당한 이유가 있는 경우에 이를 위법이 아니라고 하면, 위와 같은 유지청구는 당연히 허용될 수 없을 것이다. 그러나 그것을 위법하기는 하나 행위자에게 과책이 없다는 것이라면, 유지청구의 許否는 별개의 차원에서 판단되어야 할 것이다.

(2) 한편 公共性의 요건("**오로지** 공공의 이익을 위한 것")에 대하여는 완화의 경향이 뚜렷하다.

예를 들면 大判 96.10.11, 95다36329(공보 하, 3297)은, "여기서 '오로지 공공의 이익에 관한 때'라 함은 적시된 사실이 객관적으로 볼 때 공공의 이익에 관한 것으로서 행위자도 공공의 이익을 위하여 그 사실을 적시한 것이어야 하며, … [그] 여부는 당해 적시 사실의 구체적 내용, 당해 사실의 공표가 이루어진 상대방의 범위, 그 표현의 방법 등 그 표현 자체에 관한 제반 사정을 감안함과 동시에 그 표현에 의하여 훼손되거나 훼손될 수 있는 명예의 침해 정도 등을 비교·고려하여 결정하여야" 한다는 설시를 앞세우면서, "행위자의 **주요한**

33) 1996년에 선고된 대법원판결만을 보아도 大判 96.4.12, 93다40614등(集 44-1, 323); 大判 96.5.28, 94다33828(공보 하, 1973); 大判 96.8.20, 94다29928(공보 하, 2776); 大判 96.10.11, 95다36329(공보 하, 3297) 등 일일이 들 필요도 없다.

34) 주지하는 대로 大判 96.4.12, 93다40614등(集 44-1, 323)은, 위법한 비방광고가 행하여졌고 앞으로 행하여질 우려가 있는 事案에 있어서, "인격권은 그 성질상 일단 침해된 후의 구제수단(금전배상이나 명예회복 처분 등)만으로는 그 피해의 완전한 회복이 어렵고 손해전보의 실효성을 기대하기 어렵다"는 이유로 그 침해에 대하여 사전(예방적) 구제수단으로 침해행위 정지·방지 등의 금지청구권을 인정하였다. 이미 위의 大判 88.10.11.도 "어떤 개인이 국가권력이나 공권력 또는 타인에 의하여 부당히 인격권이 침해되었을 경우에는 인격권의 침해를 이유로 **그 침해행위의 배제**와 손해배상을 청구하여 그 권리를 구제받을 수 있도록 하고 있다"고 판시한 바 있다.

목적이나 동기가 공공의 이익을 위한 것이라면 부수적으로 다른 私益的 동기[이 사건에서는 "정치인으로서 인기를 끌고 선거에서 당선되고자 하는 목적"]가 내포되어 있었다고 하여도 공공의 이익을 위한 것이라고 보아야 한다"고 하여, 불법행위의 성립을 부정하였다.[35)]

(3) 문제는, 보도 내용이 **진실이라고 믿을 만한 상당한 이유**가 있는가에 관한 판단기준이다.

(가) 이에 대한 전형적인 판시는 大判 98.5.8, 96다36395(공보 상, 1572)에서 보는 대로, "보도 내용이 진실이라고 믿을 만한 상당한 이유가 있는가의 여부는 [i] 기사의 성격, [ii] 정보원(情報源)의 신빙성, [iii] 사실 확인의 용이성, [iv] 보도로 인한 피해자의 피해 정도 등 여러 사정을 종합하여, 보도 내용의 진위 여부를 확인하기 위한 적절하고도 충분한 조사를 다하였는가, 그 진실성이 객관적이고도 합리적인 자료나 근거에 의하여 뒷받침되는가 하는 점에 비추어 판단하여야 할 것"이라는 설시이다. 또 그 전에 大判 97.9.30, 97다24207(공보 하, 3279)은, "상당한 이유가 있는지의 여부를 판단함에 있어서는 기사의 성격상 신속한 보도가 요청되는 것인가, 情報源이 믿을 만한가, 피해자와의 대면 등 진실의 확인이 용이한 사항인가와 같은 여러 사정을 종합적으로 고려하여 판단하여야 한다"고 설시하여 위와 대동소이한 기준을 보이고 있다.[36)]

물론 이와 같이 고려되어야 할 事情項目의 열거는 구체적 사건의 판단에서 개별적 법률요건과 같은 기능을 한다고 말하기는 어려울 것이다. 그러나 그것은 「상당성」과 같은 불확정개념이 문제되는 경우에 법원의 審理와 당사자의 주장·입증의 방향 및 내용을 지시한다는 점

35) 이는 형사재판례 중에서도 예를 들면 大判 89.2.14, 88도899(공보 445)가 "가령 소론과 같이 피고인들의 소행에 있어 피해자를 비방할 목적도 함께 숨어 있었다고 하더라도 그 주요한 동기가 공공의 이익을 위한 때에 있다면" 형법 제310조가 적용된다고 판시한 것과 궤를 같이하는 것이다.

36) 그 외에 근자의 大判 2001.1.19, 2000다10208(공보 상, 497)도 마찬가지이다.

에서 적지 않은 중요성이 있다고 하겠다.

(나) 그리하여 우선 보도내용의 성격, 특히 신속성을 요구하는 것인가가 문제된 예로 위의 大判 88.10.11.("일정한 입장에 있는 인물에 관한 행위가 공적 비판의 대상이 된다고 하더라도 신문에 비하여 신속성의 요청이 덜한 잡지에 인신공격의 표현으로 비난하는 내용의 기사를 게재함에 있어서는 기사내용의 진실 여부에 대하여 미리 충분한 조사활동을 거쳐야 할 것"); 大判 96.5.28, 94다33828(공보 하, 1973)("일간신문이 신속성을 요구한다는 점을 감안하더라도 피고가 이 사건 기사의 취재과정에서 그 기사의 내용이 진실이라고 믿은 데에 상당한 이유가 있었다고 보기 어렵다"); 위의 大判 98.5.8.(공보 상, 1572)(유명 연예인의 유흥업체에서의 접대에 대한 수사기록 근거한 일간신문 보도)("기사의 성격상 신속한 보도를 요하는 것이라고도 할 수 없어 그러한 조사를 하기에 충분한 시간적 여유가 있었음에도 불구하고 이러한 조사절차를 거치지 아니한 이상 기사 내용의 진위 확인을 위한 충분한 조사를 한 것이라고도 할 수 없"으므로 상당한 이유 없다) 등이 있다.

(다) 나아가 보도의 근거가 된 資料 또는 情報源의 신빙성이 문제된 예로 위의 大判 96.5.28.("언론매체가 다른 언론매체의 보도내용을 참작하여 보도하였다 하더라도 자신의 보도로 인한 책임은 면할 수 없으므로 … 자기 책임 하에 그 내용의 진위 여부를 직접 확인하려는 노력을 다하여야 하며, 특히 일간신문이나 방송의 보도내용은 취재시간이 제한된 탓에 보도내용의 진위 여부가 불확실하거나 과장보도되는 경우가 적지 않아 그 진실성이 객관적으로 담보되어 있다고 보기도 어려우므로 이를 진실로 믿기 위하여는 더욱 더 진위 여부의 확인에 노력을 기울여야 할 것"); 위의 大判 98.5.8.("기자가 열람한 수사기록은 피의자 甲의 일방적 진술을 기재한 것이고, 그 수사 담당 검사로부터 입수한 정보 역시 관련 연예인들이나 그 소개인들에 대한 수사결과에 의하여 뒷받침되는 것이 아닌 위 甲의 진술만을 근거로 한 것으로 그다지 신빙성이 높다고 할 수 없"

다)[37] 등이 있다.

그 외에 사실이 적시된 프로그램의 성격을 문제삼은 예로 大判 98.5.8, 97다34563(공보 상, 1575)("실명에 의한 논픽션 라디오 드라마에 있어서는 일반의 청취자 등이 그 내용을 사실이라고 받아들이기가 쉬운 반면에 신속성의 요청은 일반 보도에 비하여 그다지 크다고 할 수가 없으므로, 그 방송에 있어서는 단순히 풍문이나 억측이 아닌 신빙성 있는 자료에 의거하여야 할 필요성이 보다 크다고 할 것이므로 다른 특별한 사정이 없는 이상 방송의 기초가 되는 그 자료 내용의 진위를 당사자 본인이나 그 주변 인물을 통하여 확인하는 등의 충분한 조사활동을 사전에 거침이 마땅하다") 등이 있다.

(4) 그런데 대법원은 일정한 事案類型에서 상당성 판단과 관련된 말하자면 個別法理를 전개하고 있다.

(가) 우선 大判 98.5.22, 97다57689(공보 하, 1712)은, 行政機關 기타 공공적 성격을 가진 기관이 일정한 사실을 대외적으로 공표하는 경우(소위 「行政上 公表」)에는 私人의 행위보다 엄격한 기준이 요구된다고 하고, "의심의 여지 없이 확실히 진실이라고 믿을 만한 객관적이고도 타당한 확증과 근거가 있는 경우가 아니라면 상당한 이유가 있다고 할 수 없다"고 판시하였다. 이 판결은 한국소비자보호원이 언론에 보도자료를 제공하여 그 내용대로("「○○막걸리」에 유해물질 검출") 보도된 사안에 대한 것인데, 원심판결이 불법행위의 성립을 부정하였던 것을 위와 같이 판시하여 파기환송하였던 것이다.

(나) 나아가 大判 98.2.27, 97다19038(공보 상, 865)은, 논픽션드라마(金九암살사건)에서 배후로 묘사된 사람의 명예가 훼손되었는지가 문제된 사건에서, 그 판단에 있어서 "특히 적시된 사실이 **역사적 사실**인 경우 시간이 경과함에 따라 점차 망인이나 유족의 명예보다 역사

37) 이 판결은 그러한 보도가 피해자의 직업 등에 비추어 그에게 주는 打擊의 질이나 정도를 고려하여야 할 것도 요구한다.

적 사실에 대한 탐구 또는 표현의 자유가 보호되어야 하고 또 진실 여부를 확인할 수 있는 객관적 자료에도 한계가 있어 그 확인이 용이하지 아니한 점도 고려되어야 한다"고 설시하면서, 당해 사건에서 문제된 사실이 비록 진실임이 증명되지 아니하였다고 하여도 **"어느 정도 근거 있는 자료**에 기한 것"이라고 하여 불법행위의 성립을 부정하였다.

(다) 그런데 이와 같이 공공성과 진실성의 관점에서 정하여지는 違法性阻却事由의 존부에 관하여 공무원과 같은 소위 公的 人物 (public figures)에 대하여는 보다 완화되어야 하지 않을까?

(**a**) 大判 97. 9. 30, 97다24207(공보 하, 3279)은 "언론의 특성상 공직자의 윤리 및 비위 사실에 관한 보도에 있어서는 특별히 보도의 내용이 허위임을 알았거나 이를 무분별하게 무시한 경우에만 상당한 이유가 없다고 보아야 할 것이라거나 상당한 이유에 대한 입증책임을 피해자가 부담하여야 할 것이라는 등의 상고이유의 주장은 독자적인 견해에 불과하여 받아들일 수 없다"고 판시하고, 나아가 大判 98. 5. 8, 97다34563(공보 상, 1575)은 "피해자가 公的인 인물이라 하여 방송 등 언론매체의 명예훼손행위가 현실적인 악의에 기한 것임을 그 피해자측에서 입증하여야 하는 것은 아니다"라고 판시하였다.

이는 유명한 미국 연방대법원의 New York Times v. Sullivan, 376 U.S. 254(1964)가 판시한 법리를 받아들이지 아니함을 의미한다. 이 판결은 "만일 언론에 의하여 주장된 것이 사실에 부합하지 않는다는 것만으로 언론기관에 책임이 있다고 한다면, 언론기관은 손해배상책임을 질 것을 두려워해서 「자기검열」을 행할 것이다. 그러한 결과는 「공적 이유에 대한 논의는 거침이 없으며 대담하고 공공연하게 행하여져야 한다는 중대한 국가적 公約」과 조화되지 않는다"(p. 260)고 하고, 그러므로 원고가 공무원인 경우에는 그와 아울러 피고 언론사가 그 기사의 내용이 "사실에 부합하지 않음을 알면서 또는 무분별하게 알지 못하고(with knowledge of its falsity or in reckless disregard of the truth)" 그 기사를 작성·게재하였음을 추가적으로 입증하여야 한다고 판시하였던 것이다.[38) 39)]

(**b**) 그런데 憲裁 99.6.24, 97헌마265(憲集 11-1, 768)은, "국민의 알 권리와 다양한 사상·의견의 교환을 보장하는 언론의 자유는 민주제의 근간이 되는 핵심적인 기본권이고, 명예 보호는 인간의 존엄과 가치, 행복을 추구하는 기초가 되는 권리이므로, 이 두 권리를 비교형량하여 어느 쪽이 우위에 서는지를 가리는 것은 헌법적인 평가문제에 속한다"고 전제하고, 이어서 다음과 같이 판시하고 있다.

> "그러므로 언론매체의 명예훼손적 표현에 위에서 본 실정법을 해석·적용할 때에는 언론의 자유와 명예 보호라는 상반되는 헌법상의 두 권리의 조정과정에 다음과 같은 사정을 고려하여야 한다. 즉, 당해 표현으로 인한 피해자가 공적 인물인지 아니면 私人인지, 그 표현이 공적인 관심사안에 관한 것인지 순수한 사적인 영역에 속하는 사안인지, 피해자가 당해 명예훼손적 표현의 위험을 自招한 것인지, 그 표현이 객관적으로 국민이 알아야 할 공공성·사회성을 갖춘 사

---

38) 이에 대하여는 우선 梁彰洙(註 25), 510면 註 32; 方碩皓(註 27), 256면 이하 참조.

39) 그런데 大判 98.7.24, 96다42789(공 하, 2200)은 정보업무를 담당하는 국가기관(保安司)이 그 원래의 직무범위를 넘어 민간인에 대한 사찰활동을 한 사안에 대하여, "공적 인물은 사생활의 비밀과 자유가 제한되어 그 공개가 면책되는 경우도 있다. 이는 그들은 통상인에 비하여 그 공개가 공공의 이익이 된다는 데 근거한 것"이라는 취지로 판시하여, 프라이버시 보호에 관하여는「공적 인물」이 다른 취급을 받는다는 태도를 밝히고 있다. 나아가 또한 경찰수사단계에서의 피의사실이 공표되고 또 보도됨으로 인한 명예훼손으로 국가 및 신문사의 책임이 문제된 大判 98.7.14, 96다17257(공 하, 2108)에서도 "원고가 평범한 시민으로 **공적인 인물이 아닌 이상** 일반 국민들로서는 범죄에 대하여는 알아야 할 정당한 이익이 있다 하더라도, 그 범인이 바로 원고라고 하는 것까지 알아야 할 정당한 이익이 있다고 보이지 않는다"라고 하고, 피의자의 신원을 명시하고 초상을 보여주면서 한 보도는 위법하다고 판시한 바 있다.

실(알 권리)로서 여론형성이나 공개토론에 기여하는 것인지 등을 종합하여 구체적인 표현 내용과 방식에 따라 상반되는 두 권리를 유형적으로 형량한 비례관계를 따져 언론의 자유에 대한 한계 설정을 할 필요가 있는 것이다. 공적 인물과 사인, 공적인 관심 사안과 사적인 영역에 속하는 사안 간에는 심사기준에 차이를 두어야 하고, 더욱이 이 사건과 같은 공적 인물이 그의 공적 활동과 관련된 명예훼손적 표현은 그 제한이 더 완화되어야 하는 등 개별사례에서의 이익형량에 따라 그 결론도 달라지게 된다."

이러한 판단은 무엇보다도 언론보도로 인한 공적 인물의 명예훼손이 문제된 경우에는 그 위법성의 판단을 私人의 명예훼손에서와는 다른 기준을 적용하여야 한다는 것이다. 이 헌법재판소의 결정은 특이하게도 뒤의 4.에서 보는 大判 2002.1.22, 2000다37524(공보 상, 522)에서도 인용되고 있다.

(5) 위와 같은 처리를 다른 나라의 경우와 비교하여 볼 때 얼핏 눈에 띄는 것은, 사실의 적시와 가치평가 또는 의견제시를 명확하게 구분하여 전자의 경우에만 불법행위책임을 인정하는 것으로는 여겨지지 않는다는 점이다.[40]

(가) 위의 大判 88.10.11.은 "피고 발행의 월간잡지에 게재된 甲의 수기는 원고가 수행한 소송과 관련하여 그가 변호사로서의 자질이 부족하다는 것을 내용으로 하고 있으므로, 이러한 인물에 대한 평가로서 공공의 이익에 관한 사항인 경우에는 원칙적으로 비평의 대상이 된다고 할 수 있겠으나 이 사건 수기는 그 내용과 기술방법으로 보아 원고의 인격을 비방하는 인신공격의 표현이 상당히 포함되어 있어 그

---

40) 反論報道請求權에 대하여 정하는 「정기간행물의 등록 등에 관한 법률」 제16조 제1항은 "정기간행물에 공표된 **사실적 주장**에 의하여 피해를 받은 자는 … 반론보도문의 게재를 청구할 수 있다"고 정하여, 단순한 의견표명이나 가치평가에는 그 권리를 부인한다. 大判 2000.2.25, 99다12840(공보 상, 806)도 이를 전제로 한다.

수기의 게재가 오로지 공익을 위한 의도로서 행한 것이라고는 도저히 볼 수 없고 진실성이 결여된 점은 위 수기의 제목 및 표현내용과 문면 자체에 의하여 분명한 바"라고 설시하는데, 이는 「평가」에 해당되는 진술이 공공성을 갖추는 경우에는 원칙적으로 허용되나, 다만 그것이 「인신공격의 표현」에 해당하면 공공성이 부정되어 결국 불법행위에 해당한다는 논리를 전개한 것으로 보이기도 하는데 단정할 수는 없다.

(나) 이 문제가 처음으로 정면에서 논의된 것은 大判 99.2.9, 98다31356(集 47-1, 37)에 이르러서인 것으로 보인다.[41] 이 판결은 「사실을 적시하는 표현행위로 인한 명예훼손」과 「의견 또는 논평에 의한 명예훼손」을 구분하여 논하면서, 前者에 대하여는 위의 大判 88.10.11.의 법리 기타 지금까지 살펴 온 바를 반복하고, 특히 後者에 대하여 다음과 같이 판시하였다.

> "민사상 타인에 대한 명예훼손, 즉 사람의 품성, 덕행, 명성, 신용 등의 인격적 가치에 관하여 사회로부터 받는 객관적인 평가를 저하시키는 것은 사실을 적시하는 표현행위뿐만 아니라 의견 또는 논평을 표명하는 표현행위에 의하여도 성립할 수 있을 것인바, 어떤 사실을 기초로 하여 의견 또는 논평을 표명함으로써 타인의 명예를 훼손하는 경우에는 그 행위가 공공의 이해에 관한 사항에 관계되고, 그 목적이 공익을 도모하기 위한 것일 때에는 그와 같은 **의견 또는 논평의 전제가 되는 사실이 중요한 부분에 있어서 진실이라는 증명**이 있거나 그 전제가 되는 사실이 중요한 부분에 있어서 진실이라는 증명이 없더라도 표현행위를 한 사람이 그 전제가 되는 사실이 중요한 부분에 있어서 진실이라고 믿을 만한 상당한 이유가 있는 경우에는 위법성이 없다."

41) 그러한 의미에서 그 많은 언론보도로 인한 명예훼손사건 중에서 이 판결이 『대법원판례집』에 수록되었다는 사실도 심상하게 볼 것은 아니다.

즉 이와 같이 의견 또는 논평의 경우에는 "그 의견 또는 논평 자체가 진실인가 혹은 객관적으로 정당한 것인가 하는 것은 위법성 판단의 기준이 될 수 없"으므로, "어떠한 표현행위가 명예훼손과 관련하여 문제가 되는 경우 그 표현이 사실을 적시하는 것인가 아니면 의견 또는 논평을 표명하는 것인가, 또 의견 또는 논평을 표명하는 것이라면 그와 동시에 묵시적으로라도 그 전제가 되는 사실을 적시하고 있는 것인가 그렇지 아니한가를 구별할 필요가 있"게 되는 것이다. 이는, 묵시적으로라도 전제사실을 적시하지 아니하는 경우(소위「순수의견」)에는, 의견이나 논평은, 그것이 侮辱에 해당하지 않는 한, 불법행위가 되지 아니한다는 의미이다. 이 점이 위 판결의 要諦 중의 하나이다.

(다) 그리하여 大判 2000.7.28, 99다6203(공보 하, 1925)("원고가 경제위기의 책임자로 지목되면서 검찰수사 등이 거론되고 새로 출범할 정부가 경제위기의 원인규명과 책임자 처벌에 강한 의지를 피력하고 있는 상황에서 원고가 항공권을 구입하거나 해외도피를 의논하고 있는 장면을 담고 있는 풍자만화를 기고하여 이를 일간지에 게재한 경우, 원고가 경제위기와 관련된 책임 추궁 등을 면하기 어려운 절박한 상황에 처해 있음을 희화적으로 묘사하거나 원고가 해외로 도피할 가능성이 없지 않음을 암시함과 아울러 이에 대한 출국금지조치가 필요하다는 견해를 우회하여 표현한 것일 뿐, 원고가 해외로 도피할 의사를 갖고 있다거나 해외 도피를 계획 또는 모의하고 있다는 구체적 사실을 적시하였다고는 볼 수 없다"); 大判 2001.1.19, 2000다10208(공보 상, 497)("계엄이 불법이라는 자신의 의견을 표명한 부분은 이른바 순수의견으로서 타인의 명예를 훼손하는 행위가 될 여지가 없다") 등은, 이러한 순수의견임을 이유로 명예훼손이 되지 않는다고 하는 판단을 포함하고 있다.

(라) 그렇다면 의견 등이 일정한 사실을 전제하는지가 결정적으로 중요하게 된다. 이는 어떻게 판단할 것인가? 위 판결은 다음과 같

이 설시한다.

> "신문기사 가운데 그로 인한 명예훼손의 불법행위책임 인정 여부가 문제로 된 부분에 대하여 거기서 사용된 어휘만을 통상의 의미에 좇아 이해하는 경우에는 그것이 증거에 의하여 그 진위를 결정하는 것이 가능한 타인에 관한 특정의 사항을 주장하고 있는 것이라고 바로 해석되지 아니하는 경우라도 당해 부분 전후의 문맥과 기사가 게재될 당시에 일반의 독자가 가지고 있는 지식 내지 경험 등을 고려하여 볼 때에 그 부분이 간접적으로 증거에 의하여 그 진위를 결정하는 것이 가능한 타인에 관한 특정의 사항을 주장하는 것이라고 이해된다면 그 부분은 사실을 적시하는 것으로 보아야 할 것이고, 이를 묵시적으로 주장하는 것이라고 이해된다면 의견 또는 논평의 표명과 함께 그 전제되는 사실을 적시하는 것으로 보아야 한다."[42]

이와 같은 태도를 취하면 의견이나 논평이 명예훼손에 해당하게 되는 범위는 애초 혹 상정되었던 것보다는 넓어지는 것으로 생각되기도 한다.

3. 大判 2002. 1. 22, 2000다37524(공보 상, 522) 및 그 後

(1) 大判 2002. 1. 22, 2000다37524(공보 상, 522)은 대법원이 언론보도로 인한 명예훼손에 관하여 大判 88. 10. 11. 이후로 발전시켜 획득한 법리를 총괄적으로 정리하고 있다(아예 "일반론"이라는 제목을 달고 있다)는 점에서도 흥미롭다.

---

42) 이는 ── 앞의 註 29에서 본 大判 97. 10. 28, 96다38032(공보 하, 3625)이 이미 밝힌 바 있는── "신문 등 언론매체가 특정인에 대한 기사를 게재한 경우 그 기사가 특정인의 명예를 훼손하는 내용인지 여부는 당해 기사의 객관적인 내용과 아울러 일반의 독자가 보통의 주의로 기사를 접하는 방법을 전제로 기사에 사용된 어휘의 통상적인 의미, 기사의 전체적인 흐름, 문구의 연결 방법 등을 기준으로 하여 판단하여야" 한다는 태도를 사실 적시와 의견 표명의 구별, 의견 표명의 경우에 전제되는 사실을 적시하고 있는 것인지 여부의 판별에 적용함으로써 얻어지는 태도이다.

“(1) 언론매체의 어떤 기사가 타인의 명예를 훼손하여 불법행위가 되는지의 여부는 일반 독자가 기사를 접하는 통상의 방법을 전제로 그 기사의 전체적인 취지와의 연관하에서 기사의 객관적 내용, 사용된 어휘의 통상적인 의미, 문구의 연결방법 등을 종합적으로 고려하여 그 기사가 독자에게 주는 전체적인 인상을 기준으로 판단하여야 하고, 여기에다가 당해 기사의 배경이 된 사회적 흐름 속에서 당해 표현이 가지는 의미를 함께 고려하여야 한다(대법원 1997. 10. 28. 선고 96다38032 판결, 2001. 1. 19. 선고 2000다10208 판결 각 참조). 그리고 타인에 대한 명예훼손은 사실을 적시하는 방법으로 행해질 수도 있고, 의견을 표명하는 방법으로 행해질 수도 있는바(대법원 1999. 2. 9. 선고 98다31356 판결 참조), 어떤 의견의 표현이 그 전제로서 사실을 직접적으로 표현한 경우는 물론 간접적이고 우회적인 방법에 의하더라도 그 표현의 전취지에 비추어 어떤 사실의 존재를 암시하고 또 이로써 특정인의 사회적 가치 내지 평가를 침해할 가능성이 있으면 명예훼손으로 되는 것이다(대법원 2000. 7. 28. 선고 99다6203 판결 참조).

(2) 대한민국 헌법 제21조 제 1 항은 언론과 출판의 자유를 보장하고 있는바, 이러한 자유의 보장은 가치의 다양성을 인정하여 여러 견해의 자유로운 개진과 공개된 토론을 허용하고 이로써 보다 올바른 결론에 도달할 수 있다는 신념에 따른 것으로서 민주주의의 기초가 되는 기본권이다. 한편, 헌법 제10조는 모든 국민은 인간으로서의 존엄과 가치를 가지며 행복을 추구할 권리를 가진다고 규정하여 생명권, 인격권 등을 보장하고 있고, 인격권의 내용으로 명예를 침해당하지 아니할 권리가 포함되며, 이에 헌법 제21조 제 4 항은 ‘언론 · 출판은 타인의 명예나 권리 또는 공중도덕이나 사회윤리를 침해하여서는 아니된다. 언론 · 출판이 타인의 명예나 권리를 침해한 때에는 피해자는 이에 대한 피해의 배상을 청구할 수 있다.’고 규정하여 언론 · 출판의 자유도 절대적인 것이 아니라 타인의 명예나 권리 등을 침해하여서는 아니 될 한계가 있음을 밝히고 있다. 여기서 언론 · 출판의 자유와 인격권으로서의 명예보호와 사이의 충돌을 조정하는 한계설

정의 문제가 제기되는바, 우리 대법원은 일찍이 이를 조정하는 하나의 방법으로서, 어떤 표현이 타인의 명예를 훼손하더라도 그 표현이 공공의 이해에 관한 사항으로서 그 목적이 오로지 공공의 이익을 위한 것일 때에는 진실한 사실이거나 행위자가 그것을 진실이라고 믿을 상당한 이유가 있는 경우에는 위법성이 없다는 판단 기준을 채택하였다(대법원 1988.10.11. 선고 85다카29 판결 참조). 여기서 "그 목적이 오로지 공공의 이익을 위한 것일 때"라 함은 적시된 사실이 객관적으로 볼 때 공공의 이익에 관한 것으로서 행위자도 공공의 이익을 위하여 그 사실을 적시한 것을 의미하는데, 행위자의 주요한 목적이나 동기가 공공의 이익을 위한 것이라면 부수적으로 다른 사익적 목적이나 동기가 내포되어 있더라도 무방하다고 할 것이고(대법원 1996.10.25. 선고 95도1473 판결 참조), 여기서 "진실한 사실"이라고 함은 그 내용 전체의 취지를 살펴볼 때 중요한 부분이 객관적 사실과 합치되는 사실이라는 의미로서 세부에 있어 진실과 약간 차이가 나거나 다소 과장된 표현이 있더라도 무방하다고 할 것이다(대법원 1998.10.9. 선고 97도158 판결 참조). 자유로운 견해의 개진과 공개된 토론과정에서 다소 잘못되거나 과장된 표현은 피할 수 없다.

무릇 표현의 자유에는 그것이 생존함에 필요한 숨쉴 공간이 있어야 하므로 진실에의 부합 여부는 표현의 전체적인 취지가 중시되어야 하는 것이고 세부적인 문제에 있어서까지 완전히 객관적 진실과 일치할 것이 요구되어서는 안된다.

(3) 한편, 언론·출판의 자유와 명예보호 사이의 한계를 설정함에 있어서 표현된 내용이 사적(私的) 관계에 관한 것인가 공적(公的) 관계에 관한 것인가에 따라 차이가 있다는 점도 유의하여야 한다. 즉 당해 표현으로 인한 피해자가 공적인 존재인지 사적인 존재인지, 그 표현이 공적인 관심사안에 관한 것인지 순수한 사적인 영역에 속하는 사안에 관한 것인지, 그 표현이 객관적으로 국민이 알아야 할 공공성, 사회성을 갖춘 사안에 관한 것으로 여론형성이나 공개토론에 기여하는 것인지 아닌지 등을 따져보아 공적 존재에 대한 공적 관심사안과 사적인 영역에 속하는 사안 간에는 심사기준에 차이를

두어야 한다. 당해 표현이 사적인 영역에 속하는 사안에 관한 것인 경우에는 언론의 자유보다 명예의 보호라는 인격권이 우선할 수 있으나, 공공적·사회적인 의미를 가진 사안에 관한 것인 경우에는 그 평가를 달리하여야 하고 언론의 자유에 대한 제한이 완화되어야 한다. 그리고 피해자가 당해 명예훼손적 표현의 위험을 자초한 것인지의 여부도 또한 고려되어야 한다(이상 헌법재판소 1999. 6. 24. 선고 97헌마265 결정 참조).

(4) 당해 표현이 **공적인 존재의 정치적 이념**에 관한 것인 때에는 특별한 의미가 있다. 그 공적인 존재가 가진 국가·사회적 영향력이 크면 클수록 그 존재가 가진 정치적 이념은 국가의 운명에까지 영향을 미치게 된다. 그러므로 그 존재가 가진 정치적 이념은 더욱 철저히 공개되고 검증되어야 하며, 이에 대한 의문이나 의혹은 그 개연성이 있는 한 광범위하게 문제제기가 허용되어야 하고 공개토론을 받아야 한다. 정확한 논증이나 공적인 판단이 내려지기 전이라 하여 그에 대한 의혹의 제기가 공적 존재의 명예보호라는 이름으로 봉쇄되어서는 안되고 찬반토론을 통한 경쟁과정에서 도태되도록 하는 것이 민주적이다. 그런데 사람이나 단체가 가진 정치적 이념은 흔히 위장하는 일이 많을 뿐 아니라 정치적 이념의 성질상 그들이 어떠한 이념을 가지고 있는지를 정확히 증명해 낸다는 것은 거의 불가능한 일이다. 그러므로 **이에 대한 의혹의 제기나 주관적인 평가가 진실에 부합하는지 혹은 진실하다고 믿을 만한 상당한 이유가 있는지를 따짐에 있어서는 일반의 경우에 있어서와 같이 엄격하게 입증해 낼 것을 요구해서는 안되고, 그러한 의혹의 제기나 주관적인 평가를 내릴 수도 있는 구체적 정황의 제시로 입증의 부담을 완화해 주어야 한다.** 그리고 그러한 구체적 정황을 입증하는 방법으로는 그들이 해 나온 정치적 주장과 활동 등을 입증함으로써 그들이 가진 정치적 이념을 미루어 판단하도록 할 수 있고, 그들이 해 나온 정치적 주장과 활동을 인정함에 있어서는 공인된 언론의 보도내용이 중요한 자료가 될 수 있으며, 여기에 공지의 사실이나 법원에 현저한 사실도 활용할 수 있다.

(5) 그러나 아무리 공적인 존재의 공적인 관심사에 관한 문제의 제기가 널리 허용되어야 한다고 하더라도 구체적 정황의 뒷받침도 없이 악의적으로 모함하는 일이 허용되지 않도록 경계해야 함은 물론 구체적 정황에 근거한 것이라 하더라도 그 표현방법에 있어서는 상대방의 인격을 존중하는 바탕 위에서 어휘를 선택하여야 하고, 아무리 비판을 받아야 할 사항이 있다고 하더라도 모멸적인 표현으로 모욕을 가하는 일은 허용될 수 없다.

그리고 어떤 방송프로그램이 행한 역사해석을 主思派의 그것이라고 평한 잡지기사에 대하여 그 편집자 등의 손해배상책임이 문제된 매우 흥미로운 大判 2002.12.24, 2000다14613(공 2003상, 425)에서는, 위의 大判 2002.1.22.의 판시 중 위 (4) 부분("공적 존재의 정치적 이념"에 대한 보도)이 인용되고 있다. 이제 앞의 2.(4)(나)(a)에서 말한 바와 같은, 대법원이 공적 인물에 대하여 「그에 특유한 법리」의 적용에 소극적이라는 평가는 수정되어야 할 것이다.[43)]

(2) 이어서 나온 大判 2003.1.24, 2000다37647(공보 상, 688)은 대법원이 민주화에 따르는 사회의 가치의 다양화 등에 대하여 어떠한 입장을 취하는가 하는 관점에서도 주목할 만하다. 이 판결은 앞의 大判 2002.1.22.의 판시를 그대로 이어받으면서, 나아가 "**좌와 우의 이념문제, 그 연장선상에서 자유민주주의 가치를 앞세운 이념이냐 민족을 앞세운 통일이냐의 문제**는 국가의 운명과 이에 따른 국민 개개인의 존재양식을 결정하는 중차대한 쟁점이고 이 논쟁에는 필연적으로 평가적인 요소가 수반되는 특성이 있으므로, 이 문제에 관한 표현의 자유는 넓게 보장되어야 하고 이에 관한 일방의 타방에 대한 공격이 타방의 기본입장을 왜곡시키는 것이 아닌 한 부분적인 오류나 다소의 과장이 있다 하더라도 이를 들어 선불리 불법행위의 책임을 인정함으로

43) 앞의 註 39도 참조.

써 이 문제에 관한 언로를 봉쇄하여서는 안 된다"라고 한다.

이 판결이 적어도 우리 사회의 성격에 대한 기본인식에 있어서 대법원이 「좌와 우」의 공존을 인정한 것으로 평가할 수 있는지도 한 문제일 것이나, 어쨌거나 대법원이 「언론의 자유와 명예훼손의 문제」에 관하여 점점 세밀한 기준을 정립하여 가고 있다고 할 수 있겠다.

(人權과 正義 325호(2003. 9), 68면 이하 所載)

[後　　記]

이 글은 제14회 법의 지배를 위한 변호사대회 겸 제51회 변호사 연수회에서 「연수강좌」의 하나를 위하여 마련된 것이다. 본문에서 "이번 연수회" 운운하는 것은 이를 가리킨다.

條文索引

[依用民法]

判 例 索 引

[高等法院]

光州高法

[憲法裁判所]

事項索引

[ㅍ]

[ㅎ]

著者略歷

서울대학교 법과대학 졸업
법학박사(서울대학교)
서울대학교 법과대학 교수
현재 大法官

主要著述

(著) 民法硏究 제 1 권, 제 2 권(1991), 제 3 권(1995), 제 4 권(1997), 제 5 권(1999), 제 6 권(2001), 제 7 권(2003), 제 8 권(2005), 제 9 권(2007)
민법 Ⅰ: 계약법(2010)(共著)
민법 Ⅱ: 권리의 변동과 구제(2011)(共著)
민법 Ⅲ: 권리의 보전과 담보(2012)(共著)
民法散考(1998)
민법산책(2006)
民法注解 제 1 권, 제 4 권, 제 5 권(1992), 제 9 권(1995), 제16권(1997), 제17권, 제19권(2005)(分擔執筆)
註釋 債權各則(Ⅲ)(1986)(分擔執筆)
(譯) 라렌츠, 正當한 法의 原理(1986)
츠바이게르트/쾨츠, 比較私法制度論(1991)
독일민법전──총칙·채권·물권, 2008년판(2008)
포르탈리스, 民法典序論(2003)
독일민법학논문선(2005)(編譯)
로슨, 大陸法入門(1994)(共譯)

民法硏究 第 7 卷

2003年 11月 30日 初版發行
2005年 1月 15日 再刷發行
2012年 8月 20日 三刷(補訂)發行

著 者 梁 彰 洙
發行人 安 鍾 萬
發行處 (주)박영사
서울特別市 鍾路區 平洞 13-31 番地
電話 (733)6771 FAX (736)4818
登錄 1959. 3. 11. 제300-1959-1호(倫)

www.pybook.co.kr e-mail: pys@pybook.co.kr

定 價 27,000 원

ISBN 978-89-6454-875-2
ISBN 978-89-6454-514-0(세트)